끝날의 이야기들:

요한계시록의 내러티브 주석

Tales of the End:

A Narrative Commentary on the Book of Revelation

데이비드 L. 바르(David L. Barr)

장 영 옮김

Tales of the End:

A Narrative Commentary on the Book of Revelation

by David L. Barr

for Mary Elizabeth Kenton

Lover of Stories

and of Story-tellers

차 례

[도표]

역자의 말

무엇보다 먼저 이 책을 한국 독자들에게 번역을 통해서나마 소개할 수 있어서 너무 기쁘다. 이 책은 역자가 1999년 초에 남아공 Stellenbosch 대학교에서 박사학위과정 중 우연히 미국을 방문하고 돌아온 동료로부터 선물로 받은 책이다. 역자는 당시 '내러티브학적 접근법에 따라 요한계시록에 대한 구조'를 연구하고 있었다. 그러나 역자는 그때만 해도 내러티브 관점으로 요한계시록을 연구한 사례들이 많지 않았기 때문에 많은 곤란을 겪고 있던 참이었다. 그래서 역자의 이 책과의 만남은 막막한 사막에서 오아시스를 만난 기쁨과 같았다. 게다가 오아시스에서 맛본 그 물맛은 영혼의 해갈을 느끼게 해주는 생수였다. 요한계시록 연구에서 지금까지와는 다른 새롭고 참신한 접근법이었으며, 말씀이 열리는 놀라운 경험을 가능케 했던 책이다. 그래서 언젠가는 꼭 이 책을 한국에도 소개하고 싶은 마음이 간절하던 차에, 20년이 지난 이제야 하나님의 은혜로 번역할 기회를 가지게 된 것이다.

저자인 David L. Barr 교수는 요한계시록 연구에 있어서 미국을 대표하는 학자이면서도, 자신의 감사의 말에서도 밝히고 있듯이, 자신이 부족한 부분에서는 겸손하게 E. S. Fiorenza, L. Thompson, D. Aune 등과 같은 여러 저명한 신학자들로부터 직접 가르침을 받았다고 고백하고 있다. 이 사실이 중요한 것은 대개의 주석들이 학적으로 편향된 색깔을 띠기 마련이지만, Barr 교수는 이런 분들의 도움을 받아 지금까지의 건전한 학계의 결론들을 수용하고 있으며, 최근의 요한계시록에 대한 세계적인 연구방향까지도 녹여내고 있다는 점이다. 바로 이런 점들 때문에, 요한계시록에 대한 수많은 해석들로 인해 혼란을 겪고 있는 한국 독자들에게 크게 환호 받을 만한 책으로 보인다.

요한계시록은 구전시대의 책으로 어떤 성경책들 못지않게 이야기로서의 특징을 지니고 있다. 그래서 그 안에 들어있는 내러티브적인 요소들을 고려하지 않고는 충분히 요한계시록을 해석했다고 볼 수 없을 것이다. 1980년 이후 신약성경의 내러티브적인 글들에 대한 중요한 연구들이 홍수처럼 쏟아져 나오게 되었다. 그리고 내러티브 비평에 관한 최근 연구의 방향성을 잘 정리해주고 있는 M. A. Powell (*What Is Narrative Criticism?* Minneapolis: Fortress Press, 1990)은 "텍스트에 대한 문학적 접근과 역사적 접근 사이에는 공생적 관계가 존재한다. 그들은 서로 보완적으로 사용되어져야 한다."고 주장한다. 그러한 주장을 기준으로 볼 때, Barr 교수의 책은 (정치, 사회, 종교, 역사적인 자료와 고대 근동의 신화적인 자료들을 객관적으로 고려한) 역사적 분석과 (등장인물, 시간, 장소, 플롯 등의 내러티브 요소들을 충분히 고려한) 문학적인 분석을 상호보완적으로 사용한 좋은 예로 들 수 있을 것이다.

한국에서는 이런 내러티브적인 관점으로 성경을 보고 분석하는 방법에 대한 기대와 요구들은 많으나, 아직 그에 대한 이해가 충분히 되어있지 않은 상황으로 보이기 때문에, Barr 교수의 내러티브 주석이 이러한 현상을 해소시키는데 많은 도움을 주리라고 본다. 특히, 요한계시록을 내러티브적인 관점으로 접근하고자 하는 연구자들이라면 크게 도움을 받을 수 있는 그 기본적인 분석방법을 소개해주는 귀한 책이라고 생각한다.

마지막으로 여러 목사님들이 번역본을 미리 읽고, 역자의 미숙한 번역을 좀 더 완성도 높은 번역으로 이끌어주셨음에 감사드린다. 그리고 수차례의 고된 수정작업과 디자인 등에 수고를 아끼지 않으신 그리심 출판사의 장종길 장로님(편집)과 이 책이 출판되도록 행정적 지원을 마다하지 않으신 조경혜 권사님(대표)께도 감사의 말씀을 올리지 않을 수 없다. 하나님께 모든 영광을 돌린다.

2018. 9. 27. 역자

서 문

생명나무

Badgers는 "나는 당신이 이 한 가지만은 기억하기를 바랍니다"라고 말합니다. "사람들이 말하는 이야기들에는 그들을 돌보는 방법이 들어 있습니다. 만약 이야기들이 당신에게 다가오면, 그것들을 사랑하십시오. 그리고 필요한 곳에 그것들을 넘겨주기를 배우십시요. 때때로 사람은 살기 위해서 음식보다 이야기가 필요합니다. 그 때문에 우리들은 이 이야기들을 서로 기억하는 것입니다. 이것이 사람들이 자신들을 사랑하는 방법입니다."[1]

BARRY LOPEZ, *Crow and Weasel*

계시록에 대한 다른 주석?

문학작품은 어린애처럼 묻는 질문에만 답하는 경향이 있다. 문학은 자진해서 정보를 주지 않는다. 그러다보니, 그것들은 단지 정보의 저장소라는 인상을 준다. 이런 점은 문학비평의 발달을 대충 들춰보더라도 드러난다. 각 시대의 비평가들은 텍스트에 대하여 새로운 질문을 하고, 새로운 방법론을 제안하며, 새로운 관심들을 보여왔다. 어떤 시대에는 저자의 생애와 당시 사건들과의 관련성에 대해 묻는다. 그리고 어떤 시대에는 텍스트의 내적 세계에 대해서 질문한다. 그리고 또 어떤 시대에는 텍스트의 구조에 대해 관심을 갖는다. 각자 자신의 관심 대상만을 찾는 것이다.

이것은 두 가지 결론을 시사한다. 첫째, 매번 우리가 문학작품에 던지는 새로운 질문들은 계속 새로운 주석, 새로운 통찰, 새로운 답변을 이끌어 낼 것이므로, 우리는 그 작품들에 대한 주석(commentaries) 쓰기를 결코 끝내지 못할 것이다. 어떤 친구가 농담조로 거의 2천년 동안 모든 것들을 말하지 않았는가? 그런데 왜 당신은 또 다른 요한계시록 주석을 쓸려고 하느냐고 묻는다면, 내 대답은 분명하다. 이 책에 대해서 마땅히 던질 질문들이 남아 있다면, 이 고전(요한계시록)은 아직도 더 대답할 말이 있지 않겠는가? 둘째로, 본 주석은 새로운 질문들을 던질 것이기 때문에, 기존 대부분의 주석들과는 상당히 다를 것이다.

주석가들이 계시록에게 세상 끝 이야기를 묘사하는지를 묻거나, 또 그 일이 언제 일어날지 밝히라고 하면, 어떤 답변들을 듣게 된다. 세상은 종말을 완강히 거부하고 있기 때문에 그 답변들은 거의 항상 무의미한 것이 되어 버리곤 한다. 그래서 주석가들은 입장을 바꿔 계시록이 주후 1세기의 인간의 삶에 대해 묘사하고 있는지를 묻게 되자, 또 다른 대답이 돌아왔다. 우

1) 48면, 나에게 이 스토리를 추천해준 Pamela Thimmes 에게 감사한다.

리는 이런 질문들을 하면서, 로마제국, 박해와 인내, 소아시아 도시생활의 발달, 다양한 형태의 기독교, 그리고 그 밖의 것들에 대해 많이 알게 되었다. 또한 더 나아가, 그 당시의 상징 표현들, 표출된 감정이나 정신적 상태들, 관련된 사회 상황들에 대해 물었을 때, 우리는 여기에 나타난 인간의 깊은 열망들에 대해서 많은 것을 알게 되었다.

이러한 질의응답들을 통해 많이 알게 되었지만, 본 계시록 주석은 다른 쪽에 관심이 있다. 우리는 계시록 책에서 이야기들에 대한 질문 즉, 그 이야기들은 어떻게 말하고 있는가? 누구에 대한 이야기들인가? 어떤 내용으로 이루어져 있는가? 어디를 향하고 있는가?에 대한 답변을 구한다. 이런 단순한 질문들은 최근 내러티브 연구들을 통해 개진되고는 있지만, 때때로 복잡한 성격을 보이곤 한다. 우리의 목적은 사실 대답을 듣는 것이지 질문을 하려는 것이 아니기 때문에, 전문적인 어휘나 학문적 논쟁은 최소화하겠다. 따라서 다른 관점이 고려될 필요가 있을 때이거나, 더 상세한 참고도서를 소개하고자 하거나, 또는 논지에 직접 영향을 주지 않는 논평을 추가하고자 할 때는 미주들을 사용했다. 그러나 이들 미주들은 본 논지를 따라가는 데 반드시 필요한 내용은 아니다.

나는 본 저서가 보통 역사-비평적 주석들처럼 단순한 참고서로 사용되지 않기를 바란다. 나는 누가 계시록-스토리의 한 절, 한 단락을 따로 떼어내어 읽고 이해할 수 있다고 생각하지 않는다. 그런 작은 부분은 그것이 속한 (장면, 문단, 스토리의) 더 큰 문맥 안에서 들어야 한다. 그는 그 사건들이 일어나거나 그 사건들로부터 유발되는 세팅과 묘사와 액션의 시퀀스를 고려해야 한다. 따라서 우리는 각 부분의 대한 주석은 먼저 이런 더 넓은 관심사로부터 시작해서, 더 작은 텍스트 단락들의 세부사항들을 다루어 나갈 것이다. 이상적으로 말하면, 독자는 계시록 안에 있는 스토리의 한 부분을 읽고 이 부분에 대한 주석를 읽은 후, 그 스토리를 다시 읽어야 할 것이다. 반복을 피하기 위해서, 그리고 독자를 더 넓은 이슈들로 안내하기 위해서, 나는 자주 참조 구절들(cross references)을 사용하였다.

요한계시록은 여러 해석자들에 의해 너무 남용되어왔기 때문에, 나는 아마 독자가 그것의 의미에 대해 들었던 것이 무엇이건 잊어버리고 계시록을 새롭게 읽으라고 권하는 것이나 다름없는 예비적 조언(preliminary advice)을 할 것이다. 내가 요한계시록이 얼마나 놀라운 스토리인가를 발견한 것은 바로 내가 내 문화(특히 자신들을 예언자라고 생각하는 사람들의 그런 읽기들)의 편견으로 읽지 않고 요한의 스토리를 있는 그대로 듣기 시작했을 때부터 였다. 독자는 뒷 부분들에서 계시록 스토리에 대한 나의 이해를 보게 될 것이나, 그것이 내 목적은 아니다. 본 주석의 목적은 그것보다 독자 자신이 스스로 요한계시록을 이야기로서 새롭게 읽을 수 있도록 하기 위해 필요한 지식과 자료들을 제공하는 것이다.

물론 계시록은 특이한 책이어서, 누가 그것을 덥석 집어 들고는 어떤 예비적 지식도 없이 읽어낼 수 있다고 생각할 수 없다. 프롤로그는 이러한 예비적 수단들을 고려하도록 기획되었다. 그것은, 매우 일반적인 표현으로, 우리의 전 여정을 도와줄 지도책(road map)이다. 그런 다음 계시록의 각 주요 내러티브 문단(unit)마다 한 장(chapter)씩 세 장으로 구성된다. 각 장에는 먼저 그 문단에 대해 개관을 한 후, 구조, 플롯, 등장인물들, 배경들, 그리고 다른 관련된 세부사항들에 대한 상세한 토론이 제공될 것이다. 각 경우의 목표는 독자가 계시록-스토리에 대해 박진감있는 해석을 하도록 돕고자 하는 것이다. 더 나아가 에필로그에서는 얼마간 이 계시록-스토리가 미국에서 사용되어온 방법, 이런 종류의 문학의 중요성, 일차 청중들을 이해하기 위해 이 계시록-스토리의 암시같은 기저에 있는 이슈들을 반추했다.

주석(commentary)은 계시록의 헬라어 텍스트를 기초하고 있으나, 주(註)들(remarks)은 항상 새 개정 표준판(New Revised Standard Version)을 기준으로 한다. 헬라어 텍스트는 음역으로 인용되었고, 좀 재미있는 언어사용을 보여주기 위해서 필요할 때는 필자가 직접 번역하였다.

감사의 말

이 책을 쓰는 것은 외로운 일이었지만, 결코 혼자는 아니었다. 나를 도와주었던 모든 분들께 깊이 감사를 올린다. 먼저 성경문학협회(Society of Biblical Literature) 안에서 계시록 읽기에 대한 세미나의 내 동료들에게 감사를 돌린다. 나는 그들로부터 계시록에 대해서, 문학이론에 대해서, 사회윤리적 문제에 대해서, 그리고 다른 방식으로 읽은 것에 대해서 많이 배웠다. 세미나의 각 회원은 차례로 나의 선생님이 되어주었지만, 나는 몇 분에게 특별한 가르침을 받았다. Michael Harris로부터 나는 미묘한 문학적 분석을 배웠고, Elisabeth Schüssler Fiorenza로부터 나는 윤리적 책임을 배웠고, Leonard Thompson으로부터 나는 불일치하는 견해를 통합시키는 방법을 배웠고, Tina Pippin으로부터 나는 해석과 함께 해학이 섞인 진지함을 배웠고, David Aune으로부터 나는 상세함의 힘을 배웠다. 나는 그들이 가르쳐준 내용들이 이 원고에 충분히 흡수되었는지는 그들의 판단에 맡길 것이다.

이 책을 쓰는 동안 나와 함께 의견을 나누었던 많은 학생들, 성인 학습자들, 동료들과 친구들에게 감사를 돌린다. 많은 귀한 제안을 하며, 시종 나와 함께 이런 예비적인 내용들(preliminaries)을 충분히 생각해왔던 많은 학생들 중에, 특별히 David Day와 Kristi Grasse에게 감사하기를 원한다. 그들은 이 책의 초판을 읽고 본질적인 논평을 해주었다. 그리고 Marc Smith는 (거의) 최종 원고를 면밀하게 읽어 주었다.

나는 또한 라이트 대학교(Wright State University)와 특히 그 대학의 문과대학과 학장인 Perry Moore에 대해 심심한 감사를 드린다. 그는 나의 연구에 지속적인 지원과 특히 내가 이 책을 끝마칠 수 있도록 충분한 시간을 주기 위해 '전문성 개발 휴가' (professional development leave)를 제공하였다.

마지막으로, 이 책을 태동케 하는데 – 그리고 그 책 때문에 시작된 시리즈물에 대해 – Alan Culpepper와 Robert Funk가 제공한 비전과 육성, 그리고 지원과 자유의 균형(balance of support and freedom)은 말할 수 없이 귀중했다. Polebridge 출판사의 Geneviève Duboscq의 편집 작업은 철저하고, 지적이었으며, 진실로 도움이 되었음에 매우 감사드린다.

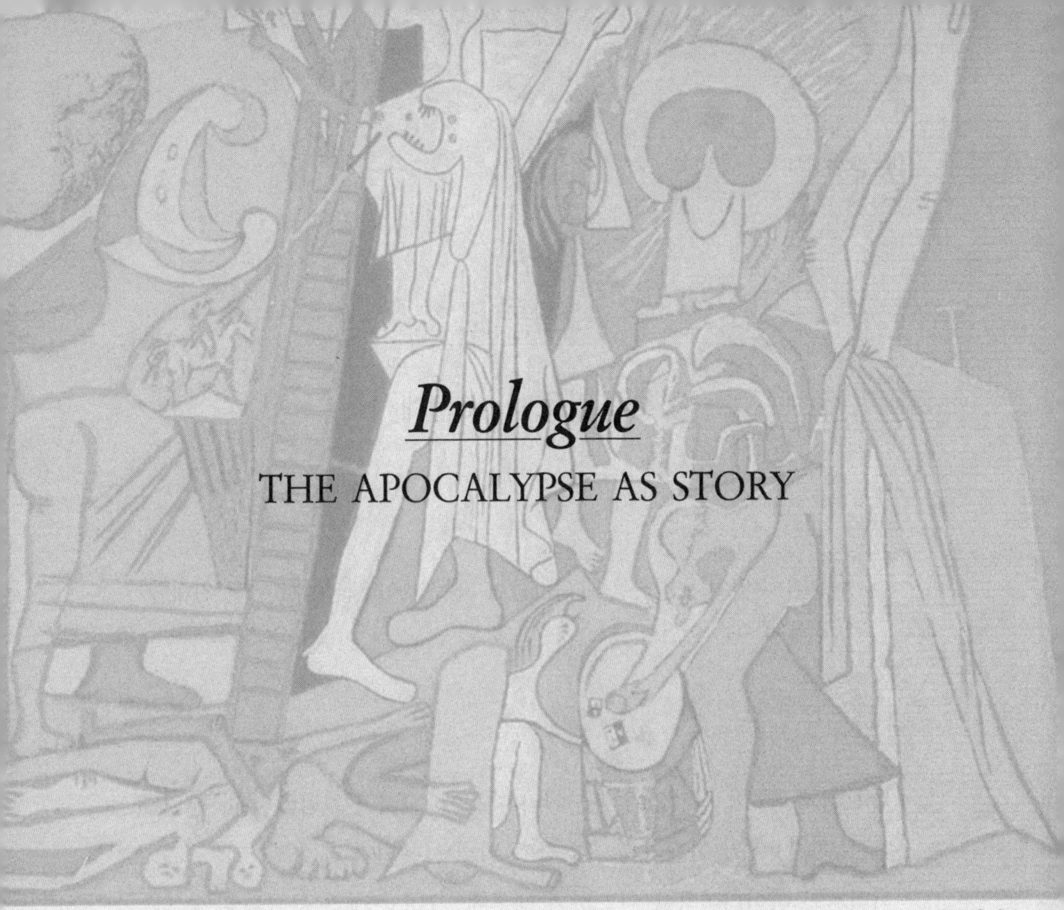

Prologue

THE APOCALYPSE AS STORY

십자가형

프롤로그

스토리로서 요한계시록

어둠과 수없이 변화하는 그림자들이 가득한 이 세상에서 어떤 위대한 비전을 쫓기는 어렵다.[1]

BLACK ELK

요한계시록이 성경의 일부분이기 때문에, 그리고 좌파와 우파 양편 모두 자신들의 정치적 아젠다를 옹호하기 위해 사용되기 때문에, 그리고 모호한 이미지와 아이디어들을 사용하기 때문에, 그리고 장과 구절들로 잘 나누어져 있기 때문에, 그리고 (네 명의 말 탄 자나 666과 같은) 몇몇의 상징들에 매우 익숙하기 때문에, 계시록을 이해하는데 가장 중요한 것을 놓치지 쉽다. 그것은 이 책이 내러티브라는 것이다. 이 주석에서는, 당분간은 장들과 구절들, 정치적 적용들, 성경으로서의 그 지위, 신학적인 면들을 무시한 체, 계시록을 일관되게 내러티브로 읽고자 하는 시도이다. 역사와의 관련성이나 종말에 대한 추정적 견해를 찾기보다, 우리는 요한계시록의 스토리를 읽고자 한다.

스토리란 개념은 분명하고 직감적이지만 정의하기가 아주 어렵다.[2] 우리의 목적상, 일반적으로 스토리들은 청중에게 (어떤 상당히 일관된) 영향을 주는 일련의 관련된 액션들을 진술할 때 이루어진다고 말할 수 있다. 많은 요인들이 (묵시록으로도 알려져 있으며, 유일하게 별개의 두 이름들로 알려진 신약성경인) 요한계시록을 듣는 것을 방해한다. 말하자면, 복잡성, 이상한 상징들,

이상한 세계관, 여러 곳에서의 외견상 모순, 장소와 시간의 모호함, 그리고 그 밖의 많은 것들이 그 요인들이다. 이 프롤로그의 목적은 계시록-스토리를 읽고 듣도록 준비케 하는 데 있다. 여기에 포함되는 내용의 기본적인 원칙은 계시록-스토리를 현대 남녀 독자들이 들을 수 있게 하는데 꼭 필요한 것들이다.

최소한의 예비적 준비는 청중(성격묘사), 이상한 생물들과 신비한 숫자들의 의미에 대한 어느 정도의 이해(상징주의), 그리고 계시록-스토리를 시간과 장소에 놓는 배경을 포함하여, 계시록 스토리는 무엇에 대한 내용인가(내용), 그 내용이 어떻게 의사소통되어지는가에 대한 어떤 암시(형식)들과 내용들이 어떻게 배열되어져 있는가에 대한 일반적인 개념(구조와 플롯), 스토리에서 배역들에 초점을 맞추고 있는 것들에 대한 얼마간의 이해가 필요하다.

스토리의 내용

계시록-스토리는 복잡하며, 소용돌이 꼴로 진행하며, 환상적이면서도, 나사렛 예수의 삶과 죽음을 둘러싼 잘 알려진 역사적 사건에 기초되어있다. 이러한 성격으로 볼 때, 계시록은 (예수에 대한 스토리인) 복음서와 같다. 그러나 선과 악 사이의 근본적인 싸움으로, 복음서와는 좀 다른 종류의 스토리로, 우주적 스크린에 그 액션을 투사하고 있는 것이다. 그 청중은, 그리스의 연극을 관람하는 청중들은 상연되는 그 스토리들을 알고 있었듯이, 이 계시록-스토리를 잘 알았다. 다음에 일어날 서스펜스가 자주 스토리들이 주는 즐거움 중 하나인 현대 스토리들과는 달리, 대부분의 고대 스토리들은 이야기들이 말하여지는 방식, 청중에게 미치는 감정적이며 지적인 효과, 그리고 이야기들이 들려주는 삶에 대한 확실한 비전으로부터 그 즐거움을 찾는다.[3] 우리는 계시록이 그 이야기를 전달하는 방식에 상당한 관심을 둘 것이다. 현대 문학 비평가들은 그 방식을 내러티브의 *담화*(*discourse*)라 부른다.[4] 그러나 그보다 먼저 좀 더 기본적 핵심을 탐구할 필요가 있다. 요한계시록의 바탕에 깔려 있는 스토리는 예수 그리스도의 이야기이다.

이 사실은 (불완전한 헬라어 문장으로) 요한계시록 초두에 암시되고 있는데, 이것은 마치 만물의 종말에 대한 내용으로 보이는 책에서 약간의 아이러니하다. 그 구절의 문자적 영어번역은 다음과 같다(어떤 사람이 안내말씀을 하는 것보다 선언하듯 큰 소리로 말한다고 상상해보라):

> 예수 그리스도의 계시라
>   이는 하나님이 그에게 주사
>   반드시 속히 될 일을 그의 종들에게 보이시려고
>   그가 알게하셨다.
>   그의 천사를 통하여 그 종 요한에게 보내어
>   그는 하나님의 말씀과
>   예수 그리스도의 증거,
> 곧 그가 본 것을 다

> A Revelation of Jesus Christ
>   which God gave him
>   to show to his servant what must occur speedily
>   and he signified
>   sending through his messenger to his servant John
>   who witnessed to the word of God
>   and the witness of Jesus of Christ,
> whatever he saw.

이것은 수수께끼 같은 책의 성질과 내용에 대한 우리의 갖고 있는 첫 번째 단서이다. 그리고 이것은 사실상 수많은 길안내를 해준다. 고대 독자/청자에게 그것은 책의 제목으로 기능하고, 우리들에게는 서문으로 기능하여,

우리로 이후 내용에 방향을 맞추게 한다. 고대작품에서 제목으로 시작하는 것은 드문 일이 아니다. 대부분의 예언서처럼, 마태복음과 마가복음도 그렇다. 이 문장 조각(fragment)은 뒤에 나오는 것들의 의미에 대해 가치 있는 신호를 제공한다.

이러한 선언은, 아주 중요한 사실로, 우리를 이 책의 내용인 예수 그리스도로 향하게 한다. 이 책은 예수 그리스도***의(of)*** 계시이다. 그러나 그 "of" 구조는 영어와 헬라어 둘 다 모호하다. 문법학자들은, 목적격적 소유격과 주격적 소유격 사이를 구분할 경우에, 그것에 대한 그런 기능적인 이름을 붙인다. 그러나 나는 결코 어느 게 어느 것인지 기억할 수 없기 때문에, 소유의 경우(a book of David Barr, Barr의 책)와 주어나 내용의 경우(the book of Job, 욥에 대한 책)로 구분하는 것이 훨씬 더 쉽다. 각 경우, 그 "of" 구조는 하나의 명사가 다른 명사의 의미를 꾸미기 위해 사용된다. 그렇게 해서 그 책을 다른 책과 구별할 수 있게 된다. 소유의 경우에 이것은 내 것이라고 주장함으로써, (어떤 책을) 다른 책과 구분한다. 반면 주어인 경우에, 이것은 욥에 대한 책이라고 말함으로써 다른 것과 구별한다. 예를 들어 십자가의 메시지(the message of the cross), 왕국의 복음(the gospel of the kingdom), 자유의 삶(the life of freedom) 같은 표현들의 경우에서처럼, 의미나 내용을 가리키기 위해 "of" 구조를 사용하는 것은 매우 일반적이다.

그래서 질문은, 예수가 계시를 소유하고 있는가? 아니면 예수가 계시의 주제인가? 예수는 그것이 물건(이 비전- 책)이라면 그것을 소유하실지 모른다. 또는 그것이 하나의 메시지인 경우에는 예수가 그 책의 중요성을 결정할는지 모른다. 아니면 (계시록은 이 비전-기록이며 그 중요성 때문에) 두 경우 다일까? 각 경우 모두 "of Jesus"이다. 그가 그 책안에서 중심적 역할을 수행하기 때문에, 그 스토리는 예수에게 속한다. 결국 이 책은 "예수의" 그리고 "예수에 대한" 스토리이다.

계시록 내러티브는 (미래에 대한 또는 미국과 러시아에 대한 또는 풀어야할 수수께끼들에 대한 내용이 아닌) 예수 그리스도에 대한 것이라는 인식은 내가 이 책을 이해하는 아주 중대한 통찰이다. 그 모호하고 잔인하게 보이는 많은 부분들은 예수 그리스도 스토리에 비추어볼 때 새로운 의미를 취한다. 이러한 통찰은 요한계시록이 기독교인들을 위한 책이지, D. H. Lawrence를 매우 불쾌하게 했던 피투성이 스토리나 보복적인 스토리가 아니라는 것을 보여준다.[5] 요한계시록을 이해하기 위해서 우리는 마음에 항상 분명하게 예수와 이 세상의 악한 세력과의 싸움, 그들이 예수를 끊임없이 파괴하려했던 시도, 그리고 그분의 궁극적인 신원되심(vindication) – 그분이 죽은 자들 가운데서 부활하시고 (and/or) 하늘에 오르시어 하나님의 보좌 우편에 앉으셨다는 초기 신자들이 고백한 그의 신원되심 – 을 기억해야한다. 요한계시록은 가장 기본적 의미에서 예수의 이러한 이야기를 새로운 방식과 새로운 이미지들로 다시 재연하고 있는 것이다.

만약 우리가 이 계시록이 복음 이야기라는 것을 인식하지 못한다면, 그것은 복음서 같은 형태로 쓰여있지 않았기 때문이다. 이 계시록은 다른 종류의 문학이다. 이 책의 도입부에 나오는 단어에서 그 이름을 취한 계시문학이라는 장르이다. 학자들은 일반적으로 헬라어 기본단어인 ***아포칼립시스*** (***apocalypsis***)를 사용하고, 따라서 이와 같은 글을 ***묵시(apocalypse)*** 또는 보다 더 일반적으로는 묵시문헌(apocalyptic literature)이라고 부른다. 장르에 대한 더 기술적인 논의는 이 책의 에필로그에서 찾아볼 수 있다. 그러나 그 목적과 기교들에 대한 일반적인 이해는 책을 읽기 시작하면 필요하게 된다.

계시록의 세계관과 장르

계시록의 세계관에 대한 이해를 보여주고 있는 서두 선언은, 현대인들의 세계관과 매우 다르기 때문에, 이후 전개되는 내용의 의미에 대한 또 다른 중요한 단서를 제공하고 있다. 현대인의 세계관은 각 개인이 직접적으로 권력에 접근할 수 있는 평등주의인 반면에, 요한의 세계관은 계급적이고, 권력은 여러 중간자들에 의해 중개된다. 이론적으로 (모든 것이 이 설명과 관련된다) (미국의 경우) 누구라도 대통령에게 전화하고 편지를 쓰고 의견을 표현할 수 있다. 그러나 요한은 권력에 접근하려면 – 이론적으로도 – 항상 어떤 중개자를 통해야 하는 세계에 살았다. 그런 것을 학술 용어로는 페트런이지(patronage)라 부른다.[6] 서두 선언에서 청중은, 요한을 통해, 천사(전달자)를 거치고, 예수를 거쳐, 하나님에게까지 거슬러 올라가는 전달 사슬의 아래 끝에 위치해 있다. 우리가 아주 심각한 오독(misreading)을 피하려 한다면, 요한의 세계와 우리의 세계 사이의 이 간격(이것은 단지 그 크기에 대한 힌트일 뿐이다)은 설명되어야 한다.[7]

계시록의 세계관은 계급적이며, 위 세상과 아래 세상 사이에 어떤 상응관계가 있다. 이 상응은 ***보여짐(signified)***과 ***증인(witness)***이란 용어를 사용하고 있는 서두 선언에서 보인다. 내가 "he signified(그가 의미했다)"라고 번역한 절에 대한 보통 영어번역 (RSV, NRSV, NIV, NEB, and JBP에서 "He made it known… [그분이 그것을 알려지게 했다]")은 그 의미가 불분명하다. 왜냐하면 헬라어 용어인 ***세마이노***는 어떤 기호(sign)에 의해 보여주는 것을, 즉 여러 기호들이나 시그널들을 주는 것을 의미한다. 이제 기호들은 그 기호와 그것이 의미한 것 사이의 어떤 종류의 상응이 있기 때문에 의사소통한다. 이 관계는 임의적(빨간 불은 멈춤을 의미한다)이거나 본질적(피는 생명을 뜻한다)이다. 요한계시록에서 우리가 만나는 세상은 의미로 퍼져있는 세상이다. 사물은 사물을 의미한다(Things mean things). 이것은 두 가지 중요한 암시들이 있다.

우리는 텍스트의 표면적 의미에서 결코 멈춰 서지 않아야 한다. 우리가 보고 듣는 것은 기호들이고, 그 의미는 다른 레벨에 있다. 어떤 본문이 그것이 말하고 있는 것을 의미하고 있다는 단순한 생각은 항상 부적절하다. 계시록에서는 항상 틀린다. 요한계시록은 말하는 것을 의미하지 않는다. 그것은 의미하는 것을 의미한다. 그것은 기호들(signs)의 책이다. 더구나 계시록에서 상상하는 세상은 두 레벨 위에 존재하기 때문에, 기호들은 의사소통의 유리하고 적절한 수단이다: 하늘과 땅, 위와 아래. 그리고 이 두 세상은 역동적으로 상호연관되어 있어서 한 레벨에서 일어난 일들은 다른 레벨에 있는 것들에 영향을 미친다. 이러한 상호관계의 세계관은, 우리에게도 알려지지 않은 것은 아니지만,[8] 우리 문화 안에 있는 개신교의 느낌에는 생소한 것이다. 계시록의 독자는 눈으로 보는 것보다 더 많은 의미들을 보고 들으면서, 이 두 층으로 이루어진 세계에 들어갈 준비를 하여야 한다.

예수 증거의 증인으로서 요한 자신의 책의 표현에서 다층화된 실체들을 엿볼 수 있다. 이제 증거(witness) 그 자체는 두 개의 면을 가진 단어(two-faced word)이다: 보는 것과 (본것에 대해서) 말하는 것 둘 다 의미할 수 있다. 사람이 그 사건을 보고 있을 때나 법정에서 그것에 대해 말할 때도 증거이다. 그 사람의 증언은 그의 말에 제한되지 않는다. 통합을 지지한다고 하면서, 사실상 세상과 고립된 사회에서 살고, 오직 한 인종만 등록하는 학교에 다니고, 다른 인종들을 허용하지 않는 클럽이나 집단에 속해있는 사람처럼, 그 사람의 증언이 자신의 행위와 모순된다면 그의 증언은 공허하게 들릴 것이다.

물론 예수의 증거는 이와 반대이다. 예수의 증거는 우선 삶과 죽음으로 보인 그의 행위이며, 그 행위의 보고서이다. 그리고 우리는 모호한 of 구조를 가지고 있음을 주목하라: the witness *of* Jesus(예수의 증거)는 예수에게 속한 증거이고, 예수에 대한 증거라는 두 해석 모두 가능하다. 바로 그렇게 요한의 증거는 말씀과 삶으로 자신의 증거를 표현하고 있는 예수의 증거를 반영하고 있다.[9] 증거체인에는 아래와 같이 말씀뿐만 아니라 행위도 필요하다.

예수의 행위 ⇨ 증거 ⇨ 요한의 증거 ⇨ 요한의 행위

이렇게 예수를 미러링(mirroring)하는 것은, 수직적 층들에 수평적 복잡함을 더하여, 풍성하게 어울려진 내러티브를 만들어낸다. 물론, 다른 거울을 비추고 있는 거울을 들여다보는 것은 어지러울 수 있으나, 그것이 바로 요한계시록의 세계이다.

그러나 이중 아니 삼중 거울이기도 하기 때문에 요한계시록에서 하나의 거울 이미지란 그리 적절하지 못하다. 한편으로 예수의 삶을 반영하고 있으며, 또 다른 한편으로는 요한과 당시 그의 공동체의 경험을 반영하고 있으며, 또 다른 한편으로는 위 세계(world above) 개념을 반영하고 있는데, 그것 역시 시간적으로는 미래적 세상으로 이해된다. 한 번에 3개의 차원을 다루고 있는 것이 요한 계시록의 특성이다.

많은 묵시록들은 꿈, 환상, 또는 천상여행으로 이루어진 내러티브 장치 위에 놓여 있다. 천상에 있지만, 선견자는, 반복적으로, 본 장면의 참 의미에 대해 처음에는 의미를 몰라 매우 당황해하다가 나중에 (자주 천사의 도움으로) 이해하게 된다.[10] 자주 사건들을 이해할 수 없기 때문에 가르침들과 이상한 동물들, 신비로운 행위들, 양식화된 숫자들에 대한 설명들이 필요하다. 우리는 주석에서 이러한 상징적 요소들은 여러 묵시록들에서 자주 중요한 의미를 지니면서, 그들 자신의 관용적 의미를 만들기 시작한다. 이것들 중에 눈에 띄는 것은 상징적 동물들, 색깔들, 숫자들이다. 예를 들어, 칠(7)은 항상 완전 또는 완성의 상징이다(24-30면). 다른 묵시록들에 친숙하다면, 우리가 요한의 상징의 의미를 푸는데 도움이 될 것이다.[11] 더하여, 요한은 자주 우리에게 그 상징들이 무엇을 의미하는지 말해준다.

따라서 첫 환상의 끝부분에, 그는 의식적으로 두 개의 주요 상징 – 별들과 촛대들(1:20) – 을 해석하고 있다. 다른 상징들의 의미는 단지 초대 기독교에서 일반적으로 통용되는 것이어서 하늘 보좌 위에 앉아 있는 어린 양(5장)

은 여자에게서 태어난 아이(12장)와 같다. 우리는 다음 섹션에서 요한의 상징들을 더 면밀히 살펴보게 될 것이다. 그러나 기억해야할 가장 중요한 점은, 우리가 매우 상징적인 환상으로 이루어진 형식의 ***묵시(apocalypse)***를 읽고 있다는 것이다.

요한의 묵시록은, 편지 형식과 예언서 형태도 취하고 있어서 더욱 복잡한 형태이다. 이러한 사실은 우리가 계시록을 읽을 때 분명하게 될 것이다. 이런 정도의 상징적 환상의 성질에 대한 예비적인 설명이면 우리가 계시록을 읽는 데에는 충분할 것이다.

소리(Sound)와 광경(Sight)의 심볼들

요한의 세상은 다층적이며, 과거, 현재 그리고 미래를 보는 경험도 다면적일 뿐만 아니라, 그 환상 자체도 보이고 들리는 다중매체적이다. 요한은 "그가 본 것(whatever he saw)"(1:2)을 증거 한다. 그리고 요한계시록 전체는 하나의 거대한 환상으로 제시되고 있다. 계시록 책의 일반적인 제목은 우리가 자주 듣는 것처럼 복수형태의 계시들(Revelations)의 책이 아닌 계시의 책(the Book of Revelation)이다. 그러나 이 환상자체는 보는 것과 듣는 것을 포함하고, 들리는 음성은 보이는 장면으로 해석되곤 한다. 그렇게 함으로 그 표면적 모습의 내적 영적실체를 보여주는 것이다.[12] 그러나 이것은 그 반대로도 이루어진다. 예를 들면, 어린 양 예수의 환상 장면이 사자 예수에 대한 소리로 바뀌는 5:1-10에서 보여진 장면이 들려진 소리로 재 해석된다. 우리 자신이 계시록을 해석할 때 반드시 설명되어야 하는 것은 바로 음성과 장면이 이렇게 쉽게 바뀌는 역동성이다.

고대 세계는, 그 말투(accents)가 어떻게 소리나고 있는지 더 이상 알 수 없는 말없는 기념비들과 책들을 통해 우리에게 가만히 다가오기 때문에, 우리는 그 세상이 얼마나 시끄러웠는지를 자주 잊는다. 이것은 일상적인 것으로 부터 시적인 것들까지 모든 영역에서 그렇다. Dio Chrysostom (AD 약 40-120년)이 (고대 세계에서 올림픽 경기 다음에 열리는) 고린도 지협 경기대회가 열렸던 시대에 고린도를 방문하고 본 장면을 회상하면서 말한 그의 말을 들어보라.

> 그 때는 포세이돈 신전에서 서로 소리치고 서로 욕하는 불쌍한 소피스트들의 무리(수사학 선생들)의 소리를 들을 수 있었다. 그리고 소위 그들의 제자들은 서로 싸우고 있었고, 많은 작가들은 자신들의 형편없는 글들을 크게 읽고 있었으며, 많은 시인들은 자신들의 시를 읊조리고 있었는데, 다른 사람들은 그들에게 박수를 치고, 많은 마술사들은 자신의 속임수들을 보여주고, 많은 점쟁이들은 운명을 점치고, 수많은 변호사들은 재판들을 왜곡하고, 꽤많은 행상인들은 그들이 가진 것을 무엇이나 이리저리 팔러 다니고 있었다. *Discourses* 8:9

그는 신전 현관과 도시 광장에서 지혜를 역설하는 자신과 같은 철학자들은 포함시키지 않았다. 고대 세계는 모든 사람들이 소리를 지르며 일들을 하였기 때문에 시끄러운 세계였을 것이다.

더 기본적으로, 모든 독서는 큰 소리로 행해졌다. 개인적으로 읽을 때도 그랬다. 요한계시록 자체도 분명히, 읽는 자(1:3)를 언급하고 반복적으로 청중에게 들으라고 권고하면서 읽도록 되어있다: "귀 있는 자는 성령이 교회들에게 하시는 말씀을 들을지어다"(2:7, 2:11, 2:17, 2:29 등). 따라서 당신은 가능할 때마다 요한계시록을 큰 소리를 내어 읽는 것이 좋은 방법이 될 것이다. 당신의 듣는 귀를 훈련하라.

계시록-스토리의 많은 상징들은, 일곱 머리를 가진 짐승처럼, 보이는 것보다 더 잘 들린다. 미술가는 그런 짐승을 결코 쉽게 그리지 못한다. 그 많은 머리를 그릴 위치를 찾을 수 없다. 그러나 일곱 머리는 완전하거나 완벽한 권위를 나타내기 때문에, 청중은 그것이 의미한 것을 쉽게 들을 수는 있다. 그처럼 어린 양의 일곱 눈도 그리는 것보다는 완벽한 통찰을 나타내는 의미로 더 잘 들을 수 있다(5:6). 다시 우리는 계시록이 말하고 있는 것을 의미하지 않는다는 사실을 기억해야한다. 그것은 의미하는 것을 의미한다. 그런데 이 상징들이 무슨 의미인지는 어떻게 아는가?

위에 암시했듯이, 정보의 한 출처(one sourse)는 저자 자신의 해석이다. 표 1은 최소한 요한이 그 상징들의 의미를 달아놓은 10 여개의 경우이다. 이것은 우리의 모든 문제들을 풀어주지는 않지만 (예를 들어, 교회들의 천사들이 누구인지는 여전히 문제가 된다.) 도움이 된다. 그럼에도 불구하고, 요한 자신의 모든 해석들에 대해 흥미로운 사실은 그것들이 얼마나 평범한가이다. 이러한 사실은 우리가 앞으로 만나게 될 모든 기괴한 상징들(용, 짐승, 지진, 음부, 전쟁)을 보아 도 침착해야하며, 그것들은 기독교 전통과 경험의 일반적인

표 1 ***계시록의 상징들***

참조구절	상징	요한의 해석
1:8	알파와 오메가	과거, 현재, 그리고 오실 하나님
1:20	일곱 별과 일곱 촛대	일곱 교회의 사자들과 일곱 교회
8:3	향로를 든 천사	성도들의 기도
10:1-11	작은 열린 책	반드시 다시 예언할 것
11:7	큰 도시, 소돔	저희 주께서 십자가에 못박히신 곳
13:6	하나님의 장막	땅에 거주하는 자들
13:18	666	사람의 수
14:14-20	큰 포도주틀	하나님의 진노
17:9-10	일곱 머리	일곱 산이요 또 일곱 왕
17:12	열 뿔	열 왕
18:21	맷돌을 든 천사	던져진 바벨론
19:8	신부의 세마포	성도들의 옳은 행실
19:11-16	백마를 탄 자	하나님의 말씀

표 2 숫자들의 상징

3	영적세계
4	창조세계
7	완전(6과 대조)
10	전체
12	이스라엘
3.5	악의 수
제곱과 반복	강조

요소들에 말하고 있음을 기억해야 할 필요를 깨닫게 한다.

상징 해석의 두 번째 출처는 그 시기의 다른 문헌, 특히 다른 묵시록들과 예언적 글들을 참고하는 것이다. 우리는 요한의 스토리와 더 이른 선지자들의 스토리들 사이에 광범위하게 상호 관련된 그물망(web)을 발견하게 된다. 요한이 결코 이전의 책들을 인용하지 않고, 성경을 인용("기록되었으되")하지 않고, (예언자가 말한 것을 성취하였다는) 성취 페러다임을 결코 이용하지는 않지만,[13] 계시록은 이전의 책들로부터 끌어온 이미지들과 행위들로 가득하다. 나는 보통의 문학적 용어를 사용하여, 적절한 것은 아니겠지만, 이것을 ***본문간 관계성(intertextuality)***이라고 칭할 것이다. 요한은 텍스트를 가리키기 보다는 구전전통을 암시하고 있다. 파피루스가 아닌, 기억력이 사용된 것 같다.

요한이 직접 참고한 책들과 더불어, 그 당시의 청중들에게 익숙했던, 요한계시록과 유사한 다른 책들도 고려해야 한다. 묵시를 듣고 있는 청중들은 그 이미지들과 상징들이 어떤 의미들을 가지고 있다고 생각할 것이다. 좀 더 단순화시키면 묵시록들이 광범위하게 사용하고 있던 3가지 표준 범주-숫자, 동물, 그리고 색깔들-가 있다고 말할 수 있다. 그들은 매우 표준적인 의미를 가지고 있었다.

예를 들면, 땅은 네(4) 귀퉁이, 네 면, 네 방향이 있다고 널리 알려졌다. 따라서 넷(4)으로 이루어진 것들은 일반적으로 땅에 속한 실체들을 상징한다. 계시록 6장의 네 명의 말 탄 자들은 땅의 파괴를 뜻하고 있다. 반대로 숫자 3은 Plato와 Pythagoras 두 사람 다 신과 연관시켰던 하늘의 숫자이다. Aristotle 은 그 수를 신들을 경배하는 것과 연관시켰다.[14] 따라서 3과 4를 합한 7이란 수의 특성들은 완성, 완전, 온전 같은 것을 나타낸다. 이스라엘의 12지파들이라고 말하는 것과 3과 4의 곱인 12는 중요하게 생각했을 것이다.

간단히 말해서, 표 2의 상징수들은 요한이 사용하는 숫자를 뒷받침하고 있다. 이 기본 숫자들이 여러 방법으로 조작되어 더 많아 보이지만, 사실상은 요한이 사용하는 모든 수이다. 기본적인 조작 두 가지는 자기 수를 거듭제곱하거나 10 (또는 100 또는 1,000)을 곱하는 것이다. 따라서 계 7:4에 언급된 구속받은 144,000명은 12와 10이란 기본적 의미를 가지고 (12 x 12) 그리고 (10 x 10 x 10)으로 이스라엘 전체 또는 모든 하나님의 백성을 의미한다고 이해해야 한다. 그리고 포도수확에서 피가 1,600 스다디온에 퍼진다. 여기서 4와 10은 온 땅을 의미한다. (요한의 수치를 현대 단위로 바꾸어 놓고 있는 현대 번역들을 주의해야한다. 이 1,600 스다디온은 약 200 마일로 바꾸어 놓으면, 이는 완전히 요한의 숫자의 상징성을 모호하게 만드는 것이다.) 덜 분명한 조작은 햇수로 3년 반을 취하고, 이를 다시 달 수(42)나 날 수(1,260)로 바꾸어 사용하는 경우이다. 그러나 그것들 모두 3과 1/2, 즉 부러진 7로 악의 때를 의미한다.[15]

색깔들 역시 상대적으로 일정한 의미를 가지고 있으며, 우리 문화에서 그것들에 일반적으로 부여하는 그런 의미들이 아니다. 흰 색깔은 (꼭 순결을 의미하지는 않는) 승리를, 검은 색깔은 (악이 아닌) 고난을, 붉은 색깔은 투쟁과 전쟁을, 녹황색(노르스름한 회색)은 죽음을 의미한다.

동물 상징은 기본적으로 인간과 짐승, 선과 악, 신과 악마의 대조를 의미하기 위한 것이다. 그러나 특정한 동물들은 특별한 의미들을 취한다. 말은 일반적으로 정복을 가리키고, 양은 희생 동물이며, 독수리, 사자, 그리고 황소는 그들 각 자의 세계(즉 공중, 광야, 개간된 땅)에서 우두머리들이다. 많은 머리들은 많은 지배자들을 의미하고, 많은 뿔들은 힘의 세기 혹은 많은 지배자들을 나타낸다.

요한의 내러티브의 많은 부분은 최소한 그런 상징해석의 도움을 받을 때 쉽게 이해된다. 칠(7)중 사건 시리즈는 7이 완성을 나타내는 수이기 때문에, 더 이상 문자적 순서로 읽을 필요가 없다. 따라서 어떤 길이의 시퀀스(연속되는 순서)이든 요한의 체계에서는 일련의 일곱이 될 것이다. 만약 요한이 10명의 통치자가 있다고 하면, 우리는 그들의 수를 세거나, 확인하려고 할 필요가 없다. 요한이 이 세상의 권력들에 대해 언급할 때는 항상 열(10)이다. 요한의 기초적인 상징사용법의 중요성을 알게 되면, 매우 어리석은 오독(misreading)을 막고, 우리로 좀 더 역동적인 내러티브 상징들을 볼 수 있게 할 것이다.

그러나 나는 요한의 상징적 내러티브가 암호 책처럼 취급될 수 있다는 인상은 주고 싶지 않다. 부호로 이루어진 암호들은 의미와 1:1 관계를 가진다. Dot-dot-dot dash-dash-dash dot-dot-dot은 조난에 대한 세계적인 모르스 암호이다. 그 신호는 항상 그것을 의미하며, 그 신호가 의미하는 모든 것이다. 그러나 요한의 상징들의 경우는 그런 것이 아니다. 상징들은, 현대 문학적인 용어로, 다기능적(polyvalent)이다. 다수의 상호작용이 일어날 수 있으며, 또는 중세인들이 말하듯이, 다의적(polysemous, many-seeded)이다. 그렇게 하나의 상징은 어떤 것을 ***의미(mean)***한다기보다 ***암시(imply)***한다. 그래서 상징들을 해독한다는 것은 상상력을 사용하는 행위보다 덜 합리적인 행위이다. 따라서 우리의 상상력을 동원하여 계시록을 읽는 것이 아주 중요하다.

왜 직설적으로 말하지 않고, 상징들을 사용하여 의사소통하려는지 많은 이유들이 있겠지만, 다음 두 가지가 무엇보다 중요하다. 첫째, 상징들은 일반적인 말들로 표현할 수 없는 것들을 표현하게 해준다. 따라서 우리가 가장 마음에 품고 있는 소신들을 – 그것들이 종교적이건, 정치적이건, 국가적이건, 또는 실존적이건 – 십자가, 음양, Gettysburg, 깃발, 꽃다발 같은 상징들로 표현한다. 중국정부가 1990년에 민주화 데모를 분쇄하기 위해 무장 군대를 보냈을 때, 어떤 사람이 홀로 탱크 앞에서 한발짝도 물러서지 않고 탱크를 움직이지 못하게 했던 것을 보았던 모든 사람들의 양심에 한 가지 이미지가 깊이 새겨졌다. 이 상징적인 행동은 "우리는 독재에 저항해야 한다."라는 성명서 이상의 어떤 것을 전달하였다.

둘째, 첫째와 관련된 것으로, 상징들은 보통의 언어와 다른 레벨에서 의사소통한다. 그것들은 우리 마음 속 깊은 곳까지 영향을 준다. (그 상징적 언어에 의해, 지적 이해를 넘는 우리 속에 어떤 깊은 곳이 있음을 암시한다). 상징들은 단순히 정보만을 전달하지 않고, 그것들은 팔을 뻗어 우리를 붙잡고, 우리로 주목하게 한다. 우리가 일단 그 상징적 언어를 받아들일 준비를 하면, 요한계시록은 그런 힘을 발휘할 것이다.

구조와 플롯

요한계시록이 복잡하다는 것은 책의 자료들을 어떤 내용구조로 짜거나 어떻게 내용분해 할 수 있는지에 대해 의견일치가 없다는 사실에서 알 수 있다. 계시록 구조를 연구하는 해석자들 만큼이나 내용구조도 많다. 요한이 분명하게 숫자를 붙인 것들 외에도 추가적인 7개의 짝을 찾는 학자들이 있다.[16] 복음서들안의 묵시담화들과 평행들은 찾으려고 하는 학자들은 그것들을 찾게 된다.[17] 교차대칭구조들*을 찾는 사람들은 그것들을 찾게 된다.[18]

(*교차대칭[chiasm]은 헬라어 카이(Chi)로부터 나온 이름이다. 그것은 영어 X처럼 보인다. 교차대칭에서 첫 번째와 마지막 것이 대응하고, 두 번째와 끝

에서 두 번째 것도 그러하며, 다른 것들도 그렇게 대응한다. X가 교차하는 곳인 가운데에 강조가 떨어진다).

한 가지 점은 분명하다. 사람들이 자료를 어떻게 배열하는가는 결국 그 사람들이 찾고 있는 것에 달려있다는 사실이다. (계시록 구조에 대한 확장된 논의는 255-56면을 보라.) 우리가 찾고 있는 것은 구술된 계시록-스토리이다. 만약 우리가 계시록을 (인과관계로 연결된 일련의 사건들로 이해하는) 액션으로 본다면, 상당히 분명한 패턴이 나온다.

첫째, 시작하는 부분과 끝나는 부분 사이에는 (어떤 좋은 스토리에서 예측되듯) 강한 상호관계가 있다. 표 3을 참고하라. 표 4(33면)에 요약했듯이 최소 11군데의 대응부분들이 있다. 그러나 평행들은 언어적이거나 주제적인 것을 넘어서, 액션의 평행도 있다. "요한은 일곱 교회에게"(1:4)로 시작하고, "주 예수 그리스도의 은혜가 모든 자들에게 있을 찌어다"(22:21)라는 익숙한 바울의 편지형식으로 끝나는 편지란 문맥 안에 놓는다면, 그 액션은 요한이 직접 청중에게 말하면서 그가 환상을 본 밧모 섬에 체류하고 있음을 묘사하며(1:9-10) 시작된다. 요한이 다시 직접 청중을 향하여 이것이 그가

표 3 ***여는 부분과 닫는 부분 사이의 평행***

여는 부분	닫는 부분
계 1:1-4 예수 그리스도의 계시라 이는 하나님이 그에게 주사 반드시 속히 일어날 일들을 그 종들에게 보이시려고 그의 천사를 그 종 요한에게 보내어 알게 하신 것이라 요한은 하나님의 말씀과 예수 그리스도의 증거 곧 자기가 본 것을 다 증	*계 22:6-10* 또 그가 내게 말하기를 이 말은 신실하고 참된지라 주 곧 선지자들의 영의 하나님이 그의 종들에게 반드시 속히 되어질 일을 보이시려고 그의 천사를 보내셨도다. 보라 내가 속히 오리니 이 두루마리의 예언의 말씀을 지키는 자는 복이

언하였느니라. 이 예언의 말씀을 읽는 자와 듣는 자와 그 가운데에 기록한 것을 지키는 자는 복이 있나니 때가 가까움이라 요한은 아시아에 있는 일곱 교회에 편지하노니 이제도 계시고 전에도 계셨고 장차 오실 이와 그의 보좌 앞에 있는 일곱 영과	있으리라 하더라. 이것들을 보고 들은 자는 나 요한이니 내가 듣고 볼 때에 이 일을 내게 보이던 천사의 발 앞에 경배하려고 엎드렸더니, 그가 내게 말하기를 나는 너와 네 형제 선지자들과 또 이 두루마리의 말을 지키는 자들과 함께 된 종이니 그리하지 말고 하나님께 경배하라 하더라. 또 내게 말하되 이 두루마리의 예언의 말씀을 인봉하지 말라 때가 가까우니라.
계 1:8 주 하나님이 이르시되 나는 알파와 오메가라 이제도 있고 전에도 있었고 장차 올 자요 전능한 자라 하시더라.	*계 22:13* 나는 알파와 오메가요 처음과 마지막이요 시작과 마침이라.
계 1:10 주의 날에 내가 성령에 감동되어 내 뒤에서 나는 나팔 소리 같은 큰 음성을 들으니	*계 22:17* 성령과 신부가 말씀하시기를 오라 하시는도다. 듣는 자도 오라 할 것이요. 목마른 자도 올 것이요. 또 원하는 자는 값없이 생명수를 받으라 하시더라.
계 1:16-17 그의 오른손에 일곱 별이 있고 그의 입에서 좌우에 날선 검이 나오고 그 얼굴은 해가 힘있게 비치는 것 같더라 내가 볼 때에 그의 발 앞에 엎드러져 죽은 자 같이 되매 그가 오른손을 내게 얹고 이르시되 두려워하지 말라 나는 처음이요 마지막이니...	*계 22:16* 나 예수는 교회들을 위하여 내 사자를 보내어 이것들을 너희에게 증언하게 하였노라. 나는 다윗의 뿌리요 자손이니 곧 광명한 새벽 별이라 하시더라. (위의 22:8을 보라)
(위의 1:4을 보라)	*계 22:21* 주 예수의 은혜가 모든 자들에게 있을지어다. 아멘.

표 4 *여는 부분과 닫는 부분 사이의 대응점들*

여는 부분	대응점들	닫는 부분
1:1, 4, 9	요한이 자신의 이름을 말한다.	22:8
1:1	천사가 보냈다	22:6
1:1	속히 되어질	22:6
1:1	종들	22:6
1:3	읽는 자는 복이 있다	22:7
1:4	너희에게 은혜	22:21
1:8	알파와 오메가	22:13
1:10	성령	22:17
1:16,20	별들과 천사들	22:16
1:17	요한이 발앞에 엎드리다	22:8

듣고 본 것이라고 말하며 끝난다(22:8). 이것은 어느 날 내가 혼자 있을 때, 매우 흥미 있는 것을 보았다 …와 같은 스토리텔러(storyteller)의 고전적 기교이다. 편지와 환상보고라는 이런 이중적 봉투 속에 계시록-스토리의 모든 액션을 넣고 있다.

따라서 요한계시록의 시작과 끝에 묘사된 (요한이 청중들에게 이야기하고 있는) 액션은 계속된다. 그 중간에 많은 일들이 일어난다. 이 자료들 역시 연결되는가? 그것은 순서를 형성하고 있는가? 아니면, 다른 말로, 계시록은 플롯을 가지고 있는가?

플롯의 핵심개념은 순서적으로 배열된 사건들 사이의 인과적 연결이다. Aristotle은 플롯을 사건들 사이의 관계로, 즉 사건들을 함께 묶어주며, 반드시 하나가 다른 것을 뒤따르는 인과논리로 정의하였다.[19] E. M. Forster는 플롯을 작은 스토리로 설명한다.

왕이 죽고 난 후 여왕이 죽었다.

이것은 하나의 스토리이다. 그러나 플롯은 없다. 왜냐하면 사건들 사이에 인과논리가 없기 때문이다. 그는 플롯을 가진 다른 스토리를 제시한다.

> 왕이 죽고 여왕도 슬픔으로 죽었다.[20]

이제 사건들 사이에 인과관계가 존재하거나, 있다고 상상할 수 있다. Forster의 요점은 유용한 것으로, 우리가 인과적인 연결에 의해 의미하는 것을 좀 더 분명히 보도록 도와준다. 그러나 나는 그가 독자에게 충분한 권리를 주고 있는지 궁금하다. 왜냐하면 사람들은 첫 번째 스토리에서 조차 사건들 사이에 어떤 연결을 생각하려하고, 작가가 분명한 연결을 만들기 전에도 그것들을 플롯된 스토리로 당연한 듯 만들려고 하기 때문이다. 순서가 있는 사건들 사이에 인과적 연결을 만들고 있는 플롯은 작가와 청중이 참여한 협력적인 모험이다. 우리는, 아주 단순한 스토리들은 제외하고, (스토리에) 오직 하나의 플롯만이 가능하다고 생각하지 말아야 한다.

사실, 스토리들은 단순하고, 단선적이고, 꽉 짜여진 플롯된 시퀀스들(농담 같은 것)로부터 복잡하고, 다선적인 (그 안의 사건들 사이에 수많은 연결이 가능한) 시퀀스들(서사시 같은 것)까지 넓게 걸쳐있다. 요한계시록은 복잡한 스토리로, 어떤 독서법일지라도 사건들 사이에 가능한 모든 연결들을 상상해내지는 못할 것이다. 그래서 그것들 중 한 세트의 상호연결만을 읽게 되는 것이다.

비평가들이 복잡한 스토리들을 단순화시키는 한 가지 방법은 사건들을 두 범주로 나누는 것이다. 즉 핵심 사건들(직접적으로 연결되고, 미래 액션 방향에 결정적인 사건들)과 주변 사건들(이 핵심사건 주위를 돌며 미묘한 차이와 복잡성을 더하는 사건들).[21] 다른 독자들은 다르게 볼 수도 있지만, 핵심 사건들을 선택하는 것을 해석행위라고 인식하는 한, 이것은 유용한 수단이다. 다른 독자들은 다른 관계들을 볼 수 있다. 또한 우리는 핵심 사건들을 주변사건들보다 더 중요하게 생각하지 않아야 한다. 플롯에서는 핵심 사건들이 더 중요하나, 계시록 스토리의 한 면일 뿐이다. 다른 사건들의 경우에는 다른 면에서 더 중요할 수 있다. 사실상, 주변 사건들은 독서에 중요한 경험들과 정보를 준다.

내 자신이 계시록에서 주된 액션라인을 읽다보면 계시록-스토리가 일반적인 틀에서 세 개의 분명하고 상호관련된 이야기 전개 세트(movements set)로 펼쳐지고 있는 것을 본다. 다음과 같이 설명해보자:

> "나 요한은 너희 형제요 예수의 환난과 나라와 참음에 동참하는 자라 하나님의 말씀과 예수를 증언하였음으로 말미암아 밧모라 하는 섬에 있었더니, 주의 날에 내가 성령에 감동되어 내 뒤에서 나는 나팔 소리 같은 큰 음성을 들으니, 이르되 네가 보는 것을 두루마리에 써서 에베소, 서머나, 버가모, 두아디라, 사데, 빌라델비아, 라오디게아 등 일곱 교회에 보내라 하시기로 …" 계 1:9-11

이 첫 번째 계시록-스토리 부분은 밧모 섬에서 요한에게 일어난 일을 상술하고 있다. (위엄 있는 인자가 그에게 나타나고, 일곱 교회의 천사들에게 일곱 개의 메시지를 구술한다). 이 일이 끝낸 후, 요한은 하늘에 불려 올라가, 그곳에서 하나님의 어전에서의 장면을 목격한다. 이 두 번째 계시록-스토리 부분은 죽임을 당하셨으나 살아있는(slaughtered-yet-standing) 어린 양이 하나님으로부터 받은 두루마리를 열고 그 내용을 보여주고 있다. 그 다음 요한은 천상 성전을 살피고(11:19), 이상스럽고 새로운 이적들을 본다. 이 세 번째 계시록-스토리 부분에서 (우주적) 용이 (우주적) 여인을 뒤쫓으나, 결국 (우주적) 전사에 의해 패배를 당하고, 그 결과 완전히 새로운 우주적 질서가 설립된다.

나는 이 계시록-스토리들에 대한 두 가지의 예비적 관찰을 한다. 먼저, 그것들은 점점 더 환상적이다. 청중은 더욱 이상한 영역으로 안내되고, 좀 더 기괴한 액션들을 목격한다. 밧모 섬에 있는 요한(실제 세상사건)으로부터, 환

표 5 요한계시록에서 스토리 부분들

	이야기 전개 1 (Movement One)	이야기 전개 2 (Movement Two)	이야기 전개 3 (Movement Three)
장소	밧모 섬	하늘	땅
등장인물들	위엄 있는 인간 예수 요한 교회들	죽임당한 어린 양 예수 장로들과 천사들	하늘 전사인 예수 용과 짐승들 여자와 그의 아이들
액션	편지쓰기	경배	전쟁
요한의 역할	비서	천상 여행자	선견자/예언자
초월적 체계 (Mythic Paradigm)	신현	보좌 환상	거룩한 전쟁

주의 : 이야기 전개 3의 새로운 액션은 하늘 성전이 열리며 시작된다.

상 경험과, 하늘 여행과, 우주적 전쟁까지. 그 후 독자에게 마무리 발언할 때 다시 땅으로 돌아온다. 이것은 환상적인 여행으로 주술자의 여행 같은 것이다.[22] 문학적으로, 우리는 밧모 섬에 있는 요한의 현실적 내러티브들 사이에 삽입되어있는 세 개의 다른 문학적 형식들을 발견한다: 첫째 환상은 신적 인물에 대한 계시이다(신현), 둘째는 하나님 보좌 **환상**(*Merkavah*로 알려진 일종의 유대 신비주의에서 매우 발전된 보좌 환상 형식)이다, 그리고 셋째는 우주적 전쟁 스토리(성스러운 전쟁)이다.

둘째, 이 세 개의 스토리들은 그 각 스토리 속에서는 액션이 인과적으로 연결된 시퀀스가 있는 반면에, 서로 다른 스토리들 안에 있는 사건들과는 거의 연결이 없다. 각 시퀀스는 그 자체의 논리, 그 자체의 배역들, 그 자체의 무대를 가지고 있으며, 요한은 그 각 스토리 안에서 다 다른 역할을 한다. 이 스토리들은 표 5에서처럼 도식적으로 제시될 수 있다.

각 부분의 액션을 간단히 스케치한다면, 두 가지 점이 분명해진다. 그것들 각자는 하나로 된 액션으로 보일 수 있으나, 다른 스토리들과의 사이에서는 인과적 시퀀스를 보이지 않는다. 나는 다음과 같이 이 스토리들의 핵심 사건들의 성격을 규정할 것이다. 첫째 핵심사건: 위엄있는 인자가 밧모 섬에 나타나, 그에게 두루마리에 기록하게 하고, 그것을 소아시아의 일곱 교회에 보내라고 명령한다. 이 신적 인물을 상세히 묘사한 후에, 그 신적 인물은 요한을 위로하고, 그에게 특별한 상징들을 설명하고 나서, 일곱 교회의 천사들에게 편지하라고 하신다. 둘째 핵심사건: 요한은 성령에 이끌려 하늘로 올라가, 하늘 어전에 둘러싸인 보좌 위에 계신 하나님을 본다. 두루마리는 인봉되어져 있어, 아무도 열지 못하자, 요한이 운다. 그러자 한 인물이 사자라 선언되나, 그는 (죽임을 당했으나 서있는) 어린 양으로 보이고, 그가 앞으로 나아가 일곱 개의 두루마리의 인봉을 떼게 된다. 일곱째 인봉의 침묵 속에, 일곱 나팔들이 울리고, 하나님의 나라가 임하였다는 선언이 들린다. 셋째 핵심사건: 천상의 고귀한 여자가 아이를 낳으려하자, 하늘의 용이 그 아이를 삼키고자 뒤쫓는다. 그 여자는 구원받고, 아이는 보존되나, 용은 이제 그 여자의 다른 아이들과 전쟁을 하려고 한다. 두 큰 짐승들이 바다와 땅으로부터 나오고, 어린 양은 시온 산에 144,000명을 모은다. 천상의 추수 장면은 땅의 심판을 예견하고, 일곱 개의 재앙이 시작되어, 다 이루었다는 큰 선언으로 끝난다. 이루어진 결과는 두 세트의 장면으로 이루어지는데, 한 장면은 큰 음녀를 중심으로 이루어지고(하늘 전쟁, 천상의 용사, 파멸, 천년간의 평화, 최후 전쟁, 최후 심판, 새 창조), 또 다른 한 장면은 어린 양의 신부/아내를 중심으로 이루어진다(거룩한 성의 회복).

세 번째 요점은 아마 이들 둘에 더해 질 수 있을 것이다. 이 스토리 부분들 중 각 부분은 다른 계시 형식을 보여주고 있다. 첫째 스토리는 분명히 신현이다. 그리고 셋째 스토리는 분명히 거룩한 전쟁이다. 두 번째 스토리는, 신현도 아니고 거룩한 전쟁도 아니라고 말하는 것 외에, 분명하게 달리 규정할 방법이 없다. 우리는 ***메르카바(Merkavah)*** 신비주의에 대한 정보가 부족하지만, (아마 이사야 6장의 그 유명한 환상을 기초로 한) 보좌 환상 장르(a throne vision genre)가 있었던 것 같다. 또한 어떤 이들은 보좌 장면을 황제 어전의 의식과 연결시키려고 한다.[23]

따라서 이 세 개의 문단들 각각은 단일한 액션으로 보이지만, 그 세 개의 액션들 사이에 실질적인 연결이 없다는 것은 분명하다. 누가 이 섹션들 사이에는 강한 주제적 연속성을 말할 수는 있지만, 액션의 연속성은 없다. 첫 번째 이야기의 액션(the action of the first movement)이 두 번째 혹은 세 번째의 이야기를 만들지 못한다. 그들은 인과적 순서를 만들지 못한다. 그러나 각 이야기 전개 안에서는 나름대로 분명한 인과적 순서가 있다. 우리는 그들 이야기 사이의 관계를 어떻게 이해해야 하는가? 요한계시록은 한 개의 이야기인가 아니면 세 개의 이야기인가?

"운명의 길"(Roads of Destiny)이라고 불리는 O. Henry의 단편이 있는데, 그것은 요한의 내러티브 전개와 어느 정도 유사하다. O. Henry의 스토리에서, 한 청년이 세상을 탐험하고 시를 쓰기 위해 자신의 고향 마을을 떠난다. 그러나 그가 길에서 갈래길을 만나게 되었을 때, 그는 어느 길로 나가야 될지 결정할 수 없었다. 그래서 그는 그 스토리에서 세 가지의 선택을 모두 하는 것을 보여준다. 먼저 그는 하나의 길로 간다, 그리고 두 번째 길로 간다, 그리고 마지막으로 그는 자신의 마을로 돌아간다. 각 길에서 다른 일련의 사건들이 일어나나, 각 길은 가차 없이 – 그 청년은 총에 맞아 죽임을 당한다. 매번 똑같은 총으로 – 똑같은 결말에 이른다. 이제 분명한 것은 그 내러티브는 그 사건들 중 하나라도 없다면 논지를 분명히 할 수 없을 것이기 때문에, 분명히 세 사건들 모두 그 똑같은 내러티브 안에 들어있다. 그러나 초기에 하나의 길을 택한 행위는 다른 길에 있는 행위들과는 상관없기 때문에, 분명히 각 사건 안에 액션들은 다른 두 부분의 액션들과 인과적인 관계를 가질 수 없다. 우리는 젊은이가 첫번째 길(path one)을 가기 ***전에*** 또는 간 ***후에*** 두 번째 길(path two)로 갔는지 물을려고 한다면 그것은 핵심에서 벗어나는 질문이 될 것이다. 그 연결은 전(before)과 후(after) 중 하나가 아니다. 그럼 세 부분들 사이의 관계(connection)는 무엇인가?

그 관계는 계속적으로 순서배열된 액션들과 관련되는 것이라기보다는 주제(운명)와 등장인물들과 관련된다. 그리고 그것들은 같은 내러티브 안에서 비교하여 보여질 때만 그들의 의미를 갖게 된다.[24] 누가 오 헨리(O. Henry)의 스토리를 다 읽게 되면, 새로운 방식(우연한 조우들을 넘어 운명을 택하는 방식)으로 쓰여진 시의 유혹적/파멸적인 매력을 알게 된다. 그는 또한 스토리 안의 액션이 꼭 순서적일 필요가 없다는 사실 또한 깨닫게 된다.

비슷한 방식으로, 요한의 3개의 드라마적인 액션들은 순서적으로 통일된 하나의 액션을 구성하지 않는다. 하나가 다른 하나의 앞이나 뒤에 일어나지 않는다. 그것들은 예수의 스토리를 '공통 주제'와 '중복되는 등장인물들'로서 다르게 이야기 하고 있다. 예수가 편지들을 받아쓰게 한 후에(2-3장) 또는 승리의 절정인 천상예배 후에(11장), 용은 여자의 아이들을 공격하지 않는다(12장). 그 공격은 교회의 생애와 일치하며, 하와(Eve)만큼이나 오래된 것이다. 셋째 장면은 새로운 초점으로 구속 스토리를 다시 말하고 있는 것이다. 이것은 마치 내레이터가 이 세상 나라가 하나님과 그리스도의 나라가 되었다고 천상에서 승리를 선언하는 것과 같다(11:15). 그런 후 그는 청중에게 고개를 돌려 말하길 "그것이 어떻게 일어났는지 궁금한가? 그럼, 자, 내가 너희들에게 말해주마 … " 이제 초점은 용의 공격과 그 결과로서 일어난 우주적 전쟁에 있다. 거기에서 예수는 신적 전사 모습으로 등장한다.

계시록은 하나의 사건이 전개된다기보다, 예수 스토리를 세 개의 상호 관련된 이야기들로 보여준다.[25] 하나가 다른 하나를 유발케 하는 것이 아니고, 그것들은 요한의 환상과 편지라는 공통된 틀 안에서 함께 이야기되고, 그 의미를 얻게 된다. 다음에 나오는 주석에서는 스토리를 읽을 때 청중의 이해가 형성되는 방법과, 각각의 스토리와 그들 사이의 많은 연결점들을 탐구할 것이다.

청중과 등장인물들

현대 문학 연구들에 의하면, 문학작품의 청중개념은 매우 복잡한 주제일 수 있음을 보여준다.[26] 보통 이 연구들은 현대 문학에서 아주 일반적으로 청중을 독자로 말하기 때문에 "독자"란 말을 사용한다. 그러나 나는, 고대 청중이 독자들보다는 대부분 청자들이었기 때문에 중립적인 용어인 청중을 선호한다. 우리의 목적상, 우리는 청중이 의미할 수 있는 최소 두 가지는 구분해야한다. 그 두 가지는 이 글이 1 세기 소아시아에서 이 글을 들었던 실제 청중과 글 자체에서 그 사람들을 문학적으로 표현한 것이다. 이 후자 그룹은 자주 "암시된/내포 청중"(implied audience) 또는 허구 청중 또는 작가의 청중이라 불리는데, 작가가 우리에게 내러티브를 읽을 때 암시하는 청중이다. 그것은 실제 청중과 어느 정도 일치할 것이나, 분명히 똑같지는 않다. 예를 들어, 계시록에 암시된 청중은 몇 권의 히브리어 성경들, 특히 에스겔과 다니엘과 아주 친밀하나 계시록-스토리의 모든 실제 청자들은 이런 글들이 있었다는 사실을 알았는지는 의심된다. 우리가 텍스트에서 만나는 청중은 작가가 우리가 만나기를 의도한 청중이며, 또는 더 정확히 말하면, 작가가 실제 청중들이 자신들이라고 생각하기를 바라는 청중이다.

사실, 어떤 면에서 이 암시된 청중은 스토리에서 등장인물들 중의 하나같다. 내러티브에 암시된 청중이 스토리에서 말하는 실제 남녀와 똑같다고 생각한다면, 그것은 고지식한 일이 될 것이다. 내러티브가 우리에게 보여주는 사람들 외에 우리가 실제 청중을 이해하는 다른 방법들이 있는지 알아보는 것은 중요하다.

다른 한편, 실제 청중은 짐작되는 청중 쪽으로 끌어 당겨지게 될 것이다. 예를 들어, 만약 실제 청중이 전달된 계시록-스토리를 이해하기를 바란다면, 실제 청중은 에스겔에 익숙해야 한다. 그래서 우리도 그렇게 할 것이다. 암시된 청중을 묘사하는 하나의 이유는, 저자가 우리를 위해 창조한 세계에 들어갈 수 있게 해주는 것이다. 문학작품을 읽으려면, 작가에게 창작을 요구하는 만큼이나 청중에게도 상상력이 요구된다.

우리는 청중을 프레임 내러티브(1:1-11 과 22:6-20)에서 직접 만난다. 그러나 물론 그들은 우리가 그들을 보거나 들을 수 없을 때조차, 항상 그 계시록-스토리를 듣고 있다. 우리가 계시록-내러티브를 연구해나가면서, 점점 그들에 대해 더욱 완전한 그림을 그릴 수 있을 것이다. 지금은 우리가 이야기에서 만나는 청중들은 단순히 역사상의 청중이 아니라는 것을 아는 것과 (이 암시된 독자에게 주의를 기울여서) 우리가 계시록-스토리를 듣는데 도움이 되는 전략들을 발견할 수 있다는 것을 이해한다면 충분하다. 우리는 청중을 에필로그에서 좀 더 충분히 고려할 것이다. 이제 간단히 계시록-스토리에서 다른 등장인물들을 고려해보자.

그들 중 많은 이들이 단지 조연으로 나오지만, 꽤 많은 등장인물들이 요한의 계시록 스토리에 나타난다. 부록에서 내러티브 순서에 따른 목록을 발견 할 수 있다. 여기서 나는 감히 3가지의 일반화를 제시한다. 즉 완전히 다른 두 가지 타입(현실적인 것과 환상적인 것)의 등장인물들을 포함되는 것이며, 어떤 등장인물들은 세 스토리 부분(three story segments) 중 하나에 속하지만 예상치 못한 부분들에도 나오며, 많은 등장인물들이 한 가지 이름 이상으로 나타난다는 것이다.

다른 세계의 등장인물들: 땅과 내세

요한의 두 세상, 즉 하늘과 지하는 다른 두 타입의 등장인물들이 나올 것이라는 사실은 분명하지만, 우리는 이 계시록-스토리에서 모든 종류의 사람을 만날 준비는 되어있지 않았을 것이다. 우리는 (요한, 일곱 교회들, 독자, 청자들, 안디바, 이세벨, 왕들과 평범한 사람들을 포함해서) 땅에 거하는 여러 종류의 사람들과 하늘에 거하는 사람들 (하나님, 예수, 성령, 여러 타입의 천사들, 죽은 자들)에 더하여, 요한은 아주 다른 일단의 사람들도 포함한다. 이들은 '죽임 당했으나 서있는(slain-yet-standing)' 어린 양, 해를 옷 입은 여인, 큰 붉은 용, (무저갱으로부터, 바다로부터, 땅으로부터 나온) 짐승들, 하늘 전사, 화려한 음녀, 그리고 천상의 신부를 포함한다. 그러한 배역들은 어디에서 나오는가? 그리고 이 계시록-스토리에 대해서 그들은 무엇을 계시하고 있는가?

우리는 이렇게 질문할 것이다: 어떤 종류의 스토리에서 용, 위험에 빠진 여자, 흰 말 탄자를 보게 되는가? (만약 컴퓨터 게임들을 뺀다면) 나는 단지 두 가지의 타입의 이야기, 즉 전설들과 신화에서 볼 수 있다. 전설들은 무시무시한 사건들이 일어난 먼 과거의 영웅 이야기이며, 자주 다른 세계로 여행하는 이야기가 포함된다. 중세기의 사랑이야기는 그런 전설들 위에 만들어졌다. 신화들은 신적 인물들의 스토리들로, 자주 "태초에" 무슨 일이 일어났는지 묘사한다. 그리고 진정한 세상 모습의 근본적인 면들을 항상 보여준다. 이런 면에서, 요한은 신화에 더 가까이 간다. 최소한 그는 등장인물들을 고대 신화의 창고(standard stock)에서 끌어온다.

신적인 청년전사와 혼돈의 용 사이에서 벌어지는 전쟁신화로 가장 오래된 것은 (요한이 우리시대 이전에 있는 만큼이나 오래된 요한 시대 이전의) 고대 바벨론까지 거슬러 올라간다. 그 스토리에서 바다의 용으로 그려진 티아맛(Tiamat)은 모든 신들이 너무 소란스럽기 때문에 그들을 제거하기로 한다. 물론 신들은 이러한 소란스럽게 한 행동을 후회하나, 그들 중 어느 누구도 그녀를 막을 만큼 강하지 못하다. 심사숙고한 후에, 그들은 각자 자신들의 특별한 능력을 그들 중 하나인 젊은 전사 말둑(Marduk)에게 주기로 한다. 따라서 능력을 받은 말둑은 용과 전쟁을 하여, 용을 죽이고, 그가 흘린 피로 인간을 창조한다.[27]

그리고 다른 사람들의 행위들을 심판한 후에, 말둑은 결혼하고 온 세상을 다스린다. 요한은 그 스토리를 듣고, 분명히 그 진짜 이야기(version)는 부활하셔서 참 통치자가 되신 그리스도에게 적용되어야 한다고 생각하였다.[28]

물론 그리스도를 신적 전사라고 본 것은 물론 (그분이 부당한 죽음의 순간까지 다른 쪽 뺨을 돌려내는 분으로서) 예수에 대한 복음서 전통과 얼마간의 긴장이 있다. 이것은 (일관된 요한계시록의 해석을 만들어내야 하는) 주요 문제들 중 하나이다. 그러나 요한은 새로운 형태로 예수의 스토리를 제시하는데 주저하지 않는다.

어떤 스토리에 어떤 등장인물들이?

물론 이 예수를 하늘 전사로 배역설정한 것은, 그 주제가 이미 첫 번째 이야기(2:16)에서 암시되기는 하지만, 요한의 스토리의 3번째 이야기에서만 일어난다. 그러나 이것은 좀 잘못 말하는 것이다. 우리가 실제로 발견하게 되는 것은 (계시록-내러티브의 기저를 이루며 연속적으로 나오는) 등장인물들이 세개의 분리된 이야기 세트들에 다 나오고 있다는 것이다.

따라서 첫 번째 이야기에서 우리는 "사람의 아들같은 이"라고 표현한 위엄있는 인물을 보았다. 이것은 헬라어 ***휘온 안드로푸(huion anthropou)***에 대한 문자적 번역으로, 영어로는 인자(son of man)가 되었다. 그 인자의 기원은 많은 논쟁이 있으나 확실히 (사람의 아들은 짐승들과 대조되고, 이스라엘의 인간성은 이스라엘의 적들의 야수적인 성질과 대조를 이루고 있는) 다니엘 7장의 환상에 얼마간 빚을 지고 있다.

따라서 사람의 인간성에 대한 이러한 강조는 그 의미의 한 (근본적인) 면이다.[29] 이제 이 등장인물이 "진짜" 예수라는 것이 분명하게 될 것이다. 그러나 우리는 그러한 동일시가 ***계시록-스토리에서(in the story)*** 우리는 (첫 번째 이야기에서 액션을 수행하고 있는) 천상적 인간을 만나고 있다는 사실을 분명히 하자.

두 번째 이야기 전개에서 우리는 다시 분명히 예수를 가리키는, 죽임을 당했으나 서있는 어린 양(slain-yet-standing lamb)이란 인물을 만난다. 그 스토리에서 어린 양 배역은 하나님과 함께 보좌에 앉아계시고, 인봉된 두루마리를 여신다. 우리는 이러한 성격묘사가 왜 이 계시록 스토리에서 사용되는지 물어야 할 필요가 있을 것이다.

세 번째 이야기에서, 예수는 먼저 천상여자의 갓 태어난 아이로 나타나므로, 첫 번째 이야기에서의 성격을 반향하고 있다. 이 인물은 후에 하늘에서 내려오는 백마 탄자로 나타나므로, 그는 용과의 전쟁 스토리에 잘 맞는다. 그러나 요한은 어린 양을 하나님의 백성의 군대(14:1)를 이끄는 자로서 뿐만 아니라–더 놀랍게는–스토리의 끝에 하늘에서 내려오는 천상여자의 남편으로 이 세 번째 이야기에 삽입함으로 그 문제들을 이해하기 어렵게 만든다. 훨씬 더 곤혹스럽게, 그 여인은 도성으로 그려지고 있지 않은가! 정말 이상한 결혼이다.[30] 인자 역시 잠깐 나타난다(14:14).

다른 배역들 역시 엉뚱한 세트위에서 어슬렁거리는 것 같다. 예를 들어, 짐승은 우주전쟁의 세 번째 이야기에 나오나, 이미 두 번째 이야기(11:7) 안에서 카메오 출연(특별 출연)을 한다. 세 번째 이야기에서 짐승과 대적하기 위해 모인 144,000명의 군대는 두 번째 이야기(7:4)에 등장한다. 그리고 그들은 두 번째 이야기의 어린 양에 의해 인도된다(14:1).

그런데 우리가 발견한 것은 세 개의 시나리오들에 나오는 세 세트의 등장인물이다. 얼마간은 겹치고–예를 들면, 요한은 세 개의 이야기들 모두에서 등장인물로 나타난다–얼마간은 이동한다. 한 시나리오에서의 등장인물들이, 소개나 해설이나 설명없이, 다른 시나리오에 나타난다. 이것은 두 가지 질문을 야기한다. 요한은 이러한 방식으로 무엇을 얻는가? 그리고 일반적으로 왜 독자들은 그것을 받아들이는가?

별명들과 변장들(ALIASES AND DISGUISES)

청중들은 큰 저항없이 이렇게 배역들이 섞이는 것을 받아들이는 것 같다.

주석들도 그에 대해 거의 언급하지 않는다. 나는 이에 대한 이유가 이들 배역들 각자가 가명(pseudonym)을 사용하기 때문이라고 생각한다. 요한이 늦게 12장에서 용을 소개한 것을 생각해보자.

> 큰 용이 내쫓기니 옛 뱀 곧 마귀라고도 하고 사탄이라고도 하며 온 천하를 꾀는 자라 그가 땅으로 내쫓기니 그의 사자들도 그와 함께 내쫓기니라.
> 계 12:9(역시 20:2)

한 이름과 네 개의 가명들! 아니면 5개의 가명들 어쨌든 청중은 스토리에 나오는 등장인물들은 역시 그 스토리의 범위를 넘어선 배역들이라는 것을 이해하고 있다. 그래서 그 스토리는 살아있는 일종의 알레고리로서 기능한다. 다시 우리는 두-평면 시스템(two-plane system)에 직면해야 한다. (좀 더 높은 평면 위에 있는) 사람의 아들, 어린 양과 천상 전사는 같은 인물이라는 것을 알기 때문에, 우리는 그런 배역들로 인하여 이해하는 것이 어렵지는 않다. 따라서 어린 양이 전쟁 장면에서 군대의 우두머리(!)로 등장할 때, 우리는 그 어린 양이 누구인지 알기 때문에 그것을 받아들인다.

그러면 이름들과 배역들이 이렇게 바뀌면 무엇이 얻어지는가? 정확히 말하면 더 높은 평면 위에 있는 어떤 새로운 관점이다. 예수, 혹은 사단 혹은 신자들의 공동체를 이런 저런 배역으로 등장시킴으로써, 저자는 그들의 정체성 중 한 면을 강조하는 것이다. 죽임을 당한 어린 양이 이끄는 군대는 더욱 이상한 전쟁 개념을 보여준다. 스토리 안에의 각 등장인물이 각 포인트에서 어떻게 성격묘사 되고 있는지를 면밀히 추적할 것이다.

시간과 장소

계시록 스토리의 관점 안에서 본다면, 계시록에 있는 모든 것은 하루 사이에 – 주의 날(1:10) – 이루어진다. 우리는 이것을 첫 내러티브 레벨의 가상의 셋팅이라 부르게 될 것이다. 이 레벨에서, 모든 액션은 주의 날에 밧모섬에서 일어난다. 만약 우리가 계시록-스토리 아래로 더 내려간다면, 다른 시간들과 다른 장소들을 발견한다. 예를 들면, 일곱 교회들에게 보내는 편지들을 옮겨 쓴 후, 요한은 밧모섬에서 하늘로 이동한다. 시간 프레임은 미결정된 상태이지만, 액션은 천상예배 장면인 것같다. 그래서 주의 날이란 시간 프레임에 부적합하지 않다.

그러나 천상의 여자 환상(12장)이 시작되자, 스토리 안의 시간과 장소 모두 매우 애매해진다. 요한은 하늘과 땅 사이 어딘가에서 정지하고, 양쪽에 참여할 수 있는 듯하다. 시간 역시 중지된듯하다. 모든 것이 연속적으로 빨리 일어난다. 날이나 주나 계절에 대한 표시가 없다. 우리는 스토리의 시간에 대해 더 많은 것을 말할 수 있으며, 이후 해석에서 그것에 대해 상세히 주목할 것이다. 지금은 스토리 시간과 역사적 시간 사이의 차이를 인식하는 것으로 충분하다. 우리는 우리가 내러티브 작품을 읽고 있다는 사실을 심각히 받아들여야하며, 스토리의 시간들과 장소들이 그 이야기를 듣고 있는 청중의 실제 시간과 장소들이라고 순진하게 생각해서는 안 된다.

따라서 요한은 이 스토리가 일곱 교회들에게 전해지고 있을 때 반드시 밧모섬에 있을 필요는 없다. 그 계시록-스토리의 첫 부분에서 그의 밧모섬이라는 위치는 두 번째 이야기 부분에서 그의 천상이라는 위치와 다르지 않다. 또한 요한의 상징법의 성질을 가정하면, 일곱 교회들을 문자적으로 취해야 할 필요도 없다. 요한이 그 이야기를 한 회중에게 읽도록 의도했든 십여 회중들에게 읽도록 의도했든 간에, ***일곱(seven)*** 교회일 것이다.

이러한 인식은 요한계시록을 쓴 실제 역사적인 시간과 장소를 정확히 서술하려는 우리의 시도를 복잡하게 만든다. 그렇지만 이런 상황을 낫게 만드는 것들이 있다. 일곱 교회들의 이름이 나온다. 그리고 그 교회들은 아시아의 로마지방에서 대략 원호를 그리며 위치해 있던 기존도시들이다. 더하여, 각 교회에 대해 말한 것들은 얼마간 알려져 있는 지역상황과 자주 일치한다.[31] 이 때문에 우리에게 요한계시록이 이런 일반적인 지역에 놓여져야 한다는 확신이 든다.

우리는 고고학적이며 문학적인 출처들로부터 그 지역에 대해 꽤나 알고 있다. 꽤 잘 나가는 지역이었고, 이 도시들은 그 지역을 이끄는 주요도시들이었다-그 도시들 중 여섯 도시는 그 지역들의 수도였다.[32] 또한 이 시기는 어려운 시절이 아니었고, 이 지역은 한창 번영을 누릴 때이다.[33] 1, 2세기에 착공되어진 새로운 공공건물들의 수가 꽤 놀랍다. 에베소에는 내 자신의 대략 계산으로 스물 둘(22), 버가모에는 열한 개(11)이다. 그 두 도시는 건축 시기를 감히 추정해볼 수 있는 건축물들이 많이 남아있는 유일한 도시들이다.[34] 1, 2세기 그 지역은 부가 증가하는 시기였다. 물론 번영이란 결코 공평하게 나누어지지는 않는다. 그리고 모든 지역에서처럼 로마에 달라붙은 소수 엘리트들이 있었으며, 훨씬 더 많은 대다수는 높은 세금과 외세의 지배로 지쳐있었다. 그 지역은 반란이 일어나기 쉬웠다.

그 지역의 기독교인들의 상황은 상당한 논쟁거리이다. 두 가지 기본 입장이 있는데, 한 입장은 좀 치밀하고 강력한 기독교도에 대한 박해가 있었다고 생각하고, 또 한 입장은, 있다손 치더라도, 거의 박해가 없었다고 생각하는 사람들이 있다. 전자가 표준적 견해이나, 나는 후자 쪽이다. 우리가 계시록 자체를, 역사적 증거보다는 계시록 스토리에서 일어나고 있는 것들로만 증거를 삼는다면, 박해란 주제를 지지할 것이 거의 없다.[35] 당분간 그 문제에 대해 열린 마음을 가진다면 족할 것이다.

요한계시록의 저작연대를 정확히 하는 것은 불가능하다. 거기에도 두 가지 견해, 즉 네로 시기(늦은 60년대)와 도미티안 시대(늦은 90년대)가 있다. 네로 시기를 지지하는 의견은 얼마간의 자료가 (숫자 수수께끼 666의 해독같이, 13:18에 대한 주석을 보라) 네로시기와 정확하게 맞아 떨어지는 것 같다는 사실에 있다. 도미티안 시기를 지지하는 의견은 2세기 말 작가인 Irenaeus(약 180년)의 분명한 진술로, 계시록은 "오래 전이 아니고 거의 우리 자신의 시대, 즉 도미티안 황제 말기 경에 나타났다" (*Against the Heretics* 5.30.3)라고 말한 데 있다.

내 생각에는 그 질문이 잘못되었다. 우리는 요한이 밧모 섬에서 하루에 이 전체 계시를 받았다고 믿는다. 계시록-스토리 사건에 너무 많은 믿음을 주고 있다. 그러나 그보다 더 그럴 듯한 설명은, 요한계시록에는 그의 평생 동안 받은 비전들과 그의 그것들에 대한 깊은 숙고들이 포함되어 있다는 것이다. 그것들은 아마 수십 년에 걸쳐 썼을("written") 것이다. 아마 네로시기나 그의 사후 곧 썼을 것이다. 그리고 1세기 말에 그 최종적인 형태를 갖게 되었을 것이다. 그것은 최소한 우리가 요한계시록을 실제 읽을 때 시험해 볼 수 있는 가설이다.

해석하기

모든 문학 비평가는 하나의 큰 어려움에 직면한다. 우리는 한 편으로는 그 내용이 무엇인지 알기위해, 그것을 이해하기위해, 심지어 다른 사람들에게 그것을 설명할 수 있기 위해 충분한 주의를 가지고 어떤 문학작품을 읽었다고 생각한다. 그러나 다른 한편으로는 문학작품은 번역할 수 없다고 생각한다. 그것이 말하는 것은 다른 방식으로는 말하여질 수 없으며, 똑같을 수 없다. Archibald MacLeish는 그의 시 "Ars Poetica"에서 지적한 것은 바로 이러한 패러독스였다:[36]

A poem should be palpable and mute	시는 뚜렷하나 말은 없다.
As a globed fruit	동그란 과일처럼
Dumb	말이 없다.
As old medallions to the thumb	엄지손가락의 큰 보석들처럼
Silent as the sleeve-worn stone	소매 닳은 돌처럼 침묵한다.
Of casement ledges where the moss has grown –	이끼가 자라난 창틀의 –
A Poem should be wordless	시는 말이 없다.
As the flight of birds	새들이 날 때처럼
A poem should be motionless in time	시는 곧 움직임이 없어야 한다.
As the moon climbs	달이 떠오를 때
Leaving, as the moon releases	달이 풀려나는 것처럼, 떠난다.
Twig by twig the night-entangled trees,	가지마다 어둠이 얽혀있던 나무들
Leaving, as the moon behind the winter leaves,	달이 겨울을 남겨놓은 것처럼, 떠난다.
Memory by memory the mind –	기억마다 그 마음 –
A poem should be motionless in time	시는 곧 움직임이 없어야 한다.
As the moon climbs	달이 떠오를 때
A poem should be equal to:	시는 같아야 하나
Not true	사실이 아니다.
For all the history of grief	모든 슬픈 역사를 위해,
An empty doorway and a maple leaf	빈 문간과 단풍나무 잎
For love	사랑을 위해,
The leaning grasses and two lights above the sea –	기우는 잔디와 바다위의 두 빛들 –
A poem should not mean	시는 의미하지 않으나
But Be.	있어야 한다.

역자 주. 위 시의 오른편 한글 부분은 그저 참고할 수 있도록 번역한 것이다.

게다가, 우리 대부분은 문학작품들이 한 가지 이상으로 해석이 가능하다고 확신한다. 사실, 오직 한 가지로만 해석할 수 있는 문서를 쓰는 것은 거의 불가능하다. 완전한 의미를 갖는 계약서를 쓰는 것이 얼마나 어려운지 보라 – 그리고 이 목표에 더 이를수록, 변호사들만이 이해할 수 있을 때까지, 그 문서는 점점 더 읽을 수 없게 된다는 사실을 주목하라. 그리고 물론 신약성경들에 대해 쓴 수많은 주석들이 바로 그 애매한 성질에 대한 충분한 증거이다. 이것은 물론 이 해석들 사이의 관계에 대한 질문을 야기한다. 그것들 모두 타당한가? 어떤 것들은 타당하고 다른 것들은 틀린 것인가? 그들 모두 틀린 것인가?

만약 이것이 다지선다형 시험이라면, 나는 "위 모두를" 선택해야 할 것이다. 텍스트가 실제로 무엇을 말하는지에 근거한 모든 해석들은 어느 정도 타당하다. 그러나 모든 해석들이 부분적이며 단편적이어서, 어떤 부분에서는 틀리다. 그러나 어떤 것들은 다른 것들보다 더 부분적이고, 더 불완전하고, 더 틀리다. 또는 긍정적으로 말하면, 어떤 해석들은 다른 해석들보다 더 권위가 있다. 이것은 왜 그러한가?

우리가 해석을 하는 방법에 대해 질문을 하는 것이 중요하다. 이것은 엄청나게 복잡한 주제이나, 가능한 한 단순화시켜보자. 내가 어떤 것을 읽고 다른 사람에게 그 의미를 말할 때 해석을 한다고 하자. 그런 단순한 문장에 무엇이 숨겨져 있는가? 우리는 3가지의 중요한 모호함을 관찰할 수 있다. 첫째, 우리는 ***읽다(read)***가 무슨 의미인지 물어야 한다. 읽는다는 것은 단순히 일련의 글자들을 해독하는 것이 아니다. 우리가 읽을 때, 단어들은 우리 마음에 어떤 시나리오, 어떤 이미지, 또는 (어떤 의미가 의도되었는지에 대한) 어떤 가정을 이끌어낸다. 우리가 읽어가면서 그 시나리오는 바뀐다 – 즉 계속 읽어가면서 그 시나리오가 더 확실해지거나, 수정되거나, 부정된다. 예를 들어, 농담의 효과는, 우리를 끌어들이고, 우리를 속여 하나의 시나리오에 따라 생각하게 하고, 이전의 모든 데이터를 다른 시나리오 속으로 혼합시켜 새로운 의미를 만들어 우리를 놀라게 하는 능력에 달려있다.

> 좀 거칠게 보이는 친구가 거대한 악어를 끌고 아일랜드의 주점 안으로 걸어 들어왔다. 그리고 퉁명스럽게 바텐더에게 "여기서는 개신교인들에게/을 파느냐? (Do you serve protestants here?)" 좀 겁에 질린 바텐더가 대답했다. "예, 물론입니다." 그에게 그 손님이 대답했다, "좋아, 나에게는 더블 스카치 한 잔 그리고 내 '악어' 에게는 개신교인 하나."

대부분의 스토리들은 초기 시나리오들과 다르지 않다. 그러나 모든 재미있는 스토리들은 점점 진전될 것이며, 독자들에게 그 액션에 변화하는 관점들을 채택하도록 요구할 것이다. 독서란 단순히 그 페이지의 단어들의 의미들을 더해가는 간단한 일이 아니다. 그것은 창의적인 작업이다.

둘째, 가정된 세 번째 액션인 이해하다는 내 문장의 두 동사(읽다...말하다) 사이에 숨겨져 있다. 여기서 우리는 진짜로 매우 어두운 바다에 들어간다. 단순한 언어도 이해하기 위해서 컴퓨터를 가르치려고 한다면 우리가 얼마나 이러한 과정(process)에 대해 아는 것이 없는지를 보여준다. 나는 이전에 우리 모두가 해석할 수 있으리라는 생각한 한 문장을 시연하여 보았다:

> 시간은 화살처럼 날아간다. (Time flies like an arrow.)

그러나 우리는 *flies*가 동사라는 것을 어떻게 아는가? 만약 *like*가 동사이고 time flies가 시한폭탄을 은유하다면 어떻게 되는가? 또는 *time*(속도를 재다)이 동사이고 파리들의 속도를 화살의 속도와 비교하기 위해서 flies(파리들)가 명령법에서 그 목적어라면 어떻게 되는가? 우리는, 문법적으로 가능하다고 할지라도 이런 다른 해석들은 받아들일 수 없는 세상의 일반적인 경험을 가지고 있기 때문에 내가 그런 해석을 의심하게 된다는 것을 안다. 그러나 독자의 경험에 호소하는 것은 (어느 두 독자들도 똑같은 경험을 할 수 없을 것이기 때문에) 완전히 새로운 문제를 야기시킨다.

이 때문에, 세 번째이면서 가장 중요한, 문장의 주어(읽고, 이해하고, 말하는 "나.")를 생각해 보자, 해석에서 독자의 역할은 무엇인가? 극단적인 사람들은 독자에게 모든 것을 넘기자고 주장한다. 독자 없이, 텍스트는 아무런 의미를 만들지 못한다. 우리는 어떤 이가 그것을 읽을 때까지는 그것이 존재조차 하지 않는다고 말할 수 있을지도 모른다. 독자가 없이는 텍스트는 단지 한 페이지 위의 표식들이며 기껏해야 잠재적일 뿐이다. 따라서 의미는 독자가 결정한다. 독자 개인에 의해 그 의미가 결정되기 때문에 어떤 해석도 가능하다.[37]

다른 극단적인 면에는 독자가 텍스트의 잠재성을 현실화시킨다고 말하는 이들이 있다. 따라서 의미는 텍스트 안에 살고 있다. 만약 독자가 "바른" 읽기를 하지 않는다면, 이 사람은 텍스트를 잘못 읽고, 불완전한 해석만을 하게 된다.[38]

물론 독자와 텍스트 둘 *다(both)*에게 권위를 주는 세 번째 대안이 있다. 어떤 정해진 텍스트라면 우리의 읽기를 결정하지 않을지도 모르지만, 텍스트는 우리의 읽기를 반드시 억제한다. 어떤 텍스트를 일반적으로 읽지 않은 방법으로 읽으면, 틀린 것으로 생각되어질 것이고, 웃기기까지 할 것이다. 전에 어떤 학생이 이웃 사립학교에서 친구와 테니스하는 것에 대해 이야기한다. 테니스 코트의 표지판에 이렇게 단호하게 명시되어 있었다:

Faculty Only No Student Allowed (교수들만, 학생은 허용 안 됨)

이 표지판이 맘에 들지 않았던 내 학생은 그 표지판이 Faculty Only? No? Students Allowed.(교수들만? No! 학생들은 허용됨)라고 읽혀져야 하므로, 그들이 테니스하는 것을 분명히 허용한다고 쓴 것이라고 시위하였다.

이런 창의적인 오독을 통해, 어떤 텍스트의 읽기가 통하지 않을 수 있다는 것을 확인시켜 준다. 텍스트들은 한 가지 이상의 읽기를 허용한다. 그래서 문학적 텍스트들은 여러 해석을 허용한다. 그러나 어떤 텍스트도 마음대로 읽는 것은 허용하지는 않는다. 텍스트가 해석을 제어하듯 독자들도 텍스트를 제어한다.

특히 문학 텍스트들은 다양한 읽기에 초대한다. 왜냐하면 그것들은 많은 것을 상상력에 두기 때문이다. 우리는 여러 장면들, 여러 배역들, 여러 연결들을 상상해야하며, 여러 동기들, 여러 가치들, 성격을 추론해야 하고, 과거 사건들, 관계들, 순서를 재건축해야 한다. 어떤 비평가가 묘사하듯이;

> 밤 하늘을 쳐다보는 두 사람 모두 똑 같은 별 무리를 바라볼 수 있다. 그러나 한사람은 쟁기 이미지를 보고, 다른 사람은 국자를 볼 것이다. 문학 텍스트에서 그 "별들"은 그대로지만, 그들을 묶는 선들은 다양할 수 있다.[39]

텍스트와 해석에 대한 이런 이해를 가정한다면, 당신에게 계시록이 무엇을 의미하는가를 말하는 것은 분명히 주석자로서의 내 일은 아니다. 텍스트로부터 의미를 뽑아내는 것은 불가능할 뿐 아니라, 다른 독자들에게 의미있는 해석을 제공하는 것 역시 불가능하다. 남아공의 흑백분리정책(apartheid) 아래 사는 흑인들을 위한 계시록에 대한 어떤 해석은 감동적일 수 있으나, 대의 민주주의에서 사는 우리 같은 사람들에게는 어떤 관련성이 부족할 것이다.[40] 그리고 우리의 해석은 독재아래 사는 사람들에게는 시시하거나 사소하게 보일 수 있다. 그래서 나의 해석은 나의 것이고, 독자는 독자 자신의 해석을 하기 마련이다.

이 주석은 어떤 의미나 어떤 해석을 제공하는 것이라기보다는, 당신의 해석에 요한계시록을 열어줄 문학적이고 문화적인 수단들을 제공할 것이다.[41] 또한 우리는 이 계시록이 주로 듣는 스토리이지 (눈으로 보고 읽고) 연구하는 텍스트가 아니라는 것을 항상 기억해야 하기 때문에, 아마 나는 당신의 귀를 계시록-스토리에 열어 놓아야 한다고 생각한다. 요한계시록은 매번 읽을 때마다 만들어지는 독특한 그 구술 스토리(oral story)인 계시록과 연구되고 (그 자체나 이전 텍스트들과) 비교되어지는 고정된 텍스트(fixed text)인 계시록 사이의 경계 위에 있다. 요한계시록은 큰 소리로 읽도록 의도된 텍스트이다. 계시록-스토리에 대한 그런 청각 사용은 작고 상세한 것들에 매이지 않게 할 것이고, 엄격한 일관성도 요구하지 않을 것이다. 요한계시록을 듣는다는 것은 청자를 변화시키기 위해 의도된 것을 경험하는 것이었다.[42]

The Letter Scroll

REVELATION 1:1-3:22

두루마리

편지 두루마리

계시록 1:1-3:22

모든 짧은 스토리는, 영웅의 스토리이건 청중의 스토리이건 간에, 본질적으로는 계시 스토리(a story of revelation)이다.[1]

THOMAS M. LEITCH, *What Stories Are*

본 문단(Unit)의 개관

이 문단은 짧은 서문(1:1-3), 편지시작과 영광송(opening)(1:4-8), 최초의 환상(1:9-20), 그리고 일곱 교회에 대한 메시지들(2:1-3:22)로 이루어진다. 최초 환상과 메시지들은 스토리의 첫 주요 이야기(movement)를 구성한다. 그것은 다음과 같이 요약할 수 있을 것이다. 이미지와 액션이 만들어내는 풍성한 질감을 거의 표현하지는 못하고 있지만, 승천하신 그리스도가 요한에게 나타나 일곱 교회에게 편지를 보내게 한다.

독자를 안내하기 : 저자 서문

글쓰는 종이가 두루마리로부터 '묶은 책(bound pages)'으로 바뀌기 시작한 것은 계시록이 쓰여지고 있을 때였다. 그러나 우리의 작가는 분명히 더 옛 것을 사용하였다. 그는 두루마리란 용어를 1:11, 5:11, 10:2에서 사용하고 있다. 따라서 원 독자는 한쪽으로 말아놓은 약 20피트 길이의 좀 거친 종이 재료인 파피루스 두루마리를 보았을 것이다.[2] 글을 앞으로 읽어나갈 때, 말아놓은 두루마리를 풀면 글의 좁은 세로단(column)이 보여지고, 두루마리의 앞부분을 다시 감으며 읽었을 것이다. 글들은 모두 대문자였으며, 단어들 사이에 공간들이나 구두점이라고 하는 문장부호들도 거의 없이 쓰여진 것이다. 처음에 새로운 문서를 읽어낸다는 것은 매우 어려워서 대단한 일로 생각되었다.[3] 사람들 앞에서 글을 읽고자 하는 사람은 수 시간 읽는 것을 연습해야 할 것이다. 부분적으로는, 글의 의미를 파악하기 어렵기 때문에, 비록 혼자 읽는다고 할지라도, 모든 독서는 큰 소리로 읽었다.* 더 일반적으로 사람들은 누가 글을 큰 소리로 읽는 것을 들었다.[4]

(*이 상황은 사도행전에 기록된 이야기, 빌립이 에디오피아 여왕 간다게의 내시가 마차를 타고가면서 글을 읽고 있는 것을 들었을 때의 경우에 잘 묘사되어있다. 빌립이 그에게 "읽는 것을 깨닫느뇨?" 라고 묻자, 그 내시는 기분이 상해서 화를 내는 대신, "지도하는 사람이 없으니 어찌 깨달을 수 있느뇨?"라고 대답하였다. 당시에 글을 읽는다는 것은 사람들이 다른 사람의 도움을 꺼리지 않았던 어려운 기술이었다. 오늘날 그와 가장 비슷한 예를 든다면, 어떤 사람이 대학교 건물 배치도를 보는 것일 것이다. "지도 읽기"가 매우 발전된 현대기술은 아니지만, 당신이 다른 사람들에게 도움을 제공해도 그는 기분 나빠하지 않을 것이다.)

작가들은 독자들을 돕고, 청중이 이해할 수 있도록 매우 다양한 테크닉을 발달시켰다. 우리는 계시록에서 반복, 병행, 교차대조, 관용구들, 번호달기 같은 많은 다양한 장치들을 발견하게 될 것이다. 서두에는 제목달기(titling)와 프레임 만들기(framing)라는 두 가지 장치가 발견된다. 분명히 두루마리는 제목 표지면이 없고, 필사본도 없으며, 역사상 처음 프린트된 책도 아니었을 것이다.[5] 그럼 어떻게 책에 제목을 달았을까? 그런 정보는 (요한복음의 시작에서처럼) 전혀 보이지 않거나, (마가복음, 마태복음과 누가복음의 서두처럼) 서두의 구절에 포함되어 있다. 이렇게 도입부는 단순한 제목(마가복음)으로부터 정교한 서문(누가

복음)까지 다양할 수 있다. 분명한 제목과 독자를 안내하기에 충분한 추가적인 정보를 제공하고 있는 계시록은 중간쯤이다.

외부 프레임: 화자음성(OUTSIDE FRAME: THE SPEAKING VOICE)

Apocalypsis Iésou Christou – 예수 그리스도의 계시 – 는 도입선언이면서, 책의 제목으로 기능을 한다. 이 책에 일반적인 두 가지 영어 제목은 (도입부의 헬라단어로부터 나온) 묵시록(The Apocalypse) 그리고 (라틴어, *revelatio* 의 단어의 의미로부터 나온) 계시록(The Book of Revelation)이다. 그런데 아니러니하게도, 전통적으로 라틴어판 ***Vulgate***에 의지하는 로마 가톨릭은 '묵시록' 이라는 제목을 선호하고, 전통적으로 헬라어 원문으로 돌아가자고 강조하는 개신교는 라틴어로부터 번역된 '계시록' 란 제목을 사용하는 경향이 있다. 나는 두 제목을 호환 사용할 것이다. 그 제목은 실제적으로 두 번째 절(verse two)까지 이어지는데, 그 긴 문장조각의 선명한 의미 때문에 그 문장의 주동사가 없다는 사실을 간과하게 한다. (번역과 추가적인 토론에 대해서는 프롤로그 17-20면을 보라.) 우리는 첫 시작부에서, 하나님의 사자에 의해 (말씀들과 환상들로) 요한에게 중개된, 예수 그리스도에 대한 이야기를 듣게 된 것이라고 듣는다. 우리는 이 음성으로부터 무엇을 더 들을 수 있을까?

먼저, 문자적이고 비유적인 의미 둘 다 가진 용어인 ***관점(point of view)***에 대한 질문이 생긴다. 문자적으로 관점은 누구의 눈을 통해서 우리가 사건을 인식하게 되는가?를 의미한다. 그리고 비유적으로 관점은 누구의 가치, 관심, 또는 이념을 통해서 인식하게 되는 것을 말한다. 우리가 어린아이들이었을 때에도 우리는 어떤 스토리를 누구의 관점에서 듣는가를 아는 것이 중요하다는 것을 충분히 안다. 우리는, 부모들이 항상 우리의 형제들이 말하는 이야기(version)보다, 그 사건들에 대해 ***우리*** 입장에서 말하는 이야기, 즉 우리의 경험과 가치로 본 것을 들었다는 것을 기억한다. 관점에 대한 문자적인 개념의 핵심은 ***초점 맞추기(focalization)***이다. 이 스토리는 누구의 경험과 가치에 초점을 맞추고 있는가? 이 사람은 (공간적으로, 시간적으로, 신념적으로, 작가와 관련하여, 스토리의 다른 배역들과 관련하여, 청중과 관련하여) 어디에 서있는가?

여하간 이것은 누구의 음성인가? 하나님의 음성인가? 예수의 음성인가? 요한의 음성인가? 그 밖의 어떤 사람의 음성인가? 독자는 확신할 수 없다–이후 스토리의 많은 부분에 퍼져 있는 모호함(ambiguity) 때문이다. 그 음성의 원천이 누구이든지 간에, 음성은 내러티브의 최외각 프레임에서 대담하게 계시록-스토리의 성격과 기원을 선언하고 있다. 이 계시는 하나님이 주신 ... 예수 그리스도의 계시이다. 따라서 내포된(implict) 관점은 하나님의 것이다. 즉 하나님은 이 스토리의 궁극적인 원천이시다. 또는 저자는 청중들로 그렇게 믿게 했을 것이다.

둘째, 그 음성은 우리에게 스토리의 등장인물들을 소개한다: 하나님, 예수, 메신저(헬라어로: ***angelos***, angel), 종들, 요한(그는 다음 이야기의 저자임을 그 음성이 암시한다). 그들 사이에 어떤 관련이 있음이 분명하다고 해도, 이 등장인물들에 대한 묘사가 보이지 않는다. 그것이 의미하는 것은 청중들은 이미 그들이 누구인지 알고 있다는 것이다. 이러한 배역들의 성격과 암시된(implicit) 청중의 신분은 스토리가 진행되면서 더욱 분명하게 명확해질 것이다.

셋째, 그 음성은 뒤따르는 내용을 "계시(revelation)"라고 부른다. 헬라어 단어는 어원 ***kalupto***(덮다, 숨기다)와 전치사 ***apo***(off, from)로부터 나온 ***apokalypsis***로, 그 의미는 '베일을 벗기다,' '덮개를 제거하다,' '드러내다' 이다. 예를 들어, 그 단어는 문자적으로는 사람의 머리에 쓴 것을 벗긴다고 쓸 수 있거나, 은유적으로 사람이 생각하는 것을 들어낸다는 뜻으로, 사람의 마음에 쓴 것을 벗긴다. 그리고 은유적으로 그 단어는 드러내게 하는, 발견(discovery)이라는 의미를 가지고 있다. 그런 계시들은 초대기독교인들의 예배의 일반적인 요소였다. 최소한 바울은 고린도의 예배의식을 은사를 서로 나누는 것으로 묘사하고 있다: "그런즉 형제들아 어찌할까 너희가 모일 때에 각각

찬송시도 있으며 가르치는 말씀도 있으며 계시도 있으며 방언도 있으며 통역함도 있나니 모든 것을 덕을 세우기 위하여 하라"(고전 14:26). 우리는 이 서신을 받은 고린도 공동체의 예배의식이 이와 똑같다고 생각할 수는 없다. 고린도 지역은 요한계시록의 수신자인 소아시아 도시들로부터 바다 건너편에 있던 헬라 본토에 있으며, 바울은 그 서신을 십 수 년 전에 썼다. 그때도 그들은 "계시들"을 많이 경험하고 있었다고 생각하는 것이 합리적이다.

이 가설을 지지하는 다른 요소는 주변문화들에서, 즉 유대와 헬라의, 수많은 "계시"에 관한 책들이 있었다는 점이다. 유대작가들은 요한이 계시록을 쓰기까지 벌써 2세기 이상 묵시록들을 써내고 있었다.[6] 히브리 성경에서 다니엘서는 많은 묵시적인 특성들을 가지고 있다. 예언자는 상징적인 꿈과 환상들을 받게 되자, 그는 신의 사자의 도움으로 그 의미를 해석한다(특히 다니엘 7-12장을 보라.) 게다가 에녹, 에스라, 이사야, 바룩, 아브라함과 다른 고대 훌륭한 인물들의 이름들로 쓴 수많은 글들이 있다. 그리고 유사 계시적 글들은 그리스, 페르시아, 이집트 문맥들에서 추적될 수 있다.[7]

수많은 다른 기독교 묵시들과 신약성경 안에 그런 문헌들의 흔적들이 있다. 유다서, 베드로후서, 마가복음 13장, 마태복음 24-25장, 데살로니가가 후서가 그런 것들이다.[8] 따라서 그런 계시들은 매우 잘 알려진 문학형식이었다. 요한의 책은 우리에게 들리는 것처럼 원 청중에게는 그리 이상하게 들리지 않았을 것이다.

넷째, 그 음성은 다음에 나오는 스토리들에게 우리를 안내할 세계에 대한 어떤 가정들을 만들고 있다. 예를 들어, 요한은 하나님으로부터 또는 예수로부터 직접 이 계시를 받지 않고, 그보다 복잡한 전달 체인, 즉 하나님이 예수에게, 그리고 천사에게, 그리고 요한에게, 그리고 종들에게로 전달된다. 여기 그려진 영적인 세계는 로마시대의 정치적 세계를 반영한다. 높은 위치에 있는 로마황제는 일련의 대리자들을 통해 멀리 떨어져 있는 곳을 다스렸다. 청중의 현실세계와 같은 스토리 세계는, 모든 힘과 행위는 계급적으로 이루어져 있고, 위로부터 흘러나온다.

이러한 위 세상(하늘)이 요한에게 열렸다. 그는 어떤 것을 보았고, 이제 그는 그 증거를 가지고 있다. 이것은 스토리 전체 위에 걸쳐 있는 음성이다. 그 날줄과 씨줄은 스토리 전체에 걸쳐 일어나고 있는, 보여주다(show), 보다(see), 듣다(hear), 말하다(tell)같은 동사들 사이의 미묘한 상호작용(interplay)이다. 더 나아가 그 짜여진 직물(fabric)은 "하나님의 말씀과 예수 그리스도의 증거"라고 정의된다. 양자는 복잡한 현상들이다. ***하나님의 말씀***은 요한이 (지금 말하고 있는) 계시록-스토리를 듣는 것뿐만 아니라, 요한이 성경 두루마리들을 읽을 때 듣는 것 둘 다이다. 요한은 결코 계시록에서 성경을 직접 인용하지는 않지만, 그에 대한 암시들, 그것을 바꾸어 말하기, 그리고 성경의 장면들과 말씀들을 창의적으로 개작한 것들로 가득하다. ***예수의 증거(testmony of Jesus)*** 역시 두 면을 보여준다. 예수에 ***대한(about)*** 증거(즉, 복음 스토리) 그리고 예수***에게 속한(belonging to)*** 증거(즉, 그가 증거한 것) 둘 모두가 해당된다. 그의 궁극적 증거는 그의 죽음이기 때문에, 그 둘 사이에는 어떤 긴장(tension)도 없다. 증거란 헬라어 단어는 ***martys***인데, 그 단어는 이미 생명을 내려놓는 죽음(martyr)이라는 궁극적인 증거를 의미하는 길로 나아가고 있는 것으로 보인다. "of" 구조의 모호함에 대한 토론과 제목의 의미에 대한 토론에 대해서는 프롤로그, 17-19면을 보라.

따라서 고대 청중은 스토리를 들으라는 이 도입부의 음성을 통해 안내를 받는다. 이 계시록-스토리의 주인과 주제는 예수이다. 그 내용은 하나님의 말씀이다. 그 저자는 요한인데, 그는 그것을 예수의 메신저를 통해 하늘세계로부터 받았다. 그 스토리 자체는 묵시록, 혹은 계시록이라 불린다.

이제 그 음성은 한 절 더 이어지면서, 대담하게도 이후 스토리가 수행될 세팅을 만들고 있다.

"예언의 말씀을 읽는 자와 듣는 자와 그 가운데에 기록한 것을 지키는 자는 복이 있나니 때가 가까움이라"

계 1:3(개역개정)

이 구절은 화자의 정체를 알리기도 하고 숨기기도 한다. 한편으로, 이제 우리는 스토리의 암시된 세팅을 분명하게 볼 수 있다. 한 그룹의 사람들이 함께 모여, 한 사람이 이 말씀들을 그들에게 읽어준다. 그래서 말하는 음성의 정체는 분명히 내레이터로 역할을 하는 공중낭독자(public reader)인 렉터(rector)이다.*

(* 이 세팅은 계시록의 실재 세팅인지 아니면 단지 허구적인 세팅인지는 우리가 읽기를 마치기 전에 대답해야할 질문이기는 하지만, 아직은 우리의 관심사가 아니다. 여기서 우리가 조우하는 것은 우리가 읽고 있는 그 문학작품 안에 나타나는 놀랍고 복잡한 어떤 상황이다. 그것은 거울을 보고 있는 당신 자신을 거울에서 보는 것과 같은 것이다. 나는 영화 Spaceballs에 나오는 어떤 황당한 장면이 떠오른다. 악당들이 탈출한 적들을 찾을 수 없을 때, 그들은 그들 자신의 영화 비디오테이프를 탈출하는 장면까지 앞으로 빨리 돌려서 그들의 사냥감이 도망친 곳을 발견한다. 말할 필요도 없이, 그 시간 왜곡(time distortion)은 혼란스러운 것이다. 그러나 우리는 계시록의 시간 왜곡 역시 대단하다는 것을 보게 될 것이다.)

이것이 예수 그리스도의 계시라고 선포한 것은 바로 큰 소리로 읽고 있는 사람이었다. 그러나 이러한 명백한 정체에 대한 판단을 즉각적으로 취소해야 하는 부분이 나타난다. 이 문장의 관점은 분명 공중낭독자의 것이 아니기 때문이다. 그밖에 누군가 축복을 선언한다. 공중낭독자는 누구의 음성을 읽고 있는가? 최소한 한 레벨에서, 낭독자는 도입부 진술에 암시된 저자인 요한의 음성을 재생산하고 있다.

이것은 보통 집단 안에서 낭독이 항상 큰 소리로 행해졌던 고대세계에서는 생소한 경험은 아닐 것이다. 묵독(silent reading)은 그레코-로만 세계에서는 사실상 알려지지 않았고, 쓰여진 문서들은 매우 비싸서 (그리고 도서관들이 희귀하여서) 대중들 앞에서 읽는 것이 매우 일반적이었다. 그래서 대부분의 사람들은 이 도입부 장면에 익숙하였을 것이다. 낭독자는 이미 주요 등장인물들을 잘 알고 있는 청중들 앞에서 이 말씀을 읽고 있다. 그 낭독자는 요한을 위해서만 읽지 않는다.

지복(beatitude)이라는 이러한 진술 형식은 요한이 하나님을 대신하여 말하고 있는 것을 암시한다. 고대세계에서 어떤 사람들은 말씀에 특별한 힘이 있다고 느꼈다. 그들은 어떤 신적 존재에 의해 영감을 받았고, 신적 권세로 축복이나 저주를 말하였다. 예언자들, 마술사들, 주술가들이 그러한 사람들로 보인다. 요한의 글을 큰 소리로 읽음으로써, 그 낭독자는 한 번 더 그들에게 힘을 부어주었다. ("읽다"로 번역된 헬라어 단어 *anaginoskō*는 '다시 한번 생긴다' 는 의미의 어원으로부터 나온 단어이다.) 그래서 두 번째 레벨에서, 이 음성은 하나님을 대신하여 말한다.

따라서 우리는 만원경적인 관점 – 낭독자 < 요한 < 신 – 을 갖게 된다.

이 경우에, 신은 하나님만이 아니고, 중간매개자들인 예수와 메신저들도 포함한다. (하위 레벨의 음성이 구현되면서 위에 있는 자들의 음성을 포함하고 있는) 이렇게 매우 복잡한 관점은 이후에 나오는 모든 부분에 널리 퍼져있다. 그러나 스토리 안에서 등장인물들이 증거하는 직접적인 관점은 내러티브가 한 레벨에서 다른 레벨로 바뀌면서 바뀐다. 때로 사람들은 낭독자, 또 때로는 요한, 또 때로는 하나님의 음성을 듣게 된다.

안쪽 프레임(THE INNER FRAME): 쓰여진 편지

그러한 내러티브 레벨의 변경과 관점의 변경은 두 번째 준비단락인 1:4-8에서 일어난다. 여기서 우리는 사도적 편지의 모든 장식들(trappings)과 요한 자신의 음성을 만나게 된다:

John to the seven churches, the ones in Asia,
grace to you and peace
from the one who is, who was, and who is coming and
from the seven sporits, the ones before the throne, and
from Jesus Christ,
the witness
the faithful,
the firstborn from among the dead, and
the ruler of the kings of the earth.

To the one loving us and having freed us from our sins by his blood,
And he made us a kingdom,
priests to God and his father;
to him be glory and power unto the ages, amen.
Behold he comes with the clouds,
and every eye will see him, and whoever pierced him,
and all the tribes of the earth will wail on account of him.
Yes, amen.

I am the Alpha and the Omega, says the lord God,
the one who is, who was and who is coming, the ruler over all.
(author' s translation)

요한은 아시아에 있는 일곱 교회에 편지하노니
은혜와 평강이 너희에게 있기를 원하노라
이제도 계시고 전에도 계셨고 장차 오실 이와
그의 보좌 앞에 있는 일곱 영과
예수 그리스도로 말미암아
증인으로
충성된
죽은 자들 가운데에서 먼저 나시고

땅의 임금들의 머리가 되신

우리를 사랑하사 그의 피로 우리 죄에서 우리를 해방하신 이에게
그의 아버지 하나님을 위하여
우리를 나라와 제사장으로 삼으신
그에게 영광과 능력이 세세토록 있기를 원하노라, 아멘.
볼지어다 그가 구름을 타고 오시리라
각 사람의 눈이 그를 보겠고 그를 찌른 자들도 볼 것이요
땅에 있는 모든 족속이 그로 말미암아 애곡하리니
그러하리라. 아멘.

주 하나님이 이르시되 나는 알파와 오메가라
이제도 있고 전에도 있었고 장차 올 자요 전능한 자라 하시더라.
(저자의 번역)

원 청중들은 즉각적으로 이 말씀들을 편지로 인식했을 것이다. 편지의 형식은 일반적으로 그리고 특히 기독교계에서도 잘 지켜졌다.[9] 가장 기본적인 편지 형식은 발신자와 수신자의 이름, 축원/축복, 그리고 감사에 이어 (자주 윤리적 행위를 권고하며 끝내는) 편지의 몸통부, 그리고 독자에게 축복하며 마무리한다. 그래서 편지-형식은 초대 기독교인들에게 매우 중요해서, 결국 복음서들과 편지들만은 교회에서 큰 소리로 읽는 것을 당연시했다.[10]

편지-형식에 의해 기대되는 것들은 그곳에 없는 친구의 상황에 대해 알게 되고, 어떤 종류의 요청을 받고, 그곳에 없는 사람을 대신하여 (말하자면) 다른 사람이 그의 음성으로 말하는 그런 것들을 포함할 것이다. 아마 소아시아의 기독교인들은 그 지역에서 바울의 지대한 영향 때문에 그 편지들을 예배에서 읽었을 것으로 보인다. 요한은 이런 초반부의 기대들을 만족시키고 있다: "은혜와 평강"을 포함하고 있는 그의 서두문은 표준적이다. 우리는, 감사대신에 하나님, 성령, 예수의 삼위일체를 원형 형식(proto-trinitarian configuration)은 표현

한 일련의 예전적인 표현들을 발견한다. 여기서 이상스럽게도 도입선언(opening declaration)에서 빠졌던 성령을 처음 언급한다.

성령을 제외하고, 다른 등장인물들은 이미 도입선언에서 소개되었다: 하나님, 예수, 요한, 그리고 (이제 더 나아가 아시아의 일곱 교회로 특징되는) 종들. 최소한 교회들과 종들은 의사소통의 암시된/내포 수신자들(implied recipients)과 같은 역할을 한다. 도입부의 전달자(messenger)는 언급되어있지 않고, 성령으로 대체 된 것 같다.

이 등장인물들 각자는 이 편지의 도입부에 붙은 예전적 문장에 처음 나온다. ***하나님***은 시간과 관련하여 묘사된다: 이제도 계시고, 전에 계셨고, 장차 오실 이(헬라어: ὁ ὢν καὶ ὁ ἦν καὶ ὁ ἐρχόμενος).[11] ***이제도 계신 이(The one who is)***는 출애굽기 서막에서 옛날 이스라엘의 하나님이 모세에게 자기를 계시할 때까지로 거슬러 올라간다. 이름을 물어보았을 때, 하나님은 "나는 스스로 있는 자이니라(I am that I am)"고 대답하시고, 덧붙이시기를 "스스로 있는 자(I AM)가 나를 너희에게 보내셨다 하라"(출 3:14). 그레코-로만 시대의 유대인들 사이에 하나님을 – 문자적으로 존재자(the being) 혹은 내가 여기에 번역한 대로 이제도 계시는 이(the one who is)이라고 한 – ***ho ōn***으로 표현하는 것은 매우 일반적이었다. 이 표현은 유대인들이 선호하는 표현으로, 하나님을 "사람같은 이(human-like person)"로 보다는 "스스로 계신 이(being itself)"라 생각하였던 헬라 철학적 사고에 그들의 전통을 연관시키려고 한 것이다. 알렉산드리아의 필로같은 이는 하나님을 가리켜 중성형식 ***to ōn***("존재하는 것[that which is]")이라고 하는 데까지 나갔다. 하나님을 존재(Being)라고 하는 그런 모든 표현은 출애굽 스토리에 근거하고 있다. 이것은 우리가 이 계시록-스토리에서 듣게 될 출애굽기의 수많은 반향들(echoes) 중 첫 번째 것이다.

하나님이 '이제도 계시고 전에도 계셨다'고 들을 때 자연적으로 청취자는 하나님이 "장차 오실" 것을 기대하게 된다.[12] 그러나 요한은 신중하게 하나님에 대해 미래를 단정하는 것을 피하고, 대신에 "***오시는 자(the one coming)***"란 표현을 사용한다. 우리는 "장차 오실 자(the one who will come)" 라고 바꾸고자 하는 유혹에 저항해야한다. 그것은 미래가 아닌 현재 분사이다. 그 등장인물들 중 한 분은 미래가 없다(no future)고 이해하는 것이 계시록-스토리의 시간적 관점을 이해하기 위해 중요하다. 대신에, 하나님은 오시는 분(the One Coming)이라고 일컫는다. 그런 오심은 계시록-스토리의 중요한 주제가 될 것이다.[13] 따라서 내포 청중(implied audience)을 포함해서 등장인물들은 미래로 다가갈 수 있으나, 단지 그들을 만나러 오시는 하나님만을 발견할 뿐이다.

(3개의 from이 나란히 이끄는) 엄격한 평행법(parallelism)을 이루고 있어서, 은혜와 평강은 "그의 보좌 앞에 있는 일곱 성령" 으로부터 온 것이라고도 할 수 있다. ("보좌 앞에"라는) 그런 정치적인 언급은 처음이지만, 이제도 계시는 분(one who is)이 보좌에 앉아계시는 것은 놀라운 일이 아니다. 보좌 이미지는 4장에 나오는 환상을 주도할 것이다. 숫자들을 양이 아니라 질을 나타내기 위해 사용하였던 요한 시대의 환상적이고 상징적 글의 관습들에 익숙하지 않다면, 우리는 *일곱* 영이 있다는 것에 당황할 것이다. 수 일곱(7)의 성질은 신적인 것으로, 성취, 완전, 완성을 상징한다. (그런 수의 상징주의에 대한 예비적 개관은 24-30면에 나오는 "소리와 시각의 상징들" 을 보라.) 요한은 성령의 성격을 일곱/완전으로 나타낸다.

우리는 아래에서 반복적으로 수들에 대한 이러한 이해로 다시 돌아와야 할 것이나, 일세기 초에 알렉산드리아의 유대작가의 아래 발췌문에서 수들의 의미를 고대 사람들이 어떻게 이해했는지를 살짝 엿볼 수 있다:

> 그래서 수 7에는 태생적으로 내재된 그 위엄은 거룩하다. 7은 10안에 있는 모든 다른 수들[첫 10개의 숫자들]과 구별되는 독특한 관계를 가진다. 왜냐하면 이 수들 중 어떤 수들은 태어나지도 않고 낳고, 또 어떤 수들은 태어나나 낳지는 않는다. 어떤 수들은 이들 둘 다 해서, 낳기도 하고 태어나기도 한다. 7 만은 그런 범주에 들지 않는다. *On the Creation* 99

필로가 의미하는 여기 "낳다(beget)"라는 말은 어떤 숫자를 두 배 또는 세 배 하여 1부터 10 사이의 다른 숫자들을 만들어낸다는 것을 의미한다. "태어나게 된(begotten)" 것은 그런 식으로 나온 것이다. 그래서 1부터 5까지 수는 모두 낳는다. 그리고 6, 8, 9, 10은 모두 태어난 수이다. 7 만이 태어나지도 않았고 다른 수를 낳지도 않는다. 이런 식으로, 7은 헬라사람들에 의해 제 1운동자(unmoved mover), 제 1원인자(first cause)로 이해되는 하나님께 꼭 맞는 상징수이다. 이것은 확실히 숫자들을 보는 이상한 방식이기는 하나, 요한계시록이 쓰여진 그 세계에서는 널리 통했던 것으로 보인다. 이러한 배경으로, 우리는 "일곱 영"은 하나님의 영을 가리키는 상징적인 방법이라고 볼 수 있다.

*일곱 교회(seven churches)*도 똑같은 식으로 말할 수 있다. 요한이 1:11에서 일곱 개의 실재 도시들의 이름을 사용하는데, 그 수는 양적이 아닌 질적인 중요성 때문에 선택된 것이다. 아시아 지방(오늘날 서부 터키)에는 7개 보다 훨씬 더 많은 교회들이 있었다. 일곱 교회에게 편지를 쓴다는 것은 신성한 전체(divine entirety)인 모든 교회(the whole church)에게 쓰는 것이다. 왜 이들 일곱 교회의 이름은 사용되고 다른 교회들은 사용하지 않았는지의 이유를 추정해 보는 것은 흥미롭다. 그들은 가장 중요한 중심도시들이었고, 요한의 영향이 가장 강한 곳들이었고, 그들은 각자 요한이 말하고 싶은 전형적인 상황을 대표했을 것이다. 우리는 그 일곱 교회 각자가 더 큰 실체들을 상징하고 있음을 볼 것이다.

그렇다손 치더라도, 그 장면을 일곱 영과 함께 놓는 것은 고대 우주론과 성경적 장면을 둘 모두 상기시켜주는 어떤 드라마틱한 효과를 만든다. 우주론은 세상이 어떻게 이루어져 있는지에 대한 묘사이다(우주=세상), 그리고 이 일곱 영은 바벨론의 점성학에서 유래된 세상에 대한 묘사에서도 발견되는데, 그 점성학에서 우주는 5개의 행성들, 달, 그리고 해로 볼 수 있는 일곱 개의 구체(spheres) 또는 일곱 하늘로 이루어져 있고, 하나님의 일곱 영에 의해 다스려진다고 가르쳤다.[14] 하나님 앞에 일곱 천사장들을 상상하게 하는 유대전통은 이

시스템을 가져와 변형시킨 것 같다(Tob 12:15을 보라). 요한의 개념은 아마 상징주의로 더 이동했으나, "실체"가 이런 우주적 세계관을 반영하고 있다는 사실은 청중들에게 설득력이 있었을 것이다. 또한 요한이 반영하고 있을 법한 성경적 장면은 스가랴 4장에서 발견되는데, 그것은 우리가 첫 부분의 환상에 나오는 촛대와 연관시켜 논할 것이다.

마지막으로 요한은 ***예수 그리스도(Jesus Christ)***를 하나님과 성령과 함께 평행구조 속에 집어넣어서, 이후 스토리에 중요한 특징들을 주의 깊게 부여하고 있다. 예수는 하나님의 진리에 대한 증거를 가지고 있기 때문에 ***증인(the witness)***이다. 요한계시록에서 그러한 증인은 생명을 희생하는 것과 밀접한 관련이 있으며, 이 경우에 그것은 예수의 죽음을 가리킨다. ***신실한(faithful)***은 하나님의 사명에 대한 예수의 헌신을 강조한다. 신실함은 요한이 반복적으로 언급하게 될 성격(trait)이다. ***죽은 자들 가운데에서 먼저 나시고(The first born among the dead)***는 분명히 예수의 부활을 가리키나, 보편적 부활의 서막으로 이해된다. 그런 보편적 부활은 많은 유대인들이 널리 기대하였고, 특별히 많은 초기 기독교인들이 매우 고대하였던 것으로 보인다. 마지막으로 ***땅의 임금들의 머리(The ruler of the kings of the earth)***라고 표현한다. 즉 예수는 부활에 의해 옳다 인정함을 받아 하늘에 오르시고, 이제 거기서 통치하고 계신다. (예수에 대한 이 특성들은 시편 89편에 대한 묵상으로부터 나온 것일 수 있다. 거기에는 증인, 신실, 첫아들, 죽은 왕을 위한 애가에 통치가 포함되어있다.) 여기서 우리는 아마도 요한이 예수가 다스릴 것이라고 말할 것이라고 기대하고 있었기 때문에, 미래시제 동사가 빠진 것은 매우 충격적이다.

이러한 장엄한 개념은 요한으로 하여금 예수와 하나님을 찬양하는 세(3) 예전적인 표현들을 말하도록 촉구한 것 같다. 그러한 예전적인 언어는 (그 자체가 예배의식인) 편지 형식과 개시음성(opening voice)이 암시하는 세팅(implied setting) 둘 모두에 적절하다. 그들이 예배를 위해 모였다는 암시와 함께, 공동체는 읽는 것을 듣기 위해 모였다.

이 문장들은 또한 스토리를 말하는 ***관점****(point of view)*에 대해 더 많은 통찰을 제공한다. 우리는 모든 스토리를 내레이터의 관점이라고 부르는 어떤 관점으로부터 듣는다. 따라서 "내가 오래전 소년이었을 때를 기억한다..."로 시작하는 이야기는 노인의 관점으로부터 듣고 있는 것이다. 대다수의 내레이터들은 스토리의 끝 시점에 서있다, 그렇지 않으면 그들은 그 스토리를 말할 수 없을 것이다. 어떤 내러티브를 스토리에 연루된 한 사람의 제한된 인식들을 통해 듣게 될 때, 우리는 제한된 시간적 관점을 느끼게 된다. 여기의 경우가 그렇다.

"그가 구름을 타고 오시리라. 각 사람의 눈이 그를 보겠고, 그를 찌른 자들도 볼 것이요. 땅에 있는 모든 족속이 그로 말미암아 애곡하리니, 그러하리라. 아멘"(1:7)의 시제들을 특히 주목하면서 요한의 선언을 생각해보라. 우리는 현재시제와 과거시제와 합쳐진 미래 시제를 여기서 처음 만난다. 그 암시는 발화자가 예수가 "찔린"(과거시제) *후에(after)*, 예수가 "구름을 타고 오시는"(현재시제) *그때에(at the time)*, 그러나 "각 사람의 눈이 그를 볼" 때(미래시제) *이전에(before)* 서 있다. 스토리를 예수가 오시는 때로 놓고 있는 이러한 좀 이상한 시간적 관점이 (나머지 스토리를 들을 때 많은 도움을 줄 것이기 때문에) 눈에 잘 띄게 될 것이다.

기본 환상(base vision)은 과거(예수의 부활의 날)와 미래(예수가 오시는 날)도 바라보는 현재적 경험의 날인 "주의 날에"(1:10)에 일어난다. 이러한 시간적 모호함은 동시에 과거, 현재, 혹은 미래로부터 말하는 시간적 관점을 창조한다.

게다가 이 예전적인 문장들은 다른 측면의 관점, 즉 자주 사상적(ideological) 혹은 개념적(conceptional) 관점이라고 불리는 비유적 측면(figurative aspect)을 보여주는 어떤 확신을 암시하고 있다. 이것은 등장인물과 액션들을 평가하는 규범들과 일반적 세계관을 의미한다. 따라서 청중들은 그의 피가 그들을 죄로부터 벗어나게 한 분을 예배하며, 그의 완전한 계시를 고대하는 자들로서 다음 스토리를 듣도록 지시를 받는다. 그들은 이 분을 이미 의인들의 부활을 시키기 시작한 자로 보며, 지금도 땅의 왕들의 왕으로 본다.

그리고 이 도입부의 내러티브 요소들에 주목하면, 우리는 현대 문화에서의 일반적인 계시록 해석과는 매우 다른 어떤 스토리를 기대하게 된다. 거기에는 미래에 대한 강조가 거의 없다. 계시록-스토리의 내용과 주인공은 예수이다. 그 스토리의 범위는 그의 증거로부터 그의 통치까지 펼쳐진다. 하나님으로부터 요한까지 계급적 단계들을 거쳐 전달된 계시록-스토리를 요한은 거의 틀림없이 예배의식으로 보이는 세팅에서 하나님을 섬기는 자들(교회)과 나누고 있다. 우리가 스토리 자체로 돌아가기 전에, 이 도입 프레임(opening frame)의 여러 요소들이 끝 부분에서도 반향되고 있음을 간단히 살펴보자.

프레임의 뒷부분: 끝부분의 평행들

우리는 프롤로그(16-54면)에서 계시록의 시작부분과 끝부분 사이에 동사와 주제의 평행들이 상당히 많음을 보았다. 여기서 우리는 이 두 섹션들 안에 액션의 연속성을 조금 더 추구하기를 원한다. 이 두 섹션들의 정확한 경계에 대해서는 약간의 논쟁이 있으나, 특히 우리가 책을 구전 형태로 볼 때, 그런 경계들을 설정하는 것은 내러티브적 접근에서는 그리 큰 관심거리가 되지 못한다. 따라서 도입부분은 편지형식(1:4)으로 시작하고, 끝부분도 편지처럼 마무리 된다(22:21). 두 부분에서, 청중의 반응을 포함하는 일종의 예전적인 화답으로 보이는 것이 있다(1:6, 7; 22:20).[15] 그리고 양쪽의 경우에 내포된 청중들(implied audience)에게 직접 말하고, 사실상, 내포된 저자(implied author)도 무대에 등장한다.

나 요한은 너희 형제요 ... 들으니(1:9-10)
이것들을 보고 들은 자는 나 요한이니.(22:8)

도입부과 종결부는 내러티브를 감싸는 프레임을 제공한다. 그래서 본 스토리는 기조연설 후에야 시작하고, 두 번째 폐막연설 전에 끝나게 된다.

문학적인 관점으로부터 보면, 스토리 안에 스토리가 있다. 외각 프레임은 본 이야기를 말하는 내러티브이다. 사실상 그 외각 프레임은, 구술 음성과 육필 편지 두 부분으로 이루어진다. 그리고 두 부분은 이후 스토리를 양쪽으로 싸서 그 프레임 안에 넣는다.

사회적 관점으로부터, 그 프레임들은 경계를 넘는(boundary crossing) 어떤 예를 제공한다. 우리의 삶에서, 평범한 현실의 경계를 넘어 (공놀이, 연극행위, 영화, 여행같이) 일상의 법규와 절차들이 더 이상 필요 없는 어떤 특별한 고립된 곳으로 들어가는 수많은 경우가 있다. 각 경우에 우리가 경계를 넘어가고 돌아오도록 안내하는 전이적인 일들 – 예를 들면, 게임의 시작과 끝에 작은 의식들; 커튼을 올리고 내림, 빛을 흐리게 하거나 밝게하기, 스크린에 쓰여진 영화 제작자 · 출연자 · 협력자 · 자료 제공자 등의 리스트, 승무원의 탑승 환영과 내릴 때 잘 가라는 인사 등 – 이 있다. 이런 일상과 떨어진 고립된 곳에서 우리는 다른 세계를 경험한다. 말하자면, 의식이 바뀐 상태이다. 그 세계에서는 더 이상 (실제 시간인) 3시가 아니고, (의미를 주는 사건인) 7회 전(seventh inning)이다.[16]

요한계시록은 바로 그렇게 청중을 다른 의식 상태, 새로운 현실로 들어가게 하는 것 같다. 이 새로운 현실에서 예수는 교회들 사이에 서서 그들을 지도한다(1:17-2:1). 이 새로운 현실에서, 요한은 하늘에 있는 하나님의 어전예배를 목격하고, 거기서 일어나는 일들을 보고 있다(4:1-2). 이 새로운 현실에서 요한은 어둠의 세력들의 공격들이 무산되는 것을 보고, 그들의 영원한 파멸도 본다(12:1-4). 이야기는 점점 비밀스러워지며 땅에서 하늘로, 영적인 전쟁터로, 그리고 결국 저자가 우리를 제정신으로 돌아오게 하여 우리의 일상적 세계로 돌려놓는 데까지(22:8) 진행한다. 그리고 그 지점에서 세상은 결코 다시는 이전과 같이 보이지 않을 것이다.

계시록-스토리는 우리에게 시간, 공간, 사상적 관점들뿐만 아니라, 암시된 청중(요한, 예수, 하나님 등에 익숙한 소아시아의 헬라 도시사람들), 암시된 세팅(예배

모임), 암시된 저자(요한), 내레이터(대중에게 읽어주는 자), 속(屬) 지시자들(편지 형식과 상징적 환상의 형태)을 제공한 후, 그 이야기를 시작한다.

예수가 교회들에게 보낸 편지들의 이야기 17

요한계시록의 첫 본론 이야기 섹션은 1:9로부터 3:22까지 펼쳐진다. 부활하신 예수가 황량한 에게해의 섬에 있던 요한에게 나타나 편지틀(frame letter)에서 언급했던 일곱 교회의 사자들에게 일곱 메시지를 보내라고 지시하는 장면이다. (요한계시록-스토리의 나머지 부분과 이 사건과의 관계에 대한 견해에 대해서 표 5를 포함하고 있는 30-39면을 보라.) 우리는 먼저 그 장면에 표현된 관점을 추적할 것이다. 그런 후 묘사된 액션에 대한 중요한 플롯을 다루고, 관련된 등장인물들을 탐구하고, 그리고 마지막으로 암시된 청중(implied audience)에 대한 초상을 그려볼 것이다.

변하는 관점

궁극적인 관점은 이야기 프레임의 낭독자(rhetor)-내레이터의 것이지만, 그 낭독자는 이 장면에서 몇 개의 얼굴을 하고 있다. 어떻게 몇 분 사이에, 청중들이 그 낭독자가 하나님의 음성, 요한의 음성, 예수의 음성을 대신해 내며 "나는 알파와 오메가라," "나 요한은," "나는 처음이요 마지막이니"(1:8, 9, 17)라고 선언하는 소리를 듣고 있는 것을 주목하라. 먼저 그 낭독자는 우리에게 요한(1:9)으로 말하고, 그런 후 '성령에 감동된 요한'(John-in-the-spirit)이란 인물(persona)이 궁극적으로 그 장면(2:1-3:22 모두)을 지배하는 음성인 예수가 되어 말한다(1:10-11). 그러나 성령의 음성으로도 돌려지는 음성이다(2:7, 11등).

따라서 우리가 내레이터의 심리에 대한 전통적인 질문, 말하자면, 내레이터의 관점은 제한되어있는가? 아니면 전지적 관점인가? 그리고 내레이터는 스토리에서 등장인물인가? 아니면 스토리 밖의 음성인가? 질문할 때, 우리는 이것이냐 아니면 저것이냐는 질문(either/or question)에 대답하는 논리 선생님처럼 예(Yes)라고 대답해야 한다. 낭독자는 프레임 스토리(frame story)에서는 등장인물이지만, 중심 스토리에서는 등장인물이 아니다. 낭독자가 중심 스토리의 내레이터로 남아있는 한, 그는 암시된 저자의 음성, 즉 책 바깥의 음성으로 머문다. 이 음성은 (장면을 말할 때) 결코 끼어 들어오지 않는다. 해설도 하지 않고, 등장인물들의 속마음도 보이지 않고, 달리 이 내레이터의 존재에 대한 증거도 없다. 그런 구술 상황에서, 물론 청중은 그의 음성을 듣고 있기야 하겠지만, 이 궁극적인 내레이터는 그 기록된 스토리 속에 완전히 숨어버린다.

공공연한 내레이터들인 요한과 예수는 각자 적절한 방식으로 말한다. 요한은 다른 배역들의 사건이나 내적 삶에 대한 특별한 지식이 없는 제한된 관점으로 말한다. 그는 어리둥절하고 두려워하는 모습으로 묘사되고(1:17), 상황을 설명 들어야 한다(1:20). 그는 듣고 본 것만 보고한다. 그러나 예수는 그렇지 않다. 그는 시간적 제한을 초월하신다(1:17), 그는 "지금 있는 일과 장차 될 일"(1:19)을 계시하겠다고 하신다.

그는 반복적으로 일곱 교회 내부의 삶을 알고(2:23),[18] 그 미래를 알고(2:10), 다른 사람들보다 더 그들을 알고(3:1), 심지어 그들이 자신들을 아는 것보다 더 잘 안다(3:17)고 하신다. 그의 말씀은 성령의 음성과 동일시될 수 있다(2:7, 11등). 이 등장인물-내레이터는 시간이나 지식이나 공간에 제한되지 않는다. 말할 필요 없이, 그는 완전히 신뢰할만하며, 프레임 내러티브에서는 그의 음성이 되어있는 요한과 밀접하게 관련되어있다. 구술된 메시지에 더 큰 무게를 줄 수 있는 방법을 고려하기는 어려울 것이다.

사실상, 요한은 양 끝단에서 의사소통을 모호하게 하고 있다. 요한이 교회들에게 보내는 메시지라기보다, 예수가 교회의 천사들에게 보내는 메시지들이다.

그러한 방식으로 요한은 "형제"로서 자신의 입장을 유지하면서도 여전히 매우 권위적인 칭찬과 책망을 하고 있는 것이다.

플롯을 따르기

계시록 내러티브는, 한 레벨에서 다른 레벨로 반복적으로 바뀌기 때문에, 부분적으로 매우 혼란스럽다. 이미 우리는 낭독자가 요한의 편지를 교회들에게 전하고, 요한이 밧모 섬에서 자신의 경험을 이야기하고, 예수가 교회들에게 그의 편지를 이야기하는 레벨을 경험했다. 세 경우 중 가운데 것만을 스토리라고 말한다. 우리는 요한이 자신의 스토리를 말하는 레벨을 보기 시작한다.

개시 환상의 플롯, 1:9-20

요한의 밧모 섬에서의 경험은 요한계시록의 모든 내러티브를 함께 묶어주는 접착제이다. 계시록은 어떤 날 어떤 장소에서 그에게 일어난 것을 명백하게 말하고 있다. 이것은 프레임 밖 스토리의 기본 레벨(primary level)이다. 요한이 그의 경험을 이야기한 것은 책의 각 섹션으로 뻗쳐질 것이나, 이 첫 섹션 안에 있는, 아래 스토리는 좀 단순하다.

> 나 요한은 너희 형제요 ... 밧모라 하는 섬에 있었더니 ... 주의 날에 내가 성령에 감동되어 내 뒤에서 나는 나팔 소리 같은 큰 음성을 들으니 이르되: 네가 보는 것을 두루마리에 써서 일곱 교회에 보내라... 몸을 돌이켜 나에게 말한 음성을 알아 보려고 돌이킬 때에 일곱 금 촛대를 보았는데 촛대 사이에 인자 같은 이 ... 내가 볼 때에 그의 발 앞에 엎드러져 죽은 자 같이 되매 그가 오른손을 내게 얹고 이르시되: 두려워하지 말라 ... 네가 본 것을 기록하라 ... (저자의 번역)

일곱 교회 각각에게 보낸 특별한 내용은 다음과 같다.

우리는 일곱 편지들의 존재에 대한 (구성이 탄탄한) 설명이 여기 있다. 요한 자신이 위로를 받고, 편지를 쓰라는 명령을 받았기 때문에, 그들에게 편지를 쓴다. 그는 놀라운 광경 때문에 위로를 받았다. 그가 우연히 바로 그 시간과 장소에 있었기 때문에 이 광경을 보았다. 이것은 그럴듯한 스토리이다. 이러한 스토리는 요한이 점차적으로 독자/청자의 마음을 사로잡으며, 우리를 더욱 더 환상적인 영역으로 이끌어가고 있는 그의 방법을 보여주고 있다.

우리가 초기 청중들에게 알려진 다른 스토리들과 그 관계를 생각해보면, 이 간단한 장면에서 여러 면들이 다른 유대 문학에서의 장면들을 반향하고 있기 때문에, 계시록-스토리는 훨씬 더 그럴듯해진다. (다른 문학을 넌지시 암시하고 있는) 다른 스토리들을 상호 참조하는 이런 법을 요즘 보통 '***본문간 관계성(intertextuality)***'이라고 한다. 그 용어가 대개의 구전 문화물(文化物)인 요한계시록에는 확실히 적절한 것은 아니지만, 그럼에도 불구하고 그런 현상은 사실이다. 이런 경고에도, 나는 그것이 표준문학용어이기 때문에, 그리고 우리가 계시록과 그 관련본문들(intertext)도 경험하기 때문에, '본문간 관계성' 이란 개념을 사용할 것이다. 간단히 말해서, 본문간 관계성이란, "지정된 텍스트와 (그 지정된 텍스트가 인용하고, 다시 쓰고, 흡수하고, 연장하고, 일반적으로 변형시키고, 그것들 때문에 지정된 텍스트를 이해할 수 있는) 다른 텍스트들 사이의 관계를 가리킨다.[19] 사실상, 본문간 관계성은 두 가지 방식으로 작동한다. 오래된 글은 새로운 글을 듣는 법에 영향을 준다. 그러나 새로운 글 역시 오래된 글을 이해하는 법에 영향을 준다.

요한계시록은 더 이른, 보통 예언적인 문헌들을 반향하고 있다. 표 6은 진지한 청자(hearer)가 밧모 섬 장면에서 찾아낼 수 있는 반향들을 보여준다. 그러한 반향은 그 스토리의 진실성(그런 스토리들이 전에 일어날 것이 알려져 있었다)을 더해줄 뿐 아니라, 그 환상의 진실성도 강화시킨다. 청중은 아마 이 환상이 옛 것들과 같기 때문에, 이 사람 역시 참 예언자임이 틀림없다고 생각하게 된다.

비평가 역시 그렇게 광범위하게 이전의 글들을 반향하고 있다는 사실이, 최소한 부분적으로라도, 요한의 환상들이 주의 깊게 공들여 만들어진 것을 의미하고 있지 않는지 질문해야 할 것이다.

표 6 *개시장면에서 '본문 간에 관련있는 반향들(Intertextual Echoes)'*

관련구절	다른 문헌	반향
1:9	단 8:5; 1 에녹 12:3; 4 에즈라 3:1	예언자는 환상장면에서 자신의 이름을 언급한다.
1:10	겔 3:12, 2:2	성령에 감동하여 자기 위에서 들리는 큰 소리를 듣는다.
1:12	슥 4:2	촛대, 일곱 촛대
1:13	단 7:13,	사람같은 이
	10:5	세마포 옷을 입고, 금띠를 띠었다.
1:14-16	단 7-10	묘사 요소들: 흰 머리카락, 불타는 눈, 빛난 주석같은 발
1:15	겔 43:2	많은 물소리 같은 음성
1:16	사 11:4; 49:2	입의 칼(막대기)
1:17	단 10:7-9	환상을 볼 때 예언자가 땅에 엎드려진다.
1:18	단 10:10-11	환상 속의 방문자가 선견자를 어루만지고, 위로하고, 말한다.

다음의 간단한 주석들은 여러분들이 이런 장면을 읽을 때, 그리고 여러 상징들과 암시들을 이해할 수 있도록 설계된 것이다.

계 1:9-20 최초의 환상에 대한 독자들을 위한 주석

계 1:9

형제(BROTHER) 공동체를 새로운 가족으로 이해함으로부터 나온 은유, 따라서 전통적인 가족 관계들을 배격하는 것을 암시한다. 지도자들이 선조들이나 장로들보다는 형제들인 곳에서 그 공동체는 계급적이지 않고 평등주의적이다.

환난(PERSECUTION) 어떤 면에서 계시록의 주요 관심거리이지만, 실제로 이 용어는 1:9; 2:9; 2:10; 2:22; 그리고 7:14로 단지 다섯 번 쓰인다.

나라(KINGDOM) 매우 오래되고 복잡하고 다양한 형태의 개념.[20] 기저의 개념은 이스라엘이 하나님을 대표해서 혹은 대신해서 다스린다고 생각한 왕들에 의해 지배를 받던 요한보다 수 세기 이전 때로 거슬러 올라간다(시편 2, 72편을 보라). 이 개념은 점점 다양하게 해석되어 하나님이 이 땅에서 통치한다고 말할 수 있다는 생각을 포함하게 되었다.

참음(PATIENT ENDURANCE) 이 책의 주요 개념으로, 1:9, 2:2, 2:19, 3:10, 13:10, 14:12인 그 문맥들에서 가장 잘 정의됨. 이 마지막 구절은 하나님의 계명들을 지키고 예수를 믿는 믿음을 굳게 붙잡는 것과 평행적으로 쓰이고 있다. Elisabeth Schüssler Fiorenza는 하나님의 통치를 망치려는 악의 세력에게 "끊임없는 저항(consistent resistance)"으로 이해해야 한다고 제안한다.[21] 이 능동적 의미는 요한의 메시지에 수동적 의미의 인내보다 더 잘 맞는 것 같다.

밧모섬(PATMOS) 소아시아 해안의 떨어진 섬으로 아마 요한의 시대에는 사람이 거주하지 않았거나 아주 드물었던 섬. 많은 반대 주장에도 불구하고, 로마의 형벌지로 사용되었다는 증거는 없다. 요한이 거기에 있게 된 그럴듯한 이유("하나님의 말씀과 예수를 증언하였음으로 말미암아")는 3가지로 볼 수 있다. (아마도 그가 본 환상들을 정리하러) 피정하고 있었거나, 예수의 복음을 전하기 위해 거기에 있었거나, 그는(유형, 또는 좀 더 기술적으로 표현하면 로마당국에 의해 추방된) 벌을 받아 거기에 있었을 것이다. 독자가 이것을 어떻게 해석할 것인가는 독자가 나머지 스토리를 어떻게 읽을 것인가에 대해 큰 영향을 미칠 것이다.[22]

계 1:10

성령으로(IN THE SPIRIT) 환상들을 받았던 비몽사몽 상태나 영적으로 의식이 있는 상태를 가리킨다. 헬라어와 같이 영어에서는 간단히 다시 구두점을 찍어 의미를 바꿀 수 있다: "나는 ... 밧모라 하는 섬에 있었다. 하나님의 말씀과 예수의 증언 때문에, 내가 성령에 감동되었다." 물론 요한은 구두점 없이 글을 썼다. 본문은 두 가지 읽기가 다 가능하다. (한글 개역개정판에서는 "하나님의 말씀과 예수의 증거를 인하여 밧모라 하는 섬에 있었더니 ... 내가 성령에 감동하여 ... "와 비교해보라.)

주의 날(THE LORD' S DAY) 주님의 날(일요일) 혹은 황제의 날로 볼 수 있는 독특한 표현. 예수와 황제 사이의 암시된 대조는 스토리가 진행되면서 점차적으로 중요하게 될 것이다. 그 표현은 3가지 시제로도 이해될 수 있다; 일요일인 주의 날(현재), 부활일인 주의 날(과거), 그리고 심판의 날(미래; 사 13, 욜 2등 "여호와의 날"과 비교하라).

계 1:11-12

일곱 교회들(SEVEN CHURCHES) 숫자 7의 상징적 사용이 강조되어져야 한다. 모든 교회를 가리킨다. 동시에 7개의 도시가 특별히 언급된다: 에베소, 서머나, 버가모, 두아디라, 사데, 빌라델비아, 라오디게아. 지리적으로, 그 명단은 사람이 밧모섬을 떠나 소아시아의 해변으로 배를 타고 가서, 지름이 약 60마일인 대략 둥근 원을 따라 돌 때, 도달하게 되는 도시들을 나타낸다. 그들은 주요 중심도시들로, 일반적으로 그들 지역들 중 유수한 도시들이다. 각 도시에 대한 언급은 다음 섹션을 보라.

일곱 금 촛대(SEVEN GOLDEN LAMP-STANDS) 첫 반향은 하나님의 임재를 나타내는 예루살렘 성전의 일곱 가지 등대이다. 또한 촛불을 증거란 의미를, 그리고 7은 완벽이란 의미가 있다. 그 비유를 아래 주석된 일곱(7) 별과 함께 보라.

계 1:13-16

인자(THE SON OF MAN) 문자적으로, 사람의 아들, 이 단어는 문맥적 의미가 풍성하다. 에스겔에서 이 단어는 예언자를 가리킨다. 다니엘에서는 이스라엘의 천상적 원형을 가리킨다. 초대교회에서 예수를 가리킨다. "~의 아들(son of)"은 막 3:17에서 "우레의 아들(sons of thunder)" 처럼 닮았음(likeness)을 의미하는 셈어적 개념으로 쓰였기 때문에 영어로 그 의미를 번역하기는 어렵다. 따라서 다니엘 환상에서 "사람의 아들"(즉, 사람)같은 자와 앞부분 환상들의 짐승 같은 자들 사이에 대조가 있다. 그 의미는 참 인간으로 높임 받으신 분이다.

옷(ROBE) 긴 발에 끌리는 그런 옷은 왕이나 제사장 같은 지위에 대한 표시일 것이다. 사 6:1을 보라.

팔 밑에 띠를 두르다(GIRT BENEATH THE ARMS) 또 다른 지위의 표시이며, 일반인들은 움직임을 쉽게 하기 위해 허리나 엉덩이 위치에 옷의 띠를 띠었다.

눈 ... 불꽃(EYES...FIRE) 아마 심판이나 분노까지도 암시하는 확실히 꿰뚫어 보는, 분별력이 있는 눈이다. 분노한 아가멤논은 "이글거리는 불처럼 보이는 두 눈"을 가진 것으로 기술한다(*Iliad* 1. 104).

일곱 별(SEVEN STARS) 촛대와 별의 연결은 하늘과 땅 사이가 상응하는 두 레벨의 실체로 생각한 사람들에게 자연스러운 것이다. 출애굽기의 탈굼으로 불리는 유대 해석에서, 성막의 일곱 가지 등대는 일곱 별과 같고, 또한 "의로움으로 영원히 빛나는 의인"과 같다.[23]

좌우에 날선 검(TWO-EDGES SWORD) 요한계시록 외에 검에 사용한 이 특별한 단어는 마리아의 마음을 찌르는 칼에 대해 말하는 눅 2:35에만 나온다. 요한계시록 안에서 이 단어는 1:16; 2:12; 2:16; 19:15; 그리고 19:21에서 예수의 입의 검으로 사용된다; 그리고 사망의 검으로 한번 사용된다(6:8). "좌우에 날선(two-edged)"은 문자적으로는 "두 입이 있는(two-mouthed)"이다. 이는 아마 그 무기의 물어뜯는 능력에 대한 고대의 은유에서 온 것 같다. 여기 상징은 예수의 말씀으로 이해되나, 이것은 몇 개의 구조를 가질 수 있다. 예수는 '하나님의 말씀'을 선포하시거나 (그 검에 대해 더 일반적인 단어를 사용하고 있는 히 4:12을 보라), '그 자신의 증거'를 말하는 것으로 생각할 수 있다. (1:2, 9에서 두 개가 짝을 이루는 것을 보라). 예수의 증거 자체는 두 날을 가지고 있는데, 두 날은 그가 말한 것과 그가 행한 것으로 그것들은 그의 죽음에 초점을 맞추고 있다.

계 1:17-20

처음과 마지막(THE FIRST AND THE LAST) 1:8의 알파와 오메가를 참고하라. 여기에 그려진 자는 인자 같은 이(1:13)이다. 그러나 이것들은 신적 속성들로, 야웨, 이스라엘의 하나님에게 돌려지고 있는 사 41:4; 44:6; 그리고 48:12을 보라.

살아있는 자(LIVING ONE) 처음과 마지막 사이의 중간기간. 1:8의 "이제도 있는 자"를 참고하라.

내가 전에 죽었었노라 볼지어다 이제 세세토록 살아 있어(I WAS DEAD, AND SEE, I AM ALIVE FOREVER AND EVER) 문자적으로: 나는 죽었다 ... 나는 살아있다. 그 표현법은 살아있는 자(the living one)를 살고 있다고 하지 않고 죽었다고 한 것은 더 놀라운 일이다.

사망과 음부의 열쇠(KEYS OF DEATH AND OF HADES) 그 열쇠는 권위에 대한 자연스런 상징이다. 계시록은 다른 두 열쇠로 다윗의 열쇠(3:7)와 무저갱의 열쇠(9:1; 20:1)를 언급한다.

신비(MYSTERY) 그 기본적인 의미는 비밀 혹은 숨겨진 지식으로, 자주 하나님에게만 알려져 있다(10:7을 보라). 계시록에서, 이 단어는 어떤 물리적 기표(sign)에 대한 상징적 의미란 느낌을 전달한다.

천사들(ANGELS) 모든 종류의 메신저들, 그러나 요한의 시대에 하나님의 어전의 메신저들/천사들에 대한 정교한 믿음들이 발전되었다.[24] 많은 사람들은 개인들뿐만 아니라 공동체들에게도 수호천사들이 있다고 믿었다. 역시, 천사들과 그리스-로마 신들을 동일시했고, 점성학으로부터 알려진 별들과 행성들을 다스리는 자들과도 동일시했다. (예수의 성격묘사에 대한 토론에 인용된 Theodotus 발췌문을 보라, 90면.) 요한의 두 층의(two-tiered) 세계에서, 천사들은 땅에 있는 하나님의 메신저에 해당하는 하늘의 실체를 나타낸다.

편지들의 스토리들

요한계시록을 장별로 나누다보니 좀 불분명해 보이지만, 계시록에서 개시환상(inaugural vision)은 실제적으로 교회들에게 보낸 일곱 개의 편지들을 포함하고 있다. 성경본문을 장별로 처음 나눈 것은 4세기이다. 그리고 현재의 장과 절로 나누게 된 것은 중세기에 구절들을 찾기 쉽게 하기 위해 만들어졌다. 그 장절들은 독서할 때 완전히 무시된다.[25] 우리가 2:1이 부활하신 예수의 말씀의 연속이라 보는 것은 "일곱 촛대는 일곱 교회니라. 에베소 교회의 사자에게 편지하라. ..."(1:20-2:1)라고 읽기 때문이다. 따라서 편지들은 완전히 그 부활하신 예수 환상 내러티브에 포함되어져 있다. 내러티브에 그런 편지들을 끼워 넣은 효과는 무엇이며, 그들 편지-내러티브의 중요성을 어떻게 이해해야 하는가? 저자는 그것들을 계시록-내러티브에 내포시켜서 무엇을 얻고 있는가?

그 편지들이 내러티브에서의 가장 분명한 중요성은 개시음성(opening voice, 1:1)이 말한 "예수의 계시"를 나타내는 것으로, 곧 종들에게 전달하기 위해 요한이 받은 계시다. 이런 식으로 보면, 그것들은 도입부에서 제기한 기대들을 충족시키며, 그 액션의 절정에 이른다. 편지들을 처음 듣는 사람은 그저 그 내용을 알게 되는 것으로 만족할지 모른다. 이 편지-스토리는 그 나름대로 적절한 끝을 만들고 있기 때문에, 계시록-스토리의 끝이 될 수도 있었을 것이다. 그렇게 함으로 내러티브에 편지들을 내재시킴으로 얻게 되는 최고의 효과는 이 편지들의 내용에 주의 깊게 귀를 기울이게 하는 것이다.

또한, 어떤 더 큰 이야기(narrative) 속에서 그것들을 찾는다면 우리는 그 편지들이 그 더 큰 이야기(narrative)와 어떤 연결을 가지고 있다는 것을 생각하게 되고, 또 우리는 편지들이 내러티브로서 이야기 속에서의 역할을 고려하게 된다. 요한은 각 편지를 개시환상(inaugural vision)에서 묘사된 예수의 모습들 중 한 모습으로 각 편지를 여는 그런 주의 깊은 방식으로 그 연결을 강화시킨다. 따라서 그 둘을 하나의 통일된 이야기로 묶어내고 있는 것이다. 편지들, 특히 오랫동안 초대 기독교인의 편지들은 단순한 메시지로, 또는 좋지 않은 경우로 (그들이 분명히 보여주는 내러티브적 특성들은 거의 고려하지 않은 체) 신학적으로 취급하여 왔다. 현대 내러티브 이론에서 두 가지 구별은 이러한 불균형을 교정하도록 도와준다. 스토리의 현실 세계와 허구 세계 사이의 구별, 그리고 스토리(story)와 담화(discourse)의 구별이 그것들이다.[26]

스토리들은 현실세계를 가리키고 암시하나, 그것들은 그 작가들에 의해 창조된 허구세계 포함한다. 만약 스토리들이 현실세계를 가리키지 않고, 완전히 허구라면, 그것들은 이해되지 못할 것이다. 이러한 (어떤 세상을 창조하거나 어떤 세상을 가리키는) 이중적인 측면을 가진 스토리들은 우리로 편지들을 내러티브로 볼 수 있는 가능성을 탐구하게 한다. 이는 편지들 역시 세상을 가리키거나 세상을 창조하기 때문이다. "사랑하는 아빠" 하며 편지가 시작하기 때문에 현실세계 상황을 가리키나, 즉시 그것은 다른 상상의 시나리오를 떠올리게 한다. 한 아이가 아빠와 떨어져 있고, 연락해야할 어떤 일이 일어났다 ... 이 다른 상상의 세계는 모든 편지에 잠재되어 있다. 내러티브들이 어떤 세계를 상상하면, 우리는 그 현실세계 상황들을 재건축해야 한다. 반대로 편지들이 직접 현실 세상을 언급하면, 우리는 그 스토리를 상상해야 한다.

다른 범주의 것들은 빼고, 실제 스토리와 그것을 말하는 ***방법(way)***에 대해, 내용(content)과 표현(expression)에 대해, 스토리(story)와 담화(discourse)에 대해서만 다루어 보자. 담화(discourse)는 스토리(story)를 진술하는 것이다.[27] 따라서 스토리는 진술되기 때문에, 그 스토리는 청중에게 어떤 의미를 전달하게 된다. 그 과정은 편지들과 유사하다. Norman Petersen은 "내러티브에서 메시지는 스토리에 있다. 그러나 편지에서 스토리는 그 메시지에 있다"[28]라고 요약한다.

따라서 우리는 (편지-프레임 안에 암시되어 있는 스토리로) 요한이 소아시아의 일곱 교회에게 쓰게 될 그 스토리는 요한의 밧모섬에서의 경험을 그린 개시장면에서 시작하고 있는 진술과 똑같은 스토리라는 것을 알 수 있다. 이런 식으로 편지-프레임과 첫 장면은 서로를 강화시키며, 청중들에게 (이 계시 이면에 있는) 하나님의 요구(complusion)를 강조하고 있다. 이제 우리는 개개의 편지를 보고, 그 스토리들을 발견하려고 해야 한다.

환상을 보고하기 시작할 때(1:11), 그 이름이 언급된 각 도시에 하나씩, 일곱 개의 편지들이 있다. 그 편지들은 길이, 내용, 그리고 음조가 다르나, 구조는 놀라우리만큼 똑같다. 각 편지의 페턴은 다음과 같다:

1. 수신자는 (도시)에 있는 그 교회의 사자(천사)라고 언급된다.
2. 발신자는 예수에 대한 개시부의 환상에 묘사된 여러 특징들로 묘사된다.
3. 그들의 현재의 상황이 기술되고, 그들의 성격이 분석된다.
4. 칭찬의 말 혹은 경고가 뒤따른다.
5. 반복구: "귀있는 자들은 성령이 교회들에게 하는 말을 들을지어다."
6. 이기는 자에게 약속이 주어진다.

이 페턴의 유일한 변이는 5, 6 항이 마지막 네 편지들에서 바뀌어서, 세 편지들에서는 이기는 자에게 대한 약속이 마지막에 오나, 나머지 네 편지들에서는 반복구가 마지막에 온다. 이 일곱(7)을 3과 4로 나누는 것은 요한의 매우 상징적인 수의 사용과 일치한다. 의도된 전체를 나타내는 일곱(7)은 항상(천상의) 3과 (지상의) 4의 합이다. (수의 상징성에 대한 토론은 24-30면을 보라.)

추가적으로, 각 편지는 이미지와 주제 그리고 액션의 통일성을 보인다. 따라서 각 도시의 특징은 그들의 상황묘사에 반영되고, 그 진단 결과는 발신자에 대한 묘사와 승리 약속에 나타난다.[29] 예를 들어, ***에베소***는 사업과 번영으로 유명한 도시였다. 해안에 위치해 있어서, 자연적인 방어들이 부족했고, 로마가 그 지역에 평화를 가져오기까지 강한 이웃지역에 의해 지배를 받았다. 평화와 함께, 무역이 번창하고, 도시가 커졌다. 에베소는, 강에 뻘이 차올라와 항구가 퇴적되는 것(silting)으로 유명했는데, 그 때문에 두 번이나 옮겨야 했다. 그 문제가 매우 심각해서 6세기경에는 항구로서의 기능을 포기하였다. 그렇지만 요한 시대에 에베소는 거의 최고조의 부를 누리고 있었다.

에베소에 세운 아데미 신전은 고대세계의 기적들 중 하나라고 불려졌다. 기념비적으로 (헬라 세계에서 가장 큰) 대리석 구조인 신전을 습지 땅에 세운다는 것은 기술적으로 놀라운 일이었다. 그리고 그 신전에서 매우 중요한 신－에베소의 아데미(로마인들이 다이아나라고 부른 여신)－을 경배했다. 헬라 세계에서 일반적으로 숭배를 받았던 에베소의 아데미는 토속여신의 전통들과 헬라의 지배적인 문화전통들과 혼합되었다. 헬라 아데미는 처녀 사냥꾼으로, 허름한 의복을 입은 것으로 묘사된 반면, 에베소의 아데미는 동물모양들로 풍성하게 수를 놓은 옷들로 풍요로운 모습으로 표현되었다. 그 아데미 우상에는 익은 과일들이 달려있어서, 그 여신은 때때로 "많은 유방을 가진(many-breasted)" 또는 "생명의 나무(tree of life)"라고 불려졌다.

에베소에는 애굽의 신 사르피스 신전뿐 아니라 황제 아우구스투스 신전도 있었다.[30] 네로는 거기에 운동경기장을 세웠는데, 그 경기장도 검투사 시합을 위해 두 배로 늘렸다. 그리고 그 후의 황제들은 공공건물들을 계속 더 세워 나갔다. 아마도 요한 시대에, 도미티안 황제에게 바친 매우 큰 연단의 신전이 지어진 것 같다. 항구에는 공중목욕탕을 포함한 거대한 규모의 종합 체육관이 있었다. 그 항구에서 가장 먼저 보였던 것은 24,000명의 이용자가 앉을 수 있는 자리를 갖춘 에베소에서 가장 인상적인 극장 건물이었다. 그 중앙시장은 100평방 야드 보다 더 넓고, 2층으로 이루어진 주랑으로 둘러싸여져 있었다. 시장의 가운데에는 수백명의 수사학자들, 철학자들, 운동선수들, 정부관리들이 둘러싸

던 큰 물시계와 해시계가 있었다. (로마와 밀접한 동맹을 맺고 있던) 에베소는 놀라운 도시였다.[31]

비슷한 상황들이 (이들이 그 지역의 주요 도시였기 때문에) 다른 도시들에도 유지되었다. ***서머나***는 (기원전 600년에 파괴되었다가 290년에 재건되었지만) 가장 부유한 도시였다. 지리학자 Strabo(서기 21년)는 그 지역에서 가장 멋진 도시라고 하였다. 어떤 위인은 서머나가 농업과 해상무역이란 이중의 유산에 대한 감사 표시로 데메테르(곡물의 여신)와 나란히 서있는 포세이돈(바다의 신) 동상들이 있는 커다란 대리석 무대가 있었다고 말한다. ***버가모***는 넓은 산 위의 도시로 강력히 요새화되어 있었다. 로마가 들어오기 전까지 그 도시는 전 지역을 지배했다. 아스클레피아스에게 바친 신전-병원 복합건물인 아스클레피온 본(本) 신전이 거기 있었다. 아스클레피온은 고대에 알려진 병원 혹은 휴양소에 가깝다. 아스클레피아스의 상징인 뱀은 오늘날 의사의 표장에서 여전히 볼 수 있다. 버가모는 또한 200,000권을 보관할 수 있는 대규모의 도서관으로 애굽의 알렉산드리아 도서관 다음으로 유명했다.

두아디라는 내륙지역에 있던 상업도시로 리쿠스(Lycus)강 계곡에 위치해 있었다. 수많은 비문들은, 구리 제조업자들, 무두장이들, 가죽제조업자들, 염색업자들, 양모업자들, 린넨업자들이 그들 각자의 연합상업길드를 가지고 있던 제조 무역업들이 있었음을 보여준다. 토속신인 티림노스(Tyrimnaios)는 헬리오스(Helios, 태양) 그리고 아폴로(Apollo)와 동일시 되었다. 두아디라는 (황홀경 상태에서 예언을 했던 여성 예언자인) 시빌의 신탁(oracle of the Sybyl)으로 유명하였다. ***사데*** 역시 내륙 도시로 요한 시대에 부유했던 도시였으나 그 부를 잃어버린 도시로 유명했다. 원래 산꼭대기에 세워진 도시로 이론적으로는 난공불낙이었으나, 밤중 기습공격으로 두 번 멸망당하였다. 로마시대의 평화로 사람들이 산으로부터 내려와 주변의 강 계곡 쪽으로 이동하여, 그곳이 번영했다. (완성하는데 4세기가 걸렸던) 거대한 아데미 신전은 요한시대에 거의 완성단계에 있었다. 2세기의 고고학적 유적들은 사실 구조적으로 목욕탕에 딱 붙어 있던 회당, 그

리고 황제에게 바친 강당은 사데의 유대인들과 헬라인들 사이가 놀랍게 가까운 관계였음을 보여준다.

빌라델비아, 다른 도시들과 달리, 기원전 150년경 헬라 도시로 세워졌다. 지진 후 티베리우스 황제의 광범위한 지원 때문에, 처음 그 이름이 네오가이샤라(Neocaesarea, 가이사의 신도시)로, 다시 플라비아(Flavia, 황제의 성)로 바뀌었으나, 곧 빌라델비아(Philadelphia)로 돌아갔다. 연안으로부터 가장 멀리 떨어져 있었고, 문화화가 덜된 내륙의 관문으로, 그 도시는 헬라 문화의 경계에 있었다. 소아시아 도시들 중 가장 덜 번영하였던 도시로, 대개는 주변의 포도원들에 의지하고 있었다. ***라오디게아***는 무역로를 보호하기 위한 군사적 식민지로 건설되었다. 베스파시안 황제에게 바친 두 극장과 운동경기장의 잔해(서기 79년)를 여전히 볼 수 있다. 모든 물은 파이프로 끌어와야 했지만, 상업도시로서 검은 양모가 유명했고, 건강센터도시로서 안약(연고)이 유명했다. 이 도시는 서기 17년 지진 후 재건설을 위해 황제의 도움도 거절할 만큼 부를 누렸다. 그들은 파괴된 도시를 자력으로 재건설할 수 있었다.

개시 환상과 일곱 도시들의 사회적인 문맥 안에서 문학적 문맥을 가정하면, 우리는 편지들의 스토리들을 상상하기 시작할 수 있다. 그 용어들의 말장난(puns)과 암시들에 대한 상세한 내용들에 대해서는 104-113면에 나오는 독자들을 위한 주석을 보라.

에베소 스토리는 점성술에서 나온 주제들과 창세기의 에덴 이야기에서 나온 주제들로 가득하다. 촛대 사이를 걷고, 별들을 쥐고 있는 자는 에베소 공동체의 의미를 계시한다. 그들의 수고, 거짓 사도들을 거절한 것과 그들의 인내는 칭찬할 만하지만, 그들은 패배할 것인가 승리할 것인가? 그들은 이제 선택에 직면해 있다. 그들은 첫 사랑으로부터 떨어졌다(떨어진 별의 루시퍼 신화를 반영하는가?). 그들은 회개하고 처음 행위를 가져야 된다. 만일 그리하지 아니하면 예수가 와서 그들의 촛대를 그 자리에서 옮길 것이다. 그러나 승리하면, 하나님의 낙원에 있는 생명나무의 열매를 먹게 될 것이다.

그 도시 이름이 장례 향료인 몰약으로부터 나온 서머나는 사망과 생명에 대한 이야기를 듣는다. 그 도시 자체는 400년 동안 폐허에 놓여 있었다. 그렇게 전에는 죽어 있었으나 이제는 살아나 번성했다. 죽었다가 살아나신 이가 그들에게 장차 받을 고난을 경고한다. 죽기까지 충성한 사람들은 생명의 면류관을 받을 것이며, 승리한 자는 둘째 사망의 해를 받지 않을 것이다.

(로마 황제의 권세를 자랑하는) 버가모는 전쟁으로 부름 받는다. 그들은 사단과 싸우든지 혹은 좌우에 날선 검을 가지신 이와 싸울지 모른다. 그들 중 한 사람은 이미 죽기까지 충성한 반면, 약속의 땅에 도착할 때의 이스라엘처럼 그 나머지는 발람의 말을 듣고 있다. 그들은 회개하고 싸워야 된다. 이기는 자들은 광야에서 이스라엘처럼 만나를 받을 것이며, 새 이름이 있는 흰 돌을 받을 것이다.

두아디라는 통치해야한다. 주석 발과 불타는 눈을 가진 하나님의 아들에 의해 그들은 이스라엘의 왕들처럼 이세벨에게 유혹받았다고 책망받는다. 그들이 회개하지 않으면 환난을 받을 것이다. 이런 우상숭배를 피하는 자들은 "내가 올 때까지" 굳게 잡으라. 이기는 자는 만국을 다스리는 왕권과 (승리의 상징인) 새벽별을 받을 것이다.

사데는 방심하지 말고 경계하라는 부름을 받는다. 그들은 그것을 기억해야 한다. 그렇지 않으면 "밤중에 도적처럼" 그리스도가 그들에게 오실 것이다. 일곱 별과 일곱 영을 가진 이는 자기 옷을 더럽히지 않는 자들을 기억할 것이다. 사데는 죽어가고 있기에 관리가 절실히 필요한 마른 땅의 풀과 같다. 성령을 가진 자는 그들에게 편지하여 심기일전시킨다. 이기는 자는 흰 옷을 입을 것이며, 그 이름을 생명책에서 지우지 않을 것이다.

빌라델비아는 열린 문과 성전 기둥이란 은유로 특징된다. 빌라델비아 자체가 내륙의 관문이다. 그래서 열쇠가진 자는 그들 앞에 열린 문을 두었다고 한다. 면류관과 하나님의 이름과 하나님의 성인 새 예루살렘의 이름이 새겨진 기둥은 그들의 것이 될 것이다.

라오디게아 편지는 참과 거짓에 대한 인식을 강조한다. 충성되고 참된 증인이신 이는 그들 자신의 생각과 완전히 다른 상황분석을 하신다. 그들은 자신들이 부요하고 부족한 것이 없다고 하나, 증인-예수는 그들이 가난하고 눈멀고 벌거벗고 가련하다고 말한다. 금을 사서 부요하게 하고 흰 옷을 사서 입어 벌거벗은 수치를 보이지 않게 하고 안약을 사서 눈에 발라 보게 하라고 권고를 받는다. 편지는 인자-예수가 닫힌 문밖에 서있는 씁쓸한 장면과 그가 누구든지 문을 열면 그와 더불어 먹겠다고 약속하며 끝난다. 이기는 자는 예수가 이기고 아버지 보좌에 함께 앉은 것과 같이 보좌에 함께 앉게 될 것을 약속받는다.

편지들의 형식적 공통성에도 그리고 개시환상으로부터 나왔음에도 불구하고, 이들 편지들은 놀라운 다양성을 보인다. 그들은 장황하지도 단조롭지도 않다. 일곱 편지 각자는 독특하다. 그리고 각 편지는 이야기를 조금 더 진척시키고 있다. 그들의 상징수(7)는 각 편지들이 온 교회에 보내진 것임을 암시하고 있기 때문에 이제 그 일곱 교회를 한꺼번에 생각해보자.

나에게는 각 편지들이 분명하게 성경 주제들을 순서대로 – 창조(에베소), 출애굽(서머나), 광야-정복(버가모), 왕권(두아디라), 성전(빌라델비아), 추방(라오디게아) – 반향하고 있는 것으로 보여서 흥미롭다. 사데만 이스라엘의 역사에 꼭 들어맞지 않아 보이나, 방심하지 말고 경성하라는 일반적 권고는 아마 지혜서 전통을 반향하고 있는 것 같다. 그러한 순서를 의식했건 안했건, 기저의 페러다임은 창조와 투쟁이며, 그 후 왕적 통치와 파멸이 나온다. 그 기본 주제들 – 창조, 투쟁, 통치와 파멸 – 이 계시록 전체를 흐른다. 이런 방식으로, 편지들의 스토리는 진정으로 계시록 전체의 스토리이다. 다른 스토리들은 그 주제에 대한 변이들이다.

등장인물들을 구별하기

우리는 이미 인물성격묘사에 관해 얼마간 살펴보았다(63-71면). 편지들의 액션을 이해하기 위해 세 명의 중요한 등장인물들 – 예수, 교회들, 그리고 대적자들 – 을 고려해보자.

예수

분명히 요한계시록은 예수 그리스도의 계시란 제목에 부응하고 있다. 예수는 이 섹션 위에 높이 서 계시고, 그 액션을 지배하고 있으시다. 그는 "인자 같은"(1:13) 분이나, 하나님이신 것처럼 말씀 하신다(1:17). 그는 죽고 살아나신 예수님(1:18)이시며, 다니엘에서 묘사하는 천상의 계시자이시다(1:18). 이 묘사문단은 두 개의 중요한 이미지들에서 절정에 이른다. 즉 그의 오른 손에 일곱 별들이 있고, 입에 날선 검이 나온다. 이 둘은 다스림과 힘에 대한 이미지이다.

일곱 별들의 이미지는 몇 개의 레벨 위에 작동할 수 있다. 근본적으로, 이 이미지는 1세기의 거의 모든 사람들이 어느 정도 믿고 있었던 점성학에서 끌어온 것이다. 우리는 회당 바닥 모자이크가 조디악(zodiac)의 12궁을 나타내고 있음을 볼 수 있다. 점성학적 사고로, 별들은 우리의 운명을 통제하나, 요한의 이미지에서는 예수가 그 별들을 쥐고 있다. 그분은 그것들의 운명을 다스린다. 아래는 2세기 기독교인들이 점성학에 대한 믿음을 어떻게 기독교 믿음과 조화시키고 있는지를 보여준다.

> 별들은, 영체(靈體)들로서, 그들 위에 있는 천사들과 교통하며, 그들에 의해 통제를 받으며, 사건들을 만들어내는 원인자는 아니나, 일어나고 있는 것과, 일어날 일과 그리고 일어났던 것들에 대한 표징이다.
>
> *Theodotus* 55로 부터 발췌

이 기독교인은 분명히 점성학을 여전히 믿고 있으나, 별들(천사들) 위에 어떤 권세가 있다고 고백한다. 별들은 역사를 주장하지 않으나, 그것들을 이해하는 사람은 그 별들 안에서 과거, 현재와 미래를 읽을 수 있다. 나는 2세기 인기 소설 ***황금 당나귀(The Golden Ass)***의 희비극 영웅(comi-tragic hero)인 루키우스(Lucius)의 기도가 떠오른다. 루키우스는 여신 이시스(Isis)에 의해 (평생 당나귀로 살아야 하는) 죽음보다 더 비참한 운명으로부터 구출되었다. 그가 이시스

여신의 비밀 의식을 전수받으면서, 그는 다음과 같이 기도한다:

> 매우 거룩하고 영원한 인간의 구속자인 당신은 한없이 우리의 생명을 소중히 여기시고, 우리의 고난 위에 어머니의 위로하시는 미소를 주십니다. 밤과 낮이 없이, 미세한 시간 조각들조차 당신의 영원한 자비로 채워지지 않는 것은 없습니다. 당신은 땅과 바다의 사람들을 보호하십니다. 당신은 생명의 폭풍들을 추격하고, 낙담한 자에게 구조의 손길을 펴십니다. 당신은 엉망으로 얽혀 버린 운명의 실타래를 풀 수 있습니다. 당신은 운명의 폭풍우를 가라앉히며, 악한 운명의 길로 가고 있는 별들을 견제할 수 있습니다.
>
> 오! 나의 영혼이 당신에게 충분한 찬양을 드릴 수도 없고 합당한 희생제물을 준비할 수도 없습니다.
>
> 비록 나는 가난할지라도, 나는 참으로 독실한 사람이 할 수 있는 모든 것을 하겠습니다. 나는 나의 가슴에 당신의 신적 용모를 떠올릴 것입니다. 그리고 나는 거기 가슴 깊은 곳에 신성을 영원히 보전할 것입니다.[32]

운명을 억압하는 권세들로부터 해방되기를 바라는 그런 간절함은 요한 시대의 특징이다. 그래서 요한은 예수를 손에 별들을 쥐고 있는 분으로, 즉 인간의 운명을 장악하고 있는 분으로 묘사하고 있다.

별을 쥐고 있는 이의 이러한 이미지에 대한 이차 문맥은 도미티안 황제가 그의 아들의 죽음을 추모하면서, 서기 83년에 주조한 동전에서 발견된다. 그 동전에는, "The Divine Caesar...(신 시저)" 라고 시작하는 글귀와 함께, 지구 위에 앉아있는 벌거벗은 갓난아이가 7개의 별이 부조된 하늘 바탕 쪽으로 손을 뻗치고 있다. 따라서 예수 이미지는 황제의 주장들에 대한 도전을 암시한다. 게다가, 그 동전에서는 그 죽은 아이가 사자들이 가는 지하로 내려가지 않고, 신처럼 별들로 올라갔다는 생각을 나타낸다. Suetonius는 어떤 주요 도시고위관리가 “실재로 아우구스투스의 영혼이 (화장용 장작 위의) 불길을 타고 하늘로 올라가는 것을 보았다고 주장했다”는 글을 썼다.[33] 그러한 주장들은 황제를 궁극적으로 신격화하는데 필요했다. 이 문맥에서 별들 사이에 있는 예수의 모습은 죽음이 그를 붙잡을 수 없다는 선언을 강화시키고 있다.

서기 83년에
도미티안 황제에 의해 주조된 동전
Copyright ⓒ The British Museum

입으로부터 나오는 검은 다른 이미지로 이 권세의 이미지를 강화시키면서도, 해치기도 한다. 그 검은 분명히 힘에 대한 이미지이다. 사실, “검의 힘”을 갖는다는 것은 사형을 내릴 권세를 의미하는 것으로 이해되었다. 분명히 예수는 그런 힘을 가지고 있다. 그러나 그 힘은 그의 손안에 혹은 그의 옆구리에 있는 것이 아니라, 입으로부터 나오는 검이다. 많은 통치자들의 경우에 사람들로 자신의 말에 복종하게 만드는 것은 바로 다른 사람들을 해치는 힘이다. 그러나 예수의 경우는 그의 힘을 실재화시키는 것은 바로 그 자신의 말씀이다. 힘의 이미지들을 사용하거나 전복시키는 이러한 방식은 이후 이야기에서는 일반적인 것이 될 것이다.

마지막으로, 우리는 편지들의 액션과 관련해서 예수에 대한 성격묘사를 고려해 보자. 각 편지에서 우리는 저자가 예수에 대한 성격묘사를 솜씨 있게 적절하게 드러내고 있는 것을 볼 수 있다. 사랑이 없으며, 위기에 빠진 에베소 인들에게 그는 별을 쥐고 계신 자이다. 죽음을 직면하고 있는 서머나 인들에게 그는 죽었다가 산 자이다. 싸움 중에 있는 버가모 인들에게 그는 검을 가지신 자이다 등등. 이제 이것이 눈에 띈다. 옛날 Proteus처럼 예수는 모든 교회의

표 7 예수에 대한 성격묘사들

시작부의 환상	일곱 편지들
1:13 *촛대 사이에* 인자 같은 이가 발에 끌리는 옷을 입고 가슴에 금띠를 띠고	2:1 에베소 ... 오른손에 있는 일곱 별을 붙잡고 *일곱 금 촛대 사이를* 거니시는 이가 이르시되
1:14,15 그의 머리와 털의 희기가 흰 양털 같고 눈 같으며 그의 *눈은 불꽃 같고*, 그의 발은 풀무불에 단련한 *빛난 주석 같고* 그의 음성은 많은 물 소리와 같으며	2:18 두아디라 ... *그 눈이 불꽃 같고 그 발이 빛난 주석과 같은* 하나님의 아들이 이르시되
1:16 *그의 오른손에 일곱 별이 있고*	2:1 에베소 ... *오른손에 있는 일곱 별을 붙잡고* 일곱 금 촛대 사이를 거니시는 이 3:1 사데 ... 하나님의 일곱 영과 *일곱 별을* 가지신 이
그의 입에서 *좌우에 날선 검*이 나오고 그 얼굴은 해가 힘있게 비치는 것 같더라	2:12 버가모 ... *좌우에 날선 검*을 가지신 이
1:17,18 내가 볼 때에 그의 발 앞에 엎드러져 죽은 자 같이 되매 그가 오른손을 내게 얹고 이르시되 두려워하지 말라 *나는 처음이요 마지막이니 곧 살아 있는 자라 내가 전에 죽었었노라* 볼지어다 이제 세세토록 *살아있어*	2:8 서머나 ... *처음이며 마지막이요 죽었다가 살아나신 이*
1:18 사망과 음부의 *열쇠*를 가졌노니	3:7 빌라델비아 ... 거룩하고 진실하사 다윗의 *열쇠*를 가지신 이 곧 열면 닫을 사람이 없고 닫으면 열 사람이 없는 그
(서두 발언에서) 1:5 또 *충성된 증인*으로 **죽은 자들 가운데에서 먼저 나시고** 땅의 임금들의 머리가 되신 예수 그리스도로 말미암아	3:14 라오디게아 ... 아멘이시요 *충성되고 참된 증인*이시요 **하나님의 창조의 근본이신 이**

주: 정확한 짝들은 이텔릭체로, 평행들은 볼드체로 표시하였다.

새로운 상황에 맞춰 그 모습을 바꾸시는 것 같다. 보다 놀라운 것은 요한은 계시록 1장에서, 표 7에서 보여주는 것처럼, 예수 환상에서 그의 모습의 모든 특징들을 통합적으로 보여주었었다. 이것은 대단한 문학적인 성취이다.[34]

교회들

만약 일곱 교회들이 독특한 독립체들(entities)이라는 사실을 잠시 잊고 일곱이란 모든 교회를 상징하고 있다는 더 큰 관점을 취한다면, 교회는 어떻게 보이는가? 그런 교회는 확실히 부자와 가난한 자, 유대인들과 (자신들이 유대인이라고 생각하기를 원하는) 이방인들, 남자와 여자 지도자들, 그리고 기본적인 사회 관습이 상당히 다른 혼합된 그룹이다. 이런 불일치가 너무 커서 저자는 화해에 대한 희망을 포기한 채 비난하고 있다. 그들은 작은 외적인 반대를 겪고 있었고, 몇 도시들에서는 교회 그룹들과 유대 회당들 간에 적대감들이 있었다. 그들 사이의 불일치의 핵심은 그들이 헬라 문화를 어떻게 대해야 하는지에 대한 것이었다.

우리가 여기 문제점을 파악하기 위해서는 현대와 고대 문화들 사이의 본질적인 차이를 이해하는 것이 아주 중요하다. 현대 문화에서는 우리들의 정치, 종교, 교육, 노동, 경제, 가족 같은 여러 가지 활동들은 서로 분리된 영역으로 구별화되어있다. 우리는 이런 분야들이 서로 영향을 주고 받을 수는 있지만 각자 자율적이라고 생각한다. "교회와 국가의 분리"라는 미국인의 고전적인 표현은 좋은 예이다. 확실히 우리의 종교는 우리의 정치에 영향을 줄지 모른다. 그러나 그들은 (두 가지의) 분리된 것들이다. 그러나 이것은 고대세계의 경우에서는 아니다.

요한의 시대에 정치와 가족이라는 두 개의 기본 사회제도가 있었다. 그리고 모든 다른 활동들은 이 제도들 안에 들어있었다. 따라서 종교는 때때로 가족의 의무였으며, 때때로 정치적 의무였다. 어떤 교육들은 가족들로부터 받은 것이고, 또 다른 것들은 국가로부터 받은 것이다. 이러한 상호침투성 때문에, 이들 각각의 활동은 다른 활동들에도 흘러 퍼진다. 우리의 입장에서 보면, 종교가 삶의 다른 면들로 스며드는 것을 볼 수 있다. (종교와 다른 삶의 측면들이 얽혀지는 것에 대한 더 자세한 내용은 271-77면에 나오는 에필로그의 내포청중에 대한 논의와 187-93면과 219-22면에 나오는 짐승의 표에 대한 논의를 보라.) 따라서 어떠한 문화적 질문은 종교적 질문도 되었다. 극장에 가고, 스포츠에 참여하고, 시장에서 물건을 사고팔고, 물건을 만들고, 관공서를 유지하는 모든 활동은 종교적 차원도 가지고 있다.

만약 우리가 사회의 모든 면에 종교가 배어있는 문화 속에 산다면, 그런데 어떤 사람이 종교를 바꾸고서 어떻게 계속 다른 문화적 영역들, 예를 들면 가족, 정치, 경제, 교육, 오락 같은 영역과 관련을 맺을 수 있을까? 요한의 관점으로는 그런 문제들은 신실함 대 우상숭배라는 문제로 나타나지만, 교회들은 아직 이런 중요한 관계들에 대해서 결정하지 못한 것으로 보인다. 그러나 다른 사람들은 그 상황들을 다르게 보았다.

대적자들

편지들은 대적자들을 교회 안의 그룹과 교회 밖의 그룹이라는 두 그룹으로 묘사하고 있다. 먼저 내부자들은 ***니골라당(Nicolaitians)***이라고 묘사된다. 그 단어는 승리(Nike)와 백성(laos)란 단어를 합성한 헬라어로 백성을 정복한 자들, 백성을 이기는 자들, 또는 그런 사람들이란 뜻을 갖는다. 이 니골라당의 특별한 잘못에 대해서는 아무것도 언급되지 않으나, 요한은 아마도 어휘놀이를 하고 있는 것 같다. 다음 대적자는 ***발람(Balaam)***이라 부르는데, 이 단어는 히브리어로 주님 혹은 통치자를 의미하는 발(Baal)과 백성을 의미하는 암(am)이 합쳐져 파생된 단어일 수 있다. 그 발람의 잘못은 유대 전통에서 잘 알려져 있었는데, 그는 문화를 혼합하는 것을 옹호하여 이스라엘을 우상 숭배하도록 이끌었다. 세 번째 대적자는 발람과 거의 같은 죄를 짓고 있었는데, 그 여자는 이방 출신의 이스라엘의 여왕으로 바알 선지자들의 후견자인 ***이세벨(Jezebel)***이다.

꼭 그렇게 계시록에서 이세벨도 무역, 교육, 문화 활동 등에 참여하며, 그리스-로마 문화를 받아들이려하였다. 그러나 이런 일반 생활 활동들에도 모두 헬라나 로마의 신들과 연관된 종교적 의식들이 스며있었다.

여기서 요한계시록보다 1세대 전의 바울의 접근법과 비교하는 것은 유익하다. 바울은 우상들에게 바친 고기를 먹는 것을 허용했다(고전 8-10장). 그리고 사람이 일반문화로부터 고립되어 살 수 있다고 생각하지 않았다(고전 5:9-11). 만일 요한 스토리에 나오는 인물들이, 우리가 생각하듯, 소아시아에 살던 실제 사람들에 상당한다면, 그들은 자신들도 바울의 충고를 따르고 있다고 생각하고 있을지 모를 일이다.[35] 그러나 요한은 그것을 그렇게 보지 않았다. 그에게 그들은 발람과 이세벨이다. 그러나 이들은 실제 인물들이 아니다. 그 이름들은 이 기간에 사용된 것들이 아니다. 그들을 매우 사악하게 묘사하며, 교회의 한 부분의 성격을 특징적으로 묘사하려는 시도이다. 요한은 한 스토리를 말하면서, 그 스토리 안에서 자신의 잣대를 갖다대고 있다. 독자는 이 대적자들을 반대하거나, 이 이야기를 전하는 자를 거절해야한다.

다른 대적자들은 훨씬 더 분명한 용어로 거절된다. 여기서도 우리가 실제 인물들이 아니라, 이 스토리 안에서 요한이 등장인물의 성격을 묘사하고 있음을 알아야 한다. 스토리에서 그들은 "사단의 회"이며 "자칭 유대인이라 하나 그렇지 아니한" 자들(2:9; 3:9)이다. 이것들은 계시록에서 유대인들을 가리키는 단 두 구절이나, 여기서도 그들의 특별한 죄들은 언급되지 않는다. 그러나 그 힐난하는 이름들은 환난, 모독, 거짓말에 대해 말하는 문맥 안에서 언급된다. 우리는 서로 자기편이 참 유대인이라 주장하면서 서로 비방하고 있는 어떤 스토리를 상상해야 한다.

다시 소아시아에 살던 실제 사람들과 어떤 관련이 있다면, 우리는 이것을 1세기 후반의 역사적 문맥 안에 두어야 한다. 그때는 유대인들이 모든 곳에서 정체성을 위해 싸우고 있었다. 그들의 고국은 서기 70년에 로마인들에 의해 황폐하게 되었고, 그들의 중심기관인 성전이 완전히 파괴되었다. 회당은 그들의 새로운 중심으로 그리고 성경공부가 그들의 중심적인 의식으로 부상하고 있었다. 한편 그들 중 어떤 이들은, 그들이 그리스도(메시야)라고 부르던 예수의 삶과 죽음에 중심을 두면서, 성경들을 극단적으로 새롭게 해석했다. 많은 회당들은보편적인 공동체를 형성하면서 이 소수의 관점을 배척하기 위해 움직였다.[36] 그러나 다시, 그 경우는 요한의 스토리에는 맞지 않다. 계시록-스토리 안에서는, 그들은 사단과 동맹한 자들로 훈계를 받아야 한다. 여기서 우리는 요한의 이야기 세계의 초점에 이르게 되는데, 그 세계에는 단 하나의 궁극적인 대적자가 있기 때문이다.

사단은 이 계시록 스토리에서 다양하게 성격묘사가 될 것이며, 사실상 세 번째 이야기의 많은 부분에서 주요 등장인물이 될 것이다. 계시록 2장에서, 우리는 사단이 그의 회, 그의 위를 가지고 있고, 그에게 바쳐진 신비한 의식들이 있다고만 알고 있다.[37] 우리는 사단이 세상 뒤의 지배적인 세력이며 세상의 궁극적 조종자라고 느껴야만 한다. 그러한 세계 안에서는 머무를 수 있는 곳이 없다. 사람은 굳세게 저항을 하며 신실히 살아야 한다. 그렇지 않으면 적들에게 합류하는 꼴이 되어 실패하게 된다. 그것은 최소한 스토리텔러가 우리에게 생명을 얻게 하려는 것으로 보인다.

누가 청자들인가?

계시록을 내러티브로 해석하려는 사람은 어려운 문제와 직면해야한다. 이 스토리 안에 있는 모든 사람은 허구이다 – 그것은 스토리의 본질이다 – 그러나 그들 역시 어떤 면에서 로마제국에 속한 소아시아란 실제 세계에서 살던 사람이다. 그 스토리는 완전 자기 충족된(self-contained) 것으로 보고, 현실세계 사람과의 차이를 두는 편이 더 현명할지 모르나, 스토리 자체는 연결(bridging)을 원한다. 우리는 스토리 안에서 낭독자(rhetor)의 음성으로 그 말씀들을 다시 살아나게 하는 것을 듣기 위해 모인 청중을 잠깐 보았다(1:3). 계시록은 명백한 나레이티(narratee, 나레이티는 나레이터의 상대개념으로 나레이터가 하는 이야기를 듣는 자임)를 가지고 있는 몇 개 안되는 성경 스토리들 중 하나이다.[38] 이제 스토리 안의 이 나레이티는 이야기를 듣는 내포청중과 완전히 일치하는 존재는 아니나, 그들 사이는 강하게 연결되어 있다. 그래서 이 내포청중/나레이티 역시 어떤 실제 청중인가? 라는 의문이 든다.

먼저 예수의 편지들의 스토리 속의 배역들로서 교회들에게 돌려진 특성들이 (처음 음성에 의해 축복받았던) 청자들, 곧 편지 프레임(frame letter)의 청중에게 적용되는지 생각해보자. 교회들에게 보낸 각각의 편지들은 (들을 귀 있는 자는 성령이 교회들에게 하시는 말씀을 들어야 한다는) 도전을 포함하고 있기 때문에, 교회와 청중 사이에 보이는 강한 연결은 바로 들어야 한다는 점이다. 그러나 그들은 역시 다르다. 이는 일곱 개로 나눠진 편지란 내러티브 장치는 이 계시록-책을 듣고 있는 각 그룹이 다른 그룹과 구별되도록 만들어 주기 때문이다. 따라서 전체 스토리를 듣고 있는(1:3) 그룹인 나레이티(narratee)는 계시록-책의 '내포청중(implied audience)' 보다는 덜 포괄적인 그룹이다. (나레이터의) 분리된 듯한 위치는 그들로 다른 사람의 메일을 읽을 때와 매우 흡사한 우월적 위치에 있게 한다.

이것은 더욱 어려운 질문에 이르게 한다. 즉, 이 두 배역이 1세기 소아시아의 실제 청중과 어떻게 관련되는가? 거의 모든 역사적인 주석들은 편지에서 언급된 사람들과 소아시아에 살았던 실제 사람들 사이에 직접적인 연관이 있다고 본다. 그러나 어떤 문학연구는 그런 등식은 매우 조심스러운 것이라 지적한다. 최소한 요한이 우리가 그 사람들을 보기 원하는 방식으로 우리는 1세기 사람들을 보고 있다. 비록 소아시아에서 그런 사람들을 찾을 수 없겠지만, 요한의 대적자들은 "발람"과 "이세벨"이다. 이들은 아마도 실제 인물들에 근거해서 요한이 창작한 사람들이다. 요한을 포함하여, 스토리에서 그 밖의 모든 것들도 그렇다. (우리는 청중과 저자의 문제를 에필로그에서 좀 더 자세히 살펴볼 것이다, 270-77면).

분명히 이 계시록-책의 진짜 저자는 있다. 그리고 그는 아마 요한이라는 이름으로 불렸을 것이다. 그러나 내러티브 비평적 포인트는 누구든지 허구적인 이야기속에서가 아니고는 이 저자를 결코 만나지 못할 것이라는 것이다. 그래서 우리는 저자에 대한 가상화된 초상화만을 만난다고 말할 수 있을 것이다. 이러한 사고는 그저 우리 대부분이 고등학교 때 배웠던 '내레이터는 저자가 아니다.' 는 개념의 확장이다. 그 보다 내레이터는 스토리를 말하기 위해 저자에 의해 고안된 허구적 장치이다. 그러나 자주 우리는 내레이터 뒤에 있는 사람이 진짜 저자라고 생각했다. 그러나 잠깐만 생각해도 이것이 그렇지 않다는 사실을 보여줄 것이다. 우리가 내레이터 뒤에서 보는 사람은 실제 저자가 우리에게 보도록 의도한 저자이다. 현대 내러티브 이론에서 이 사람은 '***암시된/내포 저자(implied author)***'이다.

그처럼 우리가 스토리의 수신자들이라고 추론한 사람들도 실재 청중이 아니라, 저자가 우리로 보도록 하는 '암시된/내포 청중(implied audience)'이다. 우리의 경우에, 소아시아의 교회들은 이 스토리의 암시된 청중이다. 우리는 그들이 스토리에서 의식적으로 성격묘사되고 있기 때문에 좀 더 자세히 묘사할 수 있다. 그러나 이것은 우리에게 실제 청중에 대해 꼭 말하고 있는 것은 아니다. 내포청중이란 최소한 저자가 우리로 하여금 실제청중으로 봐주기를 바라는 청중이다. 기껏해야 그 내포청중은 실제 세계에 있는 어떤 누군가와도 아무 관련이 없는 완전한 허구일 수 있다.

만약 계시록이 단순히 허구적인 책이라면, 우리는 더 이상 나갈 수 없을 것이다. 그러나 계시록은 수사학적인 책, 즉 어떤 현실적인 관점을 가진 청중을 설득하기 위해 고안된 작품이기도 하다. 수사학적 작품의 경우 그 허구적인 청중이 실재 청중과 어느 정도 유사한 부분들이 있다면 설득력이 있을 것이기 때문에, 이러한 사실은 우리에게 실제 청중에 대한 중요한 점들을 추론할 수 있게 한다.[39]

현대 내러티브 이론만큼이나 고대 수사학은 메시지(message), 화자(speaker),

청중(audience)이란 의사전달과정의 3가지 측면들 모두가 그 책 자체에 포함되어야 한다고 이해했다. 세 가지 측면 모두 저자가 전달하려고 하는 것이다. 그럼에도 불구하고, 설득력이 있기 위해서, 세 가지 측면 모두, 기본적으로, 의도된 청중이 이미 알고 있는 것에 상응해야한다 – 그렇지 않으면, 그들은 저자를 믿을 수 없다고 생각할 것이다. 따라서 그들이 저자를 안다면, 그 저자의 자기 제시는 그들이 이미 알고 있는 것과 부합되어야 한다. 그래서 저자의 청중에 대한 묘사도 그들 자신의 이해와 부합되어야 한다.

어떤 사람들은 유사한 방식으로 (메시지로부터 배경을 추론하면서) 책의 그 역사적인 배경에 대해 주장할 것이다. 텍스트는 어떤 분명한 상황에 대한 반응이기 때문에, 그리고 그것은 "적절한" 반응이기 때문에, 우리는 이런 반응을 야기 시켰을 만한 상황을 상상할 필요가 있다. 이것이 소위 "수사학적 상황(rhetorical situation)"이다. 그러나 이것은 말만큼 쉽게 이루어지지 않는다. 이것은 어쩌면답변을 가지고서 그 답변이 암시하는 질문을 생각해보려고 하는 것과 같다. 그러나 우리가 요한계시록 같은 책의 메시지로 받아들이고 있는 많은 것들은 우리가 그 책이 답변하고 있다고 생각하는 것에 달려있을 것이다. 그 결과들은 결코 확실하지 않을 것이다.

첫 두루마리에 대한 요약

"네가 보는 것을 두루마리에 써서 일곱 교회에 보내라"는 말은 첫 환상에 나오는 큰 음성의 지시이다(1:11). 여기서 계시록 전체를 의도할 수 있겠지만, 즉각적으로 따라나오고 있는 일곱 메시지들의 목록은 최소한 이 두루마리와 요한 스토리의 이 첫 부분사이에 강한 유사성(analogy)이 있음을 암시한다. 이것은 편지들의 두루마리이다.

그 표면적 액션은 단순하다. 인자같은 이가 밧모 섬의 요한에게 나타나, 일곱 교회에 보내는 일곱 메시지를 구술한다. 이 표면 아래에 이미지들, 심볼들, 액션들과 페턴들이 놀랍게 잘 짜여져 있다. 특히 다니엘과 에스겔 같은 옛 예언 문학을 강하게 반향하는 것들이 계시록-스토리에 가득 퍼져있다. 인자 같은 이는 일곱 교회 중 각 교회에게 특별한 방식으로 계시되었다. 그래서 이러한 계시, 교회의 상황, 그리고 승리에 대한 약속은 어떤 이야기에 해당되거나 그 이야기를 암시한다. 이 계시록-스토리의 여러 측면들은, 승리를 고대하며 경성하고 인내하라는 일관된 주제와 함께, 출애굽으로부터 바벨론 유수까지 하나님의 백성의 경험을 떠올리게 하는 것 같다. 그 승리는 전쟁을 필요로 한다. 그리고 이 일곱 교회들의 현재의 전쟁은 (대리자들을 통해 싸우는) 사단과 하나님 사이의 또 다른 오래된 우주적 전쟁으로 표현된다.

그러나 그 상황은 교회 안에 조차 사단의 세력들이 있기 때문에, 교회는 하나님의 대리자들로 그리고 그들의 적들은 사단의 대리자들로 간주하는 것만큼 그렇게 단순하지 않다. 스토리가 계속 진행되면서, 우리는 여기에서 약속된 승리에 대한 상들을 대부분 끝부분에서 받게 된다는 것을 알게 된다. 그 상호관계들이 완벽하지는 않지만, 표 8이 보여주는 것처럼, 모든 것들이 기대한 대로 이루어지고 있다는 느낌을 주기에는 충분하다.

첫 두루마리의 스토리는 교회의 계속되는 삶 속에 있는 투쟁과 승리의 이야기이다. 그것이 묵시적 문맥 안에 놓여지고, 예수의 "오심(coming)"에 대해서 말하지만, 이 오심은 현재 경험으로 묘사되어질 수 있다(특히 3:20과 2:5을 보라). 이러한 스토리 전개가 매우 자연스러워서, 해석자들은 자주 그 참된 계시(real apocalypse)를 위한 일종의 역사적 프롤로그로 받아들이도록 유혹을 받아왔다. 그러나 이 스토리를 문학적으로 읽게 되면 이 편지-스토리 부분은 전체가 3부분으로 이루어진 플롯 중 첫 스토리 전개 부분으로 볼 수 있다.

표 8 *편지들의 약속들*

이기는 자들에 대한 약속들	평행들
에베소 교회에 보내는 편지 2:7 ... 내가 하나님의 낙원에 있는 생명나무의 열매를 주어 먹게 하리라.	22:2 길 가운데로 흐르더라 강 좌우에 생명나무가 있어 열두 가지 열매를 맺되 달마다 그 열매를 맺고 그 나무 잎사귀들은 만국을 치료하기 위하여 있더라 22:14 자기 두루마기를 빠는 자들은 복이 있으니 이는 그들이 생명나무에 나아가며 문들을 통하여 성에 들어갈 권세를 받으려 함이로다
서머나 교회에 보내는 편지 2:11 ... 둘째 사망의 해를 받지 아니하리라.	20:6 첫째 부활에 참여하는 자들은 복이 있고 거룩하도다 둘째 사망이 그들을 다스리는 권세가 없고 도리어 그들이 하나님과 그리스도의 제사장이 되어 천 년 동안 그리스도와 더불어 왕 노릇 하리라
버가모 교회에 보내는 편지 2:17 ... 내가 감추었던 만나를 주고 또 흰 돌을 줄 터인데 그 돌 위에 새 이름을 기록한 것이 있나니 받는 자 밖에는 그 이름을 알 사람이 없느니라.	*말하여지지 않고 본다.* 19:12 그 눈은 불꽃 같고 그 머리에는 많은 관들이 있고 또 이름 쓴 것 하나가 있으니 자기 밖에 아는 자가 없고, 22:14 그의 얼굴을 볼 터이요 그의 이름도 그들의 이마에 있으리라.
두아디라 교회에 보내는 편지 2:26-28 ... 만국을 다스리는 권세를 주리니, 그가 철장을 가지고 그들을 다스려 질그릇 깨뜨리는 것과 같이 하리라 나도 내 아버지께 받은 것이 그러하니라. ... 내가 또 그에게 새벽 별을 주리라.	20:4 또 내가 보좌들을 보니 거기에 앉은 자들이 있어 심판하는 권세를 받았더라 또 내가 보니 예수를 증언함과 하나님의 말씀 때문에 목 베임을 당한 자들의 영혼들과 또 짐승과 그의 우상에게 경배하지 아니하고 그들의 이마와 손에 그의 표를 받지 아니한 자들이 살아서

	그리스도와 더불어 천 년 동안 왕 노릇 하니. (19:15을 보라). 22:16 나 예수는 교회들을 위하여 내 사자를 보내어 이것들을 너희에게 증언하게 하였노라 나는 다윗의 뿌리요 자손이니 곧 광명한 새벽 별이라 하시더라.
사데 교회에 보내는 편지 3:5 ... 이와 같이 흰 옷을 입을 것이요 내가 그 이름을 생명책에서 결코 지우지 아니하고 그 이름을 내 아버지 앞과 그의 천사들 앞에서 시인하리라.	*대조하라:* 6:11 각각 그들에게 흰 두루마기를 주시며 이르시되 아직 잠시 동안 쉬되 그들의 동무 종들과 형제들도 자기처럼 죽임을 당하여 그 수가 차기까지 하라 하시더라 (7:14, 15:6을 보라). 20:15 누구든지 생명책에 기록되지 못한 자는 불못에 던져지더라. (21:27을 보라).
빌라델비아 교회에 보내는 편지 3:12 ... 내 하나님 성전에 기둥이 되게 하리니 그가 결코 다시 나가지 아니하리라 내가 하나님의 이름과 하나님의 성 곧 하늘에서 내 하나님께로부터 내려오는 새 예루살렘의 이름과 나의 새 이름을 그이 위에 기록하리라.	21:22 성 안에서 내가 성전을 보지 못하였으니 이는 주 하나님 곧 전능하신 이와 및 어린 양이 그 성전이심이라. 19:12 그 눈은 불꽃 같고 그 머리에는 많은 관들이 있고 또 이름 쓴 것 하나가 있으니 자기밖에 아는 자가 없고, 21:2 또 내가 보매 거룩한 성 새 예루살렘이 하나님께로부터 하늘에서 내려오니 그 준비한 것이 신부가 남편을 위하여 단장한 것 같더라.
라오디게아 교회에 보내는 편지 3:21 ... 내가 내 보좌에 함께 앉게 하여 주기를 내가 이기고 아버지 보좌에 함께 앉은 것과 같이 하리라.	20:4 또 내가 보좌들을 보니 거기에 앉은 자들이 있어 심판하는 권세를 받았더라 또 내가 보니 예수를 증언함과 하나님의 말씀 때문에 목 베임을 당한 자들의 영혼들과 또 짐승과 그의 우상에게 경배하지 아니하고 그들의 이마와 손에 그의 표를 받지 아니한 자들이 살아서 그리스도와 더불어 천 년 동안 왕 노릇 하니(22:1을 보라).

계 2:1-3:22 일곱 편지들에 대한 독자들을 위한 주석

이 부분에 나오는 많은 상징들은 계시록 1장의 개시 환상의 상징들과 반복된다. 상세한 내용은 78-82면의 '독자들을 위한 주석'을 보라.

계 2:1-7

사자(ANGEL) 계시록 편지의 뜻하지 않은 수령자. 도입부(1:1-2)에서 요한은 천사를 통하여 계시를 받게 된다고 듣는다. 이제 그는 그것을 천사를 통해 다시 교회로 보낸다. 어떤 이들은 여기 천사를 메신저라는 기본적 의미로 보고, 교회 감독으로 해석한다. 다른 이들은 사자를 도입부에서 촛대/별로 표현한 교회에 대한 천상의 대응짝이라고 본다. 후자의 견해가 묵시적 사고에 좀 더 자연스럽게 보인다. 예를 들면, 다니엘서에서 각 나라는 천사-군주에 의해 이끌어지는 것으로 묘사된다. (예, 단 10:20-21, "그가 이르되 내가 어찌하여 네게 왔는지 네가 아느냐 이제 내가 돌아가서 바사 군주와 싸우려니와 내가 나간 후에는 헬라의 군주가 이를 것이라, 오직 내가 먼저 진리의 글에 기록된 것으로 네게 보이리라 나를 도와서 그들을 대항할 자는 너희의 군주 미가엘 뿐 이니라.") 천사에게 이 말을 하는 것을 들은 청중은 자신들이 계시록에서 가장 직접적인 지시로 보이는 것조차 엿듣고 있다는 사실을 안다.

인내(ENDURANCE) 78면에 있는 1:9절에 대한 독자를 위한 주석을 보라.

사도들(APOSTLES) 문자적 의미는 보내진 자들이며, 예수의 사자(emissaries) 혹은 대표자(representatives)라고 하는 기독교인들은 사도들로 알려져 있다. 결국 그 용어는 열두 사도들에게 제한되나, 요한의 시대에는 폭넓은 남녀들의 그룹을 포함했다. 선지자의 권위와 거의 같은 그들의 권위는 영적 경험으로부터 나온 권위이기 때문에, 진짜와 거짓 사도들을 구별할 필요는 크면서도 어려운 것이었다. 요한 이후의 세대에서 그들을 구별하려는 흥미로운 시도에 대해서는 *Didache* 11-13을 보라. 이것은 요한 공동체들의 지도자들 모두가 한 마음은 아니었다는 첫 단서이다.

처음 사랑(LOVE ... FIRST) 헬라어는 시간적 우선순위(네가 처음 가졌던 사랑)를 의미하는지 아니면 지위적 우선순위(첫 사랑, 가장 중요한 사랑)를 의미하는지 모호하다.

내가 가서(I SHALL COME) 예수가 오시겠다는 약속은 이 책에 널리 퍼져있으나, 여기 이 경고는 우리에게 역사의 어떤 시기에 팽배했던 "재림"처럼 그것을 너무 쉽게 이해하는 것에 대해 주의를 준다. 계시록-스토리의 시간적 관점이 이 오심과 동시대적이라는 사실을 주목하라(계 1:7을 보라). 여기서 문자적 표현은 현재적 시제인 "내가 오고 있다(I am coming)"이다.

촛대(LAMP) 천상의 별/천사에 대한 지상에 있는 대응짝. 77면의 1:12에 대한 주석을 보라.

니골라 또는 니골라당(NICOLAUS 또는 Nicolaitans) 텍스트나 고대 역사는 우리에게 이 니골라나 니골라당에 대한 신원에 대해, 많은 상상력 넘치는 재구성들이 있기는 하지만, 어떤 신뢰할만한 단서는 주지 않는다. 우리가 아는 두 가지 사실: 그 이름의 의미는 "백성을 이기는 자(conqueror of people)"이고, 저자는 그들이 옹호하는 것이 무엇이든 간에 매우 적대적이다. 편지들에서 이름이 언급된 다른 대적자들은 상징적(이세벨과 발람)이기 때문에, 이것 또한 상징적일 것이다. 그런 경우에, 그 대조적 단어는 이기는 자(헬라어: *Nikōnti*. 2:7 과 각 편지의 끝부분)가 된다.

먹게(TO EAT) 최소한 (아데미 신전에서의 일반적이었던) 제사음식만이 아니라, 성찬식도 가리킬 것이다.

생명나무(TREE OF LIFE) 여러 참고구절들: 창세기 2장에 나오는 에덴동산 스토리에 나오는 나무; 지혜서(잠 3:18); 아데미의 나무; 예수의 십자가. 십자가는 요한계시록에서 사용되는 다른 의미들과 아이러니한 대조를 이룬다.

낙원(GARDEN) 문자적으로는 파라다이스; 아데미의 신전영역과 에덴동산 둘

다 낙원이라 불린다. 눅 23:43 "오늘 네가 나와 함께 낙원에 있으리라 하시니라."도 보라.

계 2:8-11

화자의 성격묘사에 대해 81-82면에 있는 1:17-20에 대한 독자를 위한 주석을 보라.

유대인(JEWS) 유대인들이 자신들을 유대인이라고 하나 실상은 유대인이 아니라는 요한의 표현은 그가 자신과 자신의 공동체가 그 이름을 사용해야한다고 주장하고 있다는 것을 암시한다. 우리는, 최소한 대화의 한쪽이 날리는 거친 말들을 통해 두 유대인 그룹들 사이에서 벌어지고 있는 극한 대립을 엿듣고 있다. 이 단어가, 원래의 유대적 문맥을 잃어버리고, 반유대주의에 대해 사용할 수 있다는 것은 매우 당혹스러운 일이다.

옥(PRISON) 고대 세계에서는 처벌 장소가 아니라 처벌받을 사람들을 구류해 놓은 곳이다.

십 일(TEN DAYS) 10은 전체, 완전, 완성을 나타낸다. 날들(days)은 견딜 수 있는 상대적으로 짧은 기간을 의미한다. 서머나에서 치러지는 의식 중 한 가지는 Niobe가 10일 동안 그녀의 죽임당한 아이들을 위해 애곡하고, 그 뒤에 축제가 이어졌다. *Iliad* 24.602-15에 있는 이야기를 보라.

생명의 관(CROWN OF LIFE) 여기 관은 통치자의 왕관이 아니라 (서머나에 있는 올림프스 신인 제우스의 신전에서도 열렸던) 올림픽 경기에서 승리한 선수들에게 주는 그런 것이었다. of 구조의 이중 의미는 '생명에 속하는 관(the crown belonging to life)' 또는 '생명인 관(the crown which is life)'으로 읽을 수 있다.

둘째 사망(SECOND DEATH) 계시록에서 독특한 개념은 이곳과 20:6; 20:14; 21:8에 나온다. 그것은 첫 부활에 참여하는 것과는 정반대이며, 요한의 상징체계에서 그것은 불 못과 똑같다. 더 구체적으로 말하기는 어려울 것이다.

계 2:12-17

좌우에 날선 검(TWO-EDGED SWORD) 80-81면에 나오는 1:1에 대한 독자들을 위한 주석을 보라.

사탄의 권좌(THRONE OF SATAN) 어떤 이들은 거기에 위치한 제우스의 거대한 제단을 가리키는 것이라고 한다. 다른 이들은 버가모를 가리켜 황제숭배의 중심지라고 한다. 그러나 신들과 황제들에게 바쳐진 거대한 신전들은 도시들에는 일반적으로 있었기 때문에 이런 식으로 꼭 버가모만 뽑을 특별한 이유는 없다. 그 상징의 의미를 정확히는 알 수 없다고 말하는 것이 최선이지만, 우리는 ***보좌*** *(throne)*에 대한 정치적인 암시들을 놓치지 않아야 한다.

안디바(ANTIPAS) 여기에서 언급된 것 외에 이 순교자에 대해 알려진 것은 아무것도 없다. 이는 계시록에 유일하게 이름이 나오는 순교자인데, 이는 실제 사회적 (박해) 상황은 스토리 배경만큼 심하지 않았다는 것을 가리킨다.

발람(BALAAM) 이 고대 선지자에 대한 흥미로운 스토리는 (말하는 당나귀 에피소드를 포함하고 있는) 민수기 22-24장에서 볼 수 있다. 그러나 발람에 대한 진짜 의미는 (유대인들이 이방 이웃들과 결혼하여 야훼를 변절한 것을 묘사하고 있는) 민수기 25장에 있다. 유대 전통에서 발람은 이 변절에 대해 책임을 져야 한다. 이스라엘을 저주하지 못해서 대가를 받지 못한 발람은 문화수용이란 계략을 제시하여 그 돈을 받는다. 요한의 시각에서 그것은 그런 문화의 수용이었고, 그는 그 문화수용이 갖는 상징적인 힘을 표현하기 위해 발람이란 이름을 사용한다.

행음(FORNICATION) 우상숭배와 평행적으로 이해되어져야 한다. 결국 영적 간음을 의미한다. 그 연관성은 (바알숭배가 종교적 음란을 내포하였던) 이스라엘 역사의 고대시기로 거슬러 올라간다.

니골라당(NICOLAUS) 103면에 나오는 2:6절에 대한 독자들을 위한 주석을 보라.

내가 가서(I SHALL COME) 문자적으로, 나는 가고 있다. 현재시제이다.

싸우다(FIGHT) 문자적으로, 전쟁을 하다.

만나(MANNA) 출애굽기 16장에 나오는 이스라엘을 살렸던 광야에서 기적적으로 나타난 음식으로 기독교의 성찬과 연관된다.

흰 돌(WHITE STONE) 계시록에서 흰색은 항상 승리를 상징한다. 그러나 돌의 상징하는 의미는 여전히 불분명하다. 만약 우리가 작은 돌을 생각하고 있다면, 아마 무죄/유죄 투표를 흰색/검은 색 돌들을 던졌던 배심 절차가 떠오를 것이나, 만약 우리가 큰 돌을 생각한다면, 아마 우리는 흰 대리석 위에 비문들을 새겼던 관습을 생각해야한다.

새 이름(NEW NAME) 성품이 바뀐 사람에 대한 은유이다. 야곱이 이스라엘로 바뀐 고전 스토리(창 32: 24-28)를 보라. (당시) 마술에서 사람을 통제할 어떤 자의 이름을 아는 것은 필수적이다. 그래서 어떤 비밀스런 이름은 무적(invincibility)이라는 암시를 지닌다.

계 2:18-29

화자(speaker)에 대한 설명은 78-79면에 나오는 1:13-16절에 대한 독자들을 위한 주석을 보라.

이세벨(JEZEBEL) 고대에 이스라엘 왕 아합을 이끌어 야훼와 바알의 경배를 결합시키게 한 페니키아 왕비로부터 나온 상징적 이름으로, 열왕기상 18-22장을 참조하라. 그 여성의 이름을 사용한 것은 아마 이 공동체들안에 여자 선지자들이 있었음을 가리킨다.

우상들에게 바친(SACRIFICED TO IDOLS) 시장에서 팔리는 대부분의 고기들은 푸줏간 조합의 혹은 그 도시의 혹은 다가오는 명절의 수호신에게 “희생제를 드린” 것이었기 때문에, 이 표현은 반드시 희생제사에 참여하는 것을 의미하지는 않는다. 바울은 이미 50년대에 그 문제를 다루었고, 고린도전서(8-10장)에서 광범위하게 논의했다.[40] 바울은 이방 신전에서 행하는 것이 아니라면, 그런 음식을 먹는 것을 허용했으며, 의식적인 성결 행위와는 연결시키지 않았다. 요한은 바울보다 좀 더 배타적인 자세를 취하는 것으로 보인다.

그의 자녀(HER CHILDREN) 요한이 인정하지 않는 (거짓) 선지자의 제자들을 의미한다.

사람의 뜻과 마음을 살피는(EXAMINE THE VITALS AND THE HEARTS) 문자적으로, 신장과 심장인데, 전자는 감정과 느낌들이 일어나는 곳이며, 후자는 의지의 중심이라 생각되었다. 이 내장기관들을 살핀다는 것은 로마세계에서 보통 점치는 것을 의미했으며, 제사장은 희생물의 내장을 검사하여 미래를 예측하곤 했다.

남아있는...너희에게(TO THE REST) 두아디라 교회의 분열을 암시한다.

사단의 깊은 것(DEPTHS OF SATAN) 그 의미가 우리에게는 전달되지 않은 다른 경우로, 이 단어구는 때대로 (그들의 대적자들의 말에 따르면) 사단의 깊은 것을 안다고 하는 후기 영지주의자들의 가르침과 관련된다. 영지주의자들은 헬라 철학과 유대교와 기독교 스토리들을 결합시켜 자주 전통적인 가치들을 뒤집어서 하나님과 사단을 서로 대적시키지 않는 그런 기독교사상을 만든 비밀스런 그룹이다. 그러나 우리는 이렇게 이른 시기에 그런 (영지주의적인) 가르침들에 대한 다른 증거는 없다. 다른 사람들은 이것을 우상은 아무것도 아니라(고전 8:4)는 바울의 가르침에 대한 반동으로 본다. 이 경우에, 요한의 발언은 비꼬는 것이다. 이 말은 사람들이 진짜 알고 있었다는 것이다. 이 주장을 지지하는 것은 다음 구절인 "다른 짐으로 너희에게 지울 것이 없노라"이다. 이 말은 행 15:28,29 "이 요긴한 것들 외에 아무 짐도 너희에게 지우지 아니하는 것이 가한 줄 알았노니, 우상의 제물과 피와 목매어 죽인 것과 음행을 멀리할찌니라"을 강력하게 떠올리게 한다. 이 경우에 요한은 바울의 주장보다 더 이른 전통을 다시 정립하려고 하는 것이다.

철장(STAFF OF IRON) 대개는 오실 메시아를 가리키는 이스라엘 왕의 권세를 가리킨다. 시 2:9을 보라.

새벽별(MORNING STAR) 금성으로, 승리를 상징하며, 그리스도 자신의 상징이기도 하다(22:16). 요한은 점성술과 마술에 대해 대단히 염려하였을 것이다. 그는 그것들을 그리스도의 참 권세의 변질형태로 보고 있다.

계 3:1-6

일깨워(BE WAKEFUL) 문자적으로는 깨어 있으라는 뜻이다. 이 단어는 사람들이 지금 깨어 있지 않는 것을 암시한다. 사데(Sardis)는 도시를 방어하지 못했던 것, 즉 깨어 있지 못했던 것으로 잘 알려져 있었다. Herodotus는 사데인들이 너무 가파라서 오르기 어렵다고 생각했기 때문에 지키지 않았던 성벽에 이르는 절벽을 Cyrus(고레스) 군대가 비밀리에 올라와 어떻게 사데를 정복했는지 전해준다(*Hist.* 1.84).

밤중에 도적같이(LIKE A THIEF IN THE NIGHT) 이 표현은 보통 묵시적인 글들에서 우주적 종말 시나리오와 연관된다. 마 25:42-43 그리고 살전 5:2을 보라. 편지들은 계속 그런 종말적 표현을 사용하여 현재 상황에 대해 말한다.

그 옷을 더럽히지 아니한(NOT SOILED THEIR CLOTHES) 흙(Soil)의 기본적인 의미는 얼룩지게 하다, 아주 더럽히다는 뜻을 가진다. 이 동사는 자주 예식적인 의미로 불순하게 하다란 뜻으로 사용된다. 여기 스토리의 의미는 어떤 이들이 오기로 예정된 손님을 맞기 위해 "준비된"(깨끗한/순수한) 상태를 뜻한다.

흰 옷(WHITE ROBES) 여기서는 더럽혀진 옷과 대조시켜 어떤 순수성을 의미할 것이나, 흰색은 승리란 의미가 훨씬 우세하다. 옷 입는다는 것은 보통 여러 종교들의 입교의식에서의 착복식을 의미한다. Apuleius, *The Golden Ass*, Book 11.의 묘사를 보라.

생명책(BOOK OF LIFE) 이 표현은 계시록 밖에서는 빌 4:3에서만 사용된다. 계시록 안에서는 3:5; 13:8; 17:8; 20:12; 20:15; 21;27에 나온다. 하나님이 책에 기록되어 있는 것들을 기억하신다는 기본적 은유는 이미 출애굽 스토리(출 32:32)에 나온다. 단 12:1도 보라. 1세기 후반 언젠가 회당 예식에서 시작기도들 중 한 가지에 저주를 포함하도록 개정되었다: "나자렛인들을 생명책에서 지워버리사 의로운 자들과 함께 기록되게 하지 마소서"(12번째 기도문).[41]

그 이름을 ... 시인하리라(ACKNOWLEDGE NAME) "내가 또한 너희에게 말하노니 누구든지 사람 앞에서 나를 시인하면 인자도 하나님의 사자들 앞에서 저를 시인할 것이요"(눅 12:8)

계 3:7-13

이 장면의 많은 부분은 사 22:15-25에 나오는 왕의 시종 셉나의 심판을 모형으로 한 것으로 보인다.

다윗의 열쇠(KEY OF DAVID) 사 22:20-23에서 엘리야김에게 정권을 이양하는 내용을 보라. 본 편지의 상징들은 그 사건에 기초한 것으로 보인다. 예수가 이제 새로운 왕국의 관리자이다. 옛 관리자는 권세를 빼앗겼다.

내 말을 지키며(KEPT MY WORD) 아마 화자의 가르침을 지키고 화자의 증거를 지킨다(즉 화자와 닮은 삶을 산다)는 이중적 의미를 지닌다.

사단의 회(CONGREGATION OF SATAN) 문자적으로는 사단의 회당, 서로 유대인이라 주장하는 두 공동체들 사이의 강한 적대감을 암시하는 요한의 반-유대주의에 대한 수사적 표현이다. 2:9의 서머나 교회에 보내는 편지도 보라.

시험의 때(HOUR OF TRIAL) 여기 시간은 불확정적이나 상대적으로는 짧은 기간에 대한 은유로 사용된다. 의인들은 종말이 가까워 옴에 따라 시험의 때를 맞게 될 것이라고 다들 생각하였다. 2:9-10에 나오는 비슷한 생각과 비교하라.

면류관(CROWN) 승리자의 왕관을 의미한다. 106면에 나오는 2:10에 관한 독자를 위한 주석을 보라.

성전(TEMPLE) 이것은 요한계시록에서 하나님의 성전에 대한 첫 언급이다. 자주 성전은, 천상의 장소를 가리키고 있는며 그곳으로부터 신적 행위가 시행된다(11:19; 14:15; 15:5; 16:1). 이 부분과 11:1에서 그곳은 하나님의 참 거처인 신자들의 공동체를 가리킨다고 보는 것이 더 합당할 것이다.[42] 그러나 그 이미지는 21:22에서 뒤집힐 것이다. 거기에서 하나님의 임재가 모든 곳에 편만하게 되기 때문에 성전이 보이지 않는다.

새 예루살렘(NEW JERUSALEM) 하나님의 새 백성에 대한 상징으로 스토리의 초기 단계에서조차 이미 그 새 예루살렘이 현재시제로 언급되고 있는 점을 주의하라.

계 3:14-22

참된 증인(TRUE WITNESS) 요한계시록에서는 항상 *witness*는 참된 앎과 참된 증거란 이중적 의미를 가지고 있다. 예수의 참된 증거는 일차적으로 그의 죽음으로, 그리고 또한 그렇게 죽기까지 증언하심이다. 따라서 바로 이 계시이다.

창조의 근본(ORIGIN/BEGINNING OF CREATION) 화자(예수)가 창조된 첫 번째 또는 창조의 원천 또는 창조의 주재이심을 의미할 수 있는 애매한 표현이다. 아마도, 그 표현은 예수의 부활이 새 시대의 시작을 나타낸다는 사상과 연결되어있는 골 1:15-20과 비교할 때 가장 잘 납득된다.

미지근하여(LUKEWARM) 라오디게아는 전략적인 목적으로 세워졌기 때문에, 자연수가 나오는 가까운 곳에 있지 않았다. 히에라폴리스의 유명한 뜨거운 온천수와 골로세의 차거운 샘물사이 중간에 위치했던 라오디게아는 그 미지근한 물로 조롱을 받았다. 그것은 양쪽 어느 도시에서라도 물을 보내면 그곳에 도착할 즈음에는 그 물이 미지근해졌기 때문이다.

부자라(RICH) 상업적인 언급들은 검은 양모와 안약으로 유명했던 라오디게아에 아주 적합하다. 요한이 문화적 가치를 전복시키는 강한 경향은 이러한 부유함을 말할 때 분명하게 보이며, 서머나의 가난한 자에 대한 그의 태도와 대조를 이룬다. (부자들을 비난한 것은 사실 비난받을 부자들이 있었다는 좋은 증거이다.) 기독교 운동이 매우 가난한 자들로 구성되어 있었다고 생각하는 것은 잘못된 것이지만, 그럼에도 불구하고 요한이 일관성있게 가난한 자들 편에 서있다는 것은 사실이다.

문을 열면...그로 더불어 먹고(DOOR...DINE) 예수와 더불어 먹는 것은 과거적으로는 최후의 만찬을 가리키고, 미래적으로는 어린 양의 혼인잔치를 가리킨다(19:9; 눅 22:30, "너희로 내 나라에 있어 내 상에서 먹고 마시며"도 보라.) 누가 문을 두드리고, 들어가, 음식을 준비하는 생각들을 결합시킨 것은 (이 장면의 원천일 수 있다고 생각하는) 예수가 전한 스토리에 매우 가깝다.

> 허리에 띠를 띠고 등불을 켜고 서 있으라. 너희는 마치 그 주인이 혼인집에서 돌아와 문을 두드리면 곧 열어 주려고 기다리는 사람과 같이 되라. 주인이 와서 깨어 있는 것을 보면 그 종들은 복이 있으리로다. 내가 진실로 너희에게 이르노니 주인이 띠를 띠고 그 종들을 자리에 앉히고 나아와 수종하리라. 눅 12:35-37

보좌(THRONE) 요한계시록에서 사용되는 일반적인 상징으로 1:4절에서 시작하여 47번 나타난다. 보좌 상징이 다음 장면을 지배할 것이다. 승리자가 보좌에 앉게 된다는 사고는 매우 일반적이다. 그러나 여기서 (그는 예수가 했던 것처럼 승리해야하기 때문에) 그 가치관들은 뒤집힌다.

The Worship Scroll

REVELATION 4:1-11:18

사자와 어린양

예배 두루마리

계시록 4:1-11:18

"독자의 마음을 움직이도록 설계된 묵시록이라고 부르는 이 책 안에는, 확실히, 불분명한 진술들이 많다. 즉 우리가 아무리 노력한다 할지라도 그 나머지의 의미를 추적할만한 선명한 진술들은 거의 없다.[1]

AUGUSTINE, *City of God*

문단 개관: 예배 두루마리

본 섹션은 요한이 하늘로 이동하며 시작된다. 그는 거기에 있는 하나님의 어전(throne room)을 묘사하고, 찬양, 춤, 송축으로 이루어지는 의식을 목격한다. 낭독될 두루마리를 아무도 열어볼 수 없게 일곱 인으로 인봉되어진 것을 보았을 때 위기가 일어난다. 요한이 울자, 거기에 있던 한 사람이 그 두루마리를 열 수 있는 사람–유다 지파의 사자–이 있다는 말을 듣고 요한이 위로를 받는다. 그러나 사자 대신에, 죽임을 당한 어린 양이 나타나 그 인봉을 하나씩 연다. 일곱 번째 절정에 이를 때까지, 각 인봉이 제거 될 때마다 드라마틱한 장면이 목격된다. 일곱 번째 인봉은 다른 종류의 인침사건으로 지체되는데, 거기서 하나님의 선민들은 아무런 해를 받지 않도록 인침을 받는다. 일곱 번째 인봉이 열릴 때, 한 동안의 침묵이 있은 후, 일곱 나팔이 울리게 된다. 또 다시 그 절정의 일곱째 나팔은 이번에는 한 성전 장면에 의해 이야기 진행 속도가 늦춰지며, 두 증인에 대한 짤막한 이야기가 나온다. 이 증인들은 자신들의 임무를 신실히 수행하는데, 초기에는 보호를 받으나, 후에는 무저갱으로부터 올라오는 짐승이 저희로 더불어 전쟁을 일으켜 저희를 이기고 죽인다. 그러나 3일 반 후에 그들은 다시 살아 하늘로 올라간다. 그때 일곱 번째 나팔소리가 나고 세상 나라가 우리 주와 그리스도의 나라가 된다는 (아마 열려진 두루마리를 읽는) 큰 음성이 들리고, 천상의 예배가 재개된다.

새로운 셋팅: 하늘

라오디게아 교회에 보낸 편지에서 부활하신 그리스도가 "내가 이기고 아버지 보좌에 함께 앉은 것과 같이 하리라" 는 끝맺음 말씀은 저자의 마음에서 메아리가 된듯 다른 환상이 따라 나온다. 이는 분명히 요한이 "성령으로" 하늘로 이동하였을 때, 우리도 이제 천상의 어전에 있기 때문이다.

천상여행은 이런 (묵시적) 글들에서는 비교적 일반적인 일이다.[2] 사실 하나님과 그분의 보좌에 대한 환상은 고대전통까지 거슬러 올라간다.[3] 바울은 거기서 본 것을 거듭 말하려 하지 않지만, 그도 그러한 방문을 이야기한 적이 있다.

> 내가 그리스도 안에 있는 한 사람을 아노니 십 사년 전에 그가 셋째 하늘에 이끌려 간 자라 (그가 몸 안에 있었는지 몸 밖에 있었는지 나는 모르거니와 하나님은 아시느니라). 내가 이런 사람을 아노니 (그가 몸 안에 있었는지 몸 밖에 있었는지 나는 모르거니와 하나님은 아시느니라) 그가 낙원으로 이끌려가서 말할 수 없는 말을 들었으니 사람이 가히 이르지 못할 말이로다.
>
> 고후 12:2-4

사실, 하나님의 보좌 환상은 중세기까지 유대인의 신비한 전통의 흔적이다.[4] 우리는 이제 어떤 전통적 장면을 본다. 그러나 (아래 액션에 대한 섹션에서 보게 될 것이지만) 완전히 새로운 방식으로 전개될 것이다.

우리 스토리의 세팅(setting)은 훨씬 더 외딴 경기장으로 이동한다. "계시록-

스토리는 소아시아(1:3)의 기독교인 집회란 암시된 배경(implied setting)에서 열린다. 그 후 외떨어져 있으나 현실적인 배경인 밧모섬으로 이동한다(1:9), 그 후 문을 통해 초현실적인 배경인 하늘로 이동한다(4:1). 스토리의 배경들은 중립적인 장소들이 아니다.[5] 세팅들은 액션이 일어나기에 편리한 장소들일 수 있지만, 심지어는 액션과 대조를 이루는 모순적인 배경막(ironic backdrop)이 될 수 있을지도 모르지만, 그 세팅들은 (플롯의) 액션을 어느 정도 상징화시킨다. Snoopy의 소설의 시작이 ("어둡고 폭풍이 부는 밤이었다..."고 하듯이) 으스스한 일들은 자주 음산한 장소에서 일어난다.

이들 세 개의 배경들 각자는 계시록을 이해하는데 중요한 문맥을 제공한다. 시작과 마침의 제의적 배경은 (누구를, 어떻게 경배해야 하는가? 란) 계시록의 기본 주제를 이해하는데 아주 중요하다. (이 주제는 계시록의 마지막 장면에 대한 토론에서 분명하여지고, 옹호될 것이다.) 섬들은 땅도 바다도 아니나, 둘에 다 걸쳐있는 전이적인 장소이기 때문에 섬 장면 역시 중요하다. 그래서 밧모섬의 요한은 매일의 삶의 일상적 현실과 그의 계시의 초역사적인 현실 사이의 과도적인 위치에 있다. 하늘로 들어간 우리는 계시들의 영역으로 들어간다. 어떤 ("비밀을 밝히는[unveiling]") 계시가 보여주는 것은 바로 삶의 이면의 시나리오(scenario behind life)이다.

하늘의 보좌

풍부한 묘사를 놓쳐서는 안 된다. 유리 바다위에 있는 하늘보좌는 24개의 다른 보좌들에 의해 둘러싸여 있고, 네 생물과 수많은 천사들이 옆에 서있다. 비유에 또 비유다. 보좌 위에 있는 분은 벽옥과 홍보석같다(보석들, 아마 다이아몬드와 루비같다). 그리고 수정같은 유리바다가 보좌 앞에 펼쳐져 있고, 보좌 앞에 일곱 등불 켠 것이 있다. 이 수많은 묘사의 효과는 무엇인가?

분명히, 이것은 천상의 예배 장면이며, 땅에서 일어난 것들에 대한 천상에서의 대응짝(counterpart)이다. 이제 로마제국의 소아시아 지역에서 드리는 지상

예배는 (아마 황제숭배의식을 제외하고는) 이처럼 호화스러울 수 없었을 것이다. 그러나 거의 확실히, 기독교 예배는 훨씬 더 간단하였을 것이며, 누군가의 집(아마도 부유한 가정집)이나 야외에서 이행됐을 것이다. 그러나 요한이 여기서 묘사한 것은 현실적이기 때문에, 그 세팅은 평범한 것으로 보일지 모른다. 그러나 평범한 것으로 ***보일*** 뿐이다. 따라서 이 장면의 기능은 예배를 명백히 고취하고 있는 것이다.

더 나아가, 요한은 이 장면을 어전 안에 설정함으로, 로마전통들과 비교하게 한다. 여기 요한이 묘사하는 많은 부분은 황제 어전의 의식들을 흉내 낸 것으로 볼 수 있다.[6] 신하들에 의해 둘러싸인 보좌로부터 가운데 앉은 인물의 신비로운 침묵까지, 원형배치로부터 우주적 이미지들까지, 힘과 존귀에 대한 찬양과 환호성으로부터 사용된 색깔들과 칭호들까지, 로마 어전 의식의 대중적 이미지에 대한 수많은 반향들과 평행들이 있다. 따라서 이 장면의 두 번째 기능은 로마에 대한 충성과 예수에 대한 충성 사이의 긴장을 조성하는 것이다.

하나님의 보좌 역시 이스라엘의 성경적 전통의 한 요소이다. 미가 선지자가 비슷한 경험을 말했다: "그런즉 왕은 여호와의 말씀을 들으소서 내가 보니 여호와께서 그 보좌에 앉으셨고 하늘의 만군이 그 좌우편에 모시고 서 있는데" (왕상 22:19). 하나님이 전형적인 왕과 같은 무대에 계신다는 이러한 개념은 솔로몬 성전 건물로 연결된다. 그곳 지성소는 금으로 되어있는 방으로 그 안에 하나님은 언약궤 위의 두 그룹들 사이에 눈에 보이지 않게 좌정하고 계셨다(대하 3-5장을 보라). 그 후 그런 사고들은 회당으로, 그리고 (특히) 교회 예배로 넘어왔다. 초기 기독교 성소는 장로들에 의해 둘러싸인 (감독이 앉는) 자리가 있었던 것 같다.[7]

따라서 이 장면은 제의적(예배적)이고 정치적(도시적) 측면들을 포함하고 있어서, 둘 사이를 나누는 잘못을 저지르지 않아야 한다. 여기 예배 요소들은 '통치자이신 하나님(God-as-ruler)'에 대한 전통으로부터 나온 것일 뿐만 아니라, 또한 그것들은 '하나님이신 통치자(ruler-as-God)'를 생각하고 있는 요한의 세계에서의 여러 요소들과 대조된다. 보좌에 대한 이러한 초점 때문에 (그리고 신약성경에서 "보좌"에 대한 관련 구절 중 75%가 계시록에 있다) 계시록-책을 중요한 종교적 문서로 여겨지게 한다. 요한의 세계에서는 정치적인 것은 종교적인 것을 포함한다.[8]

이제 좀 더 뒤로 물러나서 더 큰 문맥에서 계시록의 세팅을 고려해 보자. 이는 요한의 내러티브 세계가 일상의 보통세계와 어떻게 다른지를 아는 것이 중요하기 때문이다. 우리는, 현실에 대한 견해(views of reality)를 주택 스타일에 비유할 수 있다. 우리가 사는 현대는 복잡하고, 아마 신기하고 열어 보지도 않은 수많은 방들도 있는 커다란 목축장 스타일 집과 같다. 거기에는 윗 층이나 지하실이 없다. 그런데 윗 층이 있다고 믿는다고 하는 사람들도 있고, 지하실이 있다고 주장하는 사람들도 있다. 그러나 아무도 거기에 가지는 않는다. 요한의 세계는 (1층 만큼이나 복잡한 위층과 지하실이 있는) 오래된 대저택과 같다.

3층으로 이루어진 우주

공상과학소설의 일반적인 장치는 현재와 다른 시기 사이의 시간-연결 통로(사람이 그곳을 통과하여 다른 세계에 들어가는 비밀통로)를 발견하는 것이다. 우리가 공상과학소설을 읽을 때, 그런 비밀통로를 받아들여야 한다. 그처럼 묵시적인 글들에서 그 통로는 (우리의 일층 세계에서처럼) 미래와 과거로만 연결되는 것이 아니라, 천국과 지옥으로도 연결된다.9 요한의 스토리 세계는 어떤 사람이-최소한 성령으로-하늘로 들어가 놀라운 것들을 보게 할 수 있는 문(4:1)을 발견할 수 있다.

요한의 3층 세계의 본질은 두루마리 구절에서 분명하다. "***하늘 위에나 땅 위에나 땅 아래에*** 능히 (두루마리) 책을 펴거나 보거나 할 이가 없더라. 이 책을 펴거나 보거나 하기에 합당한 자가 보이지 않기로"(계 5:3). 요한은 결코 지하세계를 방문하지는 않으나, 하늘에서의 그의 관점은 그로하여금 (우리는 볼 수 없는) 그곳과 땅위에 있는 것들을 보게 한다.

따라서 요한은 (자주 무저갱으로 번역되는; 헬, *abysson*) 심연을 본다. 이 심연은 큰 갱도와 닫혀진 문에 의해 지상과 연결된다. 요한은 그 문이 열리고, 엄청난 연기와 초현실적인 황충들이 나오는 것을 본다(9:1-2). 이 심연에는 또 다른 짐승이 있는데, 그가 그곳에서 나와 성도들과 전쟁을 할 것이다(11:7). 우리는 무저갱에 왕과 나라도 있다는 것을 듣고(9:11), 환난을 예상할 수 있다. 왜냐하면 지상은 (모든 면에서 반대되는) 두 왕국들 사이에 불안하게 위치해 있기 때문이다. 두 거대한 적대국들 사이에 낀 어느 작은 나라처럼, 예수이전 수세기동안 시리아와 애굽 사이에 끼어있던 이스라엘처럼, 우리는 이 땅이 전쟁터라고 볼 수 있다. 그러나 요한 스토리의 이 국면에서는 아직 아니다. 여기서 그 세팅은 (전쟁장면이 나오는) 요한 스토리의 3번째 국면을 고대케 한다 (12장 이하).

여기 국면은 하늘과 더 관련된다. 어전의 더 큰 문맥은 하늘에 있는 하나님의 성전이다(7:15). 이제 이 하늘 성전은 하나님의 보좌가 있는 예루살렘 성전 개념에 상응한다. 단순하게 보면, 모든 성전들이 그렇다. 각 성전은 (여하튼 그 신께 봉헌된 지존의 영역에 해당되는) 성스러운 공간이다. 모든 성전들은 성스러운 장소이며, 땅과 하늘의 실체들이 서로 대응(correspendance)한다는 생각을 전제한다. 그러나 그 시대의 다른 사람들뿐만 아니라 요한도, 이런 단순한 수준을 넘어, 하늘의 성전을 모든 예배 공동체에 대한 은유(metaphor)로 본다. 따라서 예배 공동체는 일종의 영적인 성전이 된다.[10]

이런 세팅은 우리에게 요한의 세계관에 관한 매우 중요한 면 – 천상영역들과 지상영역들 사이의 영적인 연결의 개념 – 을 시사한다. 따라서 스토리에서 각자(each thing)는 그 자체이면서도 그 밖의 어떤 것이다. 우리가 요한이 하늘성전 제단을 방문하여, "하나님의 말씀과 저희의 가진 증거를 인하여 죽임을 당한 영혼들이"(6:9) 제단 아래 있는 것을 본 것은 놀랄 일이 아니다. 이는 하늘성전과 예배공동체의 성전이 제단을 공유하기 때문이다. 땅과 하늘은 비밀한 방법으로 서로 일치한다. 순교자가 죽는 곳마다, (사람이 볼 수만 있다면) 거기에 희생제단이 있다. 그래서 역시, 회중의 기도들은 하늘성전의 향이며(8:3-5), 그 기도는 하나님에 의해 이 땅을 심판하기 위해 사용될 수 있다. 하나님의 백성이 기도를 올리는 곳마다, 거기에는 하늘성전의 분향단이 있다. 독자는 두 레벨을 동시적으로 생각하는데 익숙해져야한다.

요한의 영적 지리학은 영역들 사이에 분명한 연결을 상상케 하나, 이는 일차원적인 연결이 아니기 때문에, 우리는 과도하게 단순화하는 것을 피해야한다. 예를 들어, "큰 도성"을 생각해보라. 그 도성 길에 죽임당한 증인들이 누워있다. "저희 시체가 큰 성길에 있으리니 그 성은 영적으로 하면 소돔이라고도 하고 애굽이라고도 하니 곧 저희 주께서 십자가에 못 박히신 곳이니라"(11:8). 이 마지막 절은 분명히 우리가 이 큰 성을 예루살렘과 동일시하도록 요구하는데, 이제 예루살렘은 요한의 영적 지리학에서 (아브라함 시대에 음란한 곳으로 악명높은 – 창세기 18장) 소돔과 그리고 (이스라엘이 노예생활을 하던 곳인 – 출애굽기 1장) 애굽과 연결되어진다. 그리고 곧 그 큰 성은 (땅의 임금들을 다스리는 도시인) 로마라는 것이 분명해질 것이다(계 17:18). 그래서 요한의 독특한 무대는 그에게 어떤 지상 장소와 천상의 대응짝을 동일화(identify) 할 수 있게 하고, 그리고 여러 지상 장소들도 서로 동일화 할 수 있게 한다.

스토리 공간들과 현실세계

어떤 스토리가, 진짜 이야기라고 할지라도, 실제는 아니다. (저자가 어떤 잘 알려진 스토리를 쓸 때처럼, 여러 제약들이 있을 수 있지만) 스토리의 시간, 장소, 배역들과 사건들은 모두 작가가 임의로 발전시킨 것들이다. 스토리는 – "옛날 옛적 먼 곳에서" 또는 James Michener의 Alaska이든 간에 – 항상 다른 시간과 다른 장소이다. 어떤 스토리에서 우리는 때때로 이리저리 움직이고, 거기에 있었던 누구도 결코 보지 못했던 것들을 본다.

아마 이런 시공간의 특별한 느낌에 가장 가까운 비유는 우리가 게임을 할 경우이다. 게임 역시 독특한 시간과 장소에서 이루어지기 때문이다. 어떤 사람이 야구나 소프트볼을 할 때, 그것이 오후 2:30이라고 말함으로써 시간을 정하지 않는다. 그보다, 7회 말 또는 어떤 비유적인 시간으로 말한다. 그처럼 장소들도 그들 자신의 특별한 의미를 취한다. 1루와 2루 그리고 3루는 야구를 모르는 사람에게는 그저 기하학적 다이아몬드의 꼭지점들처럼 보일 수 있다. 그러나 그들의 의미는 야구를 아는 사람에게는 퍽 다르다. 그들은 서로 교환할 수 있는 것처럼 보이나, 야구선수에게는 1루에 있는 것 보다는 3루에 있는 것이 훨씬 더 좋다. 우리는 문맥에서 그 의미를 이해해야 한다.

어떤 스토리들은 완전히 상상의 장소들에서 일어난다: 이 세상(Middle Earth) 또는 Mudville (역자 주. Bonkheads라는 비디오 게임에서 가상세계) 또는 우주선 모험. 그런 스토리들에서 우리는 이런 장소들을 휴가 때 갈 수 있는 어떤 곳으로는 생각하려 하지 않는다. 그러나 대부분의 스토리들은–알라스카나 런던이나 미국서부같이 우리가 방문할 수 있을 것 같은–실제 장소를 쓴다. 그런 스토리들에서, 우리는 우리가 스토리들에서 이들 장소들을 경험하는 방식과, 현실에서 그것들을 경험할 수 있는 방식 사이에 중요한 차이들이 있다는 것을 잊어버릴 수 있다. 소설과 영화의 미국 서부와, 디킨스의 런던은 이 장소들에 대한 단순 경험과는 완전히 다르다. 왜냐하면 그것은 작가가 (그 장소가 독자에게 미치는 충격이 어떤 것인지) 어떤 장소를 독자로 하여금 경험하게 하는 방식이기 때문이다.

요한의 스토리 안에서, 첫 이야기 전개에 나오는 일곱 도시같은 장소들은 확인할 수 있다. 그러나 다른 위치들은 다른 영역에 존재하여 지도에서 결코 찾을 수 없는 환상적인 장소들이다. 요한은 독창적인 방식으로 두 곳을 뒤섞기도 한다.

> 또 여섯째가 그 대접을 큰 강 유브라데에 쏟으매 강물이 말라서 동방에서 오는 왕들의 길이 예비되더라...세 영이 히브리 음으로 ***아마겟돈(Harmagedon)*** 이라 하는 곳으로 왕들을 모으더라. 계 16:12, 16.

우리는 중동지역의 지도에서 유브라데 강을 쉽게 찾을 수 있다. 그러나 아마겟돈은 결코 지도상에 존재하지 않는다. 이 부분의 스토리에서 우리가 도착한 곳은 바로 그런 장소들이다. 이 환상적인 장소들은 우리가 사는 세상과 분명한 관계는 없지만, 유사해보인다. 이는 독자가 그 장소들과 관련이 있다고 느끼게 묘사하는 것은 작가의 기술(art)이다. 요한은 이 관계를 두 가지 방식으로 가능하게 하고 있다.

먼저, 그는, 논리적 순서에 따라, 확실한 장소들로부터 이런 장소들로 인도한다. 모인 회중으로부터, 밧모섬으로, 일곱 도시로, 다시 밧모섬으로, 그리고 문을 통해서 하늘로 이끈다. 우리는 충실하게 우리의 안내자를 따라간다. 둘째, 요한은 이런 다른 실제를 일상적인 실제 차원으로 묘사한다. 하늘 제단과 공동체 예배사이, 무저갱과 세상에서 경험하는 악령들 사이, 영적인 도시와 우리가 경험하는 도시들 사이에 상응이 있다. 요한은 그럴듯하게, 우리의 세계를 두 적대적인 세력들 사이에 있는 중간지역으로 보도록 영적인 지리학(spiritual geography)를 그리고 있다.

한편, 이 묵시(apocalypse)의 의미는, 문자적으로 베일을 벗김, 계시, 숨겨진 것을 보여줌이다. 어떤 면에서, 이것은 요한이 우리로 하여금 하늘을 살피게 하는 것을 의미하지만, 그것이 우리가 생각하는 계시(revelation)의 의미라면, 오해다. 계시는 하늘이 어떤 곳인지 드러내는 것이 아니라, 영원한 세상과 관련하여 일상을 보여줌으로써 일상의 삶이란 어떤 것인지를 보여준다. 이 스토리는 독자가 일상의 이면에 있는 궁극적인 실제를 보게 해준다. 좀 더 정확히 말하면, 계시록은 요한의 저 세상에 대한 환상만 전달하는 것이 아니라, 독자에게 일반 장소들을 특별한 장소들과 결부시킴으로써, 이 세상에서 진짜 일어나고 있는 일에 대한 그의 비전을 전하고 있다.

중복되는 세팅들:
내삽된/안에 삽입된 내러티브들(EMBEDDED NARRATIVES)

이 단원(unit)의 대부분은 하늘 보좌 주변에서 일어나지만, 그 액션의 세팅을 살펴 보면, 난해한 두 가지 요소가 나타난다. 먼저, 실제 이 섹션에서 보고

되는 많은 것들은 이 보좌 내러티브에 내삽된 2차 내러티브들로 이루어진다. 따라서 일곱 인봉들과 일곱 나팔들 각각은 그 자체의 내러티브 사건을 만드는데, 그 세팅이 자주 혼란스럽다. 예를 들어 네 마리의 말들이 달리고 있는 곳(6:1-8)을 말하기는 불가능하다. 이 액션들은 어느 곳에서도 일어나지 않을 것이다. 그들은, 다른 장소가 아닌, 다른 차원에서 일어나고 있다. 그들은 어떤 환상에서 한 등장인물에 대한 환상들이다. 이것은 독자에게 상당한 혼란을 일으키지만 그 때문에 신비스러운 글을 읽고 있다는 독자의 느낌은 고양된다.

이런 장소에 대한 혼동의 한 예는 일곱째 인봉을 열 때이다. 고요(silence)가 어디에서, 그리고 어떤 내러티브 레벨에서 일어나는가? 요한은 “일곱째 인을 떼실 때에 하늘이 반시 동안쯤 고요하더니”(8:1)라고 쓴다. 하늘에서의 이 침묵은 소위 환상-창(vision-window) 안에 있는가? 아니면, 요한이 보좌 장면과 이 내삽된 환상 둘 다를 지켜보고 있는 하늘에서 일어나는가? 아니면 두 가지가 합쳐져 있는가? 또 다른 예는, 하나님의 종들을 인치는 환상(계시록 7장)에 있다. 처음 세팅은 땅 위로 보인다(7:1). 그 후 요한은 인침을 받은 자들이 “보좌 앞에 서서”(7:9)라고 말한다. 이것은 내삽된 환상 안에 있는 보좌인가? 아니면, 주된 환상(primary vision)의 보좌인가? 만약 이것이 내삽된 환상이라 할찌라도, 환상 안의 보좌처럼(7:11), 그 보좌는 똑같은 등장인물들에 의해 둘러싸여 있다.

또 다른 모호함은 요한 자신이 내삽된 환상에서 한 배역으로 나타나, 우리가 듣고 있는 것이 어떤 요한인지 확신할 수 없을 때 일어난다. 따라서 요한은 천사가 땅에 내려오는 것을 보고 있음을 말하고, 이 천사와 소통-두루마리를 먹고, 성전을 측량하고, 두 증인들에 대한 스토리를 들으며(계시록 10장과 11 장)-하고 있음을 말한다. 여기 내러티브 레벨들의 복잡성은 놀랍다: 편지 저자인 요한(1), 그는 밧모섬에서 자신에 대한 어떤 스토리를 말하고 있다(2). 그 밧모섬에서 요한은 하늘에 있는 자신에 대한 환상을 말하고 있다(3). 그리고 요한은 그곳 성전에서 자신에 대해 말하고 있는 천사를 보고 있다(4). 그리고 두 증인들에 대한 이야기를 듣는다(5). 우리는 이러한 다양한 아래 레벨들에서 일어나는 액션들 사이의 관계를 살펴보면, 거기서 우리는 그것들이 서로 중첩(overlap)되고 있음을 보게 된다.

마지막으로, 우리는 여기서 신성한 곳(sacred space)에 대한 감각이 있어야 한다. 신성한 곳이란 사고의 뿌리는 모든 다른 공간의 의미를 보여주고 결정하는 고정점으로 중심점이며, 그것은 여러 실제(reality)의 레벨들 사이를 계시하고 명확히 표현하는 지점이다. 땅과 하늘 (그리고 땅 아래 지역)을 연결하는 실제의 축이다.[11] 따라서 단테의 ***Divine Comedy***에서 우리의 영웅은 지옥의 여러 구역들을 올라가, 연옥(Mount Purgatory)으로, 그리고 예루살렘 성전에서 나와, 거기서 하늘로 올라간다. 여러 공간들의 비슷한 세트가 이 섹션에서 일어난다. 우리는 그런 것들을 중심에 하나님의 보좌가 있고, 그 보좌는 성전에 의해 둘러싸이고, 성전은 예루살렘에 의해 둘러싸이고, 예루살렘은 온 땅에 의해 둘러싸인, 한 세트의 동심원적 구조로 상상해 볼 수 있을 것이다. 우리가 (실재장소가 아닌) 신령한 장소란 느낌을 다루고 있다면, 이 장소들은 어느 정도 호환성이 있다. 즉, 더 정확히 말해, 그것들은 상징적으로 서로에게 배어들어 그 중심이 주변에 존재하고, 가장 바깥 장소는 중심에 존재한다. 이것은 영적 지리이다.

이 두 번째 섹션에서, 하늘 어전(throne room)에서 액션을 설정한 요한은 우리를 일반적인 것에서 특별한 것으로 안내한다. 이 어전은 (신실한 자들이 하나님이 통치를 한다고 믿는) 성스런 실제인 성전과 (헌신자들이 통치자를 신[神]이라 선언하는) 세속적 실제인 로마 어전 둘 다를 반영하고 있다. 그러나 이 하늘장소는 동시에 (하나님이 통치하고 참으로 경배를 받는 아시아의 교회들과 같은) 세상적 장소이다. 이는 위 세계와 아래 세계는 많은 연결통로에 의해 연결되기 때문에, 그리고 계시록 독자는 (거기에서 그 상징들은 청중들로 하여금 일상세계를 뒤돌아보게 하고, 그것을 새롭게 이해하게 하는) 많은 상징의 교환들(interchanges)을 분명히 인식하고 있었음이 틀림없기 때문이다.

새로운 배역들

요한계시록 안에 있는 예수의 여러 특징들을 융합하는 것은 아주 쉽다. 그리고 어떤 레벨에서는 독자가 그렇게 하는 것은 중요하기도 하다. 그러나 이 때문에 예수가 스토리의 여러 부분들에서 다르게 성격묘사 되고 있다는 사실을 우리가 무시해서는 안 된다. 수세기동안 독자들은 단순하게 네 복음서를 혼합해 하나의 조화된 "예수의 생애"로 만들었다. 그러나 복음서들을 더 면밀히 관찰하면 (이야기되고 있는 스토리에 중요한 면들을 묘사하면서) 개개의 복음서는 예수를 독특하게 특징화하고 있다는 것을 보여준다.[12] 이러한 다양한 특징화들에 주의를 기울일 때만 우리는 전체적으로 복음을 이해할 수 있다. 계시록에서도 역시 그렇다.

우리는 이미 예수가 편지 스토리에서 어떻게 특징화되어있는지를 이미 논하였다(88-92면을 보라). 예수는 힘과 권위를 가지신 인물이시다. 하늘의 별들을 손에 쥐고, 칼로 비유한 말씀을 하신다. 그는 사람과 같은 자로 그려진다. 그러나 일반적인 사람보다 다니엘서에 나오는 천상환상의 인자를 더 닮았다. 이 장면에서 인물은 극명하게 대조된다.

예수

1장에 묘사된 놀라운 인물대신에 (우리는 이 장면이 시작되는 4:1에서 그분의 목소리를 듣는다), 예수는 "어린 양이 섰는데 일찍 죽임을 당한 것 같더라 일곱 뿔과 일곱 눈이 있으니"(5:6)로 그려진다. 이 특징화의 모든 면은 여러 질문들을 일으킨다. 왜 어린양인가? 왜 죽임을 당했으나 살아 서있는가? 왜 그렇게 많은 눈과 뿔들이 있는가? 뒤 질문부터 다루어보자.

왜 일곱 눈과 뿔인가? 먼저 언급해야 할 점은 이 이미지를 그림으로 그리는 것은 어렵다는 것이다. 계시록을 도해하고자 했던 예술가들 중 거의 어느 누구도 무모하게 어린 양에게 그 일곱 눈과 그 일곱 뿔들을 그려 넣지 못했다. 또한 그렇게 해서도 안 된다. 이들 이미지들은 보여지기보다 오히려 이해되고 느껴지도록 의도되었다. 여기에 요한은 우리에게 그 일곱 눈은 "온 땅에 보내심을 입은 하나님의 일곱 영"(5:6)이라고 말하고 있기 때문에, 우리는 그가 그의 여러 심볼들 중 하나를 분명하게 해석하고 있는 한 예를 본다. 이제 우리는 이 일곱 영을 만났고(1:4), 그것들은 성령을 나타낸 것이라고 이해했다. 따라서 예수가 일곱 눈을 가지고 있다고 말하는 것은 예수가 하나님의 영을 충만히 소유했다는 것을 말하는 것이다 – 일곱은 충만과 완성의 성질을 의미한다(24-30면을 보라). 그렇다면, 일곱 뿔 역시 충만이란 성격을 나타내는 것이고, 뿔들은 일반적으로 힘이나 통치를 상징한다(나아가 왕족들을 상징한다). 이런 의미에서, 어린 양들은 강한 짐승이 아니기 때문에, 일곱 뿔들이 있는 어린 양은 모순이다.[13]

왜 죽임당한 어린 양이 서있는가? 여기에서 독자는 (어쩌면 요한복음서에서 발견된 형식으로나마) 예수의 죽음과 부활에 대한 전통을 조금은 알아야 한다. 계시록과 요한복음 사이의 관계는 애매하면서도, 몇 가지 놀라운 상호관련이 있다. 이는 요한복음만이 예수를 "하나님의 어린 양"(요 1:29, 36)으로 그리고 있기 때문이다.[14] 그렇다면, 분명히 요한복음이 예수의 죽음과 세상의 악한 세력들을 전복시키는 것을 연관시키고 있는 것은 우연이 아닐 것이다(요 12:31-33). 바로 이 점이 예수에 대한 새로운 성격특성을 주는 요인이 될 것이다.

왜 어린 양인가? 이 이미지가 얼마나 충격적인가를 이해하기 위해서, 먼저 우리는 무엇보다 예수에 대한 표현이 매우 다르다는 것에 주목해야한다. 요한이 인봉된 두루마리를 열기에 합당한 자가 보이지 않아 크게 울자, 한 천상의 인물이 격려하며 "울지 말라 유대 지파의 사자 다윗의 뿌리가 이기었으니 이 책과 그 일곱 인을 떼시리라"(5:5)고 한다. 여기서 '이김'이라는 단어는 히브리어 성경에 나오는 두 가지 이미지인 유다의 사자와 다윗의 뿌리가 적절하게 연결된다. 사자는 고대세계에서 힘에 대한 심볼로 널리 사용되었다(잠 30:30을 보라). 그리고 유다에 대한 야곱의 예언에서 다윗의 보좌와 연결된다(창 49:9). 다윗의 뿌리는 가장 먼저 다윗의 자손에 대한 은유(사 11:10)이다. 그리고 그것은 다윗왕조의 회복을 위한 상징이 되었다(렘 23:5). 이것은 하나님의 왕국은 힘을 통해 설립한다고 보는 전통적인 표현이다–유대 전통과 기독교 전통 둘 다 그런 용어를 사용한다. 둘 다 정의로운 폭력만이 지상에 정의를 설립할 수 있다고 생각한다. 그러나 이것은 요한의 방식이 아니다.

요한은 이러한 이미지를 완전히 뒤집는다. 먹이를 찢는 사자보다(시 17:12), 예수는 찢기운 어린 양이다. 확실히 폭력은 있으나 그것을 참아내고 쓰지 않는다. 그러나 이 어린 양은 이겼고, 일곱 뿔을 가지고 있다. 이것은 극단적인가치 전도이고, 우리가 이후 장면들의 액션을 볼 때 우리를 인도하는 개념이다; 우리는 이 스토리에 나오는 폭력과 정복을 사자의 일로 이해되어야 할 것으로 너무 성급히 생각하지 않아야한다. 왜냐하면 이 사자는 (죽임을 당하였으나 서있는 승리한) 어린 양이기 때문이다.

어린 양을 따르는 자들

예수의 어린 양으로서의 성격설정은 이 섹션에서 일관적이지만, 그를 따르는 자들의 성격설정은 소 단락(subunit)마다 바뀐다. 우리는 다음에 액션의 연속에 대해 논할 것이다(137-39면). 여기서 우리는 묘사된 액션이 네 종류가 있음을 본다. 그 네 종류의 액션은 보좌의 장면들, 인봉을 열 때와 나팔을 불 때 내삽된 장면들, 선택된 자들을 인치는 장면들, 두 증인들과 함께 나오는 성전과 큰 성에 대한 장면들이다. 이들 각각은 어린 양을 따르는 자들의 성격을 묘사하는 분명한 방식을 가지고 있다.

보좌 주위에 있는 자들

묵시적 글들에서 보좌 장면을 묘사할 때 그 상세함의 정도가 다양하다. 어떤 책들은 수많은 존재를 상세히 말하고, 다른 책들은 더 단순하게 묘사한다.

언급되는 존재들의 셋 중 둘 – 천사들과 네 생물들 – 은 대부분의 장면에서 표준적인 인물들이다. 참석자들 중 세 번째 순서인 장로들은 요한의 환상에 독특한 것이다.[15] 천사들은 코멘트가 필요 없다. 그들은 하나님의 심부름꾼인 천상의 종들이다. 요한은 그저 그들의 존재를 언급할 뿐이다. "내가 또 보고 들으매 보좌와 생물들과 장로들을 둘러 선 많은 천사의 음성이 있으니 그 수가 만만이요 천천이라"(5:11). 주목할 만한 점은, 많은 묵시들과 다르게, 그들은 상세하게 묘사되지도 않고 계급대로 배열되지도 않는다는 것이다. 둘째, 우리는 이미 첫 번째 환상보고에서, 그들이 하나님과 인간들 사이의 중재자들로서(예, 1:1) 그리고 교회 자신들의 하늘의 대응짝으로서 기능을 한다(예, 1:20)는 것이다.

두 번째 그룹인 살아있는 생물은 더욱 광범위하게 묘사되고 있다. 에스겔 1장과 이사야 6장의 환상들로부터 인용하고 있는 그 생물은 많은 묵시록들에 나타난다. 각 생물은 네 면을 가지고 있는 에스겔과 다르게, 여기서는 각 생물이 한 가지 종류의 생물로 확인 된다. 이들은 인간, 독수리, 사자와 황소 – 길들여진 동물, 공중동물, 야생동물, 이성적 동물로 – 로 이들 각각은 그 종들을 대표하면서, 창조의 네 가지 체계들과 같은 것을 나타내는 것으로 보인다. 어떤 후기의 유대문헌은 "[인간]은 창조물들 중에서, 독수리는 새들 중에서, 황소는 길들여진 동물들 중에서, 사자는 짐승들 중에서 높임을 받는다; 그들 모두는 영토를 받았다 ... 그러나 그들은 거룩한 자의 마차 아래에 있다."[16] 그래서 (하나님 보좌 주위에 모인 모든 지각있는 창조생물을 묘사하고 있는) 이들 네 생물을 가장 넓은 문맥의 장면에 놓는다.

이십사 장로들

묵시들을 읽는데 익숙한 사람은 보좌주위에 장로들이 있음을 발견하고는 좀 놀랄 것이다. 첫 번째 놀람은, 단순히, 그들이 나타나기 때문인데, 이는 다른 보좌장면에서는 장로들이 나타나지 않기 때문이다. 그리고 또 놀라운 것은 거기에 24명이 있다는 사실이다. 그러나 우리는 하나님의 백성의 숫자(요한의 상징수의 사용에 대한 섹션, 24-30면을 보라)인 열둘을 기대하게 된다.

아마 독자는 조디악(Zodiac)과 연관된 24명의 천상존재들을 생각할 것이다. 아니면 장로들은 예루살렘 성전에서 봉사하던 제사장의 24반차를 상징할 것이다(대상 24:4-6). 그들은 이스라엘의 열두 족장에 열두 사도를 더한 수를 나타낸 것이거나(참고, 계 21:14), 땅의 수(4) 와 인간의 수(6, 따라서 4 x 6 =24)를 곱한 수를 나타낸 것일 수도 있다. 우리는 단 하나의 의미를 취할 필요는 없을 것이다. 이는 저자의 특성이 다차원적인 상징들을 사용하기 때문이다. 주목해야 할 점은 어떤 경우에나 그 상징들은 지상의 공동체에 대한 천상에 있는 대응짝들이라는 것이다. 그것들은 계속해서 그 공동체를, 우리가 이미 보았듯이(계 1:6과 5:10을 보라), (흰 옷을 입고, 하나님을 섬기는) 제사장들과 왕들(보좌들, 면류관들)의 공동체로 성격묘사하기를 계속한다. 이 이중적 성격규정은 그 장면의 이중적 중요성에 상응한다(118-20면에서 논의되었다).

따라서 천상어전에 있는 자들은 – 교회들을 대표하는 일반적인 인물들(천사들), 또는 창조체계의 인물들(생물들), 또는 예수를 믿는 새 공동체를 대표하는 특별한 인물들(제사장과 왕같은 장로들)이든지 간에 – 모두 지상 공동체의 여러 면들을 대표한다. 이것은 이 믿는 자들의 궁극적인 (천상적인) 신분이기 때문에, 다른 장면들에서 그들의 신분이 구체화 될 것이다. 우리는 두 증인들의 스토리에서, 신실한 공동체와 비슷하기는 하나 똑같지는 않은, 이중적 성격을 본다(11:1-13).

두 증인

저자는 두 감람나무, 두 촛대, 그들의 입에서 나오는 불, 하늘을 닫아 비가 오지 않게 하는 권세, 물을 피로 변하게 하는 능력, 그리고 그들이 원하면 아무때나 재앙으로 땅을 칠 능력같은 수많은 중요한 상징들을 그 증인들과 연결지어 그들의 성격을 묘사하고 있다. 그들은 특별히, 1,260일간이란 제한된 기간 동안, 환난기간의 표준적인 상징수인 3년 반 동안 예언할 증인들이라고 말한다

(11:3-6). 우리는 이미 교회에 대한 상징인 촛대를 보았다(1:20). 그 촛대들의 수는 - 이제 강조가 그들의 온전함이 아니라 증인으로서 그들의 기능에 있기 때문에 (두 증인에 대한 율법적 요구에 대해서는 신 19:15를 보라) 그리고 요한이 히브리어 성경에서 찾은 다른 환상으로부터 끌어오고 있는 두 감람나무란 상징과 맞추기 위해서도 - 여기서 둘로 바뀌었다.

> 내게 말하던 천사가 다시 와서 나를 깨우니 마치 자는 사람이 깨우임 같더라. 그가 내게 묻되 네가 무엇을 보느냐 내가 대답하되 내가 보니 순금 등대가 있는데 그 꼭대기에 주발 같은 것이 있고 또 그 등대에 일곱 등잔이 있으며 그 등대 꼭대기 등잔에는 일곱 관이 있고 그 등대 곁에 두 감람나무가 있는데 하나는 그 주발 우편에 있고 하나는 그 좌편에 있나이다 하고, 내게 말하는 천사에게 물어 가로되 내 주여 이것들이 무엇이니이까? 내게 말하는 천사가 대답하여 가로되 네가 이것들이 무엇인지 알지 못하느냐 내가 대답하되 내 주여 내가 알지 못하나이다 ... 이 일곱은 온 세상에 두루 행하는 여호와의 눈이라. 내가 그에게 물어 가로되 등대 좌우의 두 감람나무는 무슨 뜻이니이까 하고, 다시 그에게 물어 가로되 금 기름을 흘려내는 두 금관 옆에 있는 이 감람나무 두 가지는 무슨 뜻이니이까? 그가 내게 대답하여 가로되 네가 이것이 무엇인지 알지 못하느냐 대답하되 내 주여 알지 못하나이다. 가로되 이는 기름 발리운 자 둘이니 온 세상의 주 앞에 모셔 섰는 자니라 하더라.
>
> 스가랴 4장

이스라엘의 두 기름부음 받는 직분은 왕과 대제사장이었다. 우리는 이미 요한이 공동체를 왕과 제사장 공동체로 특징화시킨 것을 보았다(1:6, 5:10). 그래서 이 증인들의 공동체와의 연결은 분명하다.

그리고 요한은 이스라엘의 과거 인물들을 연상시키는 세 가지 이미지들을 사용한다: 예레미야서처럼 그들은 그들의 적을 "그들의 입"(단수 명사 '입'에 이상한 복수 대명사 '그들')에서 나오는 불로 사르며, 엘리야처럼 그들은 하늘을 닫을 능력이 있으며, 모세처럼 그들은 재앙으로 치고, 물을 피되게 한다.

> 그러므로 만군의 하나님 여호와가 이같이 말하노라 그들이 이 말을 하였은즉 볼찌어다 내가 네 입에 있는 나의 말로 불이 되게 하고 이 백성으로 나무가 되게 하리니 그 불이 그들을 사르리라 렘 5:14

> 길르앗에 우거하는 자 중에 디셉 사람 엘리야가 아합에게 고하되 나의 섬기는 이스라엘 하나님 여호와의 사심을 가리켜 맹세하노니 내 말이 없으면 수년 동안 우로가 있지 아니하리라 하니라 왕상 17:1

> 여호와께서 또 모세에게 이르시되 아론에게 명하기를 네 지팡이를 잡고 네 팔을 애굽의 물들과 하수들과 운하와 못과 모든 호수 위에 펴라 하라 그것들이 피가 되리니 애굽 온 땅에와 나무 그릇에와 돌 그릇에 모두 피가 있으리라 출 7:19

이제 이 세 인물들은 유대 전통의 두 가지 중요한 특징을 나눈다. 먼저, 그들은 예언자로, 각자 하나님에 의해 부름받고 이스라엘 역사에서 중요한 때인 그 시작, 중간, 끝-출애굽 때(모세), 왕들이 이스라엘에게 이방신들을 경배하게 하였을 때(엘리야; 이세벨은 왕비였다, 2:20을 보라), 그리고 이스라엘이 국가로서 이미 끝났던 바벨론 유수 때(예레미야)-에 구원과 심판을 선언하였던 예언자들이다. 둘째로, 각자는 마지막 회복을 선언하기 위해 종말에 돌아올 것이다.[17] 고대 유대 전통은 그 끝이 어떻게 올 것인가? 그리고 하나님의 정의와 평화의 통치가 어떻게 시작될 것인가?에 대한 수많은 기대들로 가득하다.

악인들의 회개로부터 진멸까지, 거룩한 전쟁으로부터 효소력 있는 설교까지, 다윗 자손의 왕으로부터 천상의 구원자, 고난받는 종에 이르기까지 여러 시나리오들이 다른 여러 그룹들에 의해서, 그리고 대개는 똑같은 그룹에 의해서 상상(imagine)되었다.[18] 그러한 기대 중 하나는 마지막 선지자-대부분 모세 와/또는 엘리야-가 돌아와 이스라엘이 하나님께 참 경배를 드리도록 회복하여, 지상에 하나님의 통치가 시작된다. 악은 제거될 것이며, 정의는 편만할 것이다. 이것은 요한이 예수를 따르는 자들의 공동체의 성격을 규정하는 또 다른 방식이다.

요한이 예언자, 제사장, 그리고 왕의 이미지들을 그렇게 합성한다고 해서 놀랄 필요 없다. 문자적으로 취한 그런 이미지들이 서로 모순된다는 것을 걱정할 필요 없다. 이것은 상징적(symbolic)이며 환기적(evocative) 언어여서, 문자적으로 취급되지 않아야 한다. 요한은 자기 민족의 풍성한 전통을 나누고 있는 것이다.

제단 아래 있는 영혼들

사자이며 죽임을 당한 어린 양인 예수처럼, 증인들은 상상할 수 없는 능력을 가진 사람들이지만, 전쟁에 지고, 죽임을 당하고, 내버려진 사람들이다(11:7-8). 그렇게 요한은 공동체에 대해 다른 성격을 설정한다. 이 땅이 한참 파괴되는 중에, 우리는 하늘성전의 희생제단 아래를 흘깃 본다.

> 내가 보니 하나님의 말씀과 저희의 가진 증거를 인하여 죽임을 당한 영혼들이 제단 아래 있어, 큰 소리로 불러 가로되 거룩하고 참되신 대주재여 땅에 거하는 자들을 심판하여 우리 피를 신원하여 주지 아니하시기를 어느 때까지 하시려나이까 하니, 각각 저희에게 흰 두루마기를 주시며 가라사대 아직 잠시 동안 쉬되 저희 동무 종들과 형제들도 자기처럼 죽임을 받아 그 수가 차기까지 하라 하시더라. 계 6:9-11

이것은 우리가 너무 쉽게 잊고 있는 공동체의 불쌍한 이미지다. 그들은 죽임을 당한 자들이고 죽임을 당하고 있는 자들이다; 그들의 수는 계속 늘어난다. 그러나 여기에서 조차 요한은 새로운 희망을 그 성격설정에 불어 넣는다. 그들에게 승리한 자들이 입는 흰 두루마리가 주어진다. 그들에게 그것은 "잠시동안"이라고 말해진다. 대부분, 그들의 생명들은 하늘성전 제단에 부어진다. 그들은 희생제물이 되었으나, 그들은 죽음에서 다시 살아난다. 여기에서도 그들은 그들의 구세주를 따르고 있다.

수를 센 무리와 셀 수 없는 많은 무리

환난기간 중 그들에게 어떤 해도 끼치지 못하도록 하나님의 종들을 인칠 때, 그들의 성격을 숫자로 나타난다. "내가 인맞은 자의 수를 들으니 이스라엘 자손의 각 지파 중에서 인맞은 자들이 십 사만 사천이니"(7:4). 이 수의 상징적 중요성(12와 10 = 모든 하나님의 종들)은 이미 언급하였다(24-30면을 보라). 이 그룹은 요한이 다음에 "이 일 후에 내가 보니 각 나라와 족속과 백성과 방언에서 아무라도 능히 셀 수 없는 큰 무리가 흰 옷을 입고 손에 종려 가지를 들고 보좌 앞과 어린 양 앞에 서서"(7:9)라고 언급하는 다른 그룹과 대조적으로 보일 것이다. 그러나 우리는 이러한 지정들(designations)을 문자적으로 취하지 않아야 한다. 물론 하나의 단서는 셀 수 있는 수보다 더 많은 사람이 있다고 – 마치 참 경배자들의 수를 다 세기에는 숫자들이 부족할 것처럼 – 짧게 언급된다. 그들 역시 모두 하나님의 백성이기 때문에, 이들을 (첫째 그룹과 다른) 두 번째 그룹으로 보는 것은 첫 그룹의 이미지를 바르게 판단하지 못한 것이다.

그러면, 상징적으로, 마치 그들의 수는 다 셀 수 없으면서도 144,000명이듯이, 예배공동체는 "각 나라부터 모인" 자들이며 "하나님의 참된 이스라엘"이다. 이스라엘 (이방인들을 포함한) 공동체에 대한 이러한 이해가 요한이 이 스토리를 말하는 방식을 만들 것이다. 예를 들어, 많은 독자들은 종려가지, 흰 옷, 구원하심을 크게 외치는 이미지들(7:9-10)은 이스라엘이 광야를 안전하게 지나 약속의 땅으로 들어가게 됨을 기념하는 유대인의 순례 축제인 초막절과 연관되어있음을 알게 된다. 요한의 공동체임을 확인케 하는 것은 바로 그런 확실한 새 예루살렘으로 가는 행진이다.[19] 또 이 사람들이 흰 옷을 입고 종려가지를 들고 있다는 성격설정은 그들이 악의 세력에 대해서 승리한, 이긴 자들이라는 것을 암시한다. 이것은 제단아래 있는 영혼들에 대한 다른 면의 이미지이다. 그들은 정복당한 자들이면서 정복한 자들이다.

첫 번째 문단(unit)에서 교회들의 성격묘사와 달리, 어린 양을 따르는 자들의 성격묘사에서는 비판이나 심판이 전혀 없다. (어린 양을) 따르는 자들에 대한 모든 부정적인 성격묘사는 일곱 교회에 보낸 편지메시지에 나타난다. 편지두루마리 끝부분부터 계시록 끝부분까지 어떤 이상화된 그림이 떠오른다.[20] 이것은 저자가 선과 악의 문제를 더 분명한 범주들에 집어넣어, 독자가 그 이야기를 다 읽고나면 무엇이 선이고 무엇이 악인지에 대한 의문이 없어지게 하는, 저자의 더 큰 전략의 일환이다.

대적자들

우리가 이 섹션에서 만나는 마지막 등장인물들은 하나님을 반대하는 자들로 어린 양과 어린 양을 따르는 자들의 적들이 된다. 그들은 애매하게 성격묘사되어있다. 죽임을 당한 어린 양과 네 말탄 자들로 인하여(6:1-8) 탄원하는 제단 아래에 있는 영혼들(생명들)(6:9)에 암시되어 있으나, 스토리의 두 곳에서 만은 명시되어 있다. 우리의 악과의 첫 대면은 황충과 전갈이 섞인 무리가 무저갱으로부터 올라오는 모습에서, 그리고 그들의 사람의 얼굴을 한 말 같은 모습에서 이루어진다. 그들은 죽이지는 않고 괴롭게만 한다. 그의 이름이 "히브리 음으로 아바돈이요, 헬라 음으로 아볼루온"(9:11)이라고 한 자에 의해 지배를 받는다. 이 상세한 부분들의 의미는 모호하지만, 이 세상에 침투해 들어온 악한 마귀 군대의 통치자라는 분명한 이미지는 스토리의 극적인 전환을 나타낸다. 지금까지 악은 대개 인간적으로 묘사되었다.*

(*우리는 스토리들에서 "플레쉬백[flashback]"에 익숙하다. 플레쉬백은, 우리가 보고 있는 장면이 스토리에서 더 이른 때에 해당된다는 것을 알게 될 때 일어난다. 이 플레쉬백은 현대 스토리들에서 자주 꿈이나 기억의 연속으로 이루어진다. 우리가 짐승과 증인들이 나오는 이 장면에서 우리가 경험하게 되는 것은 요한의 세 번째 내러티브 전개를 슬쩍 보게 되는 "플레쉬포워드[flashforward]"이다.)

그들의 증언이 끝나자, 저희가 그 증거를 마칠 때에 "무저갱으로부터 올라오는 짐승"(11:7)이 두 증인들로 더불어 전쟁을 일으켜 저희를 이기고 저희를 죽인다는 두 번째 그런 언급에서 전환(shift)이 더 진전된다. 아볼루온의 황충 군대는 하나님이 인치지 않은 사람들만 공격하는 반면, 그 짐승은 하나님의 증인들을 공격하고 죽인다. 이 사실은 우리가 하나님을 따르는 자들은 보호받을 것이라고 들었기 때문에 충격적이다. 우리는 연속되는 액션을 탐구할 때 그 기저에 있는 의미를 고려할 것이다. 여기서는 우리가 대적자들의 성질을 이해하는데 이것은 무엇을 의미하는가?만 묻는다. 그리고 최소한 대적자들의 힘은 과소평가되지 않아야 한다는 것을 의미해야한다. 더 나아가, 요한의 악에 대한 성격규정은 좀 복잡하다는 것을 암시한다. 만약 우리가, 악을 쉽게 이기고, 악이 이미 파괴된 면만을 본다면, 우리는 이 스토리를 잘못 해석하는 것이다. 이는 악은 살아있고 강력하기 때문이다.

마지막으로, 우리는 해설이나 상세한 설명없이, 짐승의 갑작스러운 출현으로 인해, 청중이 놀랄 수도 있음을 주목해야한다. 그 해설이나 설명은 이 등장인물이 적절하게 소개되고 있는 요한의 스토리의 다음 국면 때까지(13장을 보라) 기다려야 한다. 요한의 그 세 번째 스토리를 들은 후에야 우리는 이 짐승을 이해할 수 있다. 이것이 이 스토리들을 모두 들어야하는 또 하나의 이유이다.

액션의 순서

우리는 이제, 이 섹션(4:1-11:18)의 플롯 개념으로 시작하여, 진술된 사건들의 순서와 방식의 중요성에 대해 말할 차례이다. 총론에 대해서는 116-17면을 보라. 플롯 개념의 핵심에는 연속된 사건들 사이에 인과적인 연결 개념이 있다. (플롯의 개관을 위해서, 프롤로그 30-39면을 보라.) 독자는 스토리의 사건들을 논리적 순서로 배열하고자 하며, 액션의 발전을 따라 어떤 결론에 이르고자 한다.

내 자신이 이 섹션의 주요 액션 라인을 읽기로는 그 중심 액션은 하나님께 대한 경배의식의 시작, 중단, 그리고 마침으로 보인다. 요한은, 보좌를 정밀하게 묘사한 후(4:1-8a) 경배장면을 간단히 묘사하면서(4:8b-11), 우리로 하여금 예배의식에 관심을 돌리게 하는데 얼마간의 시간을 쓴다. 그런데 문제가 하나 있다. 인으로 봉하여진 두루마리가 있는데, 인을 떼기에 합당한 자가 없다(5:1-4). 이 문제는 사자/어린 양이 나타나자 해결되는데, 그가 출현하자 계속된 경배로 축하 한다 (5:5-14). 이 어린 양이 두루마리의 인봉들을 열 자, 스토리 안에 스토리가 있다. 이 내삽된 스토리(embedded story)는 7개의 일련의 번호에 의해 주의 깊게 연속되는 고난, 심판, 그리고 구원이란 그 자체의 플롯을 가진다(6:1-8:1). 곧 이어 일곱 개의 숫자가 매겨진 시리즈, 즉 일곱 나팔로 알려진 다른 안에 삽입된 스토리가 뒤따른다(8:2-11:18). 그러나 일곱 나팔 자체는 다른 스토리들, 즉 중복된 세 개의 화들(8:13을 보라)과 일련의 소리를 발하지 않은 일곱 우레(10:3b-4를 보라)들도 포함한다. 마지막 나팔소리가 날 때, 한 음성이 하나님의 통치하심의 실현됨을 선언하고, 예배 행위들이 재개된다(11:15-18).

핵심사건들의 순서[21] – 내러티브 논리에 의해 연결된 주요 스토리 사건들 – 는 하나님께 드리는 예배의식, 봉인된 두루마리의 딜레마, 두루마리의 인을 떼기에 합당한 사자/어린 양의 계시, 나팔들의 신호, 하나님의 통치 선언, 하나님께 드리는 예배의식의 재개이다. 이것은 아마 문학에서 가장 일반적인 플롯의 순서로 질서(order), 분열(disruption), 재건(reestablishing of order)이다.[22] 또한 이것은 기독교 스토리의 플롯 – 하나님은 세상을 선하게 창조하셨다. 인간들은 이 선함을 저버리고 하나님의 계획으로부터 벗어났다. 하나님은 예수를 통해 구속하신다. – 이다. 사실 우리가 "예배 의식"에 대한 기본적인 은유를 조사한다면, 우리는 왕권과 예배의식에 대한 고대 의식들 사이에 보이지 않는 연결이 있음을 발견하게 될 것이다. 이 "예배"에서, 사람이 하나님께 예배할 때, 사람은 통치자인 하나님께 순복하게 된다. 이러한 예배와 통치사이의 은유적 교차는 계시록에서 – 공동체를 제사장들(경배)과 나라(통치; 1:6; 5:10; 20:6도 보라) 두 단어로 가리키는 것을 포함해서 – 많이 나타날 것이다.

만약 우리가 이러한 순서를 이 섹션의 기초적인 플롯선(plot-line)으로 본다면, 다른 액션들은 플롯이 앞으로 전진하는 데 봉사하는 것이 아니라, 보조 단위들(auxiliary units, satellites)로 간주해야 한다. 그들 보조 단위들의 기여는 설명하고, 다듬고, 재설정하고, 검토하는 다른 것들이다. 우리가 보고 있는 모든 것들은 하나님께 드리는 예배의식 안에서 일어나고 있으며, 예배의식을 해석하고 있음을 기억해야 한다. 이제 이 사건들을 더욱 면밀히 살펴보자.

액션에 대한 주해

하늘의 어전에서 이러한 액션의 배경의 중요성을 고려했고, 주요 등장인물들과 그들의 성격들과 플롯순서를 토론했기 때문에, 이제 우리는 개개의 장면들에 관심을 돌려보자.

하나님께 드리는 예배의식, 4:1-11

요한은 주의깊게 "이후에"란 단어를 반복하여 다음 섹션의 액션을 배치한다. 헬라어로 1절은 모두 한 문장이며, 동일한 단어들인 *meta tauta*(*이후에*)로 열고 닫는다. 따라서 하늘의 장면(천상의 인물에 대한 요한의 환상)은 "이후에" 일어난다. 그리고 요한은 (좀 더 모호한 지시어인) "이후에" 일어나게 될 것을 본다. 대부분 그것이 미래를 가리키는 것으로 보나, 이것은 의심스럽다. 왜냐하면 요한이 보는 것은 천상의 하나님의 보좌 앞에서의 경배이기 때문이다. 확실히 요한은 천상예배를 현재시제로 이해했다. 게다가, *이후에*(*after this*) 는 "이 결과로서(as a consequence of this)"를 의미한다고 이해해야 한다.[23] 요한이 본 하늘의 환상과 하나님께 드리는 참 예배는, 요한의 구성상 당연히(in the scheme of things) 예수의 증거의 결과이다.

이 장면의 액션은, 세팅을 공들여 묘사함으로 이야기의 속도를 늦추며 천천히 열려진다(4:1-8a). 만약 우리가 이것을 영화로 상상해본다면, 카메라를 좌우로 움직여 방을 비추어 이것 저것을 보여주지만, 아무 일도 일어나지는 않는 것을 볼 것이다. Genette는 이것을 시간이 흐르고는 있으나 아무 일도 일어나지 않는 내러티브 휴지(narrative pause)라고 부른다.[24] (우리는 172-75면에서 이 섹션의 시간적인 면에 대해 좀 더 논할 것이다.) 또는 더 정확히 말하면, 현재 일어나고 있는 것은 (이어서 일어날 액션을 해석하기 위해 반드시 필요한) 스토리 세계의 요소들을 청중들로 인식하게 만들고 있는 것이다. 그와 대조적으로, 등장인물들과 사건들이 소개될 때는 요약형태로 진술하여, 내러티브의 속도를 대단히 가속화시킨다(4:8b-11).

액션 자체는 매우 단순하다: 두 주요 등장인물들(네 생물과 24장로들) 각자는 하나님을 노래와 행위로 찬양한다. 그 행위를 요약하고, (마치 말하여지는 것처럼) 말씀을 제시하는 이러한 전략은 (하나님의 존재와 존귀하심에 초점을 맞추고 있는) 그 노래들의 내용을 강조한다. 합창으로 말하는 기술은 헬라 드라마를 떠오르게 한다. 거기에서 합창은 액션의 의미에 대해서 요약하고 해석한다. 이 두 방법들을 사용하여, 청중으로 하여금 노래 말들에 주의 집중하도록 유도한다.[25]

계 4:1-11 *하나님께 드리는 경배의식에 대한 독자들을 위한 주석*

계 4:1-3

열린 문(OPEN DOOR) 에녹은 하늘로 올라가 열린 문을 통해 큰 집으로 들어간다(*1 Enoch* 14:8-15). 그러나 더 가까운 평행은 *Testament Levi* 5:1: "이 순간 천사가 나를 위해 하늘 문들을 열었다. 그리고 나는 지존자가 보좌에 앉아계시는 것을 보았다."[26]이다. 요한 역시 액션에서 닫힌 문(3:20)과 열린 문(3:8)이 중요한 첫 섹션의 주제들을 다루고 있는 것 같다.

이리로 올라오라(COME UP HERE) 요한은 그 당시의 "3층" 우주의 관점에서 그의 경험을 이야기한다. 120-22면을 보라.

이후에(AFTER THIS) 헬라어: *Meta tauta*(이 일 후에, after these things), 똑같은 구가 이 첫 절을 열고 닫기 위해 사용된다(4:1). 현대 해석가들은 이것을 시간적 의미로 받아들이는 것이 보통이지만, 우리는 이 장면이 하늘에 놓여진 것을 알아야한다. 그곳에서 시간적인 연속은 일반적인 시간과는 관련되지 않을 것이다. 진짜 페러다임은 시간이 아니라 공간이다: 하늘에서 보여진 것은 지상에서 일어난 것과 상응한다. 하늘에서 일어난 것을 보는 것은 결과적으로 지상에서 *반드시(must)* 일어나야할 것을 계시하는 것이다. 사실, 요한이 "이후에 속히 일어나야 할 것"은 하늘에서 본 것(하나님을 경배)이다. 이 경배 장면은 이 스토리에서 묘사되는 모든 것의 종합이고 상징이다.

성령에 감동하였더니(POSSESSED BY THE SPIRIT) 77면에 나와있는 1:10에 관한 독자들을 위한 주석을 보라. 요한은 성령에 감동하여(going inward) 올라간다.

보좌(THRONE) 이 스토리에 빈번한 중심적 심볼로 이 액션들의 정치적 중요성을 보여준다. 2:13에서 사단의 권좌를 언급한 것을 보라. 요한의 묘사는 에스겔 1장의 환상의 그것과 비슷하다.

홍보석(STONE OF JASPER) 우리는 더 이상 요한이 무슨 보석을 가리키고 있는지 확실하지 않지만, 우리는 그가 하나님을 은유하기 위해 광물을 사용한 것은 아주 놀랍다.

계 4:4-7

이십 사 장로(TWENTY-FOUR ELDERS) 71면에 있는 논의를 보라.

흰 옷(WHITE CLOTHING) 승리를 나타내는 흰색의 중요성에 대해 6-10면과 130-31면을 보라.

금 면류관(CROWNS OF GOLD) 헬라어: *Stephanos*, 왕관 또는 면류관. 이것은 금으로 만들어졌지만, 운동경기에서 승리자에게 준 그런 종류의 왕관 (고전 9:25)이다. 그런 왕관들은 대제사장, 그레코 로만 축제들에서 신들의 종들, 그리고 왕에 의해서도 씌워졌다(Josephus, *Antiquities*

3.172). 이것은 힘보다는 지위와 명예의 표시이다. 예수는 이러한 금면류관(14:14)과 왕다운 왕관(19:12)을 쓰고 있다.

번개와 음성과 뇌성(LIGHTING ... VOICES ... THUNDERS) 신의 임재를 나타내는 일반적인 요소들 (그것에 대한 기술적 단어는 신현이다: 출 20:18을 보라).

일곱 등불들...일곱 영(SEVEN LAMPS ... SPIRITS) 등불들은 문자적으로 "횃불"이며, 여기서는 성령을 나타낸다 (76-80면에 나오는 1:9-20에 관한 독자들을 위한 주석을 보라). 요한은 (그 개념이 세상에 대한 하나님의 지식인) 슥 4:2,10의 이미지를 반향하는 것같다.

계 4:8-11

네 생물(FOUR ANIMALS) 그들이 땅을 나타내기 때문에 넷. 이들의 정체에 대해서는 129-30면을 보라.

거룩하다 거룩하다 거룩하다(HOLY, HOLY, HOLY) 이 환호는 사 6:3을 근거하며, 유대와 기독교 문맥에서 경배의 전통적인 부분이 되었다. 저자가 천상적 환호를 공동체의 전례의 기초로 사용하고 있는 *1 Clement* 34를 보라.

전에도 계셨고 이제도 계시고 장차 오실 자(WHO WAS AND IS AND IS TO COME) 하나님에 대한 요한의 독특한 성격묘사; 61-69면을 보라.

능력을 받는 것(TO RECEIVE ... POWER) '하나님이 사람들로부터 능력을 어떻게 받는가'는 '하나님이 사람들로부터 영광과 존귀를 받는 것'을 이해하는 것보다 더 어렵다. 그러나 후자는 깊이 생각할만한 가치가 있다. 비슷한 언어에 대하여 대상 29:10-13에 주어진 다윗의 기도를 보라.

지으심을 받았다(CREATED) 창조자로서 하나님에 대한 이러한 개념은 이 장면 전체뿐만 아니라, 그것의 원형인 다윗의 기도(대상 29:10)와 이사야의 환상(6:1)에 기초하고 있다.

봉인된 두루마리의 문제, 5:1-14

배역들을 (배역들에 대해서는 127-37면을 보라) 세우기 위해 필요한 이상의 묘사는 거의 하지 않고 이 장면의 액션은 빠르게 진행된다. 이제 요한은 보좌에 앉으신 이가 인봉된 두루마리를 들고 있는 것을 본다. 그리고 힘 있는 천사가 큰 음성으로 외치기를 누가 책을 펴며 그 인을 떼기에 합당하냐 하니 능히 책을 펴거나 보거나 할 이가 없었다. 요한이 울자, 장로 중에 하나가 유대 지파의 사자가 이 책과 그 일곱 인을 떼시리라고 말함으로 위로를 받는다. 그러나 요한이 본 것은, 죽임당한 어린 양으로, 그는 지금 보좌에 앉으신 이로부터 두루마리를 받는다. 그러자 네 생물, 장로들, 천사들, 진실로 모든 만물이 천상의 경배에 함께 한다.

여기 언급된 경배의 재개(resumption)는 두루마리를 취할 때 암시된 모든 행위가 다 이루어졌을 때, 당연히 언급될 마지막 구속을 미리 엿보는 것(일종의 전영[foreshadowing])이기 때문에, 나는 말이 난김에 여기에 연루된 시간의 왜곡을 살펴볼 것이다. 시간 왜곡들에 대한 좀 더 체계적인 논의는 172-75면에서 다룰 것이다. 그것은 마치 (히 7:9-10에서 히브리서의 저자가 아브라함의 모든 후손들이 그의 허리에 있어서, 그가 행한 것은 무엇이나 후손들이 행하는 것이라고 생각하는 만큼) 두루마리에 관한 모든 이후 행위들이 이 초기 두루마리를 취하는 행위에 내포되어있다. 액션에 대한 이러한 이해는 이 내러티브에 강한 반복적인 성격을 만들어 낼 것이며, 스토리가 최종적으로 끝나기 전에도 반복적으로 "끝나는 것처럼 보이기(seems over)" 때문에, 내러티브의 마무리 개념을 설명하는 것을 매우 어렵게 만든다.

어떤 의미에서 이것은 스토리에 대한 모든 것이다. 즉 어린 양의 행위는 하나님의 경배를 복구하는 것이다. 이런 경배의 복구는 많은 방식들로 – 편지들의 여러 계시들과 여러 도래들(comings)로부터 마지막 장면들의 지진, 전쟁, 그리고 황폐까지 – 상징되어질 것이다. 그러나 이러한 모든 상징들은 똑같은 것 – 하나님의 통치를 재설립하는 것 – 을 가리킨다. 요한은 "똑같은 것을 여러 방식으로 반복한다. 그래서 사실, 조사해보면, 그는 같은 것을 여러 가지 방식으로 반복하고 있어서, 그가 다른 문제를 말하고 있는 것처럼 보인다" (*City of God* 20). 이것이 예수 그리스도의 계시이기 때문에(19-22면을 보라), 그런 이해를 가지고 이 장면을 읽는 사람은 계시록의 기본 주제를 이해할 수 있다.

계 5:1-14 *인봉된 두루마리에 대한 독자들을 위한 주석*

계 5:1-3

오른 손(RIGHT HAND) 능력과 호의에 대한 문화적 코드. 이것은 항상 하나님의 구원과 축복의 손이다(예, 시 20:6; 44:3; 98:1); 성경은 결코 하나님의 왼손을 언급하지 않는다. 고대문화에서 왼손은 늘 열등하고, 수치스러운 것이었다(예, 전 10:2; 마 25장; *Community Rule [1QS] VII*).

두루마리(BOOK-ROLL) 고대인들은 책의 힘에 대하여 얼마나 인상을 받았는가에 대해서는 자주 계시록(3:5; 13:8; 17:8; 20:12, 15; 21:27)에 반영되어있다. *이* 책(*this* book)의 글에 반영되어있는 힘(22:19). 하나님이 모든 역사를 기록했고, 우리는 단지 그것이 열려질 때 읽을 수 있다는 생각은 이미 "내 형질이 이루기 전에 주의 눈이 보셨으며 나를 위하여 정한 날이 하나도 되기 전에 주의 책에 다 기록이 되었나이다" (139:16) 라고 쓴 시편기자의 생각에 반영되어있다. 두루마리가 "안팎으로" 썼다는 사실은 두 가지로 이해될 수 있다: 그 글이 매우 방대해서 저자가 양면에 사용해야했다, 소위 (필사자들은 거의 이렇게 하지 않았다. 파피루스의 뒷면의 섬유질이 수직으로 세워져있어 글자를 쓰기가 어려웠다); 겉면에 짧은 요약이 있다, 하지만 안쪽은 봉인되어서 그 내용이 바뀔 수 없다. 이것은 유언들과 어떤 법적 계약들에 대한 관습이다. 그런 문서는 분쟁이나 (마치 유언자가 죽었을 때처럼) 계약이 실행되어져야 할 때 열어보게 되어졌다. 그 이미지는 겔 2:10에서 나온 것으로, 요한은 계시록 10장에서 그 이미지로 되돌아갈 것이다.

일곱 인(SEVEN SEALS) 일곱의 주요 의미는 두루마리와 그 내용의 완성이나 완전을 상징한다. 흥미롭게도 로마인의 유언들은 분명히 전형적으로 증인들의 일곱 인들으로 봉인되었다; 그래서 하나님의 뜻을 계시하는 이 글에 어떤 아이러니가 있을 수 있다.

합당한(WORTHY) "열 수 있는(able to open)"과의 평행이 분명하듯이, 필요한 힘이나 성취를 가지고 있다. 이것은 합당한 자만이 돌에서 칼을 뺄 수 있다는 아서 왕의 전설과 유사하다. 합당한 자격을 만들어주는 행위의 정확한 성격은 놀라운 것이다(계 5:9을 보라).

계 5:4-7

내가 울다(I WEPT) 예언자 자신의 감정을 그 장면 안에 놀랍게 투입시킴.

사자 ... 어린 양(LION...LAMB) 127-29면을 보라.

일곱 뿔, 눈, 영(SEVEN HORNS, EYES, SPIRITS) 능력, 지식과 영. 127-29면을 보라.

네 생물들(FOUR ANIMALS) 넷은 땅의 수이다; 129-30면을 보라.

이십 사 장로들(TWENTY FOUR ELDERS) 130-31면을 보라.

향(INCENSE) 특히 여기서는 성도들의 기도를 의미하는 것으로 정의된다(5:8). 이 이미지는 8:2에서 다시 이야기 속으로 들어올 것이다. 158-59면을 보라.

계 5:8-14

새 노래(NEW SONG) 갓 새로 작곡되었다는 말이 아니라, 새 시대의 노래이다. 시 98편을 보라.

죽임을 당하고... 구속하고... 피(SLAUGHTERED ... RANSOMED ... BLOOD) 이것은 희생제사나 노예시장의 언어이다. 우리는, Lucius가 자기 자신이

Isis 여신에 의해 욕정의 노예생활로부터 구함을 받았다(그녀는 자신의 큰 공로 때문에 그렇게 할 만한 자격이 있었다)고 이해하는 것과 비교하는 것이 도움이 될 것 같다.[27] 그러나 본 절에서 볼 수 있는 영웅의 위대한 공로는 자신의 죽음이다.

왕국 ... 제사장들(KINGDOM ... PRIESTS) 1:9절에 대한 독자를 위한 주석(78-79면)과 장로들에 대한 논의(129-136면)를 보라.

왕 노릇 하리로다(WILL REIGN) 많은 사본들은 미래보다 현재시제로 되어 있다. 아마 현재시제가 원래 형태였을 것이다. 그 이유는 계시록에서 현재시제가 더 전형적인 것으로 보아, 그리고 필사자가 의도적으로 (한 글자를 추가해서) 미래로 바꿀 이유를 찾는 것은 쉽지만, 필사자가 현재시제로 바꿀 이유는 쉽지 않기 때문이다.

모든 만물(EVERY CREATURE) 또는 "모든 창조(all creation)," "모든 피조물(everything created)." 나머지 스토리가 창조세계에 대해 아무리 무자비할지라도, 우리는 이 장면의 의도가 파괴가 아니라 구속이라 이해하게 된다.

개봉과 인봉, 6:1-8:1

이 긴 부분은 두루마리의 인봉을 떼는 방식으로 함께 묶여있다. 첫 인봉은 6:1에서 열려지고, 마지막 인봉은 8:1에서 열려진다. 따라서 액션의 본선(main line)은 인봉을 여는 것으로부터 직접 결과된 것이다. 그러나 다양한 다른 액션들도 일어난다. 어떤 이들은 이 추가적인 내용을 막간극(interludes), 삽화(interpolations), 또는 여담(disgressions)이라고 부른다. 그러나 우리는 핵심(kernel) 과 주변(satellite)이란 범주를 사용할 것이다.[28] 핵심 사건들은 인봉을 열 때 직접 일어나며, 주변사건들은 이것들을 중심으로 전개된다.

우리는 이 시점에서 우리 자신이 얼마나 깊이 내러티브 속으로 들어가 있는지를 기억해야한다. 우리는 (요한이 독자에게 말하고 있는) 첫 번째 레벨 내러티브를 떠나, 두 번째 레벨(밧모섬에 있는 요한)을 지나, 세 번째 레벨(요한의 하늘에 대한 환상), 네 번째 레벨(하늘에서 본 것들), 그리고 다섯 번째 레벨(요한이 하늘에서 보고 있는 장면의 등장인물들에 의해 보여진 것들)에 이른다. 두루마리로부터 나오는 모든 액션들은 이 내러티브 레벨에서 일어난다.

이 환상은, 그것을 돌돌 말아 튜브로 만들고, 일곱 개의 리본으로 묶고, 왁스 도장을 찍어 인봉한 긴 파피루스 종이(일종의 거친 종이)로 생각하는, 인봉된 두루마리에 중심을 둔다. 두루마리와 일곱 인봉의 중요성에 대한 토론을 보려면 144-46면을 보라. 어떤 이들은 각 인봉을 뗄 때, 아직 떼어내지 않은 인봉은 두루마리를 열어 읽지 못하게 할 것이기 때문에, 두루마리의 일부분이 어떻게 계시되어지는 것으로 보이는 논리에 의심을 품어왔다. 그러나 이것은 문자적 사고의 희생물이 된 것이다. 한번에 하나씩 인봉을 뗄 때 두루마리책이 열린다는 것은 문자적으로는 불가능할지 모르지만, 한 액션이 (그것으로부터 일어나는) 모든 후속 액션들을 포함하는 것으로 보여지는 (상징적 의미의) 세계에서는 전혀 문제되지 않는다.

나는 텍스트를 네 개의 서로 상관된 액션 세트로 나누고자 한다. 네 말들과 말탄 자들, 두 심판 인봉들, 보호를 위한 인침, 그리고 일곱째 인봉이 그것이다.

정복의 네 말들, 6:1-8

계시록에서 가장 영향력있는 심볼들 중 하나인 네 말탄 자들은 자주 (Albrecht Dürer의 놀라운 목판화를 포함한) 문학과 예술에서 주제로 다루어져 왔다. 그들은 역사상 자주 일어났던 논리적이고 일관적인 시리즈 – 먼저 정복자가 나타나고 전쟁, 기근과 죽음이 따른다 – 를 만든다.*

(*어떤 독자들은 19:11-16에 나오는 장면을 근거로, 흰 말 탄 자를 예수와 연결하지만, 이것은 내러티브 관점에서 볼 때 말이 안 된다. 전쟁이 영적이라면, 반드시 기근과 죽음이 따라 나올 필요가 없으며, 말탄 자가 예수에 대한 눈에 띄는 아이콘인 좌우에 날 선 검도 갖고 있지 않다.)

첫 말탄 자는 (성공적인 원정을 마치고 흰 말을 타고 로마로 입성하는) 로마 장군이나, (그의 말탄 자들이 사나운 사수들이었던) 파르티안 왕이나, (그의 신화는 그와 태양, 그리고 어둠과의 싸움과 관련되어있으며, 그의 길어지는 밤에 대한 승리는 겨울 동지 때 기념되어졌던) 신비의 신 미드라스(Mithras)의 특징들을 반영하고 있다. 미드라스 신은 로마 군대의 주신(prime god)이었고, 파르티아에서도 숭배되었기 때문에, 위 3가지 모두 해당될 것 같다. 어떤 이미지들은 그가 태양을 나타내는 빛나는 가운을 입고 있는 모습을 보여준다. 정복할 수 없는 태양은 군대의 승리를 위한 심볼이 되었으나, 요한은 이어지는 전쟁, 기근, 그리고 죽음의 재난들이 이어지게 함으로, 미드리스 신의 위신을 실추시키고 있다. (전쟁, 기근, 그리고 죽음이라는) 이 논리적 순서는 역사 속에서 자주 반복되어 우리 시대까지 이어졌다. 정복자를 아무리 좋게 보려할지라도, 힘의 사용으로 재난이 일어나기 때문에, 우리는 이 순서를 되돌아보는 것이 당연하다. 과거에 히틀러나 나폴레온에 의한 재난은 말할 것도 없이, 현대에도 우리는 최근 아프리카와 동부유럽의 재난들을 봐오고 있다. 고대 세계에서 순서의 인과논리는 훨씬 더 분명했다. 전쟁들은 즉각적인 죽음과 파괴를 일으킬 뿐만 아니라, 농사 사이클을 망쳐놓고, 결과적으로 일어나게 되는 사회적 혼란은 자주 질병과 죽음으로 이어졌다.

그런 분명한 순서(정복자 - 전쟁 - 기근 - 죽음)가 어떻게 계시를 만들 수 있는지 궁금할지 모른다. 그리고 그 대답은 계시록을 이해하는데 중요하다. 계시록은 새로운 정보를 주려는 것이 아니라 정보를 유용하게 해석하고 있는 것이다. 묵시(apocalypsis)의 어원적 의미는 베일을 벗기는 것이다. 즉 감추어진 것을 보게 하여, 계시하는 것이다(20-24면과 58-63면을 보라). 요한이 여기서 우리에게 제공하는 것은 단순히 역사의 그림만이 아니라, 역사 이면에서 일어나고 있는 것을 통찰케 하는 것이다. 이 스토리는 우리에게 사건들이 어떻게 일어나는지 보다는 왜 일어나는지를 말해준다.

요한은 우리들에게 역사 이면에 있는 세력들을 보여준 후에, 이제 그는 그 결과인 고난과 심판에 눈을 돌린다.

정의와 심판의 인봉들, 6:9-17

화제를 바꿔 우리가 엄청나게 다른 내러티브 세계로 들어가는 (이제는 말들, 탄 자들, 전쟁들과 그 여파들은 다 지나가고, 암시조차도 하지 않는) 다섯째 인봉을 보자. 분명히 첫 번째부터 네 번째까지의 인봉은 하나의 독립적인 단위이다. 그럼에도 불구하고, 독자는 앞의 장면과 연결을 만들고 싶은 유혹을 받는다. 이는 그들이 서로 나란히 배열되어있을 뿐만 아니라, 일련번호가 매겨진 같은 시리즈에 속해 있기 때문이다. 우리는 "제단 아래 영혼들"이 어떻게 정복-전쟁-기근-죽음의 시리즈의 결과인지 상상하게 된다.

그 관계를 추측하기 위해서, 우리는 (우리가 "어느 때까지"라고 물으며 정의를 구하며 외치는 제단아래에 있는 순교자의 영혼/생명들을 보고 있는) 이 짧은 장면에서 무엇이 일어나는지를 분명히 해야 한다. 그들에게 흰 옷들이 주어지며, 죽임을 당할 자들의 "그 수가 차기까지" 아직 잠시 동안 쉬라고 말하여진다. 그들의 질문과 그에 대한 대답 모두 ('이 광란은 언제 끝날까?'라는) 시간 계산들이 포함된다. 이것은 첫 네 인봉들에 대한 더없이 적절한 반응으로 보인다. 독자가 각오하고 있는 것보다 더 깊은 통찰이 요구되는 그 대답은 독자를 당황스럽게 만든다. 정의는 진정 어떤 수가 다 채워지기를 기다리는가? 이 응답의 논리는 그 계시록-스토리가 끝(특히 17장의 큰 음녀의 장면)으로 가면서, 분명하게 될 것이다. 분명한 것은 아무 일도 하지 않으나(쉼), 승리는 확실하다(흰 옷)는 것이다.

이제 여섯 째 인봉은 그 심판이 오면 그것이 어떤 모습일지를 보여준다. 여기에서 보여지는 지진이 일어나고, 해와 달이 어두워지지고, 별들이 떨어지는 모든 것들은 마지막 심판의 여러 환상에서 전형적인 것들이다. 그 현상들은 창조의 우주적 기초들이 해체된다는 것이다.[29]

이것은 무서운 장면이고, 액면대로 받아들인다면, 이 글의 윤리에 대한 질문들이 일어난다. 특히 심판의 우주적 성질, 창조계의 파괴, 그리고 "어린 양의 진노"란 개념은 문제를 일으킨다. 또한 이 마지막 구절은 우리로 하여금 그 장면의 아이러니에 주목하게 하는데, 그것은 어린 양들은 전형적으로 성질이 온

순하기 때문이다. 우리는 이 (어린양의 진노라는) 모순어법 중 어느 쪽을 취하는가? 어린 양이 진노를 재정의한다는 쪽인가, 아니면 진노가 어린 양을 재정의한다는 쪽인가? 또 다른 아이러니는, 모든 창조물이 하나님의 보좌 앞에서 경배하는 이전 장면으로부터 비롯되는데, 여기 본문에서 하나님께 반역한 자들이 그 창조물들에게 숨겨달라고 부탁을 하고 있다(6:16).

아마 숨으려는 노력 자체가 아이러니하게 보일지 모른다. 등장인물들이 하나님의 심판을 피하려 한다는 것이 의도한 바이지만, 사실 에덴의 스토리에서 최초의 인간인 아담과 하와가 자신들의 죄를 알고, 하나님으로부터 피하려고 했던 행동을 반향하고 있다(창 3:8). 이 장면은 창세기의 스토리를 반향하고 있는 계시록 스토리의 여러 경우들 중 하나이다. 창조세계의 이러한 해체를 직면하고 있는 자들은 공포에 질려 소리를 지른다: 누가 능히 서리요? 7장의 사건 내용은 마지막 일곱째 인봉이 시작되기 전에 이 질문에 대한 대답을 준다.

하나님의 종들을 인침, 7:1-17

어떤 이들은 이것을 막간극(interlude)라고 부르나, 이 내러티브 기능은 직접적으로 앞 장면에서 제기된 질문("누가 능히 서리요?")에 대답하고 있기 때문에, 그리고 (이 등장인물들을 포함하는 우주적 전쟁이 있을) 세 번째 내러티브 부분(14:1)을 위해서도 청중들을 준비시키고 있기 때문에 (다른 사건들과 별로 관련없는 막간극이라기 보다는 그것들과) 보다 직접적인 관련을 갖는다(14:1을 보라). 두루마리가 열리자 선택된 자들이 인침을 받을 때처럼, 이 세 번째 부분의 액션 역시 말로(verbally) 진행된다. 다행히 말유희(pun)가 헬라어에서처럼 영어에서도 일어난다.

액션은 세 부분(7:1-4, 5-8, 9-17)으로 펼쳐진다. 땅을 해롭게 할 권세를 가진 네 천사들이 나타나고, 다른 천사가 하나님의 종들의 이마에 인을 칠 때까지 기다리라고 말한다. 인침을 받은 자들은 이스라엘의 자손들로 144,000명이며, 모든 나라로부터 아무도 능히 셀 수 없는 무리라고 한다. (연루된 등장인물들에 대해서, 127-34면에 그것과 관련된 토론을 보라.) 이들이 하나님을 경배할 때, 하나님의 보좌 앞의 장로들 중 하나가 요한에게 그 사람들이 누구냐고 묻는다. 요한이 분명하게 "당신이 아시나이다" 라고 대답하자, 그 장로는 "이는 큰 환난에서 나오는 자들인데 어린 양의 피에 그 옷을 씻어 희게 하였느니라"(7:14) 라고 설명한다. 그들은 지금부터 그들의 목자가 될 어린 양의 돌봄을 받게 될 것이다(시편 23을 비교하라). 요한은 그러한 모순어법들을 즐겨 사용하는 것 같다.

종들을 보호하는 이 액션은 스토리를 말하는 중에 일어나는 시간 왜곡의 좋은 예이다. 그 왜곡이 일어나는 곳에 오면, 그것이 붕뜬 듯 장소에 어울리지 않는다. 우리는 이미 여섯 번째 인봉에서 파괴를 당한 땅을 보았다. 그렇다면 이것을 지연시키는 것(7:3)은 더 일찍 일어났어야 했다. 또한 일단 일곱 번째 인봉이 시행되면, 폐허가 될 것이라 기대되나, 일곱 번째 인봉은 결코 그런 것이 아니다. 연대기적으로 이 7:3의 액션은 다섯째와 여섯째 인봉들 사이에 와야 하나, 요한은 그것을 여섯째와 일곱째 사이에 두고 있다. 이런 내러티브 전략으로 두 가지가 얻어진다. 첫째, 요한은 다섯 번째(정의를 구하는 기도)와 여섯 번째(신의 심판)의 행위 사이의 인과 관계를 향상시키고 있다. 둘째, 계시록-스토리가 일곱 인봉의 단순한 시리즈가 보여줄 수 있는 것보다 훨씬 더 복잡하고 훨씬 더 길어지고 있다고 느끼는 독자들의 느낌을 증가시킨다. 계시록-스토리에 더 많은 것이 있다. 일곱 번째 인봉은 진정으로 놀라운, 아마 모든 문학작품 중에서도 가장 크게 급락시킨 점강법에 속할 것이다.

일곱 번째 인봉 고요, 8:1

"일곱째 인을 떼실 때에 하늘이 반시간쯤 고요하더니"(8:1). 인봉 시리즈의 논리와 7의 상징적인 중요성 때문에 청중들은 하나님의 왕국 환상을 기대하게 한다. 그러나 그 대신에, 고요가 나온다. 요한은 고요에 대해 어떤 설명도 하지 않는다. 그러나 그것을 상상해 보려는 독자들은 두 가지 생각을 하게 된다. 먼저, 침묵 자체는 새로운 질서의 이미지일 것이다. 요한과 많은 이미지를 공유했던 같은 시기의 다른 작가는 다가오는 새 시대를 다음과 같이 그렸다.

> 보라, 그 때가 올 것이다. 내가 너희들에게 미리 말했던 징조들이 지나갈 때, 지금은 보이지 않은 도시가 나타날 것이다. 그리고 지금은 숨겨져 있는 땅도 드러날 것이다. 그리고 내가 미리 말해왔던 죄악들로부터 구원함을 받은 모든 사람들은 나의 경이로운 것들을 볼 것이다. 이는 내 아들 메시아가 그와 함께 있는 자들과 함께 나타날 것이다. 그리고 남아있는 자들은 4백년을 기뻐할 것이다. 그리고 이 후에 내 아들 메시아는 죽을 것이다. 그리고 숨쉬는 인간은 모두 죽을 것이다. 그리고 세상은 칠일 동안, 태초에 그랬던 것처럼, 태고적 고요로 돌아갈 것이다. 그래서 아무도 남아있지 않을 것이다. 그리고 칠일 후 아직 깨어있지 않은 세상은 깨워질 것이며, 타락하기 쉬운 것은 사라질 것이다. 그리고 땅은 그 안에 잠자는 이들과 그 안에 조용히 머물고 있는 먼지가 된 그들을 내놓을 것이다. 그리고 지고하신 분이 심판의 자리에 나타날 것이다. 그리고 연민은 사라지고, 인내도 물러갈 것이다. 그러나 심판만이 남을 것이며, 진리는 서고, 신실함은 더욱 강하여 질 것이다. 2에스드라 7:26-34

이처럼 새 창조 전의 원시적 고요란 개념은 알려져 있었다. 이렇게 보면 요한의 고요는 훨씬 더 짧지만, 그 고요는 어쨌든 일곱 번째라는 숫자는 새 질서를 상징한다는 우리의 기대를 충족시켜 준다.

고요에 대한 두 번째 가능한 이해는 (이제 마지막 인봉을 떼고) 두루마리를 연 것과 두루마리를 읽기 시작하는 것 사이의 고요로 보는 것이다. 이런 접근법은 (11:15에 일어나는) 일곱 나팔들을 읽을 준비를 위한 선행적 팡파르들로 본다. 액션의 순서는 천상적 경배, 인봉된 두루마리에 의해 중단된 경배, 합당한 자격을 가진 어린 양이 두루마리를 열고, 고요가 있고, 나팔들, 그리고 두루마리 읽기, 그 후 경배의 회복이 나온다. 이러한 제안은 인봉과 나팔 시리즈를 면밀히 함께 묶어주는 이점이 있다. 물론 우리의 작가는 모호함의 대가이며 두 가지 이해를 의도한 것일 수 있다.

계 6:1-8:1 일곱 인봉에 대한 독자들을 위한 주석

계 6:1-8

말(HORSE) 동물, 집합명사로 기병대로도 사용된다.

흰(WHITE) 순수함을 뜻하는 색이 아닌 이김(conquest)을 뜻하는 색. 계시록에서 19번 사용되었는데, 보통은 옷에 대해서(3:4,5,18; 4:4; 6:11; 7:9,13,14), 그리고 머리(1:14), 돌(2:17), 보좌(20:11), 구름(14:14), 다른 말들(19:11,14)에 대해서 사용되었다. 모든 다른 예들에서, 이김은 선이 악에 대한 긍정적인 이김이다. 그러나 흰 말(horse)이 상징하는 이김은 전쟁, 기근과 죽음이 따른다.

활(BOW) 이것은 계시록에 나오는 유일한 무기이며 결코 예수의 아이콘이 아니다. 그것은 군대에 대한 일반적인 이미지로 보인다. 그러나 파르티아 전사들은 활로 유명하다.

면류관(CROWN) 운동경기에서 수여되는 승리의 ***왕관(stephanos)***; 이것은 승리의 심볼로서 이기는 자에게 적합하다.

붉은(RED) 전쟁에서 흘린 피 색깔.

검은(BLACK) 죽은 초목의 색깔.

저울(BALANCE) 상인의 저울.

데나리온(DENARIUS) 품꾼의 하루 품삯과 같다.

밀... 보리 (WHEAT ... BARLEY) 전쟁 중 위기 때 1년작 곡물. 개인은 밀로 만든 빵으로 연명했을 것이나, 가족은 더 많은 양의 열등한 곡물이 필요했을 것이다. 기근에는 노동자가 하루 식량을 위해 하루 번 대부분을 지불해야 하는 그런 때이다.

감람유...포도주(OIL ... WINE) 일 년 재배가 아닌 장기간의 열매들로 인간이 일으킨 기근에 의해 영향을 받지 않는다.

청황색(PALE) 썩어가는 피부의 노란-회색(yellow-grey)

음부(HADES) 죽은 이들이 가는 장소이며, 확장된 의미로, 죽음의 다른 표현. 헬라어 글들에서는 지하세계를 다스리는 제우스의 형제의 이름으로 사용되었다.

사분의 일(ONE-FOURTH) 요한의 환상들에서 파괴가 점증하는 것을 의미하는 분수; 다음 나팔 시리즈는 삼분의 일을 파괴할 것이며 (8:7-12), 마지막 (대접) 시리즈는 모두 파괴될 것이다.

짐승들(WILD BEASTS) 질병과 역병과 함께 전장터를 돌아다니는 맹수이며, 또한 - 검, 흉년, 역병과 함께 – 하나님의 심판의 표 (겔 14:21).

계 6:9-11

제단(ALTAR) 제단은 두 가지가 있다: (피를 그 기단에 붓는) 짐승을 드리는 제단과 향을 태우는 제단. 이것은 (짐승 피를 드리는 대신 순교자의 생명을 드리는) 지상의 희생제단의 대응짝인 천상의 희생제단이다. 피와 생명 사이의 관계에 대해서, 레 17:11, 14를 보라. 여기 상징표현은 불운하게 이 세상에서 권력자의 손에 죽은 불운한 죽음으로 보였던 것이 실재로는 저 세상의 높은 제단의 희생이라는 것을 독자들로 깨닫도록 격려한다.

영혼들(SOULS) 천상의 장면으로 보기 어렵다. 그보다 중간기 대기상태의 장면이다. 이 단어는 생명들(lives)로 번역될 수 있다. 박해자들의 악행을 증거하다 죽임을 당한 생명들에 대한 그림으로 이해하는 것이 가장 좋을 듯하다.

죽임을 당한(SLAUGHTERED) 따라서 그들의 생명은 예수를 흉내낸다 (5:6). 특히 이 단어는 희생제물짐승을 죽일 때 쓰는 단어로 적합하다.

증거(TESTIMONY) 그들이 예수와 동일한 다른 면 (1:2을 보라). 증거(*martyria*)하는 증인(*martys*)이 된다는 것은 계시록의 중심적 세계관이다.

어느 때까지(HOW LONG?) 요한 스토리 전체의 핵심적 질문. (요한이 이용하고 있는) 스가랴서의 네 말의 환상 후에 나온 것과 똑같은 질문이다.

피를 갚다(AVENGE) 징벌은 계시록에서 매우 중요한 주제이며, 때로 보복처럼 들린다. 여기에서처럼 순교자들이 그들의 대적자들에 대해 복수–

어떤 고상한 감정표현이 아닌 어떤 큰 죄악을 증거했던 자가 이해할 만한 복수–하기를 원한다. 놀랍게 유사한 장면인 2 Esd 4:35-37을 보라. 스토리 후반부에서 하나님의 정의로운 심판은 여기 나오는 액션에 새 빛을 비추는 방식으로 선언될 것이다.

> 내가 들으니 물을 차지한 천사가 이르되 전에도 계셨고 지금도 계신 거룩하신 이여 이렇게 심판하시니 의로우시도다. 그들이 성도들과 선지자들의 피를 흘렸으므로 그들에게 피를 마시게 하신 것이 합당하니이다 하더라. 또 내가 들으니 제단이 말하기를 그러하다 주 하나님 곧 전능하신 이시여 심판하시는 것이 참되시고 의로우시도다 하더라.
> 계 16:5-7

징벌은 복수보다는 인과응보(피할 수 없는 결과를 의미하는 Karma. 역자주. 힌두교나 불교에서 말하는 업, 운명)와 같은 것이라는 것을 의미한다.

쉬되(REST) 그들의 일은 이제 끝났다; 그들은 하나님의 일을 기다려야 한다. 20:4에서 그들의 돌아옴을 보라.

그 수가 차기까지(COMPLETE) 아마도 위 복수란 의미에 비추어 볼 때 가장 잘 이해된다: 그 체제(system)가 증인들을 더 죽일수록, 더욱 자신의 멸망을 재촉한다.

계 6:12-17

무화과나무가 ... 두루마리처럼(AS A FIG TREE ... LIKE A SCROLL) 요한이 이미지들을 사용하는 능력을 보여주는 두 놀라운 직유들. 만약 요한이 영감이 사 34:4이었다면, 그는 상당히 그 느낌을 강화시켰다. 둥글게 만 종이를 가지고 있었던 사람이라면 누구나 어떤 사람의 두루마리가 갑자기 탁하고 펼쳐질 때 놀라는 모습을 상상할 수 있다. 분명히, 그 결과가 땅위의 모든 생명체들이 끝장나는 것일 것이기 때문에, (해가 검은 털로 짠 상복 같이 검어지는 것을 포함한) 이런 이미지들을 문자적으로 취할 수 없다.

어린 양의 진노에서(WRATH OF THE LAMB) 모순어법은 계시록의 기본적 도덕적 문제를 정의한다. 그 진노가 어린 양의 의미를 다시 정의하는가? 아니면, 어린 양이 진노의 의미를 다시 정의하는가?

계 7:1-8

네(FOUR) 이 작은 장면에서 분명하듯, 넷은 땅의 수이다. 그 단어 넷은 십사만 **사** 천 (one hundread and forty ***four***)에 반영되고 있다. 그런 우연 일치들 때문에, 고대인들은 숫자들에 대해 신비하고 중요하다고 생각하는 그들의 믿음이 옳다고 여겼던 것 같다. 네 말들과 연결된 사방의 바람에 대해서는 슥 6:5-8을 보라.

인(SEAL) 인침이라는 개념은 초기 기독교에서, 널리 사용된 은유로, 할례를 대체한 것으로서 (롬 4:11) 대부분 세례와 연결되어(고전 1:13-15; Hermas, *Sim* 9.16을 보라) 사용되었다. 이것은 성찬식(요 6:27)과 성령을 받는 것 (고후 1:21-22; 엡 1:13)에 대해서도 사용되었다. 요한의 액션의 기원은 에스겔의 임무일 수 있다: "너는 예루살렘 성읍 중에 순행하여 그 가운데에서 행하는 모든 가증한 일로 말미암아 탄식하며 우는 자의 이마에 표를 그리라" (9:4).

이마(FOREHEAD) 글쓸 때 편리를 위해 위에 비워놓는 공간이라는 의미라기 보다, 머리(head)는 영혼의 복종을 상징한다. (224면에 나오는 짐승의 표, 13:16에 대한 독자를 위한 주석을 보라).

144,000 이 수는 12와 10을 기본수로 하고 있다. 전자의 수를 제곱하고, 후자의 수인 10을 세제곱한 수이다. 그 기본수의 의미는 전자는 하나님의 사람들, 후자는 전체성(totality)과 관계있다; 제곱하는 것과 세제곱하는 것의 결과는 그 기본수의 의미를 강화시키는 것이다.

열두지파(TWELVE TRIBES) 재결집된 이스라엘에 대한 표시는 바벨론에서 돌아오는 기대들로부터 이어받은 것이며, 넓게는 마지막 날들에 이루어질 것을 기대하였다(이사야 43장을 보라). 그러나 이것은 이상한 지파 목록이다. 전통적으로 그들은 (여기서는 빠진) 단과 에브라임을 포함시키고, 레위나 요셉은 계수하지 않았다. 그러나 이 변칙에 대한 설득있는 이유를 아무도 제시하지 못했다.

계 7:9-8:1

큰 무리(GREAT MULTITUDE) 144,000은 하나님의 모든 백성을 상징하기 때문에 (14:1을 보라), 나는 여기 이 큰 무리를 새로운 은유 (능히 셀 수 없는 무리)로 해석한 것과 똑같은 그룹으로 보고 있다. 144,000명을 질적으로 보지 않고 양적인 수로 보지 않도록 하기 위해, 우리는 그 수를 셀 수 없다고 듣는다. 그러나 다른 사람들은 요한의 공동체가 유대인과 이방인으로 나누어진 공동체라고 생각하여, 이들 큰 무리는 두 번째 그룹인 이방인들로 본다.

하나님께 경배하여(WORSHIPED GOD) 이것은 4장과 5장에 묘사된 것과 똑같은 장면이다. 여기서는 초막절(Sukkot)의 이미지들로 강화시켰다: 긴 흰옷, 종려가지, 물, 장막(7:15, 피난처를 번역한 이 단어는 장막도 의미한다). 우리는 하나님(만)을 경배하라는 명령은 이 환상 스토리의 핵심이라는 것을 반복적으로 듣게 될 것이다.

큰 환난(GREAT ORDEAL) 이 세상의 다가오는 끝보다 앞선 환난의 때. 요한의 환상에서 진행 중이라는 것을 주의하라 (문자적으로 [큰 환난에서] 나오는 사람들 ... 현재 시제).

씻어(WASHED) 아마 순교를 가리키는 것이라기보다 (기독교인들이 세례를 예수의 죽음과 같은 것이라 믿었기 때문에) 세례를 가리키는 단어로 보인다(롬 6:1-4을 보라).

주리고 ... 목마르지도(HUNGER ... THIRST) 먼저는 바벨론으로부터 귀환을 기대하는 것으로부터 나온 이미지(사 49:10), 그리고 성찬식과 연결된 이미지.

반 시간(HALF HOUR) 한 시간은 가장 일반적으로는 하루를 열둘로 등분한 시간을 의미하나, 일 년, 달, 계절의 일부분처럼, 어떤 시간의 조각으로 사용될 수도 있다. 이 반 시간은 반 조각이다.

천사들의 일, 8:2-11:18

다음에 나오는 고요(침묵)에서, 요한은 새로운 환상 시리즈에 대한 (일곱 천사들이 일곱 개의 나팔들을 받는) 준비에 대해 보고한다. 그러나 나팔 시리즈가 시작되기 전에, 다른 천사들이 나타나 믿는 자들이 기도하는 상징적 행동을 수행한다. 아마 그 기도자들은 이 고요에 대한 또 다른 이유를 듣게 될 것이다.

제단의 천사, 8:3-5

우리는 이미 이 스토리에서 천사들의 기능들 중 하나는 신실한 지상 공동체에 대한 천상의 대응짝임을 보여주는 것이라는 것을 보았다. (102-11면에 있는 일곱 편지들에 대한 독자들을 위한 주석을 보라.) 새로운 칠중 나팔 시리즈의 시작부에 삽입된 이 짧은 장면에서, 요한은 (정의를 구하는 순교자들의 탄원과 땅에 대한 하나님의 심판에 관한 내용인) 다섯째와 여섯째의 인봉들의 액션을 개괄해 주고 있다. 계시록 책의 어떤 핵심 주제들을 놀랍게 축소해 놓은 것(miniature)이다. 소리 내어서 읽어보라.

놀랍게도, 하나님은 이 장면에서 아무 것도 하지 않으시나 심판이 시행된다. 기도들이 하나님 앞으로 올라갈 때, (기도들은) 능력을 얻어, 땅으로 돌아가, 창조의 기초들을 흔든다. 유진 보링(Eugene Boring)은 계시록에서 기도에 대한 참고구절이 얼마나 적은지 (5:8과 여기에만 언급되어 있다), 그러나 얼마나 강력한지를 강조하였다. 그는 그것을 카디쉬(kaddish)라고 부르는 고대 유대인의 기도와 연관시키고 있는데, "그의 뜻에 따라 창조하신 세상에서 그의 크신 이름이 크고 신성하실 지어다. 그는, 속히 그리고 곧, 당신의 생애와 당신의 날들과 이스라엘의 온 집의 생애에, 그의 왕국을 설립하시기를 바랍니다."[30]라는 그 기도는, 특히 죽음 앞에서, 하나님의 이름의 성화(sanctification)를 요청하는 것이다. 기도와 하나님의 통치 사이에 이 태생적 연결성은 요한의 스토리의 중심에 서 있다. 우리는, 요한이 듣는 자들에게 반복해서 "하나님을 경배하라"고 명령하는 이유가 궁금해 질 때마다 이 장면을 기억해야 한다.

나팔을 받은 천사들, 8:2,6 - 11:18

이전 시리즈와 다르게, 모든 나팔들은 파멸과 멸망의 신호들이다. 이전 시리즈처럼, 그것들은 네 개와 세 개의 짝으로 나누어지는데, 나중 세개의 짝은 세 개의 화로 특징된다(8:13; 9:12; 11:14). 어떤 의미에서, 이 나팔재앙들은 (하나님의 지상 심판에 대한 계시들인) 여섯 번째 인봉을 확대시킨 것이다. 이제 그 파멸 범위가 사분의 일에서 삼분의 일로 증가하며, 그 액션이 얼마간 전진하는 움직임을 보여 준다.

재앙에 대한 모든 상세한 내용을 아는 것보다 그 파괴력과 공포를 느끼는 것이 더 중요하다. 아마 여기 느낌은, 각 재난이 더 혐오스러운 다른 재난으로 나아가는 공포영화를 보는 것에 가장 잘 비유된다. 첫 네 나팔들은 모든 창조계–땅과 초목, 바다와 바다생물, 강과 샘물 그리고 인간, 해, 달, 그리고 별들–를 공격한다. 각 경우 그것들은 재난을 당하고 삼분의 일이 파괴된다. 이 재난들은 물론 실제는 아니다. 바다의 삼분의 일이 피로 바뀌면, 반드시 모든 바다 생물들은 죽을 것이다(8:8-9). 또는 태양이 삼분의 일이 어두워지면, 반드시 땅의 모든 생물들은 죽을 것이다(8:12). 이것들은 재난의 이미지들로 여러 다른 영역들에서 반복되면서 축적되는 효과를 보인다. 그리고 그 축적된 효과는 대단히 크다.

그 황폐화가 모든 곳에 이루어졌다고 보일 때, 날아가는 독수리가 세 개의 마지막 나팔들과 연결된 세 개의 화를 선언한다(헬라어로: *ouai, ouai, ouai*). 그리고 새로운 이야기 요소가 나타나고, 악령들이 놓임을 받는다. 먼저 무저갱(심연)으로부터 끔직한 마귀적 성격의 황충이 나타나는데, 그것들은 괴롭게 하는 능력은 있으나 사람을 죽이지는 못한다. 이 황충들은 금 같은 관을 쓰고, 인간의 얼굴을 하고, 여자의 머리카락 같은 것이 있는 말들 같은 모습이다. 사자의 이빨과 전갈의 꼬리를 가진 그들은 다섯 달 동안 사람들을 해한다. 그들은 (황충의 천연 먹이인) 식물들은 해하지 않고, 단지 이마에 하나님의 인침(150-51면을 보라)을 받지 아니한 사람들만 해한다.

여섯 번째 나팔은 우리를 이 나팔 재앙시리즈가 시작되는(8:3) 향 제단으로 다시 데리고 간다. 제단으로부터 한 목소리가 나서 그 천사에게 네 명의 파괴천사를 풀어놓으라고 지시한다. 그들의 사명은 인류의 삼분의 일을 죽이는 것이다. 이제 스토리는, 중요한 질문들을 던지며, 매우 이상한 방향으로 바뀐다. 아래와 같은 말을 듣기 때문이다.

> 이 재앙에 죽지 않고 남은 사람들은 손으로 행한 일을 회개하지 아니하고 오히려 여러 귀신과 또는 보거나 듣거나 다니거나 하지 못하는 금, 은, 동과 목석의 우상에게 절하고, 또 그 살인과 복술과 음행과 도둑질을 회개하지 아니하더라.
> 계 9:20-21

이 구절에서 우리는 처음으로 하나님이 이런 재앙을 내리신 가능한 동기에 대해서 듣는다; 지금까지 독자는, 그것들이 박해받는 자들의 울부짖음에 대한 하나님의 반응인 정의를 위한 것이라고만 생각해왔다. 그러나 우리는, 하나님은 사람들이 회개하도록 괴롭게 하고 계시는가? 라며 놀란다. 액면대로 받아들인다면, 이것은 (영혼을 구원하기 위해 몸을 고문하는 것과 같은) 스페인의 종교재판에서 요구하는 높은 수준의 도덕성이다. 로마인들은 후에 기독교인들이 그들의 어리석음을 회개할 때까지 고문하곤 했다(280-82면에 나오는 Pliny의 편지를 보라).

다른 가능한 해석은 여러 재앙들이 주는 이런 고통들에 대한 암시로부터 나온다. 잘못을 뉘우치지 않는 바로에 대한 출애굽 이야기들(출 8:32 뿐만 아니라 10:20)에서 일련의 재앙들이 땅에 내렸으나, 바로는 그 마음이 더 완악하여져서 그 노예들을 풀어주기를 거절했다. 그러나 여기에서도 최소한 문자적으로는 우리는 신의 위협으로부터 멀리 있지 않다. 이러한 사고는 우리가 이 계시록-스토리를 읽을 때 정신을 차리고 있어야 할 부분이다.

여섯 번째 인봉이 신실한 자들을 인치는 사건으로 인해 연장되는 것처럼,

여섯째 나팔에서도 상징적인 행위로 인해 연장된다. 또 다른 천사가 나타난다.

머리위에 무지개가 있는 천사와 열린 두루마리, 10:1-11:13

이 섹션은 근접문맥과 뚜렷한 관계가 없는 두 개의 복잡하고 이해하기 어려운 장면들을 포함하고 있다. 그러나 요한은 여섯째 나팔 안에 그것들을 삽입시켜 이 세팅 안에서 그것들을 볼 필요를 만들었다(여섯째 나팔은 논리적으로 11:14절에서 두 번째 화의 종결을 선언할 때까지 끝나지 않는다). 삽입된 내러티브들은 주 내러티브(main narrative)와는 다른 시간과 공간에서 작동하면서, 보여주는 뚜렷한 성격이 있다. 그것들은 주 내러티브를 설명해주는 기능을 한다.

사실, 여기에 이중적인 삽입(embedding)이 있어 보인다. 주 내러티브에서 요한은 하늘에서 한 환상을 보고 있기 때문이다. 그 환상에서 그는 땅의 파괴를 보고, 천사가 땅에 내려가는 것을 본다. 그런데 이제 분명히 여기서의 관점은 땅으로부터이며(10:1, "하늘로부터 내려오는"), 그것을 보고 있는 그 요한은 땅 위에 있다. 거기에서 사실 요한은 자기 자신을 보고 있다. (하늘에 있는 요한이 땅에 있는 자신을 보고 있는) 그런 공간적 분열은 혼란스러울 수 있다.

이렇게 내려온 천사는 처음 요한에게 자기의 손에 펴 놓인 어떤 작은 열린 두루마리를 먹으라고 말한다. 그리고 요한은 하나님의 성전을 측량하라는 지시를 받고, 두 증인의 운명에 관한 후속 스토리가 따라 나온다. 순간적인 유머, 아이러니와 신비가 스토리 도처에 흩뿌려져있다. 이 액션을 좀 더 면밀히 살펴보자.

그 천사는, 꼭 일치하지는 않지만, 요한의 첫 환상에서 위엄있는 인자의 모습들을 반향하는 특징들을 가지고 있다. 그들은 비슷하나, 똑같지는 않다. 이 엄청난 인물은 한 발은 바다에 그리고 다른 한 발은 땅을 밟고서, 요한에게 (특히 펴놓여 있다고 말한, 그래서 아마 청중들은 우리가 그것을 열 필요가 없다는 것 때문에 감사할 것 같다!) 작은 두루마리를 준다. 그리고 천사의 포효에 대한 반응으로, 일곱 개의 천둥소리가 난다. 그러나 그 천둥소리들이 말한 것을 계시하지 않고, 요한은 그것을 인봉해야 한다. 이것은 몇 가지 효과가 있다. 그 장면은 신비감을 더해 준다(어떤 것이 숨겨져 있다). 그것은 요한의 권위를 더해준다(그는 우리가 모르는 것을 알고 있다). 그것은 청중의 기대를 더해준다(더 이상 지체가 없을 것이다). 그 일곱째 나팔은 끝이 될 것이다. 사실 우리는 스토리의 끝 근처 어디에도 가 있지 않기 때문에, 요한은 아마 우리와 약간의 장난을 재미로 하고 있는 것 같다.

이제 요한은 두루마리를 먹으라는 지시를 받는다. 그리고 그가 그렇게 했을 때 그것은 입에는 달지만 배에는 쓰다. 요한에게 다시 예언해야한다는 해석이 즉각적으로 주어진다. (에스겔 3:1-3의 비슷한 장면을 보라.) 나는, 이것은 우주적 전쟁(cosmic war)을 진술하는 세 번째 두루마리가 주어지게 될 사실을 상징한다고 생각한다. 첫 번째 두루마리는 일곱 메시지들의 스토리(1:11)이고, 두 번째 두루마리는 하늘의 경배에 대한 스토리이고(5:1), 이 세 번째 두루마리는 12-22장에 나오는 우주적인 전쟁의 스토리이다.

두루마리 사건 후에, 요한은 갈대 자를 받고 성전, 제단, 그리고 경배하는 자들을 측량하라는 지시를 받는다. 그러나 성전 바깥마당은 측량하지 말고 그냥 두라 이것은 이방인에게 주었은즉 그들이 거룩한 성을 마흔두 달 동안 짓밟으리라고 한다. 이 짧은 장면은 아마 에스겔 책(40-48장)의 끝부분의 매우 긴 환상을 기초로 만든 것 같다. 그리고 계시록 끝(21:15-27)에 다시 고쳐 만들어 질 것이다. 두 경우들에 측량하는 행위는 회복을 의미하며, 특히 에스겔은 성전의 정결과 이방인들의 추방에 대해 관심이 매우 깊다(44:6-8).

모호하지만, 성전과 제단을 측량하나 바깥마당은 그대로 두는 (따라서 회복되지 않는) 이미지는 분명히 안과 밖의 실제 사이의, 참 경배와 단순 장소 사이의, 내적 안전과 외부의 취약함 사이의, 하나님의 백성과 이방나라들 사이의 대조를 상상하게 한다. 우리는 이방인의 방식과 타협하고자 했던, 그래서 일곱 편지에서 비난을 받았던 자들과의 갈등을 기억할지 모른다(89-97면을 보라).

요한은 도성 안에 나타난 놀라운 두 증인에 대한 짧은 스토리를 가지고, 이

안/밖의 역동성(inward/outward dynamic)을 상세히 말하고 있다. (나팔 재앙 시리즈의 시작부에 끼워 넣어둔) 향 제단의 천사 스토리처럼, 이 두 증인 스토리는 계시록의 기초되는 주제들을 상징적으로 보여준다. 요한은 (증인들, 감람나무들, 촛대들, 입에서 불이 나오고, 하늘을 닫고, 재앙을 일으키는 특별한 능력 같은) 상징 위에 상징을 거듭 사용하면서, 이 증인들의 의미와 취지를 의심하지 않는다. 이 이미지들을 추적하는 것은 쉽다. 감람나무들과 촛대들은 그들이 제사장과 왕을 상징한다는 슥 4:3,14절로부터 끌어온 것이다(계 1:6; 5:10; 20:6을 보라). 이미 촛대는 교회를 대표한다고 하였다(1:20). 요한은, 증인으로서 그들의 기능에 관심을 두고 있기 때문에, 그리고 증인이 둘이어야 한다는 것은 율법적 요구(신 19:15)이기 때문에, 이제 그들은 (일곱이라고 하기보다) 둘이라고 한다. 그들의 특별한 능력들은 엘리야(하늘을 닫는, 왕하 17장)와 모세(재앙으로 치는, 출 7-12장)의 능력들을 나타낸다. 엘리야와 모세는 하나님의 마지막 선지자들로 마지막 날들에 회개를 촉구하려고 돌아온다고 생각했다. 그들의 입으로부터 나온 불은, 예수의 검과 같이 증거의 말씀이기 때문에, 아이러니하다. (예언자의 말을 불이라고 한 묘사에 대해서는 Sir 48:1; 렘 5:14을 보라).

간단히 말해서, 요한은 세상에서 일하고 있는 교회이야기를 하고 있다. 그들은 오랫동안 기대한 마지막 선지자들이다. 그들의 증언과 능력은 무적으로 보였으나, 그후 그들은 패배를 당한다.

> 그들이 그 증언을 마칠 때에 무저갱으로부터 올라오는 짐승이 그들과 더불어 전쟁을 일으켜 그들을 이기고 그들을 죽일 터인즉, 그들의 시체가 큰 성 길에 있으리니 그 성은 영적으로 하면 소돔이라고도 하고 애굽이라고도 하니 곧 그들의 주께서 십자가에 못 박히신 곳이라. 계 11:7-8

그래서 요한은 (그들의 끊임없는 증거와 그들의 멸망이라는) 정반대의 두 이미지를 결합시킨다. 이 모순은 이제 (사흘 반 동안 길에 시체로 있은 후에, 그들은 하늘에 올라오라는 소리를 듣는) 세 번째 액션에 의해 조정될 것이다. 그리고 도성의 십분의 일이 무너지는 큰 지진이 일어나는 일이 따른다. 칠천 명(7과 10)이 죽고, "그 남은 자들"은 두려워하여 영광을 하늘의 하나님께 돌린다.

이것이 몇 권의 책을 읽는 것과 진배없는 잘 짜여진 짧은 스토리이다.

(말하는 사람은 없는) 목소리가 두 번째 화가 지나고 세 번째가 속히 이른다고 선언한다(11:14). 그러나 더 이상의 재난들은 이 시리즈에서 일어나지 않는다. 일곱 번째 나팔소리와 함께, 하늘에서 큰 소리들이 나서 "세상 나라가 우리 주와 그의 그리스도의 나라가 되어 그가 세세토록 왕 노릇 하시리로다"라고 한다. 이것은 우리가 처음 인봉된 두루마리를 본 이후 기다려왔던 선언이다. 이제 하늘에서 경배가 재개된다. 큰 감사(헬라어: *eucharisteo*, 성찬이란 단어인 Eucharist의 어원)가 드려진다.

> 이르되 감사하옵나니 옛적에도 계셨고 지금도 계신 주 하나님 곧 전능하신 이여 친히 큰 권능을 잡으시고 왕 노릇 하시도다. 이방들이 분노하매 주의 진노가 내려 죽은 자를 심판하시며 종 선지자들과 성도들과 또 작은 자든지 큰 자든지 주의 이름을 경외하는 자들에게 상 주시며 또 땅을 망하게 하는 자들을 멸망시키실 때로소이다 하더라. 계 11:17-18

그 승리가 얼마나 완전한지 보라. 하나님을 미래형 없이 묘사한다(1:8과 대조하라). 이 스토리를 성찬식의 상징적 행위와의 가능한 관련에 대한 토론에 대해서 286-92면에 나오는 에필로그를 보라.

계 8:2-11:18 *천사들의 일에 대한 독자들을 위한 주석*

계 8:2-13

나팔(TRUMPETS) 오늘날 각적(bugle)이라 부르는 것.

향로(CENSER) 긴 손잡이가 붙은 컵 모양의 기구이거나, 삼발이가 있는 단지. 향들은 향기를 내기 위해 연기 나는 숯 위에서 태워졌다.

삼분의 일(ONE-THIRD) 첫 번째 시리즈의 사분의 일 (6:8)로부터 증가되었으나, 아직은 부분적인 파괴이다.

쑥(WORMWOOD) 쓴 맛이거나 쓴 약초; 영어 이름은 회충을 죽이는 민방약으로 사용한데서 나온 것이다. 물론 그것은 요한의 사용한 이름과는 아무 관계도 없다. 요한이 사용한 의미에 가까운 것은 아모스 5:6-7에서 타락한 관리들이 정의를 쓴 쑥으로 바꾸었다는 표현이다.

독수리(EAGLE) 로마를 상징하는 그들의 깃발에 사용된 문장같은 것. 12:14도 보라.

계 9:1-12

떨어진 별(STAR...FALLEN) 분명히 루시퍼 (떨어진 천사/별) 신화를 가리킴. 그 신화를 가리키는 다른 참고구절들에 대해서는 이사야 14장과 누가복음 10:18을 보라. (계시록에서 다른 별 이미지에 대해서는 2:5을 보고, 22:16과 대조하라.)

황충(LOCUSTS) 애굽 재앙들 중 하나 (출 10:12-20)이며 요엘서 2장을 모델로 하였다.

이억(TWO HUNDRED MILLION) 문자적으로, 이만만. 불가능한 큰 수. 요한의 시대에 로마의 상비군은 약 150,000명의 병력과 많은 외인부대들이었다.

다섯 달(FIVE MONTHS) 이상하게 1년의 1/3이상의 기간으로 전체 스토리에서 5를 (17:10의 다섯 명의 망한 왕들을 제외하고) 유일하게 쓴 경우이다. 이것은 분명히 황충의 일반적 수명이다.

아바돈/아볼루온(ABADDON/APOLLYON) 전자는 무덤이나 구덩이에 대한 히브리 단어이며, 후자는 보통의 헬라어 번역(*apoleia*, 파괴)을 변형한 것으로 보이는데, 황제들이 선호했던 태양신인 고유명사 아폴로를 반영한 것이다. 120-22면을 보라.

계 9:13-21

힘은 입과 꼬리에 있으니(POWER IN MOUTH ... TAIL) 어떤 이들은 그 이미지가 파르티안 기마병들이 말위에서 활을 쏘면서 적을 공격하고, 뒤로 물러나면서 두 번째 활을 쏘는 기술로부터 왔다고 제안한다.[31]

손으로 행한 일(WORKS OF THEIR HANDS) 회개하기를 거절하는 특징적인 일들로 우상숭배, 살인, 복술, 음행, 도둑질이다.

귀신들과 우상들에게 절하고(WORSHIP DEMONS AND IDOLS) 여기서 저자는 여러 유대인들에 의해 행해진 (그들은 진짜로 귀신들에게 절하거나, 무생물들에게 절하거나 했던) 그레코-로만 종교의 두 상반되는 관점들을 다룬다.

계 10:1-11

지체하지 아니하리니(NO DELAY) 첫 칠중 시리즈가 완성될 때 그 끝을 기대하는 것이 옳다는 인정과 다음 칠중 재앙에서 그렇게 할 것이라는 약속. 그러나 물론 그것도 스토리의 끝은 아니다.

마흔 두달(FORTY-TWO MONTHS) 삼년반 또는 1,260일과 같은 기간이다. 세 기간 모두 악한 기간을 상징한다. 부러진 일곱으로 악을 나타내는 기간은 결코 완성될 수 없다. 작가는 문맥에서 가장 큰 수사적 효과를 주는 표현을 선택한 듯 보인다.

계 11:1-18

감람나무 ... 촛대(OLIVE TREES ... LAMPS) 그들은 기름을 끊임없이 공급한다 (스가랴 4:12을 보라).

예언(PROPHECY) 미래를 예언하는 것이 아니라 하나님의 심판과 정의를 선언한다.

무저갱으로부터 올라오는 짐승(THE BEAST THAT COMES UP FROM THE BOTTOMLESS PIT) 다음 스토리를 주도할 이 등장인물에 대한

첫 번째 언급으로, 현재시제 동사를 사용한 것을 주목하라.

전쟁을 일으켜(MAKE WAR) 이것은 세 번째 섹션(12-22장)의 액션으로, 여기서 한 문장으로 줄이고 있다.

큰 성(THE GREAT CITY) 계시록에 나오는 다면적 심볼. 여기서는 예루살렘("주께서 십자가에 못 박힌 곳")을 나타낸다; 후에 이것은 로마를 상징한다(17:18). 아니면 이것은 – 큰 성은 하나님을 반대하는 도성이며, 스토리의 끝 (21장)에 나타날 참된 큰 성의 반대이기 때문에 – 두 장소 모두를 상징하고 있다고 말하는 것이 더 정확할지 모른다.

영적으로 하면 소돔(PROPHETICALLY CALLED SODOM) 문자적으로는 "영적으로 하면" 이나, 아마도 "상징적으로 하면"이 최선의 해석 같다. 요한의 모든 지명은 영적인 것이지, 물리적인 것이 아니다.

삼일 반(THREE AND A HALF DAYS) 악에 대한 투쟁의 기간에 대한 또 다른 숫자. 삼년 반, 마흔 두 달 또는 1260일과 같은 기간이다. 요한의 시간은 역시나 영적이다.

땅을 망하게 하는 자들을 멸망시키실(DESTROYING THOSE WHO DESTROY ...) 하나님의 정의를 의미한다.

두루마리 드라마

요한의 환상들의 모든 상세한 묘사들에 붙잡히면 계시록-스토리의 큰 드라마를 놓치기 쉽다. 이를 위한 가장 좋은 교정수단은 스토리를 큰 소리로 읽고, 할 수 있는 한 그것을 목소리와 행동을 사용한 드라마적 성격을 부여해보는 것이다. 그러면 당신은 그 스토리에서 다름을 느낄 것이다.

3개의 추가적 요소들이 우리가 이 섹션을 드라마로 경험하는 것을 방해하고 있다. 첫째, 액션보다 성격묘사에 수많은 노력이 부어졌다. 4장과 5장의 거의 모든 부분은 수많은 묘사적 표현들로 하나님과 예수의 특징을 그리고 있다. 둘째, 분쟁은 있지만, 투쟁은 없다. 결과는 결코 의심되지 않는다. 우리는 보좌에 앉아계신 하나님을 만난다. 그리고 요한은 하나님의 통치가 결국 편만하게 될 것을 우리로 믿게 만든다. 셋째, 자료가 매우 반복적(repetitive)이다, 혹은 자꾸 반복되어 장황하다(repetitious). 다른 장면들이 똑같은 강조점을 거듭 거듭 반복한다. (173면을 참고하라) 플롯이 앞으로 움직이지 않는다는 것이 아니라, 선회하며 나간다. 즉 직선적인 전개라기보다는 좀 더 나선적으로 전개된다고 할 수 있다.[32]

이러한 반복적인 성격의 내러티브는 종잡을 수 없는 느낌을 줄 수는 있으나, 이것은 사실과 매우 다르다. 또한 나는 스토리의 막간들(interludes)에 대해 말하는 이들과도 동의하지 않는다. 왜냐하면 액션의 전진 운동과 직접적으로는 연결되지 않지만, 그 요소들이 저자의 분명한 내러티브 전략들에 도움을 주고 있기 때문이다. 이러한 주변/위성(satellite) 사건들이 핵심(kernel) 사건들과 인물들에 대한 설명, 전개, 그리고 주석을 제공한다. (주변과 핵심 사건들 사이의 차이에 대한 토론에 대해서는 30-39면을 보라.) 그러나, 물론, 어떤 사건들이 핵심이고 또 어떤 사건들이 보조적인지 절대적으로 분명한 것은 아니다.

요한은 관대한 저자로서, 독자에게 사건들 사이의 관계를 해석하는 데 많은 자유를 허용한다. 따라서 여러 독자들은 그 순서들을 다르게 분석할 수 있다. 그 문제에 집중하는 한 방법은 섹션의 중심 갈등이 무엇인가 묻는 것이다.

주인공은 하나님과 하나님의 대리자들이고, 적대자는 인간이다. 계시록에서의 싸움은 하나님이 인간의 완고함과 죄악들, 전쟁들과 그 여파들(6:1-8), 우상숭배와 사회 분열(9:20-21), 땅을 망하게 하는 것들(11:18)을 해결하시는 것이다. 따라서 요한은 가장 오래되고 가장 심오한 인간의 질문들, 왜 인류는 다른 모든 종들(species) 보다 더 나빠지는가? 인간의 불의, 압제, 그리고 파괴에 대해 어떤 조치를 할 수 있는가? 왜 하나님은 조치를 취하지 않으시는가? 하나님은 우리를 강제로 복종시키는, 그래서 우리의 기본적인 인간성(자유)을 빼앗는 일은 못하시는가?

요한의 이야기는 (하나님의 보좌 주위에 모인 모든 창조물, 조화롭고 균형이 잡힌 우주와 같은) 이상적인 모습을 상상케 하면서 시작한다. 그러나 아무도 인봉된 두루마리를 열 수 없자, 이 조화로운 질서는 위협을 받게 된다. 그 두루마리를 묶고 있는 인봉들은 (보복과 심판을 요청하는) 정복, 전쟁, 기근과 전염병을 포함한다. 누가 그런 인봉을 뗄 수 있을까? 바로 여기서 우리는 계시록의 중심 주장을 만나게 된다. 왜냐하면 영웅은 유다의 사자로 소개되고 있으나, 보이는 것은 죽임을 당하였으나 서 있는 어린 양이기 때문이다. 그리고 그가 인봉들을 떼지만, 끝은 오지 않는다. 무서운 신적 능력은 일곱 나팔들과 세 개의 화들에 나오나, 아직 인간성에 변화가 없다(9:20). 그러자 두 증인들은 어린 양의 경험을 반복한다. 그들은 죽임을 당하나 서있다(11:11). 그리고 이 증거는 어떤 사람들로 하여금 하나님께 영광을 돌리게 한다. 그런 후 하나님의 통치와 심판이 선언된다. 그리고 천상예배가 재개된다. 나는 표 9에서, 하위에 해당하는 액션들을 들여쓰기로 처리하여, 시각적으로 보여줄 것이다. 제일 왼쪽 기둥에 있는 액션들은 스토리를 이끄는 핵심 사건들이다.

내가 제안하는 한 가지 유의해야 할 점은 일곱이라는 페턴들에 너무 끌려가지 않아야 한다는 것이다. 이 칠중 시리즈들은 분명히 자료를 정리하기 위해 편리하기는 하지만, 그리고 그것들이 원래의 구전상황에서 듣기 용이하도록 하겠지만, 그것들은 액션을 통제하지 않는다. 액션들은 순서적이라기보다는 반복적이다. 그것들의 주된 액션은 인간의 실패들과 신의 심판을 극화하고 있는 것이다.

이 후에 무엇이 올 수 있을까? 완성된 액션?

한편 이 섹션의 마지막 장면은 끝 부분처럼 들린다. 하나님의 나라와 심판이 이르렀다. 다른 한편, 스토리에 더 많은 할 이야기들이 있다. 이 섹션이 얼

표 9 *두 번째 두루마리의 액션*

우주적 조화의 환상: 하늘에서 경배
인봉된 두루마리의 딜레마: 분열(disruption)
두루마리를 열기에 합당한 사자/어린 양을 계시
 두루마리를 개봉
  1. 흰 말
  2. 붉은 말
  3. 검은 말
  4. 청황색 말
  5. 제단
  6. 지진/진노의 날
   인침받은 이스라엘
   보좌 앞에선 무리들

  7. 고요
나팔신호
(향제단에 있는 천사)
 일곱 나팔들
  1. 우박, 불, 피
  2. 바다가 피로 변함
  3. 별이 강들을 쓰게 함
  4. 해, 달, 별들의 삼분의 일이 어두워짐
 독수리가 세 개의 화를 선언하다.
  5. 황충떼 – 첫 화의 끝
  6. 네 천사들과 군대들이 삼분의 일을 죽이다.
   천사가 더 이상 지체하지 않을 것이라고 외친다.
   요한이 작은 두루마리를 먹다.
   요한이 성전을 측정하다.
   두 증인들 - 두 번째 화의 끝
  7. 음성이 왕국을 선언하다.
하나님의 통치를 선언
하나님께 드리는 경배의 재개

마나 많은 마침(closure)을 만들어내고 있는지 질문할 가치가 있다.

마침(closure)은 어떤 이야기가 끝났다는 느낌이다. 우리를 만족시키기 위해 더 이상의 액션들이 필요하지 않는 액션으로, 아리스토텔레스가 멈추기에 꼭 맞는 자리라 불렀던 그것이다. 이 마지막 장면은 모든 조건을 만족시킨다. 그것은 이전 스토리의 모든 기대들을 완성하고 있기 때문에, 계시록-책의 어떤 이전 판본(previous edition)에서는 끝부분이 될 수도 있었을 것이다.

'느슨한 마침(loose end)'은 세 번째 화 부분(11:14)일 것이다. 이 마지막 장면은 결코 화(woe)같이 보이지 않는다. 또한 그 세 번째 화는 첫 두 화(9:12와 11:14)의 경우에 들었던 것처럼, 화가 이르렀다고 말하지도 않는다. 이 마침은 결코 끝나지 않을 것 같이 느슨하다. (최종 마무리 장면은 세 번째 화로 보아야 한다는 것을 12:12에서 암시할지라도) 우리는 세 번째 화가 이르렀다는 것을 결코 듣지 못한다.

이런 끝마침(closure) 또는 거의 - 끝마침(near closure)의 느낌은 계시록에서 이들 세 기본 액션들 사이의 관계성에 대한 의문을 야기 시킨다. 왜냐하면, 사실, 똑같은 종류의 거의-끝마침은 일곱 메시지들의 끝에 나온다. 그 스토리를 마무리하기 위해 더 이상 아무것도 필요하지 않다. 또한 요한의 이동(transition)이 특별히 도움도 되지 않는다("이 일 후에" 4:1). 요한과 가끔 반복되는 묘사들이나 (예를 들어, 정복같은) 개념들을 제외하고는, 이 두 번째 액션과 첫 번째 액션을 연결시키고 있는 것은 거의 없다.

전후 액션들 사이에 분명한 연결이 되지 않는 이유는 논리적 관계를 형성해 주는 아무것도 이 (예배) 액션 전후에 올 수 없기 때문이다. 모든 것이 조화를 이루고 있는 창조 때로부터 시작하여 모든 것이 회복되는 마지막 때에 끝난다. 다른 모든 액션들은 이 액션 안에 포함되어져야 한다. 따라서 일곱 편지들은 "두 증인들"이 대적들 앞에서 증거하는 중간기 때를 예시해 준다. 그리고 세 번째 장면(우주적 전쟁)은 증인들에 대한 적의(敵意)를 다시 새롭게 조명하고 있다. 그 말은 책 전체의 '최종 마무리(final closure)'가 이러한 '거의-끝마침

(near closure)' 보다 더 완벽한 마침을 보여줄 것이라는 의미가 아니고, 그것이 '거의-끝마침'에 '최종 마무리'도 이미 포함되어 있다는 뜻이다.

그러한 암시는 날카롭게 계시록 안에서 시간문제를 제기케 한다.

스토리 시간과 담화 시간: 시간의 왜곡들

스토리들은 항상 시간을 왜곡한다. 적어도 스토리들은 사건들을 극단적으로 단축해서 여러 날이나 여러 해를 한두 문장으로 압축한다. 또한 그들은 사건들을 재배열하여, 그 자연적 순서를 벗어나 이야기 한다; 그리고 그것들은 다른 방식으로도 왜곡한다. 시간적 왜곡들을 분석하는 유일한 방법은 스토리 시간(story time, 스토리의 시간-틀)과 진술 시간(discourse time, 진술하는 시간-틀) 사이의 차이를 이해하는 것이다. 알렉산더 솔제니첸(Alexander Solzhenitsyn)의 소설 ***데니소피치의 생애 중 한 날(One Day in the Life of Ivan Denisovich)***은 하루 일과 동안 스탈린 집단수용소의 수용자 중 한 사람을 추적하면서, 매우 압축되어 있다. 그러나 그 진술 시간(discourse time)은, 두 시간 안에 그것을 읽을 수 있기 때문에 더욱 압축되어진 것이다. 어떤 것들은 상세히 진술되나, 다른 것들은 요약하고 넘어간다.

비평가들은 자주 시간 왜곡의 세 가지 측면 – 순서 (order), 기간(duration), 빈도(frequency) – 을 언급한다.[33] 어떤 스토리건 (첫 부분에서 시작해서 마지막 부분까지 진행하는) 자연적인 ***순서(order)***로 진술될 수 있다. 그러나 스토리는 또한 청중이 이전에 일어난 사건들을 듣게 될 때의 플레쉬백(flashbacks)과 같은, 다양한 종류의 시간착오(anachronism)를 포함할 수 있다. 어떤 스토리들에는, 사건들이 일어나기 전에 우리가 (아마 꿈이나 직감에 의해) 그것들을 듣게 될 때의 플레쉬포워드(flash forwards)라 불리는 것이 있다. 또한 스토리들은 반복들(repetitions), 간격들(gaps), 애매한 사건들(indeterminate events)로 진술된다.

기간(duration)에 관하여, 우리는 장면(scene, 진술하는 시간이 현실적, 정상적

으로 보일 때), 요약(summary, 독서 시간이 스토리 시간보다 짧을 때), 확대(stretch, 독서시간이 스토리 시간보다 길 때) 사이를 구별할 수 있다. 확대는 영화에서 느린 동작(slow motion)과 비슷한 효과가 있으며, 다른 비-선형적 자료(등장인물이 생각하는 것과 같은 것)를 묘사하거나 내레이션 할 때 만들어진다. 우리는, 요약(summary)의 가속된 속도(pace)로부터 확대(stretch)의 연장된 속도(suspended pace)에 이르기까지, 스토리 시간의 길이와 내러티브 시간의 길이 사이의 관계를 내러티브 진행속도(pacing of the narrative)라고 생각할 수 있다,

빈도(frequency)에 관하여, 우리는 유일회적(singular, 한 사건이 오직 한번만 언급될 때), 반복적(repetitive, 한 사건이 여러 번 언급될 때), 그리고 자꾸 반복되어 장황한(repetitious, 청중의 마음에 같다고 할 만큼의 매우 비슷한 사건들을 다양하게 내레이션 할 때), 그리고 되풀이되는(iterative, 많은 사건들이 한 진술 안에 잡혀질 때: 매일 저녁 조지는 한 시간 동안 밤하늘을 쳐다보며 보냈다) 경우들을 말할 수 있다.

이제 우리는 천상예배 스토리에서 시간적 왜곡이 어떻게 일어나는지 살펴보자.

사건들의 순서(THE ORDER OF EVENTS)

어떤 사건들은 분명히 프레쉬백으로 말해진다. 어린 양이 죽임을 당했기 때문에(5:5, 9) 두루마리를 열 능력을 얻었다고 듣는다. 첫 네 인봉들은 순서로 되어있는 듯하나, 다섯 번째 인봉에서 "죽임을 당한" 자들(6:9)에 대해서 듣는다. 스토리의 최고 클라이막스-마무리 부분조차 플레쉬백과 플레쉬포워드의 결합으로 보인다: "세상 나라가 우리 주와 그의 그리스도의 나라가 되어(*has become*) 그가 세세토록 왕 노릇 하시리로다(*will reign*)(11:15). 당신은 스토리의 클라이막스에 현재형이 없다는 것을 관찰했을지 모른다.

아마 전체 계시록-스토리("이 후에 마땅히 일어날 일들을")를 포함하여, 다른 플레쉬포워드들도 분명하다. 11장의 두 증인들의 스토리의 시간적 위치는 좀 애매하다. 그러나 두 요소는 미래로 보인다. 그들에게 예언할 권세가 주어 "질(will)" 것이고(11:3), 짐승은 그들과 더불어 "전쟁을 일으킬(will make war)"

(11:7) 것이다. 사실, 우리 이것이 곧 이야기될 세 번째 스토리의 액션이라는 것을 보게 될 것이나, 여기서는 이러한 플래쉬포워드 방식으로 고대되어진다.

다른 시간적 관계들은 어떤 때는 모호하지만, 여기서 진술되는 나머지 사건들은 자연스런 순서로 보인다. 최소한 달리 볼 수 있는 시간적 지표들(temporal indicators)이 보이지 않는다.

말하는 기간(DURATION)

액션이 얼마나 천천히 시작하는지 주목하라. 4장 거의 전체는 묘사로 이루어진다. 그래서 등장인물들이 말할 때, 그것은 우리를 삐걱거리며 느린 동작으로부터 빠져나와 보통 시간으로 들어가게 하는 효과가 있다. 두루마리를 소개함과 함께(5:1), 시간이 길어짐(stretch)으로부터 현실 시간(scenic time)으로 바뀌나, 여전히 묘사들은 지체된다. 두루마리를 열자(6:1) 그 속도는 가속된다. 신실한 자들을 인칠 때(7:1-8)는 다시 액션이 느려진다. 지파들의 이름을 호명하는 중에는 실질적으로 정지 상태에 이른다.

첫 네 나팔들의 경우, 그런 재난 사건을 말하는데 걸리는 시간을 크게 줄이면서 요약(summary)하는 경향이 있다. 독수리가 화를 선포하는 장면(8:13)에 의해 방해를 받은 이야기 속도(pace)는, 액션이 묘사와 함께 섞어가면서 다시 느려진다. 이렇게 느려지는 속도로 인하여 "지체하지 아니하리니"(10:6)라는 확신을 우리에게 거의 주지 못한다. 이 때문에 대단원(final closure)을 연기하려는 요한의 노력이 강화된다. 그 섹션은 (천상의 예배자들이 실제로 하는 말을 듣는, 그래서 스토리 시간과 내러티브 시간이 동일하게 되는) 실시간 장면으로 끝난다.

스토리를 이야기 하는 속도로 인하여 우리의 관심이 천상의 경배에 모아진다. 다른 사건들은 빨리 지나간다. 이것은 향 제단 앞에 있는 천사의 짧은 현장 장면(8:3-5)에서 축소된 형태로 경험되어질 수 있다. 그 진술 속도는 (공동체의 기도에 대한 [묵시에서] 그 대응짝 형위인) 천상의 지성소에서 천사의 행위들에 관심을 집중하게 한다. 그리고 이 행위의 결과들은 "번개와 음성들과 우레와 지진과 큰 우박이 있더라"(11:19)고 재빨리 여러 천체현상들을 사용해 요약 마무리한다. 요한의 의도는 하나님이 결과적으로 행하실 것에 대한 것보다 공동체가 해야 할 일에 청중들의 관심을 더욱 집중시키는데 있다.

말하는 빈도(FREQUENCY)

반복된(repeated) 것들과 자꾸 반복적인(repetitious) 것들 사이를 구별하는 것이 유용하다. 예를 들면, 이 섹션에서는 거의 반복되지(repeated) 않으나, 다른 사건들에서는 꽤 많이 반복된다(repetitous)와 같이 사용한다. 하늘의 보좌 앞에서 경배하는 이십사 장로들의 장면은, 비록 다른 단어들을 사용하지만, 반복된다(4:10-11과 11:16-18). 지진이 반복된다(6:12; 8:5; 11:13, 19). 이 신실한 자들의 기도로 가득한 향 대접들이 반복된다(5:8-9와 8:3-4).

그러나 자꾸 반복되는 현상(the repetitious)은 모든 곳에 있다. 한편 각 재앙이 앞 사건과 공시적(共詩的) 단어(verbal synchrony)로 표현된 때, 첫 네 인봉들에 반복성(repetitiveness)이 보인다. 이것은, 편지-메시지를 확실히 두들겨대는 드럼같은 반복성이다. 첫 네 나팔들에 대해서 많은 똑같은 점을 말할 수 있다. 그러나 거기에는 한층 더 깊은 레벨의 자꾸 반복되는 것(repetitious)이 있다.

예를 들어, 천사가 그 향로를 땅에 던질 때처럼(8:5), 첫 여섯 나팔들 각각이 하는 것처럼, 두 증인들이 승천 후에 일어난 지진처럼(11:13), 여섯째 인봉은 마지막 심판을 상징한다. 이것은 드럼치듯 반복하는 것이 아니라, 그 보다 교향곡에서 한 주제에 대한 음악의 변주들과 같다. 매 반복은 주제를 선언하고, 다듬고, 강화시켜서, 우리로 하여금 주제를 새롭게 이해하게 한다. 이런 식으로 계시록의 액션을 이해하는 것은, (각 후속 이야기가 새로운 것을 상징하게 되는) 선형적 순서(linear sequence)를 구성하려고 하는 것보다는 그 (계시록의) 목적에 대한 아주 다른 이해를 갖게 한다.

결 론

요한은 우리에게 상징적이고 참된 묵시적 스토리이며, (그 단어의 바른 의미인) 예언적 스토리를 말하고 있다. 이 스토리의 모든 것은 상징적이다. 자주 상징 위에 다시 상징을 놓는다. 요한은 하늘로 올라가, 하늘의 예배 장면을 본다. 그러한 하늘의 예배는 소아시아의 모임들에서 하나님을 실제 경배하는 모습을 상징하고 있다. 그리고 예배 그 자체는 삶을 하나님의 통치 아래 두는 것을 상징하는 것이다. 그런 "하나님께 드리는 경배"는, 악의 정복과 더불어 하나님의 참된 통치를 상징한다. 그러나 악을 정복하는 그 자체는 "하나님의 말씀과 예수의 증거를 위해" 사는 삶을 상징하는 것이다. 이 두 가지 행동은 말씀과 행위로 표현된 악에 대항했던 증인의 상징들로, 세상의 불의한 세력들에 대하여 "참고 인내하는" 또는 "끝까지 저항하는" 삶이다.

우리는 천사가 땅에 금향로를 던져, 천둥, 번개, 지진이 일어나는 것을 본다. 그리고 상징적인 반향(echoes)의 잔물결이 퍼져나간다. 신실한 자들의 기도들은 땅에 심판을 가져온다. 성도들의 기도는 그들 자신의 고난으로부터 나온다. 그러한 고난은 그들의 끊임없는 불의에 대한 저항으로부터 일어난다. 그러한 악에 대한 저항으로 그들은 고난을 받기도 하지만, 또한 악을 전복시키기도 한다.

요한의 상징적인 스토리는 근원적인 의미에서 계시이다. 그것은 베일을 벗고 우리에게 역사 이면에 있는 내적인 역동성을 보게 한다. 그것은 또한 분명히 묵시이다. 묵시는 하늘 여행, 하나님의 보좌의 환상들, (드라마에서 등장인물에 의해 해석될 필요가 있는) 비밀한 심볼을 특징으로 한다. 묵시는 즉 계시이다.

네 말과 말탄 자들이 하나의 계시인 것은, 우리가 정복, 전쟁, 기근, 그리고 죽음이란 인간의 단점들을 알지 못하기 때문이다. 우리는 매일 신문들에서 그런 어리석은 짓들에 대해 읽는다. 계시는 바로 그런 끊임없는 바보 같은 짓이 마지막이 아니라는 것이다. 이것은 일곱 이야기들 중 네 번째일 뿐이다. 요한은 그런 신념을 숨기고 있는 베일을 걷고, 우리에게 일하고 계시는 하나님을 보게 한다.

이것이 정확히 예언적인 것이다. 하나님이 과거에 하셨고 현재도 하고 계신 것에 대한 확신에 기초해서, 유익한 미래를 선언하는 것이다. 이것은 내일 이나 모레 무슨 일이 일어날지를 당신에게 말하려 사용하는 점술쟁이의 속임수가 아니다. 진정한 예언은 미래에 대해 예측하는 것이 아니다. 예언은 삶의 비전을 분명히 말하는 것이며, 하나님을 믿는 것이 현재의 환경에서 무엇을 의미하는지를 선언하는 것이다. 만약 예언자가 무엇이 일어날지 안다면, 그것은 그 예언자가 하나님의 본성에 대한 어떤 것을 이해하고, 그래서 현재가 어떻게 펼쳐질 것인지에 대해 예견할 수 있기 때문이다.

요한의 예언은 정의와 심판에 대한 것이다.[34] 요한이 희생 제단에서 죽임을 당한 신실한 자들의 영혼들을 볼 때, 그는 하나님이 그들의 원수를 갚아 주실 것을 예견한다. 그러나 하나님은 즉각적으로 행하지 않으신다. 그들은 불의가 다 끝날 때까지 기다려야 한다. 요한은 가장 선한 자를 죽이는 체제는 결국 스스로를 죽인다는 것을 알고 있다.

요한은 신실한 자들을 위해 먼저 하나님의 메시지를 말하며 이야기를 시작했다(1-3장). 계시록은 청중 자신들이 신실한 증인의 입장에서 스토리를 읽도록 설정했다. 이제 요한은 청중들에게 신실하다는 것이 무엇을 의미하는지를 더욱 분명하게 깨닫도록 다른 이야기로 방향을 돌린다. 이 세 번째 스토리는 전쟁, 정복, 그리고 갱신에 대한 이야기로, 이 부분 역시 상징적이며, 묵시적이며, 예언적이다.

The War Scroll

REVELATION 11:19-22:21

전쟁 두루마리

계시록 11:19-22:21

일반병사에게, 최소한, 전쟁은 짙고 영원한, 유령처럼 농무(濃霧)한 느낌 – 영적인 질감 – 이 있다. 분명한 것이 없다. 모든 것이 소용돌이친다. 옛 규칙들은 더 이상 구속력이 없다. 옛날 진리들은 더 이상 통하지 않는다. 옳음이 넘쳐 그름으로 흘러간다. 질서가 혼란으로, 사랑이 미움으로, 아름다움이 추함으로, 법이 무법으로, 문화가 야만으로 바뀐다. 그 증기(vapors)가 당신을 삼킨다. 당신이 어디에 있는지, 또는 왜 당신이 거기에 있는지 당신은 알지 못하고, 한 가지 확실한 것은 견디기 힘든 모호함이다. 전쟁 속에서 당신은 분명한 감각을 잃어버리고, 진리 자체에 대한 감각도 잃어버린다. 그러므로 진짜 전쟁 스토리에서는 아무 것도 절대적으로 옳은 것은 없다고 말하는 것이 안전하다.[1]

TIM O' BRIEN, *The things They Carried*

새로운 스토리

천상의 경배 장면의 절정에서, 하나님의 통치가 이루어졌다는 음성이 나고, 모든 것이 끝난 것같이 보일 때, 요한은 천상의 신비 속으로 더 깊이 들어가, 성전의 지성소로 우리의 초점을 이동한다. 요한의 시대에 많은 사람은 (사람들이 그것을 반대로 말했을 수도 있지만) 천상의 실체는 지상의 실체에 해당한다고 생각했다. 따라서 천상의 성전은 세 부분으로 구성된 예루살렘의 성전과 같다. 즉 모두에게 열려진 바깥뜰, 제사장들만 접근할 수 있는 성소, 그리고 대제사장만 접근 할 수 있는 지성소가 그것들이다. 요한과 가까운 동시대인은 이 성소를 간략하게 다음과 같이 묘사하고 있다:

> 둘째 휘장 뒤에 있는 장막을 지성소라 일컫나니 금향로와 사면을 금으로 싼 언약궤가 있고 그 안에 만나를 담은 금 항아리와 아론의 싹 난 지팡이와 언약의 비석들이 있고 그 위에 속죄소를 덮는 영광의 그룹들이 있으니 이것들에 관하여는 이제 낱낱이 말할 수 없노라. 히 9:3-5

요한이 이 지성소를 보게 된 것은 분명히 2번째 문단(경배 두루마리, 4:1-11:18)의 액션에서 어린 양이 인봉을 떼고 하나님께 드리는 경배를 가능하게 하였기 때문이다.[2] 요한이 거기서 본 것은 처음에는 낯익은 듯 보이나, 이후 우리는 완전히 새로운 어떤 것이 시작되었다는 것을 알게 된다.

> 이에 하늘에 있는 하나님의 성전이 열리니 성전 안에 하나님의 언약궤가 보이며 또 번개와 음성들과 뇌성과 지진과 큰 우박이 있더라. 하늘에 큰 이적이 보이니 해를 입은 한 여자가 있는데 그 발 아래는 달이 있고 그 머리에는 열 두 별의 면류관을 썼더라. 이 여자가 아이를 배어 해산하게 되매 아파서 애써 부르짖더라. 하늘에 또 다른 이적이 보이니 보라 한 큰 붉은 용이 있어 머리가 일곱이요 뿔이 열이라 그 여러 머리에 일곱 면류관이 있는데, 그 꼬리가 하늘 별 삼분의 일을 끌어다가 땅에 던지더라 용이 해산하려는 여자 앞에서 그가 해산하면 그 아이를 삼키고자 하더니.
>
> 계 11:19-12:3

번개와 뇌성과 지진은 우리가 전에 보았던 것들이나, 경외스러운 그런 여인이나, 그런 붉은 용은 결코 본 적이 없다. 우리는 새로운 이야기 속으로 들어왔는데, 다시 편지들의 두루마리에 널리 퍼져있던 분쟁과 승리의 주제로 돌아왔다.

이 셋째 스토리의 가장 놀라운 것들 중 하나는 하나님이 더 이상 주인공이 아니란 사실이다. 용이 주연(act)하고, 하나님은 그에 대해 반응(react)하신다. 이것은 이미 위의 짧은 스케치에서 볼 수 있다. 능동태 동사들은 용과 관련된 것들이다. 이 섹션은 용의 스토리이다.[3] 이것은 마치 편지들의 두루마리에서 투쟁의 필요성을 스케치하고, 예배 두루마리에서 하나님의 승리의 방식을 보여주고 있던 요한은 이제 방향을 돌려 그 충돌을 더 심층적으로 본다. 이것은 마치 이야기꾼(storyteller)이 다가오는 하나님의 통치 이야기를 마치고, 청중에게 돌아서서 말하기를, "그리고 이것이 어떻게 일어나는지 놀랍지 않습니까? 자, 제가 다른 스토리를 들려주겠습니다."라고 하는 것과 같다. 자 이제 그 스토리를 더 면밀하게 살펴보자. 먼저 그 액션을 개관하고, 장르, 배역, 세팅, 플롯 같은 스토리 요소들을 조사해 본 후, 이 액션에 대한 주석을 보자. 또한 우리는 우리가 들은 스토리에 대한 도덕성에 대해 그리고 이 끝이 마지막이라는 그 범위에 대한 몇 가지 질문들을 제기할 것이다.

이 단원의 개관: 전쟁 두루마리

용이 갓난아이나 그 모친을 죽이지 못하자, 그는 방향을 돌려 "그 여자의 남은 자손 곧 하나님의 계명을 지키며 예수의 증거를 가진 자들로 더불어 싸우려고"(12:17) 한다. (하나는 바다로부터 나오고, 다른 하나는 땅으로부터 올라온) 그 두 태고의 짐승들은 용을 돕기 위해 소환된다. 그들은 엄청난 힘들을 가지고 있어서 땅에서 사는 모든 자들로 용에게 경배하게 한다. 그러자 어린 양은 그의 군대, 즉 하나님의 이름을 가진 144,000명을 모은다. 세 천사의 음성이 공중(mid-air)에서 난 후에, 첫 번째 섹션에 나왔던 그 엄위한 인자 같은 이가 나타난다. 이제 그는 구름위에 앉아 땅의 추수 – 먼저 곡식(빵), 그리고 포도(포도주)의 추수 – 를 명령한다.

그런 후 요한은 세 번째 표적을 본다. (첫 번째는 여인, 두 번째는 용이었다) 마지막 재앙을 담은 일곱 대접들을 받아든 일곱 천사들이 천상성전에서 연이어 나온다. 이 대접들을 부음으로 땅에는 완전한 멸망이 일어난다. 모든 것이 파괴된다.

그런 후 천사들 중 하나가 요한에게 와서 그에게 큰 음녀의 심판을 보여주겠다고 한다. 그의 멸망을 아주 상세하게 보여준다. 어떤 이들은 그의 죽음을 애도하나, 또 다른 이들은 즐거워한다. 이제 흰 말 탄자가 하늘로부터 나타난다. 땅의 왕들은 그들의 군대를 모아 전쟁을 하나, 그 짐승은 잡혀, 산채로 불못에 던져진다. 그 나머지는 죽임을 당한다. 용은 한 천사에게 붙잡혀, 쇠사슬로 결박당하여, 무저갱에 던져진다. 그는 거기서 천년동안 있게 된다. 그리고 천년의 평화가 뒤따른다.

천년이 끝나고, 사단이 풀려나자, 전쟁을 위해 다시 군대를 모은다. 그들은 성도의 진과 거룩한 성을 둘러싸나, 불이 하늘로부터 내려와 그들을 태워버린다. 그리고 이제 마귀 역시 불 못에 던져진다. 모든 인간은 심판을 받고, 그 이름이 어린양의 생명책에 없는 사람은 모두 불 못에 던짐을 받는다. 새 하늘과 새 땅이 나타난다.

그런 후 다른 천사가 요한에게 와서 그에게 어린 양의 아내, 신부를 보여주겠다고 한다. 요한이 본 것은 거룩한 성, 즉 하늘에서 내려오는 새 예루살렘의 환상이다. 그 예루살렘 성을 길게 묘사한 후에, 요한은 그 자신의 목소리로 돌아와 계시록-책 전체를 급히 마무리 짓는다.

스토리 요소들

이 섹션은 의심할 바 없이 요한 계시록 중 가장 강렬한 부분이다. 사람들에게 인기있는 상상의 세계로 들어가는 요한계시록의 거의 모든 면들은 이 섹션에서 나온다. 몇 가지만 열거한다면, 일곱 머리의 짐승, 666, 음녀, 최후의 심판, 황금 길, 불 못이 그것들이다. 여기에는 몇 가지 이유들이 있는데, 그것들은 에필로그에서 더 충분히 탐구할 수 있을 것이다(259-62면). 그럼에도 여기서 한 가지 이유를 들어본다면, 스토리를 하나로 묶는 기술들과 장치들과 전략들이다. 따라서 요한이 ***무엇(what)***을 썼는가 보기 전에, 우리는 그가 그것을 ***어떻게(How)*** 썼는가를 탐구하기를 원한다. 이 부분의 장르에 대한 질문과 함께 ***어떻게(How)***란 가장 폭넓은 레벨부터 시작하자.

우주의 그리고 세상의 전쟁 스토리

전쟁 스토리 장르는 서방 문학 전통의 시작인 호머의 ***일리어드(Iliad)*** 만큼이나 오래되었고, 베트남에 대한 최근의 영화만큼이나 새로운 것이다. 전쟁은 이러한 내러티브 형식을 취하는데, 충돌/갈등은 스토리들의 기본적 요소이다. 그러나 다른 많은 종류의 전쟁 스토리들이 있다. 그리고 우리가 요한계시록에서 찾은 전쟁 스토리의 두 가지 특징은 현재 일어나고 있는 일들을 이해하는데 중요하다. 첫째는 이러한 전쟁 스토리에서, 영적 세력들의 액션들은 인간의 액션 만큼이나 중요하다. 그리고 두 번째는 이러한 우주적 전쟁은 세상의 미래 전체를 결정하게 된다.

각 집단이 자기들의 신을 가지고 있었던 고대세계에서 (전쟁에서 자기들의 신이 자신들의 편이 되어 싸운다고 믿었던) 이러한 믿음은 특별한 힘을 가지고 있었다. 그래서 우리는 ***일리어드(Iliad)*** 이야기의 전장에서 사람들 사이의 전쟁은 곧 신들 사이의 전쟁에 대한 거울상이라는 것을 알 수 있다. 처음에 아가야인들(Achaians)을 선호하는 신들이 우세하고, 다음에 트로이인들(Trojans)를 선호하는 신들이 우세하게 될 때,[4] (그에 따라 땅에서도) 한편이 우세하고, 다음에는 다른 편이 우세하게 된다. 이스라엘에서 이것은 좀 변화되었는데, 싸움이 하나님에 의해서 이루어진 것보다 하나님의 천사들에 의해 이루어졌다(단 10:7-21을 보라, 거기에서 다니엘은 이스라엘의 군주인 미가엘이 바사의 왕과 어떻게 싸우는지를 알았다). 또는 예루살렘을 포위했던 앗시리아 왕의 전언을 들어

보라:

> 민족의 신들 중에 어느 한 신이 그의 땅을 앗수르 왕의 손에서 건진 자가 있느냐. 하맛과 아르밧의 신들이 어디 있으며 스발와임과 헤나와 아와의 신들이 어디 있느냐 그들이 사마리아를 내 손에서 건졌느냐. 민족의 모든 신들 중에 누가 그의 땅을 내 손에서 건졌기에 여호와가 예루살렘을 내 손에서 건지겠느냐 하셨느니라. 왕하 18:33-35

이 땅의 전쟁은 하늘의 전쟁이 반영된 것이다.[5]

계시록에서 세상에 대한 기본 이미지는 하늘(above)과 땅(below)으로 이루어져 있다는 사상이 스며 있다. (20-24면에 나오는 세계관에 대한 토론과 120-22면에 나오는 공간에 대한 토론을 보라.) 우리는 향 제단에 서있던 천사 같은 장면들에서 이런 상응관계를 이미 관찰했다(8:3-5). 그래서 이 섹션에서 요한은 하늘의 전쟁이 지상의 전쟁에 상응한다고 잘 알려진 사고에 기초해, 요한만이 진짜로 영적 레벨에서 이루어지고 있는 것을 보여줄 묵시록을 쓰고 있는 것이다.

이것과 관련되는, 고대 청중들에게 익숙했을 이러한 전쟁 스토리에 대한 두 번째 측면은 이것이 우주적 전쟁이라는 것이다. 앞서 언급한 ***일리어드(Iliad)***와 열왕기의 예화들처럼, 나라들 사이에서 일어난 어떤 충돌에 해당하는 전쟁이 아니다. 이 전쟁은 우주적인 차원의 전쟁이다. 즉 세상을 세우고, 악을 정복하고, 혼돈을 물리치며, 질서와 정의를 세운다.

이러한 형태의 전쟁의 가장 오래된 예는 (요한의 시대에 이미 천년이상 지난 스토리인) 고대 바벨론 때 나온 것이다. 바벨론의 창조신화인 ***에누마 엘리쉬(Enuma Elish)***에서 세상은 태초의 전쟁으로부터 탄생되었다고 한다. 신들의 어머니인 티아맛(Tiamat, 혼돈)은 자기 자식들이 너무 귀에 거슬리고 시끄러워서 그 자녀들 모두를 죽이려고 계획을 짰다. 그녀는 자기편에 서서 싸우도록 (뱀, 용, 스핑크스 등 같은) 짐승들을 만들었다. 그녀는 다른 마술을 행했다. 이 사실을 알게 된 신들은 놀라 움츠렸으나, 그 후 그에 대한 어떤 조치를 취하려 함께 뭉쳤다. 그들은 한 투사를 뽑아, 그에게 그들 각자의 특별한 능력들을 주고, 그가 혼돈에 도전하도록 결정하였다. 그들은 태양의 아들이며 폭풍과 사방의 신이며, 신들 중 가장 영리한 젊은 말둑(Marduk)을 택하였다.

말둑은 티아맛과 만나 전쟁하고, 오랜 전쟁 후에, (폭풍을 그녀의 입안으로 집어넣어, 그녀의 부풀려진 몸통을 그의 화살로 쏴 터트려) 그녀를 죽인다. 말둑은 그녀의 쪼개진 시체로 하늘들과 땅을 창조한다. 그는 모든 신들에게 그들의 자리를 정해주고, 하늘들을 질서대로 늘어놓고, 그런 후, 티아맛의 배우자의 피로 인간들을 창조하여 신들의 종들이 되게 한다. 그는 혼돈으로부터 질서를 만든다. 그리고 난후 말둑이 신들의 왕으로 즉위하고, 새로운 신전을 설립하고, 혼례식 잔치를 베풀고, 그후 그의 우주통치의 표적들이 따라 나온다.[6]

우리는 그 액션에 대해 해설하는 과정에서(213-49면), 요한이 이런 많은 모티브들과 순서들을 (다른 것들은 배제하고) 반영하고 있음을 보게 될 것이다. 그러나 요한의 스토리가 유사한 방식으로 기능하고 있다는 것을 관찰하는 것이 훨씬 더 중요하다. 그것은 "새 하늘과 새 땅" 의 창조 스토리(22:1)이다. 우리는 항상, 이 전체 스토리는 (음성이 하나님의 통치가 시작되었다고 하는) 두 번째 내러티브 섹션 끝(11:17)의 상황의 연장이라는 것을 마음에 두어야 한다. 요한계시록-스토리는 우리에게 그것이 어떻게 일어났는지를 보여주도록 계획된 것이다.

계시록-스토리가 만들어진 형태는 전쟁 스토리와 같다. 그러나 어떤 특별한 형태의 전쟁 스토리로, 그 안에서 전쟁은 하늘과 땅이란 두 레벨에서 일어나고 있다. 인간들이 악한 군대들과 싸울 때, 영적 세력들은 우주를 장악하기 위해 싸운다. 그리고 이것은 이러한 장르 아래의 어떤 특별한 타입(sub-type)이다. 인간들의 전쟁에 대한 상응하는 짝으로 영적인 전쟁을 생각하게 하는 것이 아니라, 이 스토리는 그 반대로 작동하고 있는 것이다. 즉 선과 악 사이의 우주전쟁에 대해 상응하는 짝으로 인간들의 전쟁을 생각하게 한다. 기술적 용어로, 이것은 코스모고니(cosmogony), 즉 우주창조 이야기이다. 분명히, 그러한 스토리는 요한이 말한 앞의 두 스토리들보다 훨씬 다른 등장 인물들의 배역이 요구된다.

신구 등장인물들(CHARACTERS OLD AND NEW)

이 세 번째 부분인 전쟁 두루마리에서 주요 등장인물들의 특징은 환상적 성격을 가지고 있다. 그들은 글자그대로 공상적-환상적이고, 꿈같은, 상상적인-배역들이다. 예를 들면, 해를 입은 여자(12:1), 큰 용(12:3), 두 악한 짐승들(13:1, 11), 백마와 그것을 탄 자(19:11), 음녀(17:1), 천상의 신부(21:9) 같은 것들이다. 이러한 배역들을 열거하는 것만으로도 우리는 비역사적이고 비현실적인 스토리를 읽고 있다는 사실에 대해 각성해야 한다. 나는, (주요) 등장인물들 중 하나가 용(dragon)인 어떤 스토리건 청중들이 머리를 끄떡이며 받아들이는 것이 당연하다고 여긴다.

나는 그런 스토리가 다른 종류의 스토리들 보다 진정성이 덜하고 사실성이 떨어진다는 것을 의미하는 것이 아니다. 그 스토리는 이성적이라기보다 더 심오한 정신적 부분에 대해 이야기하고 있다. 이 스토리는 신비스럽고, 환상적이며, 무섭고, 공포스럽다. 이것은 밧모 섬에 있다는 요한의 스토리(현실적이다)나 하늘에서의 요한의 스토리(이상하고, 신비스럽다)조차와도 사실상 다르다. 천사들, 동물들, 장로들은 신비스러우나, 그들은 질적으로 용들과 일곱 머리 짐승들과 다르다. 이 새로운 등장인물들을 좀 더 면밀히 살펴보자.

파멸의 등장인물들(Characters of Destruction)

이 같은 문학에서는 등장인물을 선과 악으로 또는 빛의 자녀들과 어둠의 자녀들로 특징화하는 것은 일반적이다. 이들은 현재의 스토리에 부적합하지는 않으나, 주요한 배역들은 아니다. 그보다는 여기에 파괴 행위자들의 배역과 보존 행위자들의 배역사이에 이원성(dualism)이 있는 것으로 보인다. 파괴 행위자들의 우두머리는 *용(dragon)*이다. 그는 처음에는 맹수로 나타나, 여자의 갓 난 아이를 삼키려고 하였으나 실패하자, 그 여자를 광야로 쫓아가 멸망시키려 하나, 다시 실패한 용은 그 여자의 남은 자녀들에게 화를 내고 그들과 싸우려한다. 그 용의 한 가지 목표는 파괴이다. 용에 대한 이러한 성격묘사는 우리가 그에 대해 알고 있는 다른 것들에 의해서 강화된다. 그 용의 색은 전쟁의 색인 붉은 색이다(24-30면과 147-48면을 보라). 그의 일곱 머리들과 열 뿔들은 그 용의 권위와 힘의 정도를 나타낸다. 그 꼬리는 하늘의 별들의 삼분의 일을 이미 쓸어버렸다. 사실, 우리는 플레쉬백(206-211면을 보라)을 통해 그 용은 하늘에서의 싸움에서 이미 패배하여, 땅에 던져졌다는 사실을 알고 있다. 여기서 우리는 용의 욕구 – "땅과 바다는 화 있을진저 이는 마귀가 자기의 때가 얼마 남지 않은 줄을 알므로 크게 분내어 너희에게 내려갔음이라"(12:12). – 를 알게 된다. 아이러니하게도, 그 용의 이러한 성격묘사는 용의 분노 그 자체가 자신의 임박한 멸망의 신호라는 것을 의미해 주고 있다.

우리는 여기서 용의 다른 별명들을 듣게 된다. "큰 용 ... 옛 뱀 곧 마귀라고도 하고 사탄이라고도 하며 온 천하를 꾀는 자라"(12:9). 여기서 우리는 이 등장인물의 고대 유래를 본다. 첫 번째의 경우는, 티아맛(Tiamat)을 용으로 묘사하고 있기 때문에, 그 용에 대한 성격묘사는 바벨론 창조신화까지 거슬러 올라간다. 그리고 다른 문화들에서도 그 혼란을 일으키는 괴물(chaos monster)을 용으로 묘사하고 있다. 그러나 요한이 그 용을 "옛 뱀"과 동일시 할 때, 훨씬 더 미묘한 연결을 만든다. 이스라엘의 창조이야기에는 태고에 혼돈과의 전쟁이 나타나지 않는다.[7] 그러나 요한은 에덴동산 이야기에서의 뱀이 바로 그 용이라는 것을 암시한다. (그리고 그 뱀은 다리를 가지고 있었다고 보는 것 같다; 창 3:14의 저주를 보라) 게다가, 사단을 고소자로 암시함으로써, 요한은 사단이 점점 악한 존재가 되어가는 이후 이야기와 결합시키고 있다. 한때, 사단은 하나님의 대리자들 중 하나로, 그가 맡은 일은 죄지은 자들을 기소하는 것이다(우리가 욥기서 1장에서 보듯, 일종의 기소하는 검사이다). 그러나 그는 점점 기소자에서 속이는 자로, 그리고 의도적으로 미혹하는 자로 진화되어간다.[8] 요한의 때까지 그 진화는 진행되었다.

요한이 어떻게 그런 고대의 모티브들을 뽑아 그것들을 그의 새로운 스토리에 결합시켜 (매우 오래된 것을) 새로운 배역으로 만들어냈는지 놀랍다. 이 용은 속임과 변장의 특성을 가지고 있다. 사실 나머지 대부분의 파괴 행위들은 용의 대리자들인 다른 배역들에 의해 수행될 것이다. 매우 눈에 띄는 두 대리자들은 짐승들로 묘사된다.

두 ***짐승들(beasts)***은 대조되는 연구대상으로, 하나는 바다로부터 나오고 다른 하나는 땅에서 올라온다. 첫 번째 짐승은 꼭 용처럼 보이는(13:1을 12:3과 비교하라) 반면, 두 번째 짐승은 용의 적인 어린 양처럼 보인다(13:11). 그러나 겉모습만 닮았다. 더 나아가 첫 번째 짐승은 표범, 곰, 사자가 합쳐진 짐승으로 묘사된다(13:2). 이들 이미지들은 다니엘의 환상들로부터 끌어온 것들인데(단 7:1-7), 거기에서 짐승(나라들) 이미지는 인자(이스라엘; 7:13을 보라)같은 이미지와 대비된다. 다니엘서를 잘 아는 사람들이 보기에는, 이런 이미지들은 이 짐승을 이스라엘의 적이나 하나님의 대적자로 아주 심한 정도로 묘사한 것이다.

이 일곱 머리 짐승은 우리에게 놀라운 측면을 보여준다. 죽임을 당한 어린 양처럼 죽음에서 살아난 것 같다: "그의 머리 하나가 상하여 죽게 된 것 같더니 그 죽게 되었던 상처가 나으매 온 땅이 놀랍게 여겨 짐승을 따르고"(13:3). 영어로는 그리 확실하지 않지만, 고침을 받은 것은 짐승이지 그의 머리가 아니다(헬라어로, "그의"로 번역된 대명사는 문법적으로 "머리의"가 아니고 "용의"이라고 봐야 한다). 로마가 제국이 아니라 공화정이 되어야 한다고 생각했던 원로원들에 의해 로마제국의 첫 "머리"(율리어스 시저)가 그들의 공격을 받아 쓰러졌으나, 로마 제국은 계속 살아있었다는 것을 기억해 볼 때, 그 의미는 분명하다. 율리어스 시저는 죽을 수 있으나 시저(황제)는 그렇지 않다. 왕(사람)은 죽지만 왕(직분)은 오래간다.[9]

사실, 율리어스는 신으로 선언되었다. 그리고 그 후 모든 시저는 "율리어스

신의 아들"이었다. 그래서 각각의 머리위에 참람된 이름들이 있었다(13:1, 5). 요한의 스토리는, 전혀 일차원적으로 나가지 않고, 알레고리 쪽으로 방향을 바꾼다. 따라서 요한은 땅에서 올라오는 두 번째 짐승을 소개함으로서 스토리를 복잡하게 만든다.

이 두 번째 짐승은 땅의 짐승으로 특징되는데, 그 짐승은 어린 양처럼 보이지만, 용처럼 말한다. 그 짐승은 첫 번째 짐승의 모든 권세를 가지고, 기적을 행하여 사람들로 하여금 첫째 짐승에게 경배하게 한다. 게다가, 그는 자신의 어떤 특별한 표인 666이란 수가 있다. 여기서 우리는 모든 시대의 해석자들이 상상력을 동원하는 가장 신비하고 도발적인 계시록의 상징들 중 하나를 만난다. 나는 아래 주해에서 여기에 관련된 액션에 대해 논할 것이다(211-47면). 여기서 우리는 이 숫자가 짐승을 성격묘사한다는 정도로만 해 둘 것이다.

우리가 헬라어 구 *arithmos anthopou estin*(문자적으로, 그것은 사람의 수이다)를 어떻게 이해하느냐에 따라 주된 두 가지 대안이 있다. 그 질문은 여기 사람(human)을 어떤 개인을 가리키는 것으로 이해해야 하는가, 아니면 집단으로 이해해야 하는가이다. 첫 번째의 경우에 우리는 그것이 어떤 사람에 대한 숫자(the number of a human)인 반면, 두 번째의 경우에 그것은 인간을 가리키는 수(a human number)이다.

대부분의 독자들은 그 수를 어떤 한 사람을 가리키는 것으로 받아들인다. 각 헬라어 글자는 자신의 숫자 값을 가지고 있기 때문에, 어떤 숫자는 어떤 사람을 암시할 수 있다-로마인들은 로마 숫자라는 숫자를 쓰는 별개의 체계를 고안해낸 첫 번째 사람들이다. 헬라인들과 히브리인들은 자신들의 알파벳 글자들을 숫자로 사용하였다. 따라서 어떤 이름도 숫자로 만들 수 있었다(간단히 글자들을 합해 전체수를 얻었다). 이러한 시나리오 아래, 사람들은 그 글자들을 합해 666이 되는 사람을 찾을려고 하였다.

가장 그럴듯한 후보자는 네로이다. 그러나 얼마간 조작을 거친 후, 사람들은 대부분의 황제들의 이름의 합을 666으로 만들 수 있었다! 네로의 경우 조작할 때 히브리 글자로 그의 이름을 쓰기도 한다(그러나 요한은 총명한 자는 그 짐승의 수를 세어 보라고 말했다). 가능성있는 후보자들 중 그 누구도 얼마간의 조작을 하지 않고서도 그 이름을 더해서 666이 된 사람은 없다. 그래서 만약 요한이 어떤 개인을 가리키려고 의도한 것이라면, 우리는 그 사람의 신원이 이미 청중들에게 알려져 있었다고 가정해야 한다. 한편 거기에 또 다른 가능성이 있다.

숫자 육은 일반적으로 창세기에서 창조 여섯째 날에 창조된 사람을 가리키기 위해 사용된다(1:27-31). 이렇게 읽어보라, 그 수는 자신이 신이라고 주장하는 짐승이 인간임을 나타낸다. 바로 짐승의 그 이름은 그의 주장이 거짓됨을 분명히 증거하고 있다. 칠(7)인체 하지만, 그것은 666으로 강화할지라도 여전히 6이다. 요한이 그것을 말하지는 않지만, 그런 수들을 계산할 수 있는 사람들은 확실히 예수의 이름을 더하면 888이 된다는 것을 알 것이다.[10] 물론 여덟번째 날은 새로운 주의 시작이며, 상징적으로 확장해보면, 새 창조이다. 이러한 빛에 비추어 읽으면, 우리는 예수가 바로 황제가 주장하고 있던 분(神)이라는 것을 알 것이다. 암시된 비교는 더 나아가 짐승을 따르는 자들의 "표 받는 것(marking)"과 어린 양을 따르는 자들의 "인침 받는 것(sealing)"을 대비시키는 데까지 이른다.

용 같은 짐승들은 고대 이야기들에서 나온다. 고대 신화에서 혼란을 일으키는 자는 매번 짐승 같은 동맹자들을 부를 뿐만 아니라, 이 두 특별한 짐승들은 어떤 역할을 하게 된다. 히브리 전승에서 리워야단(Leviathan)과 베헤못(Behemoth)으로 알려진,[11] 그들은 하나님이 억제시켰던 태고의 혼돈 세력들이다.[12] 요한의 스토리에서처럼, 바다짐승인 리워야단은 용처럼 보이고, 일곱 머리들이 있다(시 74:13-14을 보라). 리워야단은 천지창조 때 패배했지만, 마지막 패배는 하나님의 다가오는 심판날에 이루어질 것이다. "그 날에 여호와께서 그의 견고하고 크고 강한 칼로 날랜 뱀 리워야단 곧 꼬불꼬불한 뱀 리워야단을 벌하시며 바다에 있는 용을 죽이시리라"(사 27:1).

요약하자면, 이들 세 짐승들은 아주 오랜 옛날 가나안과 바벨론 창조와 전쟁 스토리들로부터 잘 알려져 있었다. 그 짐승들은 초기 성경저자들에 의해, 태초에 그리고 이스라엘의 역사적 투쟁들에서, 그리고 또한 종말에서도, 혼돈에 대한 하나님의 승리를 표현하기 위해 사용되었다. 요한은 세 개의 문맥들(창조, 역사, 새창조)을 모두 반영하고 있으며, 유일한 역사적인 투쟁은 지금 로마제국과 그들(로마)의 종교선전들에 대한 것이다.

네 번째 주요 파괴자는 좀 더 복잡한 인물로, 그의 조상계보를 추적하기란 그리 쉽지 않다. 그 여자는 큰 음녀라는 아이러니한 표현으로 소개된다. 그 여자는 많은 물들 위에 앉아있어, 우리로 티아맛이나 리워야단을 떠오르게 한다. 그러나 그 여자가 일으키는 혼돈은 성적으로 묘사된다. 땅의 왕들은 그 여자와 함께 누웠고, 이 땅에 사는 자들은 “음행의 포도주”를 마셔왔다. 그래서 모든 이들이 취했다. 그 여자는 상세하게 기술되는데, 매우 공교하고 고급스런 옷과 매우 가증스런 행위들을 보여준다. 그 여자는 요한을 매료시키면서도 배척하는 분열된 인물로, 욕망과 죽음의 인물인 큰 음녀이다.[13]

그 여자는 일곱 머리를 가진 짐승을 타고 있다. 그 짐승의 처음의 (그녀에 대한) 지원(support)이 폭력과 폭언으로 바뀐다. “이 열 뿔과 짐승은 음녀를 미워하여 망하게 하고 벌거벗게 하고 그의 살을 먹고 불로 아주 사르리라”(17:16). 이것은 추한 장면이다. 우리는 아래 부분에서 그 액션에 대해 살펴볼 때, 그 장면에 암시된 여성혐오를 고려할 것이다. 거기에서 파괴 행위자들의 묘사에 불쌍한 희생자라는 근본적으로 새로운 요소를 더하고 있다.

요한은 그 묘사에 마지막 요소를 더함으로 이러한 성격을 분명하고, 세련되게 다듬고 있다. “네가 본 그 여자는 땅의 왕들을 다스리는 큰 성이라 하더라”(17:18). 큰 도시는 계시록-스토리에서 네 번 나온다. 먼저 예루살렘에 대한 묘사에서 나타난다(11:8). 그런 후 마지막 전쟁에서 세 갈래로 갈라지는 그 큰 도시를 간접적으로 가리키고 있다(16:19), 그리고 세 번째는 현재의 것이고 (17:18), 마지막의 것은 바벨론의 멸망에 대해 길게 묘사한 부분에 있다(18:10-

24). 이 마지막 참조구절에서 확실하게, 또한 현재의 참조구절에서도 이러한 이미지에 의해 상징된 것과 가장 비슷한 도시는 로마("땅의 임금들을 다스리는 큰 성" 17:18)이다. 그러나 우리는 그 큰 도시가 로마인지 예루살렘인지를 묻는 잘못된 질문에 사로잡히지 않아야 한다. 사실 그 이미지를 이쪽 저쪽으로 숨기는 것은 요한의 목적상 아주 중요하다. 왕들에 의해 삼켜졌고 태워졌던 것이 예루살렘이었던 것처럼, 결국 예수의 피를 흘린 것은 예루살렘이었다. 그러나 이것은 이 우주적 사건에 대한 하나의 역사적 사례이다. 로마 역시 삼켜질 것이다. 그 경멸을 받은 음녀 역시 희생된다.

그럼 이들 파괴자들은 우주적이면서 역사적이다. 로마에 대한 투쟁 역시 태고적 혼돈의 짐승과의 투쟁이다.

구출의 등장인물들(Characters of Rescue)

위에서 토론한 대적자들, 특히 용의 성격묘사를 생각해보면, 우리는 주인공이 하늘에서 내려온 젊은 용사이기를 기대한다. 그러한 인물은 나타날 것이다. 그러나 우리는 아직 인내해야 할 것이다. 왜냐하면 19:11에 나오는 그 천상의 용사를 만나기전, 우리의 영웅은 다른 네 인물로 묘사될 것이기 때문이다.

그 용을 대적하는 주도적 배역은 어린 양으로 그는 이 부분에서 열아홉 번 언급되었다(그리고 그것이 마땅히 속해있는 앞부분에서는 단지 열한 번 언급되었다). 우리가 어린 양을 처음 본 광경은 시온 산에 인침 맞은 144,000명의 증인들(14:1-5)과 함께 서있는 모습이었다. 그러한 우리의 익숙한 사고 때문에, 우리가 둔해져서 감히 어린 양이 신실한 자들을 용의 공격으로부터 지키는 자의 역할로 케스팅하는 그런 터무니 없는 상황에는 이르지 않아야 한다. 또한 이 모임 장면에 이어 "기록하라 지금 이후로 주 안에서 죽는 자들은 복이 있도다 하시매 성령이 이르시되 그러하다 그들이 수고를 그치고 쉬리니 이는 그들의 행한 일이 따름이라"(14:13)고 하늘에서 나는 음성은 위로하는 것이 아니다. 그렇지만 그 어린 양은 이길 것이고(17:14), 스토리 끝에서 여자와 혼인도 할 것이다(19:7). 이러한 성격묘사는 이김에 대한 일반적인 이미지를 뒤집어 놓고 있는 (127-29면에 나오는 토론을 보라) 두 번째 스토리인 경배 두루마리(worship scroll)로부터 이어지고 있는 것이다. 그것은 여기서도 유사하게 기능한다.

또한 용의 대적은 그 용이 삼키려고 하는 그 여자의 아이로 특징지어진다(12:4-5). 우리는 이 아이에 대해 세 가지를 듣게 된다. 그 아이는 아들로 남자이며(여기 본문은 불필요하게 중복되어 있다), 그 아이는 철장으로 만국을 다스릴 것이며, 그리고 그 아이는 – 언듯 보기에 탄생 후 – 하늘로 올려감으로 용으로부터 구출을 받고 하나님의 보좌에 함께 앉게 된다. 물론 경배 두루마리(7:17)에서 그 아이는 목자라고 불리며 하나님의 보좌에 함께 앉아있던 바로 그 어린 양이다. 결과적으로, 우리는 어린 양은 죽임을 당하고 하늘에 이르렀기 때문에 이 "구출하다(rescue)"는 표현이 좀 이상하다는 생각이 든다. 요한은 다시 자신의 이미지를 뒤집는다. 철장이란 상징을 통해 이 아이를 편지들에 나오는 예수 그리고 천상의 용사 둘 다와 연결시키고 있다(2:27-28 그리고 19:15을 보라).

용의 대적자에 대한 다음의 특징적 묘사는, 첫눈에는 예수같이 보이지 않는다. 사실상 그 아이는 용과 하늘 전쟁을 치루고 그를 하늘에서 쫓아냈던 미가엘이라고 한다(12:7-9). 미가엘은 이 같은 스토리들에 자주 등장하는 인물로, 보통 영적 전쟁에서 이스라엘의 권익을 위해 싸우는 하늘의 군주를 대표한다(단 10:13, 21; 12:1; *Ascension of Isaiah* 3:16; *Testament of Dan* 6:2).[14] 표면상 우리는 하나님의 우월한 힘으로 악을 이긴다는 전통적 이미지가 있다, 그러나 요한은 또 다시 그 이미지를 뒤집는다. 그 승리를 선언하는 목소리를 들어보라.

> 이제 우리 하나님의 구원과 능력과 나라와 또 그의 그리스도의 권세가 나타났으니 우리 형제들을 참소하던 자 곧 우리 하나님 앞에서 밤낮 참소하던 자가 쫓겨났고, 또 우리 형제들이 어린 양의 피와 자기들이 증언하는

말씀으로써 그를 이겼으니 그들은 죽기까지 자기들의 생명을 아끼지 아니 하였도다. 계 12:10-11

따라서 전쟁에서 우월한 힘에 의한 확실한 승리는 "어린 양의 피에 의한" 승리였다고 한다. 미가엘의 액션은 이제 예수에게 돌려진다. 최소한 미가엘의 일과 어린 양의 일은 똑 같기 때문에 여기 미가엘은 예수의 다른 이미지라고 이해하는 것이 좋을 것 같다. (이 승리 역시 아래 나오는 천상의 용사의 이미지와 연결될 것이다; 235-38면도 보라.)

그 영웅에 대한 성격묘사는 (요한이 위엄 있으신 인자같은 분을 보고 있는) 개시 환상으로 돌아가고 있다. 그러나 새로운 특징을 보인다. 그는 구름위에 앉아있으며, 왕관을 쓰고, 그의 손에 날카로운 낫을 가지고 있다(14:14). 이것들은 모두 메시아의 구원에 대한 이미지이다. 이것은 (일반적인) 곡식 추수와 (이상한) 포도수확(우리는 포도들을 낫으로 수확하지 않는다!)으로 유혈 장면이다. 우리는 여기서 이것이 준엄한 추수꾼이라는 힘의 이미지로 보인다는 것을 지적만 하고, 그 액션은 아래에서 다룰 것이다. 이것은 자연스럽게 우리가 고대하고 있던 분에 대한 성격묘사로 이끈다.

천상의 용사는 흰말을 타고 하늘에서 내려와 짐승들과 전쟁을 한다(19:11). 이 용사는, 아래 부분(222-26과 235-38면)에서 그 액션을 토론할 때 보겠지만, 이 사람은 전형적인 인물이다. 우리의 현재의 관심을 요한이 그 인물을 어떻게 성격규정하고 있는지로 제한하자. 왜냐하면 요한은 그에게 이전 인물들의 특징을 부여하고 있기 때문이다. 1:13-16의 위엄 있으신 인자의 모습처럼, 그는 사람의 형상으로, 불꽃같은 눈을 가지고, 그의 입으로부터는 칼이 나온다.[15] 남자 아이와 어린 양처럼, 그는 철장으로 만국을 다스릴 것이다.[16] 어린 양처럼 그는 만왕의 왕이다(17:14; 19:16). 그 피 묻은 옷은 그것에 꼭 들어맞는 평행은 없으나, 죽임을 당한 어린 양을 기억나게 한다(7:14; 19:13을 보라). 이 인물은 스토리의 중심이기 때문에, 요한은 우리가 그분 안에서 구원자의 다른 모든 특징들을 볼 수 있다는 것을 보장한다. 궁극적으로, 이 모든 인물들은 한 사람이고, 이 모든 인물들은 이 한 배역이 스토리에 영향을 미치는 다른 여러 방식들을 보여주고 있는 것이다.

또 다른 성격묘사를 추가하자면, (그는) 보좌에 앉으신 심판자이다(20:11). 전쟁이 끝난 후, 크고 흰 보좌에 앉은 분은 천상의 책들에 쓰여진 대로 모든 죽은 자들을 심판한다. 대중적인 해석은 이것을 예수의 또 다른 이미지로 보지만, 그가 이 분이라고 주장할 만한 스토리에 내재하는 특징이나 아이콘이 없다. 여섯째 인봉 장면(6:16)과 비교해보면, 여기 그 인물은 하나님이시라는 것을 암시한다(보좌에 앉으신 이를 하나님으로 보고 있는 21:5도 보라).

이 섹션 전체에서 그 구원자에 대한 성격묘사는 매우 모호하다. 한편으로, 우리는 정복자, 용사, 통치자를 본다. 다른 한편에서, 우리는 어린 양, 아이, 사람 같은 분을 본다. 이들은 다름아닌 동일한 사람이라고 독자로 하여금 느끼게 하는 것은 요한의 기술이다.

구출받은 등장인물들(Characters Rescued)

구원받은 자의 성격묘사의 아마 가장 놀라운, 아니 정말 충격적인 측면은 그들이 여성으로 특징되는 것이다. (편지 두루마리에서) 교회들에 대해서 또는 (예배 두루마리에서) 어린 양을 따르는 자들에 대해서도 여성 이미지가 사용되지 않는다는 것이다. 그러나 이 전쟁 두루마리에서는 강력한 여성 이미지 두 개-태양을 입은 여자, 그리고 신부, 곧 어린 양의 아내-가 있다. (187-93면에서 토론된, 큰 음녀인 여인에 대한 강한 부정적인 이미지도 있다.)

물론, 어떤 이는, 우리가 듣고 있는 스토리를 생각해보면, 이들은 전혀 놀라운 인물들이 아니라고 할 수 있다. 왜냐하면 그들은 전형적인 여성의 상태들-구출받은 상태와 혼인한 상태-을 그리고 있기 때문이다. 이들은 어머니와 아내라는 강력한 여성 이미지들이다. 우리는 그것들은 좀 더 깊이 고려해보자.

첫 번째는 "해를 옷 입은 한 여자가 있는데 그 발 아래에는 달이 있고 그 머리에는 열두 별의 관을 썼더라. 이 여자가 아이를 배어" (12:1-2)라고 묘사되어 있다. 이 여자는 놀라운 여자이다. 더 나아가 그녀는 아이를 배었고, 사막으로 도망하였고, 용이 뒤쫓아 왔고, 두 독수리 날개를 받고, 다른 아이들이 있다고 묘사된다. 그 여자는 누구인가?

요한의 세계에서 가장 가까운 인물은 아마도 이시스(Isis) 혹은 로마(Roma)일 것이다. 그들은 둘 다 하늘의 여왕으로 알려졌다. 우리는 아래에서 그 액션을 살펴볼 때 그녀가 아폴로의 어머니인 레토(Leto)와 많이 닮았다는 것을 보게 될 것이다. 이들 세 여신들은 요한의 시대에 잘 알려져 있었기 때문에, 본문에 나오는 여자에 대한 이야기를 들을 때 확실히 청중들은 그 여신들을 떠올렸을 것이다. 최소한 우리는 그 여자는 하늘의 여왕에 대한 요한 판본(version)으로 생각할지 모른다.

열두 별, 아들/메시아 탄생, 사막에서 보존, 두 날개(출 19:4)까지 여러 특징들은 이스라엘을 떠올리게 한다. 고대 예언자들은 매번 이스라엘을 여자나, 하나님의 아내로도 의인화하였다. 흥미롭게, 두 이미지들은 계시록-스토리에도 나오는 두 이미지(17:1; 21:9)인 아내/신부와 신실하지 않은 아내이다(예, 사 54:5; 렘 3:20). 물론 이스라엘을 메시아의 어머니로 생각하는 것은 매우 적절하다.

그러나 한층 더 원시적인 가능성도 있다. 이는 메시아의 어머니가 하와이기 때문이다. 에덴동산에서의 아담과 하와의 스토리에서, 어떤 사악한 뱀이 그들을 미혹하여 하나님께 불순종하게 한다. 하나님이 에덴동산에 돌아오셔서, 일들을 처리하였을 때, 뱀과 여인은 특별한 주의를 받는다. 하나님이 뱀에게 다음과 같이 선언하신다:

> 네가 이렇게 하였으니 네가 모든 가축과 들의 모든 짐승보다 더욱 저주를 받아 배로 다니고 살아 있는 동안 흙을 먹을지니라. 내가 너로 여자와 원수가 되게 하고 네 후손도 여자의 후손과 원수가 되게 하리니 여자의 후손

은 네 머리를 상하게 할 것이요 너는 그의 발꿈치를 상하게 할 것이니라.
창 3:14-15

스토리의 요소들 – 용/뱀, 여자, 위험한 아들 – 은 다음과 같이 요약될 수 있다. 이제 우리는 왜 용이 이 아이가 태어나게 할 수 없었는가를 이해한다.

이 세 가지 이미지들, 하와, 이스라엘, 하늘의 여왕은 서로 배타적이지 않다. 요한은 공동체의 조상으로서 여자의 놀라운 모습을 만드느라, 각 요소들을 합친 것으로 보인다.

여자로서 공동체의 다른 중요한 특징은 그의 미래, 즉 신부될 것을 기다린다. 또 어린 양과 혼인한, 도성으로 묘사된, 여자를 다룰 것이기 때문에, 지금 여기서 이러한 인물묘사를 너무 면밀하게 다루지는 않을 것이다. 분명히 요한의 상징주의 여러 가닥들이 여기서는 그리 잘 엮어지지 않는다. 그러나 그러한 신화적인 전쟁 스토리들은 결혼식들로 끝난다. 그리고 요한도 그 패턴을 따르고 있다.[17]

그녀는 거룩한 성, 예루살렘 – 땅의 도성에 대한 천상의 참된 도성 – 으로 불리고, 하늘로부터 내려온다. 그녀는 하나님의 영광을 입고, 하나님을 묘사할 때처럼 광물과 보석들로 묘사된다(참고, 21:11, 18-21 과 4:3). 그녀는 고대 이스라엘(12지파)과 예수 안에 있는 하나님의 새 백성(12사도)을 망라한다. 그녀에 대한 모든 수치는 땅의 수인 넷(4)과 하나님의 백성의 수인 열둘(12)의 제곱들이다. 그 도성은 상상할 수 있는 한 가장 사치스런 모습으로 묘사된다. 사실 상상을 초월한다. 어떤 굴(oyster)로부터 도성의 문으로 사용할 만큼 큰 진주를 얻을 수 있을 것인가! 우리는 신부가 일반적인 여인들을 초월하는 것처럼, 이 도성도 일반적인 도성들을 초월한다고 말할 수 있을 것이다.

그녀는 분명히 앞에서 우리가 살펴보았듯이 로마뿐만이 아니라 예루살렘도 상징할 수 있는 큰 음녀와는 정반대의 인물이다(111면). 둘 다 똑같은 스타일로 소개된다(21:9과 17:1).

이들 공동체의 과거와 미래를 상징하고 있는, 중요한 두 여인에 대한 이미지는 이 전체 액션을 괄호로 묶어준다. 중간에 있는 다른 모든 이미지들은 남성들이다. 각각 한 장면에만 나오며, 어떤 것들은 그저 대충 언급하고 지나갈 뿐이다.

예를 들어, 사단은 "우리 형제들을 참소하던 자"(12:10, 문자적 번역)로 묘사된다. 그리고 광야에서 여인을 삼키지 못하자 "그 여자의 남은 씨(the rest of her seed)"(12:17, 문자적 번역)와 더불어 싸우기 시작한다. 이 표현이 매우 이상한 것은, 고대에는 아이를 가질 때 여인들이 ***씨(seed,*** 헬, ***sperma)***를 받는다는 생각을 못했기 때문이다. 여자–비옥한 땅에 남자가 씨를 뿌리는 농업적 메타포가 계속 사용되었다. 이것은 아마도 하와의 씨가 뱀을 멸망시킨다는 에덴 스토리를 암시한다(창 3:15). 문법적으로 "형제들"은 남성이고, "씨"는 중성이지만, 어느 것도 남자(male)로 의도된 것은 아니다. 그러한 것은 제3의 사소한 성격묘사가 아니다.

우리는 어린 양을 따르는 144,000명의 인침 받은 자들을 다시 만난다. 우리는 그들을 경배 두루마리에서 여섯 번째 인봉에서 처음 만났다(7:1; 14:1). 그러나 지금 그들의 성격특징을, 더 나아가, "이 사람들은 여자와 더불어 더럽히지 아니하고 순결한 자라 어린 양이 어디로 인도하든지 따라가는 자며 사람 가운데에서 속량함을 받아 처음 익은 열매로 하나님과 어린 양에게 속한 자들이니, 그 입에 거짓말이 없고 흠이 없는 자들이더라"(14:4-5)고 하며 좀 문제를 일으키는 방식으로 묘사하고 있다. 그래서 선택된 자들은 모두 남자들의 무리로 밝혀진다. 그리고 사실 여기 (더럽히는 자들이라는) 여성에 대한 성격묘사는 여인들이 이 계시록-스토리 세계에서 어떻게 간주되는지에 대한 문제를 일으킨다.

어느 정도까지, 우리 계시록-스토리는 그레코-로만 세계에 널리 퍼져있던 여성혐오를 반영하고 있다. 여자들은 자주 타락된 그리고 타락시키는 자들로 간주되었고, 그들에 대한 일반적 사회적 압력은 만연하였다.[18] 우리는 에세네파 안에서 비슷한 관점을 찾아볼 수 있는데, 새 예루살렘에 대한 그들의 비전(여자들이 배제된 성전)에는 그러한 생각이 깊이 배어있었음을 알 수 있다.[19] 그러나 그 스토리에 더 언급할 것들이 있는데, 이 무리들은 짐승과 싸움을 위해 모인 것으로 그려진다. 그리고 고대인들은 거룩한 전쟁은 특별한 주의가 필요하다고 생각했다. 간단히 말해서, 신이 그러한 전쟁들에 개입한다고, 그리고 신은 불결한 것과는 접촉할 수 없었다고 믿었다. 따라서 제의적으로(ritually) 정결치 못한 상태에 있는 군인은 누구라도 전쟁에서 배제되었다. 어떤 성적인 행위도, 결혼 관계 안에서 조차, 몽정조차, 사람을 불순하게 만들기 때문에 거룩한 전쟁으로부터 배제되었다.[20] 그 선택된 자들은 제의적으로 볼 때 정결한 용사들이라고 성격규정 되었다.

더구나, 그들은 "흠없는(blameless)," 문자적으로는 "결점이 없는(without blemish)" 자들이라고 한다. 희생양은 흠이 없는 그런 동물임이 틀림없기 때문에(레 1:10 과 벧전 1:19을 보라) 이 단어는 제사적인 표현이다. 이렇게 그들의 순결과 용사들이라는 신분은 새로운 의미를 취하기 시작한다. 이들 용사들도 어린 양처럼 죽음으로 승리했기 때문으로 보인다(12:11을 보라).

이 전쟁 두루마리 섹션에서 구원받은 자들의 다른 성격묘사들은 멸망한 바벨론으로부터 나와야 할 "하나님의 백성들"이다(18:4). 그리고 보좌에 앉아, 그리스도와 함께 통치하는 자들이다(20:4). 이들은 순교당한 자들이다. 그리고 우리로 두 번째 경배 두루마리의 다섯 번째 인봉(6:9-11)에서 만났던 순교자들을 떠올리게 한다.

그런 후 구원받은 자들에 대한 일단의 성격묘사가 있다. 강렬한 여성 이미지들은 독신 남성 군대-거룩한 전쟁과 희생이란 요건들로 특징을 삼은 군대-란 그 그룹의 특징을 괄호로 묶고 있다. 한편 이것은 어떤 면에서 애매한 시간적 순서를 보이는데, 그것은 광야에 있는 여인은 하나님의 백성의 역사를 뒤돌아보고 있는 반면에 산 위에 있는 여자(신부)는 역사의 절정을 기다리고 있기 때문이다. 그 용사들은 현재 악의 세력들과의 싸움을 그린다.

주변의 등장인물들(Characters on the Sidelines)

보통 "다른 천사"(14:6, 8, 17; 18:1), 강한 천사(18:21), 보통 천사들(15:1; 19:17), 하늘에 허다한 무리(19:1)같이 단순하게 묘사되는 천상 존재들에 더하여, 위 범주에 해당되지 않은 몇몇 단역들이 있다. 예를 들면, 짐승의 표를 받은 "작은 자나 큰 자나 부자나 가난한 자나 자유인이나 종들"(13:16), 멸망한 여인 바벨론을 위해 애통해 하는 "땅의 상인들"과 "선장들과 선원들"(18:11, 17), "그 나머지 죽은 자들"(20:5), 짐승에 의해 순교당하지 않은 모든 자들이 있다. 이들은 큰 무대에서 단역배우들로, 각자 어떤 역할을 하기는 하나 그리 중요한 인물들은 아니다.

마지막으로, 우리는 요한 자신이 그 자신의 드라마에서 한 등장인물로 나오고 있는 것을 주목해야 한다. 천사가 두 번 그에게 와서 그에게 새로운 것을 보게 될 새로운 장소로 이동시킨다(17:1; 21:9). 그런 후 천사가 기록하라는 지시에 대한 반응으로 요한이 천사에게 경배하려하자 책망을 받는다(19:10, 22:8도 보라). 어떤 지점에서는 하나님이 그에게 직접 말씀하시는 것 같다(21:6). 이 요한(this John)은 우리에게 말하고 있는 저자 요한(the John)과는 다른 시간과 내러티브 레벨들 위에서 움직이고 있다는 것을 기억해야한다. 이들 스토리들의 세팅들을 좀 더 면밀히 살펴보자.

세팅들(THE SETTINGS)

우리는 이 계시록-스토리들의 세팅들에 대해 간단하게 설명했다(46-48면). 그런 후 우리가 경배 두루마리(116-26면)를 다룰 때 좀 더 자세히 설명했었다. 우리는 세팅이 스토리의 배경막일 뿐만 아니라, 액션의 중요한 요소이며, 우리가 스토리의 의미를 이해할 수 있도록 해준다는 것을 관찰해왔다. 더 나아가 우리는 그 세팅들의 복잡성과 그것들이 계속 기묘해져감을 주목해왔다. 마지막으로, 우리는, 같은 세팅들이라고 해도, 스토리의 세팅들과 현실세계의 세팅들을 혼동하지 않도록 주의해야한다. 스토리들은 허구들이며, 그것들 속의 장소들과 시간들 역시 가상적인 것들이다. 이러한 상황은 세 번째 내러티브 부분에서 아주 분명하게 나타난다.

장소들

앞의 두 스토리 부분들(편지 두루마리와 경배 두루마리)은 모두 이번 것(전쟁 두루마리)보다 장소를 파악하기가 더 쉬웠다. 편지 두루마리는 밧모섬에 놓여 있다(1:9). 경배 두루마리는 하늘에 있는 하나님의 어전으로 설정되어있다(4:1-2). 그러나 전쟁 두루마리가 놓인 곳은 정확히 말할 수 없다. 이 전쟁 두루마리는 "하늘에"를 세 번 사용하며 시작한다. 하늘에 있는 성전이 열려 있는 것이 보이고, 이적이 하늘에 보이며, 두 번째 이적이 하늘에 보인다(11:19-12:3). 그러나 이것조차도 모호하다. 헬라어 표현 *en to ourano*는 영적인 하늘(heaven)이나 물리적인 하늘(sky)을 의미하기 때문이다. 그리고 마지막 두 이적들은 (점성학적 현상을 묘사한 것일 수 있기 때문에) 하늘(sky)에서 일어난 것으로 보인다. 요한은 당연히 하늘에서 전갈자리(Scorpio)가 처녀자리(Virgio)를 쫓고 있는 것으로 부터 용이 여자의 뒤를 쫓는 어떤 이적을 보았을 것이다.[21] 나는 그가 그것을 보았을 것이라고 생각하지만, 그가 그것을 보았든지 안 보았든지 간에, 여기서 내 주장은 그 세팅이 모호하다는 것이다.

아기를 낳은 (어디서?) 여인은 광야로 도망한다(12:5). 그렇다면 여기서 그 액션은 확실히 땅위에서 이루어진 것이다. (또한 그 여자의 아이는 하나님 앞과 그 보좌 앞으로 올려진다) 그러나 즉시 우리의 관심은 하늘에 쏠려지게 되는데, 거기에서 전쟁이 일어났다(12:7). 전쟁의 결과로 그 용은 하늘로부터 땅으로 던져졌다 – 땅에 큰 화가 일어날 것이다. 이제 용은 여자를 광야까지 뒤쫓아 가고, "그 여자의 남은 자손"과 전쟁을 하려고 한다(12:17). 그러나 이 스토리의 관점으로부터 분명히 이 자손들은 소 아시아에 산다. 그들은 확실히 요한이 편지를 쓰고 있는 수신자인 바로 그 사람들이다. 하늘, 팔레스타인, 다른 여러 장소들로 수없이 빠르게 장소가 이동하겠지만, 이 스토리의 대부분의 액션은 청중들이 사는 곳인 로마제국의 소아시아에서 일어나고 있는 것으로 이해해야 한다.

청중이, 짐승들이 나오는 곳이 바로 그들의 장소, 선택받은 자가 모이는 곳이 바로 그들의 장소, 마지막 전쟁이 일어나는 곳이 바로 그들의 장소, 새 예루살렘이 내려오는 곳이 바로 그늘(청중)의 징소라고 느끼도록 되어있다. 그러나 물론 이 모든 것들은 그것들 자체의 (스토리 속의) 장소들에서 일어난다. 우리는 이 스토리 장소들과 실제 장소들 사이의 어떤 연관성도 비유적이며, 상징적이고, 은유적이라는 것을 이해할 필요가 있다.

따라서 144,000명이 시온 산에 모여 있는데(14:1), 그렇다면 그들이 팔레스타인에 있다고 해야 한다. 그러나 그들은 또한 "보좌 앞에서" 노래 부르고 있으므로(14:3), 그들은 하늘에 있어야 한다고 할 수 있다. (예루살렘, 소돔, 애굽, 로마 모두 "큰 도성"이라고 하는 비슷한 모호함 [11:8; 그리고 118-22면에 있는 위의 토론]을 보라). 요한이 시온 산 역시 영적으로는 소아시아에 있다.

비슷한 방식으로, 마지막 전쟁은 히브리어 ***아마겟돈(Harmagedon)***이라 불리는 장소에서 치러진다고 한다. 많은 학자들의 많은 창의력에도 불구하고, 아마겟돈은 결코 우리가 아는 세상의 지도상에는 존재하지 않는다. 그곳은 가상의 장소이다. 학자들은 이 문제에 대해 두 가지 제안을 했다. 한 견해는, 요한이 모임의 산(Mount of Assembly)을 의미하는 (헬라어로는 자주 Har Moged라고 쓰여진) Har Mo'ed를 의미했다는 것이다. 그러나 요한은 Moged라고 쓰지 않았다. 그는 Magedon이라고 썼다. 두 번째 해결안은 히브리어 성경을 헬라어로 번역할 때 Megiddo를 Mageddon이라 썼다는 것이다. 우리는 단지 요한이 (두 개의 d가 필요한 곳에 d를 한 개만 씀으로) 잘못 썼을 것이라고 생각한다. (그리고 요한은 헬라어를 쓸 때 더 많은 심각한 오류를 범했다.) 더 나아가, Megiddo는 한 가지 암시를 제공하는데, 므깃도(Megiddo)의 평야는, 드보라의 시스라에 대한 승리(사사기 5장)와 애굽과의 싸움에서 요시아의 죽음(왕하 23장)을 포함하여, 많은 전쟁의 무대였기 때문이다. 스가랴는 주의 날에 마지막 소동을 묘사할 때 그것을 암시하기도 한다(슥 12:10). 그러나 분명한 문제는 므깃도는 산이 아닌 평야에 위치해있다는 것이다. 현존하는 어떤 므깃도 산이라도 가리킬만한 단 하나의 지역도 없다. 가장 근접하는 산은 갈멜산(그 자체로 충분히 상서로운 장소, 왕하 18:19-40을 보라)이다. 그러나 어떤 사람도 그 산을 아마겟돈(Harmagedon)은 말할 것도 없고 하르 마깃도(Har Magiddo)라고로도 언급하지 않는다. 이 해결책들 중 어느 것도 그럴듯하게 보이지 않는다.

그리고 그것들이 가능하다할지라도, 에베소에 사는 어느 누가 그것들을 알아볼 수 있으리라고 보는가? 소아시아의 헬라지역 사람들은, 어떻게든지 하여 그것을 그들이 지도상에서 찾을 수 ***있을만한***(*could*) 장소인 유브라데강과 연결시키려는 것을 제외하고는(16:12), 그 신비한 이름을 그리 대수롭게 여기지 않았을 것이다. 당시 유브라데 강은 로마제국의 동쪽 변경이었다. 그 강 너머에 로마의 적인 파르티아가 있었다. 그러나 로마의 적은 하나님 편일 것이다. 에베소나 그 주변에 사는 사람들에게는 최소한 그런 감정들이, 팔레스타인의 어떤 가정된 세팅보다 더 중요하였다.

그리고 전쟁은 하늘에서, 더 구체적으로 말하면 성전에서 시작된다. 계시록-스토리는 하늘에 있는 하나님의 성전 환상으로부터 시작하여(11:19), 신천신지와 성전 없는 새 예루살렘 환상으로 끝난다(21:22). 그리고 심판은 이중적인 추수(14:15-20)와 일곱 마지막 재앙들(15:5)과 함께 성전으로부터 시작되어 성전에서 난 "되었다"(16:17)는 선언으로 끝난다. 이 특별한 세팅은 스토리의 플롯을 발전시키기는 하지만, 모호하면서도 애매하다. 하나님의 성전은 어느 곳에도 없으면서도(nowhere) 어느 곳에나(everywhere) 있다. 그것은 사람들이 모여서 예배하는 모든 곳이다. 그리고 마지막 환상에서는 하나님이 그 성에 임재하시기 때문에, 더 이상 성전에 대해 말할 수조차 없다. 그 도성을 좀 더 자세히 살펴보자.

우리는 이미 여러 등장인물들을 다룰 때 그 도성에 대해 언급하였는데, 이는 배역들 중 하나가 장소이기 때문이다. 신부가 새 예루살렘이다(194-98면을 보라). 우리는 앞에서 그 여자의 성격을 규정했다. 이제 장소로서 그 여자를 고려해보자. 그 도성에 대한 세 가지 것들은 세팅으로서 중요하게 보인다. 첫째, 요한은 "성 안에서 내가 성전을 보지 못하였으니 이는 주 하나님 곧 전능하신 이와 및 어린 양이 그 성전이심이라, 그 성은 해나 달의 비침이 쓸 데 없으니 이는 하나님의 영광이 비치고 어린 양이 그 등불이 되심이라"(21:22-23)고 보고 한다. 이것은 놀라운 일이다. 왜냐하면 그레코-로만 세계에서 모든 도시는 하나의 신전이나 많은 신전들을 가지고 있었기 때문이다. 어떤 도시의 지위는 부분적으로 신전의 수나 질에 의해 판단되었다. 그것들은 자주 엄청난 구조물들이었으며 도시의 중앙에 있었다. 그러나 신전의 주요 기능은 그 신전의 신을 대표하는 것이었다. 그런데 하나님이 이 도시에 충만히 거하시기 때문에, 거기에는 성전들이 필요 없다 (또한 하나님은 빛이시기 때문에, 해나 달도 필요 없다).

둘째, 그 도성은 생명수 강과 생명나무가 있는 동산이다(22:1-2). 우리는 인류의 시작인 에덴동산으로 돌아간다. 그러나 이제는 인간 문화의 최고 성취물인 도성으로 바뀌었다. 이 인류의 최종 종착지는 그저 어떤 전원적인 이상향으로 돌아가는 것이 아니다. 셋째, 이것은 출입이 가능한 도성이다. 문들은 결코 닫히지 않는다(21:25). 이것은 놀라운 일이다. 왜냐하면 요한은 이 공동체를 둘러싸인 (안에 있는 사람과 밖에 있는 사람의 분명한 선을 긋고 있는) 경계를 세우는데 매우 신경을 쓰고 있었기 때문이다. 어떤 이는 이것이 더 이상 바깥세상이 없다는 것을 의미한다고 할 지 모른다. 그러나 결코 그렇지 않다. "개들과 점술가들과 음행하는 자들과 살인자들과 우상 숭배자들과 및 거짓말을 좋아하며 지어내는 자는 다 성 밖에 있으리라"(22:15). 이것은 정말 충격적인 일이다. 여기 계시록-스토리의 끝부분에서, 전쟁 후에, 심판 후에, 악의 멸망한 이후에도 여전히 바깥세상이 있다. 악이 잠복해 있는 그 바깥세상으로 문이 열려있는 완전히 성스러운 장소에 대한 이러한 이미지는 요한계시록을 이해하는데 중요하다.

이 스토리 부분의 액션은 소위 하늘과 땅 사이에 걸쳐있는, 동시에 두 장소에서 일어나는, 모호한 공간에서 일어나고 있다.

시간들

이 전쟁-두루마리 섹션의 공간적 모호함에 대한 이유 중 하나는 스토리의 특징인 시간 왜곡이다. 시간적 세팅을 정리하기 위해서, 먼저 그 스토리가 이야기되고 있는 시간적 관점을 고려한 후, 빈도(frequency), 순서(order)와 기간(duration)에 대해 살펴보자. (이 용어들은 172-75면에서 정의되고 논의 되었다.)

공간적 관점은 내레이터가 ***어디(where)***에 서서 그 액션을 관찰하고 있는지를 가리키고 있듯, 시간적 관점은 내레이터가 그것을 보고 있는 ***때(when)***를 가리킨다. 스토리의 어떤 부분들은 내레이터에게는 과거이고, 어떤 부분은 현재이며, 무엇이 아직 다가올 미래의 일인가. 우리는 이것을 "그 여자가 광야로 도망하매 거기서 천이백육십 일 동안 그를 양육하기 위하여 하나님께서 예비하신 곳이 있더라"(12:6; 14절도 보라)는 말을 들었을 때인 용과 여자의 개시액션(opening action)에서 분명히 본다. 그녀가 ***도망하매***(과거에), 곳에 ***있더라***(현재), 그리고 ***양육하기*** 위하여(미래로 뻗친 현재).

똑같은 구성이 용의 짤막한 전기에서도 보여진다. "마귀가 자기의 때가 얼마 남지 않은 줄을 ***알므로(knows)*** 크게 분내어 너희에게 ***내려갔음(has come down)***이라 하더라"(12:12). 그리고 "***가서(went off)*** 그 여자의 남은 자손과 더불어 ***싸우려고(to make war)*** 바다 모래 위에 섰더라"(12:17). 어떤 것은 과거이고, 또 어떤 것은 현재이다. 똑같은 방식으로, 첫 짐승과 연관된 동사들은 과거시제이지만(13:1-7), 둘째 짐승과 연관된 동사들은 대개 현재이다(13:12-16).

놀랍게도 내레이터의 관점에서 미래는 거의 없다고 할 수 있다. 그럼에도 그러한 내레이터 관점에서 미래 액션들에는 다음과 같은 것들이 있다. 짐승에게 모든 자들의 경배(13:8, 12), 짐승에게 경배한 자들에 대한 심판(14:10), 순교자들의 쉼(14:13), 하나님에게 만국의 경배(15:4), 전쟁과 어린 양의 승리(17:14), 음녀의 멸망(17:16-17; 18:8-9, 21), 어린 양의 다스림(19:15), 순교자들의 왕노릇(20:6), 사단의 놓임과 땅의 사방 백성을 미혹(20:7-8), 마귀의 멸망(20:10), 하나님이 사람들과 온전히 함께 계심(21:3-7; 22:3-5), 그리고 이 글을 변개하는 자에 대한 저주(22:18-19)들이다.

우리는 이 스토리가 – 짐승이 나타난 후, 짐승이 많은 사람들을 미혹하고 있는 동안, 그리고 짐승의 분명한 성공(모든 자들의 경배)이나 진짜 멸망하기 전 – 투쟁의 때에 서 있다고 결론지을 수 있을지도 모른다.

그러나 물론 시간적 관계들이 실제 스토리를 말할 때는 이렇게 분명하지는 않다. 이는 스토리가 단순하게 혹은 순서대로 이야기되고 있지 않기 때문이다. 아마 이 전쟁-두루마리 스토리의 가장 당황스러운 면은 반복들을 사용하는 것이다. 요한이 되풀이하는 것(repetitive, 같은 사건을 되풀이해서 말하는 것)인지, 비슷한 것을 반복하는 것(repetitious, 청중들이 매우 비슷하다고 생각하는 사건들을 말하는 것)인지 구별하기 어렵다. 그러나 전쟁-두루마리 내러티브가 중복적인(redundancy) 인상을 준다는 것은 의심할 여지가 없다. 아주 중요한 중복성(redundancy)은 이 전쟁 내러티브 섹션의 주요 주제인 전쟁에 적용된다. 요한은 그 "마지막 전쟁"을 최소한 세 번은 이야기하고 있다. 어쩌면 더 많을지 모른다. 표 10에서 요한이 전쟁 주제 사용에 대해 정리한 목록을 참고하라.

악의 군대들이 하나님의 군대와 싸우기 위해 모일 때 똑같은 패턴으로 3번(16:14; 19:19; 20:8) 나온다. 그들은 같은 전쟁에 대한 세 단계라기보다는 그 전쟁 스토리를 말하는 세 가지 방식들로 보인다. 이 세 개에 더하여, 우리는 열 왕이 어린 양과 더불어 싸우나, 어린 양은 그들을 이길 것이다(17:14). 그리고 편지들의 저자가 말한 예언적 진술이 있다(2:16). 마지막으로 하늘에서의 전쟁에 관한 보고가 있는데(12:7-9), 그것은 겉으로 보기에는 다른 전투원들이 등장하나, 그것을 좀 더 면밀히 들여다보면, 똑같은 전쟁을 반영하고 있다(12:11). 따라서 전쟁 사건이 여섯 번이나 반복되고, 각 경우를 전체 전쟁인 것처럼 말한다.

게다가, 짐승들/용이 성도들과 더불어 싸움을 하는 세 개의 다른 사건이 나오는데, 두 개는 반대의 결과를 낸다. 하늘에서 경배하는 내러티브 부분 끝에

표 10 *계시록의 전쟁들*

구절	묘사	결과
2:16	그리스도가 가서 니골라당과 싸울 것이다.	그리스도의(가정된) 승리
9:7-9	다섯째 황충이 전장으로 달려가는 말들같은 소리를 내다.	아무 결과도 없다.
11:7	무저갱으로부터 나온 짐승이 증인들과 싸울 것이다.	짐승이 증인들을 이길 것이다.
12:7	하늘에서 전쟁: 미가엘과 용	용이 져서, 내쫓기다.
12:17	용이 가서 여자와 그 자녀들과 전쟁을 한다.	아무 말도 없다.
13:4,7	바다 짐승이 권세를 받아 성도들과 싸운다.	바다짐승이 그들을 이긴다.
16:14	여섯째 대접에서 귀신의 영들이 전쟁을 위해 왕들을 모으다.	"되었다"
17:14	열 왕이 어린 양과 더불어 싸울 것이다.	어린 양이 그들을 이길 것이다.
19:11	하늘의 용사가 전쟁을 한다.	아무 말도 없다.
19:19	짐승과 왕들이 말 탄자와 싸우기 위해 모이다.	짐승이 붙잡혀 멸망을 당하다.
20:8	놓임을 받은 사단이 사랑하시는 성의 성도들과 싸우려고 나라들을 모으다.	하늘에서 불이 내려와 그들을 태워버리고, 사단은 멸망을 당한다.

서, 우리는 두 증인에 대한 장면을 보았다. 그리고 그 장면이 진행되면서 무저갱으로부터 나온 짐승이 증인들과 더불어 전쟁을 하고 ***그들을 이길 것이다***(11:7)는 소리를 듣는다. 용의 하늘 전쟁 이야기 끝부분에서 우리는 그 용이 여자의 남은 자손들과 더불어 싸우려고 떠난다는 것을 들으나(12:17), 아무런 결과도 듣지 못한다. 그러나 바다에서 나온 짐승은 성도들과 더불어 싸울 권세를 받고 ***그들을 이길 것***(13:4, 7)이라고 한다.

아마 우리는 이 전쟁에 두 국면이 있다고 단순화시켜 말할 수 있을 것이다.

그 용과 그의 동맹자들이 성도들과 더불어 싸우고 그 성도들을 이기는 것과 어린 양과 그 동맹자들이 용과 더불어 싸우고 그 용을 이기는 것이다. 물론 요점은 요한이 단순화하고 있지 않다는 것이다. 이러한 내러티브의 반복(repetition) 효과는, 악을 정복한다는 것이 그 최종 결과라는 것을 강조하면서도, 그 전쟁을 복잡하게 보이게 한다는 것이다. 더 심오한 복잡성은 (예수와 그를 따르는 자들의 죽음으로 얻게 된 용에 대한 승리는 곧 용의 궁극적인 패배이기 때문에) 두개가 겉보기에는 반대 결과처럼 보일지라도, 똑같다는 사실에 있다.

비슷한 방식으로, 바벨론의 멸망은 여섯 번 일어난다. 첫째는 바벨론이 무너지고 영원히 불탈 것이라고 선언된다(14:8-11). 둘째는 지진으로 파괴되는 것으로 보여진다(16:18-21). 그런 후 열 왕들이 그녀를 벌거벗기고 그녀의 살을 먹는 것이 보여진다(17:16-18). 그런 후 우리는 거기서 나오라는 소리와 함께 그 도시가 황량하게 된 것을 본다(18:2-4). 다섯 째는 그 도시가 불태워지고, 상인들과 선원들이 애통해 하는 소리를 듣는다(18:8-20). 그리고 마지막으로 바벨론의 멸망이 바다에 큰 맷돌을 던지는 천사에 의해 상징적으로 시행된다(18:21-24). 곧 분명해지겠지만, 이 여섯 장면들은 이미지, 액션, 시간 면에서 일치하지 않는다. 분명히 시간적 순서는 직선적이 아니다: 첫 번째 사건에서 무너졌다고 선언되었는데, 세 번째 장면에서 여전히 그 도시를 떠나라는 음성이 난다. 다시, 이 사건들은 다양한 방식들로 표현한 똑같은 사건의 반복들로 이해하는 것이 가장 좋을 것 같다.

반복들이나 비슷한 사건들을 표현한 것으로 이해되는 몇 개의 더블릿들(doublets)이 있다. 짐승들의 두 번의 속임이 있다(13:1,11). 지상에 두 번의 추수가 있다(14:14-16, 17-20). 하늘 성전이 두 번 열린다(11:19; 15:5). 하늘의 예루살렘이 두 번 내려온다(21:1; 21:10). 요한이 하늘의 사자에게 경배하려고 하였던 두 번의 사건이 있었다(19:10; 22:8). 도입부의 상징적인 여인들의 두 환상은 놀랍게 유사하다(17:1; 21:9). 그리고 두 번째 여인의 환상은 그것은 이미 진술된 바 있는(21:1-4), 새 예루살렘에 대한 환상이다.

마지막으로, 일곱 대접들의 전체 순서와 앞에 나온 일곱 나팔의 순서사이에 밀접한 평행이 있다. 나팔들과 대접들 둘 다, 그 무대들이 땅, 바다, 강, 해, 심연/짐승의 보좌, 유브라데 강이다. 그러나 나팔재앙에서 저자가 조심스럽게 단지 삼분의 일만 파괴되었다고 분명히 말하고 있는 반면에, 대접재앙에서는 완전히 파괴된 것으로 보인다(8:7-11:15 그리고 16:2-17을 비교하라.)

그럼 우리는, 여러 번 이야기된 사건들과 다른 비슷한 사건들로 표현한 사건들을 포함하여, 매우 반복적인 내러티브를 가지고 있다. 그러나 여전히 진행되는 느낌도 있고, 심지어 마무리된 느낌도 있다. 그러한 반복성은 청중들을 지루하게 하거나 혼란스럽게 만드는 위험도 있지만, 이 사건들이 진짜라는 확신을 강화시키는 효과도 있다.

이러한 반복성으로 내린 추론결과는 이 전쟁 스토리를 말하는 순서가 직선적이 아니라는 것이다. 용이 땅으로 내쫓기게 된 하늘에서 전쟁은 확실히 용이 땅에서 여자를 뒤쫓는 것보다 앞선다. 하지만 그 사건은 후에 과거를 회상하는 플레쉬백(12:1-13)과 하나님의 왕국이 나타난 때를 미리 내다보는 플레쉬포워드(12:10)를 포함한다. 그와 마찬가지로 바벨론이 무너졌다고 외치는 천사의 선언(14:8)도 일종의 플레쉬포워드이다. 왜냐하면 바벨론의 멸망은 스토리 후반부(아마 18:2에서, 17:16은 또 다른 플레쉬포워드를 만든다)에서 이야기될 것이기 때문이다.

요한의 스토리는 액션보다 배역에 더 강조가 있는 것 같다. 두 주요 등장인물들을 소개하며 이야기를 열고, 다른 등장인물들과 함께 이야기를 끝맺는다(12:1-3; 21:9-14). 액션의 각 단계에서 우리는 먼저 조심스럽게 등장인물들을 소개받는다(13:1,11; 14:1,14 등). 따라서 순서가 뒤바뀌거나 불필요할지라도, 다른 등장인물들이나 (예수의 성격묘사들의 경우 같이) 똑같은 인물을 여러 다른 모습으로 표현한 등장인물들은 그에 맞는 적절한 스토리를 재촉할 것이다.

이것은 그 장면들이 진행되는 기간(duration), 요약(summary)으로부터 빈번한 내러티브의 중지들(pauses)까지에 이르는, 큰 변동들(fluctuations)이 있을 것도 의미한다.

사실, 두 극단들(요약과 중지)이 액션을 지배한다. 우리가 보통의 내러티브 시간으로 생각할 만한 장면들이 거의 없다. (지속기간[duration]의 개념에 대한 토론에 대해서는 172-75면을 보라.) 우리는 자세히 묘시하고 있는 장면으로부터 (액션에 대한 이야기는 거의 건너 뛰어) 요약된 장면으로 곧 바로 넘어가는 일이 잦다(예, 19:11-20). 이것은 청중들에게 시간 왜곡(temporal disorientation)에 대한 느낌을 증가시킨다.

우리는, 내러티브를 지연시키는 긴 묘사들과 앞으로 달려 나가게 하는 극적인 요약들이 서로 번갈아 일어나는 스타일로 진술되는 (플레쉬백들과 플레쉬포워드들과 함께) 매우 반복적인(repetitious) 내러티브를 다루고 있다. 그런 내러티브의 독자는 시간에 대한 분명한 감을 유지하기가 어려울 것이다 – 그리고 원래 청중(oral audience)은 그보다 훨씬 더 어려웠을 것이다. 우리는 마무리되는 느낌을 논할 때 이러한 관찰의 중요성을 다시 다룰 것이다(252-54면).

요약하면, 이 전쟁 스토리 부분의 (청중들이 다른 차원으로 끌려 들어가는 것 같은 경험을 나타내는) 장소와 시간 둘 다 모호하다. 우리는, 연속적으로, (밧모 섬에서의 첫 번째 내러티브 부분같은) 보통의 시간과 공간으로부터 떨어져 나와, (하늘에서의 두 번째 내러티브 부분같은) 특별한 시공(extra-normal time and space)을 통과하여, 우주적 전쟁, 재난, 갱신이 일어나는 초월적 시간(meta-time)과 초월적 공간(meta-space) 속으로 들어왔다. 이 사건들은 (역사적으로 보통시간과 연결된) 어떤 직선적인 미래 안에 있지 않다. 이 사건들은 하늘에서 일어나고, 시간의 사건들 안에서 일어난다. 이 스토리는 필연적으로 도래할 미래에 대한 어떤 예측이라기보다는 현재가 참으로 중요함을 보여주는 계시이다. 우리는 나중에 이 주제로 돌아올 것이다. 이제 우리는 액션의 플롯을 좀 더 면밀히 살펴보자.

플롯

더블릿(doublets), 반복(repetitions), 플레쉬백(flashbacks)과 플레쉬포워드(flashfowards)들이 있음에도 불구하고, 중요한 사건들(핵심사건들)의 연속성은 여전히 선명하다. 하늘의 전쟁 후에, 용이 땅에 던져지자, 용은 먼저 아기를 죽이려고 한다. 그리고 그 어머니를 뒤쫓고, 결국은 돌아와 그 여자의 다른 자손들과 전쟁을 하려고 한다. 용은 먼저 바다와 땅에서 나온 두 짐승들과 동맹을 형성하는데, 그들은 용을 대신해 그 남은 자손들과 전쟁을 한다. 그들을 대적하는 군대인 어린 양과 144,000명의 순결한 남자들이 시온 산에 모인다. 하늘 성전으로부터 일곱 천사가 나와 땅, 바다, 강, 태양, 짐승의 보좌, 그리고 유브라데 강을 친다. 하늘의 전사는 흰말을 타고 나타나고, 짐승들과 왕들은 전쟁을 위해 모인다. 그 짐승들은 멸망하고, 그들을 따르는 모든 자들은 하늘의 용사의 입으로부터 나오는 칼에 의해 죽임을 당한다. 사단(용)이 묶여 옥에 갇힌 후, 천년의 평화가 이루어진다. 그러나 사단은 풀려나자 나라들을 모아 전쟁을 일으킨다. 그러나 하늘로부터 불이 내려와 그들을 사르고, 사단은 파멸된다. 모든 이들이 하늘의 책들에 기록된 대로 심판을 받는다. 새로운 창조가 이루어지고, 새 예루살렘성이 하늘로부터 내려온다. 요한이 어린 양의 신부를 보고, 그녀를 아주 자세하게 그린다.

다음과 같은 선언으로 그 절정에 이른다.

> 그(어린 양)의 종들이 그를 섬기며, 그의 얼굴을 볼 터이요 그의 이름도 그들의 이마에 있으리라. 다시 밤이 없겠고 등불과 햇빛이 쓸 데 없으니 이는 주 하나님이 그들에게 비치심이라 그들이 세세토록 왕 노릇 하리로다. 또 그가 내게 말하기를 "이 말은 신실하고 참된지라 주 곧 선지자들의 영의 하나님이 그의 종들에게 반드시 속히 되어질 일을 보이시려고 그의 천사를 보내셨도다." "보라 내가 속히 오리니 이 두루마리의 예언의 말씀을 지키는 자는 복이 있으리라." 계 22:3-7

요한이 직접 독자들에게 그들의 이러한 경배행위를 따라하라고 요청하는 도입부 장면과 평행을 이루고 있는 맺음부 장면이 뒤따라 나온다(22:8-9). 그 기본 플롯은 고대 우주적 전쟁 스토리에서는 일반적인 것이다(181-85면을 보라). 그 스토리의 여러 버전들은 매우 다르지만, 그 종합적인 패턴은 다음과 같이 재구성될 수 있다.[22]

용이나 한 쌍의 용들의 모습
혼란과 무질서
공격
챔피언의 등장
챔피언의 패배
챔피언의 회복
다시 시작된 전쟁과 챔피언의 승리
회복된 질서의 풍성함
행렬과 승리의 합성
용사이신 하나님을 위해 세운 성전
(결혼) 만찬
챔피언의 우주 통치의 표명

계시록-스토리는 다르나, 그 버전 중 하나라 여겨질 만큼 이 일반적인 패턴과 같다. 비교(comparison)와 대조(contrast)의 요점들에 대한 논의를 다음 섹션에서 보자.

액션에 대한 주해

우리는 지금 이 스토리의 사건들을 꼼꼼히 조사할 준비가 되었다. 이 단원의 앞부분에서, 우리는 그런 우주적 전쟁의 스토리들은 일반적인 스토리 형태라는 것과 본 단원의 전쟁 스토리의 플롯은 그 형태에 꼭 맞는다는 것을 보았다. 우리는 조심스럽게 배역들과 공간과 시간 세팅들을 살펴보았으니, 우리는 이제 더 자세한 논의를 할 수 있다. 다음에 나오는 문단 나누기는, 모든 스토리의 문단들이 그렇듯이 임의적이다. 그러나 그것은 액션을 분석하기에는 편리한 방법이다.

용의 전쟁, 11:19-12:17

(이렇게 무서운 전쟁이 어떻게 일어났는지를 설명하는) 이 내러티브 부분은 이후에 나오는 모든 것들을 위한 무대가 된다. 세 가지 적대적 국면으로 말미암아 현재의 전쟁이 일어났다. 먼저, 우리는 두 등장인물들－막 아이를 해산하려는 여자와 그 아이를 죽이고자 하는 용－을 만난다. 그리고 우리는 하늘 전쟁에서 용이 패배하여 땅에 던져지는 것을 본다. 그리고 그 용은 그 여자를 죽이려고 한다. 그러나 이것이 불가능함을 알게 되었을 때, 그 용은 그 여자의 다른 자손들과 더불어 새로운 싸움을 하러 출발한다. 그 이후 이야기에서 이 새로운 전쟁의 세세한 부분들이 소개될 것이다.

하늘에 나타난 두 가지 이적: 여자와 용, 12:1-6

저자가 사용한 출처들(sources)을 확실히 말할 수는 없지만, 기존의 시나리오가 이끌어내는 독자들 안에서 일어나는 공명(resonances)을 탐구하는 것은 가능하다. 이 장면이 만드는 공명들은 풍부하며 복합적이다. 183-87면에 간단히 소개한 바벨론과 가나안 신화에서 기원된 우주적 전쟁과 창조의 여러 이야기들에 더하여, 몇 가지 다른 가능성들도 있다. 먼저 점성술과 공명이 있다. 조디악에서는 열두 별들 혹은 열두 궁자리들이 있다. 전갈자리는 하늘에서 처녀자리를 쫓는다. 조디악의 이미지들은 회당의 바닥 모자이크의 주제로 사용될 정도로 잘 알려져 있었다. 이러한 밤하늘을 보고 있던 요한은 다른 스토리들에 의해서도 지지되는 더 깊은 의미를 보았다.[23]

게다가 애굽의 일주기(日週期, 매일 반복되는) 신화와도 공명한다. 그 신화에서, 여신인 하도르(Hathor 또는 Isis)는 태양(Horus)를 낳으나, 매일 밤 태양을 삼키는 붉은 용 타이폰(Typhon 또는 Seth)의 추격을 받는다. 헬라 전통에서도 태양신인 아폴로의 탄생과 연관된 비슷한 이야기가 있다. 그의 어머니 레토(Leto)는 용 피톤(Python)에게 의해 쫓긴다. 레토는 델로스(Delos) 섬에 피난처를 얻는다. 아폴로가 태어나고 마침내는 용을 죽인다. 이들 두 경우들에서 초점은 태양의 탄생에 있다. 그 태양을 로마 독자들은 아마(동전에 태양신으로 부조된) 가이사(Caesar)와 연결지었을 것이다. 요한의 스토리에서 아이러니는 분명하다, 그의 스토리에서 로마 황제는 분명히 (용의 대적자가 아니라) 용의 협력자이기 때문이다.[24]

그러나 아마 독자가 가장 주목해야 할 것은 갓난아이가 아닌 그 여자가 이 스토리의 초점이라는 것이다. 이러한 스토리와 가장 가까운 스토리는 유대 설화에서 찾을 수 있다. 이 스토리는 메시아의 탄생 스토리이기 때문에, 독자들은 당연히 마리아를 생각할 것이다. 마리아에 대한 그런 이야기들이 이렇게 이른 시기에 있었는지 우리는 모르나, 만약 그것이 그녀를 가리키고 있다면, 이 이야기는 그 첫 번째 증거가 될 것이다. 그리고 우리는 여기서 마리아를 하늘의 여왕으로 높이고 마리아에게 이시스(Isis)의 이미지를 적용한 후기 스토리들에 대한 근거를 볼 수 있다.[25]

또 다른 유대 스토리들과의 평행은 여자를 이스라엘로, 그리고 열두 별을 열두 지파들로 보았다는 것이다. 예언자들은 보통 이스라엘의 대적자들을 용의 모습으로 묘사했으며, 하나님이 안전하게 보존한 광야로 이스라엘을 추격하는 것은 출애굽기의 핵심적인 요소이다(예, 겔 29:3, 신 1:30-31).

여자와 뱀 사이의 직접적인 싸움을 다룬 마지막 유대의 이야기는 하와(Eve)를 에덴동산으로 쫓아온 창세의 원시적 스토리로까지 거슬러 올라간다. 이 충돌로 여자의 씨와 뱀 사이에 계속되는 적대감이 만들어지고, 결국에는 용의 머리를 부수는 것으로 끝난다(창 3:15을 보라. 그리고 3:16을 계 12:2과 비교하라).

이 문맥들 중 어느 것도 요한의 스토리를 이해하는 데 필수적이지는 않지만, 이들 각각은 잠재적 의미들과 뉘앙스를 더해준다.[26] 이들 다른 이야기들에 친숙한 독자들은 요한의 스토리가 어둠과 빛과의 전쟁, 박해와 자유와의 전쟁, 거짓 충성과 참된 경배와의 전쟁에 관한 영속적인 진리를 가리키고 있다고 보았을 것이다. (이들 암시들이 등장인물에게 영향을 끼치는 여러 방식에 대한 논의를 위해서는 196-200면을 보라.)

이 섹션의 액션은 모호하다. 용이 아이를 삼킬려고 하자, 아이가 잡아채져가, 구출된 것이 분명하다. 그 아이는 하나님께 올라가고, 여자는 광야로 도망한다. 그 광야는 악의 정해진 기간 동안 그 여자를 위해 예비된 곳이다. 이러한 액션 후에 플레쉬백(과거 회상 장면)이 끼어 들어온다.

하늘에서 전쟁, 12:7-12

이 흥미로운 사건은 계시록에서 주요 문단들의 액션을 요약하는 짧은 장면을 삽입하곤 하는 요한의 경향에 따른 것이다. 경배 두루마리의 액션이 제단의 천사에 의해 요약되어질 수 있었던 것처럼(8:3-5), 전쟁 두루마리의 액션도 여기에 요약된다. 그 액션이 미가엘(12:7)에게 돌려지기는 하지만. 분명히 그 승리는 어린 양/예수가 획득한 것이다(12:11). 그 이야기는 하나님의 천상 신하들 중 하나가 반란을 일으킨 아득한 과거 태고적 전쟁으로 보고하고 있지만, 그 승리는 분명 메시야의 미래적 승리이다(12:10).

사단이 하늘로부터 쫓겨나는 이야기는 수없이 많은데, 몰락한 독재자에 대한 고대의 애가에 들어있는 고대 신화적 요소들 위에 세워져 있는 듯 하다(사 14:12-21). 사단의 관점으로 이야기한 스토리 버전에 대해서는 *The life of Adam and Eve* 12-16을 보라.[27] 대부분 단순한 축출이 있으나, 누가복음은 예수 자신이 사단이 하늘로부터 번개같이 떨어지는 것을 보았다고 말하는 것을 보고한다(10:18). 물론 요한은 (그것이 이 스토리의 주제이기 때문에) 그것을 전쟁으로 표현한다. 그러나 이것은 단순히 (어떤 신화적인 과거에서 일어났던) 전쟁이 아니다. 그것은 예수의 죽음에서 발생했고, 예수를 증거한 사람들의 죽음에서 발생했다. 하늘과 땅, 이전과 이후, 모든 것들이 요한의 세계관에 해당된다(20-24면과 120-122면을 보라).

여자를 뒤쫓음, 12:13-16

두 액션이 이야기된다. 용은 여자를 쫓고 (그러나 그녀는 두 날개를 받아 광야로 도망하여 구출된다), 용은 그의 입으로부터 물의 홍수로 그 여자를 물에 떠내려가게 하려 한다(그러나 땅이 입을 벌려, 그 강물을 삼키고, 그 여자를 돕는다). 전자는 출애굽을 반향하고 있지만(출 9:4을 보라), 후자는 그것과 평행되는 이야기가 없다. 땅(헬라어로 여성명사)이 입(her mouth)을 연다는 것을 가리키는 다른 모든 성경 참고구절들은 구출이 아니라 파괴와 관련되어있다. 또한 땅이라는 한 여성(헬라어로 땅이 여성명사이므로 여성 대명사로 받음)이 다른 여자를 구출한다는 개념과 평행되는 이야기는 없다.

그 여자가 이미 그 광야로 도망했다고 언급되었지만(12:6), 여자가 "광야로" (또) 도망한다(12:14)는 것은 두 가지 사실을 가리킨다. 첫째, 하늘전쟁사건은 진정으로 (여자와 용사이의 충돌사이에 끼어들어온) 플레쉬백이다. (206-11면에 있는 시간에 대한 토론을 보라). 둘째, 이 사실은 이 장소에 대한 상징적 중요성을 보여준다. 광야는 출애굽 전통에서 도망간 장소일 뿐만 아니라, 예언 전통에서 구원이 새롭게 시작하는 장소이다(사 40:3과 막 1:1-15을 보라).

새로운 전쟁, 12:17

아이나 여자를 죽이지 못한 용은 여자의 남은 자손과 더 광범위한 전쟁을 시작한다. 스토리는 이 아이들이 누구인지 조심스럽게 가리키고 있다. 그들은 "하나님의 계명을 지키며 예수의 증거를 가진 자들"(12:17)이다. 분명히 내포청중의 성격을 묘사하고 있는 그러한 표현은 그들이 (예수와 자신들을 동일시하며, 유대율법에도 충성하는) 이중적 유산 위에, 즉 기독교인들과 유대인들 사이의 경계선 위에 놓여있음을 가리킨다. 우리는 내포 독자에 대해 270-71면에서 좀 더 자세히 논의하게 될 것인데, 여기서 단지 두 공동체들 사이의 경계선 위에 있다고 생각하는 공동체는 당연히 영역(space) 다툼과 전쟁의 정당성을 은유들(metaphor)로 나타내고 있음을 주목하자.

요약하자면, 이 부분은 용의 전쟁을 네 단계로 묘사한다. 그러나 그들은 순서대로 진술되지는 않는다. 첫 번째 단계는 용이 땅으로 쫓겨나는 하늘에서의 전쟁이다. 두 번째 단계는 메시아-아이를 죽이려는 시도이나, 그는 하늘로 올려가 버린다. 셋째 단계는 여자를 죽이려는 시도이나, 그 여자는 광야에서 보호를 받는다. 넷째 단계는 분명히 (이 글의 내포 청중으로 보이는) 그녀의 남은 자손들을 공격하는 것이다. 따라서 이 스토리는 그들이 어떻게 자신들이 현재 처해 있는 상황에 오게 되었는지 설명하고 있는 공동체의 선언적 스토리로 기능한다. 그들은 공격을 당하고 있는 공동체이다. 그것이 아니라면, 이 스토리는 그들로 그렇게 믿게 하려한다.

계 12:1-17 용과 *여인에 대한 독자들을 위한 주석*

이적(PORTENT) 표적(sign), 표(mark), 또는 증표(token). 특히 이 단어는 (조디악의 궁도를 포함하여) 신으로부터 오는 징조(omen)에 대해서 쓰여진다.

하늘(HEAVEN) 헬라어 단어는 물리적 하늘이나 하나님이 계신 영적 하늘을 가리킨다.

해산하게 되매 아파서(BIRTH PANGS) 하와 이야기(창 3:16)와 새로운 시대의 탄생에 동반될 진통을 암시한다.

만국을 다스릴(RULE THE NATIONS) 메시야적 암시, 시편 2편을 보라. 문자적으로 이 구는 나라들을 ***돌보다(shepherd)***는 뜻이다.

광야(WILDERNESS) 출애굽 후의 피난 장소이며 구원의 시작 장소. 사 40:3

와 막1장을 보라.

1,260일(DAYS) 미완적인 시간으로서 이해되는 악의 기간: 칠년의 반. 이 기간은 삼년 반, 마흔 두 달, 또는 1,260일로 여러 가지로 표현된다. 그 다른 표현들은 다른 어떤 의미라기보다 다양하게 사용된 것으로 보인다. 일반적으로 종말의 날 바로 전 엄청난 악이 넘치는 기간이 있을 거라고 생각한다. 이 기간을 자주 "메시야 시대를 낳는 산통(birth pangs of the messianic age)"이라고 한다.

증언(TESTIMONY) 헬라어로 ***마르튀스(martys)***인 증거(자)는 순교자(martyr)란 기술적 의미를 자연스럽게 얻었다. 예수는 탁월한 ***증거자(martys)***이다. 그러나 그를 따르는 자들은 그의 증거 위에 그들 자신의 증거들을 더한다.

한 때와 두 때와 반 때(TIME, TIMES) 악의 삼년반의 기간을 또 다르게 표현한 것이다.

홍수(FLOOD) 아마도 황제의 지위와 권력을 지지하기 위해 홍수같이 쏟아내는 황제의 선전에 대한 은유. 그렇다면, 땅이 그것들을 삼키는 능력은 그 약속들을 믿고 살아가기에는 그 정치적 시스템의 무능력함을 가리킨다.

용의 동맹자들, 13:1-18

여기 액션은 앞 스토리에 이어, 용이 여자의 남은 자손들과 싸우기 위해 여자를 공격하는 것으로부터 물러난다. 그 전쟁의 첫 행동은 동맹자들을 모으는 것 (또는 대리자들을 만드는 것)이다. 용의 출현에 반응하여 두 짐승들이 나오는데, 하나는 바다로부터 나오고 또 하나는 땅에서 올라온다. 이들은 많은 고대 스토리들에 나오는 태고의 혼돈 유발자들이다. 그들은 때때로 리워야단(Leviathan)과 베헤못(Behemoth)으로 알려졌다(짐승들의 정체와 묘사들에 대한 논의에 대해서는 191-93면에 나오는 등장인물들에 대한 설명을 보라).

이들 두 대리자는 용과 여자의 자손들과의 싸움에서 독특하나 서로 보완적인 방법들로 행동한다. 두 짐승은 용의 능력과 권세를 받았으나, 첫째는 힘으로 행동하고, 둘째는 기만, 유혹, 강압으로 행동한다. 첫째 짐승은 죽지 않고, 하나님의 이름과 그의 장막을 비난하고, 성도들과 싸워 ***이긴다***(13:7). 각 족속과 백성과 방언과 나라를 다스리는 권세를 받으니 이 땅에 사는 자들은 다 그 짐승에게 경배한다. 이러한 전개는 내러티브 방백(傍白, aside) – 편지 두루마리에서의 수사법을 떠오르게 하는 "누구든지 귀 있는 자는 들을지어다"(13:9) – 을 이끌어낸다. 도망이나 무장저항이 쓸데없다는 두 속담이 이어 나온다. 인내가 요구된다(13:10).

둘째 짐승은 첫째 짐승에게 경배하도록 기적과 기만을 행한다. 거절한 자들은 죽임을 당한다(13:15). 묵묵히 따르는 자들은 그 짐승의 표/이름으로 그들의 이마와 손에 666 표를 받는다. 우리가 이 666표가 개인을 가리키는 것으로 이해하건 혹은 단체를 가리키는 것으로 이해하건 간에 (190-91면에 나오는 성격묘사란 섹션에서 논의하였다), 그 의미는 고대에 신체의 부분들을 은유적으로 사용하는 데에서 찾을 수 있다. 머리는 권위와 의지의 좌소로서 영혼의 중심이었다. 머리의 표는 짐승에 대한 영적인 헌신을 상징한다. 그 손은 행위, 생산, 상거래를 나타낸다. 손 위에 표는 짐승을 위한 경제적 지원을 상징한다.[28]

모든 사람이 어떻게 이 표들을 받게 되는지 이해하기 위해서, 우리는 일세기 로마의 소아시아에서 사람들이 어떻게 살았는지 이해하는 것이 필요하다. 문자 그대로 사람들의 모든 활동을 하기 위해서는 황제(혹은 황제의 신)의 것이나 여러 신들의 승인표시를 받아야 했다. 교육은 호머의 신들과 고대 영웅들의 이야기들을 읽는 것으로 시작했다. 의술은 치료의 신인 아스클레피우스 신의 이름으로 실시되었다. 연예와 오락은 신들에게 바쳐진 운동경기(격투 시합장과 올림픽 경기들 둘 다)와 디오니소스 신에게 바친 극장에서 이루어졌다. 모든 연극은 극장의 앞자리에 세워진 디오니소스 신 제단에 희생을 드림으로 시작했다. 장사를 하려면 조합(guilds)에 소속해야했다. 그러나 상업조합들은 수공품을 발명하고 보호하는 자로 간주되는 수호신들에게 희생을 드렸다. 상조협회(고대 보험의 형태)는 남신이나 여신의 이름으로 모이곤 했다. 사람들이 물건을 사고 팔며, 세금을 지불했던 바로 그 동전들을 통해 이 남신들과 여신들을 공공연히 인정하는 것이었다. 그리고 이들 동전들에는 대부분의 경우에 황제의 어떤 이미지나 그가 "율리우스 신의 아들"이라는 글이 부조되어있었다. 누가 이들 "짐승들"에게 직접 나아가 경배 드리는 것은 피하였을지라도, 그 사람의 손은 여전히 일상적인 거래에서는 표를 받았을 것이다.

두 짐승에 대한 이 장면에서 요한은 거의 전체적으로 비관적인 그림을 그리고 있다. 누가 능히 이와 더불어 싸우리요(13:4). 지금까지 스토리를 따라왔던 자들이라도 그 질문에 대답하기에는 회의적일 것이다. 그리고 그러한 의심은 다음 장면에서 확인된다.

계 13:1-18 *짐승들에 대한 독자들을 위한 주석*

바다에서 한 짐승(BEAST ... SEA) 아마 로마제국에 대한 심볼. 상세한 것은 190-93면을 보라.

그의 머리 하나(ONE OF ITS HEADS) 분명히 죽임을 당한 한 통치자. 어떤 이들은 이것을 네로의 귀환 전설과 연관시키나, 그럴 것 같지는 않다. 그 네로 전설은 죽음으로부터 환생을 기대하는 것이 아니라 망명으로부터의 귀환을 상상하는 것으로 보인다(*Sibylline Oracle* 5.90-235 을 보라). 더 중요한 것은, 여기서 고침 받았다고 말하는 것은 머리가 아니라 짐승이다(영어 번역에서는 불분명하지만 헬라어에서는 분명하다). 요점은, 황제를 죽이는 것이 왕국을 멸망시키는 것이 아닌 것처럼, 머리를 잘라내는 것은 짐승을 죽이는 것이 아니라는 것이다. 아마 율리어스 시저의 암살이 네로의 죽음보다 더 좋은 평행사건이다.

인내(ENDURANCE) 악한 세력에 대한 끊임없는 저항. 78면에 나오는 1:9에 대한 독자들을 위한 주석을 보라.

짐승이 땅에서(BEAST ... EARTH) 이 짐승은 첫 짐승에 대한 앞잡이로 역할하며, 나중에 거짓 선지자라 불린다(16:13과 특히 19:20을 보라). 아마 우리는 이것을 로마의 지배체제를 떠받드는 기관들이나 개인들이나 사상체계라고 생각할 수 있을 것이다.

경배하게 하니(MAKE ... WORSHIP) 이 기간에 강요된 황제숭배에 대한 증거가 거의 없다. 그래서 우리는 후에 일어날 박해 시기들을 이 이야기에 끌어들여 읽는 것에 주의해야 한다. 확실히 어떤 이들은 황제의 숭배를 인정하지 않았기 때문에 죽었다(13:15), 그러나 그것은 드물었을 것이다. 짐승의 강요는 더 애매하다.[29]

이마(HEAD) 의지의 심볼이며 영혼의 중심.

손(HAND) 사람의 일, 행위, 의무, 목적에 대한 심볼.

666 삼중의 6은 불완전하고 완벽하지 않은 수 6의 중요성을 강화한 것이다. 이 수는 창조의 6번째 날을 반향한다, 그 날 인간이 창조되었다. 여기서 이 수는, 한 개인을 의미하거나 어떤 집단에 대한 의미로 이해될 수 있다. 그래서 어떤 황제 한 명이나 여러 황제들을 가리킬 수 있다. 상세한 것은 187-93면을 보라.

승리자(Champion)의 출현, 14:1-20

우리는 마지막 전쟁 그리고 악의 궁극적 멸망(20:15)까지 계속 달리는 일련의 액션들을 시작한다. 그러나 나는 편의상 (궁극적으로 용을 패배시킬 자의 소개로부터 시작해서) 그것들을 더 작은 논리적 단위들로 나누었다. 이 섹션에서 이 행위자(agent)의 성격묘사를 위해 사용한 여러 이미지들을 이해하는 것이 아주 중요하다. 이 이미지들은 어린 양의 이미지로 시작하여(14:1), 구름을 타고 오는 인자의 모습이 나오고(14:14), 하늘의 신적용사와 함께 절정에 이른 후(19:11), 어린 양의 모습(21:22; 22:1 등)으로 되돌아온다. 이 스토리는 희생과 순교의 이미지들과 함께 멸망과 거룩한 전쟁의 이미지들로 틀을 삼는다. (193-96

면과 127-29면에 나오는 토론을 보라.)

이 부분의 액션은 계속해서 전투원들(combatants)을 소개한다. 용이 자신의 동맹자들을 분명히 나타낸 것처럼, 이제 우리는 어린 양이 그의 동맹자들-(7:1에서 처음 만났던) 이스라엘의 지파들로부터 인침 받은 144,000명 - 과 함께 있는 것을 본다. 남성 독신자들에 대한 매우 문제 많은 특징에 대해서, 194-98면의 토론을 보라(129-36면도 보라).

이들 배역들을 길게 소개함으로 내러티브 멈춤(pause)이 생긴다. 그 멈춤에서 아무 일도 일어나지 않으며, 내가 예배 두루마리라고 부르는 두 번째 주요 내러티브 부분의 경배장면을 다시 소개하는 플레쉬백을 포함한다(14:3과 4:4-8을 비교하라). 이것은 우리에게 이 두 장면들은 서로 관련되어있으며 동시적이라는 것을 떠오르게 한다. (206-11면에 나오는 시간에 대한 토론을 보라.)

주로 천상의 메신저로 역할하는 세 천사가 나타나자, 시간은 더욱 뒤틀어진다. 각 천사가 현재, 과거, 미래 일을 외친다. 첫째는 (하나님을 두려워하고 경배하라고) 요구한다. 둘째는 일어난 것을 선포한다. 셋째는 예측을 한다. 첫째는 "영원한 복음"이라는 현재적 요구를 하는데, 그는 "하나님을 두려워하며 그에게 영광을 돌리라 이는 그의 심판의 시간이 이르렀음이니 하늘과 땅과 바다와 물들의 근원을 만드신 이를 경배하라"(14:7)고 선언한다. 이것은 확실히 이 계시록-스토리에서 묘사하고 있는 충돌, 즉 누구에게 그리고 어떻게 경배해야 하는지에 대한 충돌의 핵심이다.[30] 이 (하나님을 두려워하고 경배하라는) 현재적 요구는 (이어지는) 다른 두 개의 메시지에 의해 보강된다.

두 번째 천사는 바벨론이 무너졌다고 선언한다. 그 헬라어 동사의 시제를 영어에서는 찾을 수 없다. 그 동사는 단순과거로 과거의 어떤 시점에 일어난 행동을 가리킨다. 스토리 세계와 실제 세계가 단적으로 분리되는 경우가 여기인데, 바벨론에 해당하는 세속적 도시는 로마이며 로마는 당시에 확실히 무너지지 않았기 때문이다. 이 등장인물(천사)은 마치 미래의 청중에게 인사하며, 그들에게 모든 것들이 변화될 것을 확신시키는 것 같다.

짐승에게 경배하며 그의 표를 받는 자들의 미래 심판을 선언하는 세 번째 천사의 시간은 다시 청중의 시간과 일치한다. 그러나 그 선언은 미래로부터 현재시제로 바뀐다. 그것은 마치 그들이 이미 불로 고난을 받고 있으며, 이미 쉼을 얻지 못하고 있는 것 같다(14:11).

이제 내레이터는 이러한 끼어들기(interruption)의 목적 – 성도의 인내를 요구한다(14:12) – 을 설명한다. 그리고 하늘의 음성이 불길한 선언 – 지금 이후로 주 안에서 죽는 자들은 복이 있도다 – 을 한다. 우리는 하늘 전쟁(12:11)과 어린 양의 군대를 묘사하기 위해 사용한 희생적 이미지들(sacrificial imagery)을 기억한다. 그러나 우리가 그것이 밝혀졌다라고 생각할 바로 그때, 그 장면은 극적으로 전환한다.

우리의 관심이 하늘로 되돌아가고, 그곳에는 하얀 구름이 있고 첫 도입환상에 나오는 위엄있는 인자가 거기에 앉아있다(14:14; 1:13). 그 인물은 (승리의) 금 면류관을 쓰고(4:1-11의 독자들을 위한 주석을 보라) 낫을 가지고 있다. 한 천사가 성전에서 나와 그에게 땅을 추수하라고 말하자, 그는 그렇게 한다. 그런 후 두 번째 추수가 있다. 그러나 곡식 추수가 아니다. 그리고 인자가 하는 추수도 아니다. 다른 천사가 다른 낫을 들고 성전에서 나오고, 제단으로부터 또 다른 천사가 포도를 추수하라고 말한다(8:3-5에 대한 토론을 보라). 이 장면은 정말 이상하다. 더 나아가 이 포도들이 추수되자, 그것들이 "하나님의 진노의 큰 포도주 틀"에 던져지고, 그 틀이 "성 밖에서 밟히니" 틀에서는 포도주/피가 나서 "말 굴레에까지" 닿았고, 1,600 스다디온(200 마일에 해당하는 수치)에 퍼졌다. 이 장면은 (적을) 격퇴하고 (억지로) 강제하는 정말 무서운 전쟁장면이다. 그러나 왜 그렇게 말하는가? 왜 인자가 포도 추수를 행하지 않는가? 왜 포도가 수확되는가? 왜 성 밖인가? 왜 그렇게 많은 피가 있는가?

이 질문에 대한 대답은 계시록-스토리의 상징주의에서 찾을 수 있다. 첫째, 인자는 예수가 확실하고, 곡식과 포도의 수확은 예수와 관련하여 빵과 포도주(즉 성찬식)를 떠오르게 한다. 우리는 "성 밖"이란 표현은 이 기간에 살았던 그리스도인들이 예수의 죽음을 언급할 때 사용하였으며(히 13:11-16), 아마 부정(impurity)이란 개념으로부터 유래되었다(레 14:40)는 것을 안다. 따라서 한 레벨에서는 여기 피는 땅에 거하는 악한 자들의 것으로 보이지만, 그것은 예수가 그 악한 자들을 구속하기 위해 흘린 피와 상징적으로 일치한다. 전 지구를 덮는 피는(1,600은 땅의 수인 4를 뿌리로 하고 있다) 예수의 피이다 – 성찬 포도주가 유효한 모든 곳.

승리자가 나타났다. 승리는 확실하다. 이제 모든 것은 처음에 보이던 것과 같지 않다.

계 14:1-20 *용사에 대한 독자들을 위한 주석들*

어린 양(LAMB) 125-27면에 나온 토론을 보라.

시온산(MOUNT ZION) 구원자가 나올 장소(시 14:7; 사 59:20 과 롬 11:26) 그리고 또한 믿음의 공동체에 대한 심볼(히 12:22).

144,000. 127-34면에 나온 토론과 153-57면에 나온 6:1-8:1에 대한 독자들을 위한 주석을 보라

보좌 ... 네 생물 ... 장로(THRONE ... CREATURE ... ELDERS) 127-34면에 나오는 토론을 보라.

더럽히지(DEFILE) 영어로는 두 가지가 혼란스럽지만, 정결함은 도덕적 문제가 아니다. 정결례에 따라, 거룩한 전쟁에서 전사들은 여자와 더불어 더럽히지 않아야 한다.

처음 익은 열매로 ... 비난할 여지가 없는(FIRST FRUITS ... BLAMELESS) 둘 다 희생제사의 이미지들이다(레 2:14; 1:3; 3:1 등). '비난할 여지가 없는(blameless)' 으로 번역된 단어는 문자적으로는 "흠이 없는"(without blemish)" 이다.

바벨론(BABYLON) 이스라엘의 새로운 파괴자인 로마에 대해 은유적으로

사용된 고대에 이스라엘 파괴자이다.

짐승의 표(MARK OF THE BEAST) 187-93면과 219-21면에서의 토론을 보라.

흰 구름(WHITE CLOUD) 구름을 타고 오는 천상적인 인물은 다니엘서(7:13)로부터 인용하고 있고, 초기 기독교 글들에서 널리 사용되었다(마 24:30과 평행들). 요한은 승리를 상징하는 흰색을 추가하고 있다.

인자(SON OF MAN) 78-82면에 나오는 1:9-20에 대한 독자들을 위한 주석을 보라.

성 밖에서(OUTSIDE THE CITY) 배척, 배제, 불결을 암시한다(왕상 21:13; 히 13:11-12; 레 14:40).

이백 마일들(TWO HUNDRED MILES) 헬라어로 1,600 스타디온(stadia)은 땅을 상징하는 4를 기초로 만든 수로, 그러한 수의 상징적 중요성을 놓치고 있기 때문에 좋은 번역이 아니다. 이 피는 땅을 뒤덮고 있다.

땅을 공격: 일곱 마지막 재앙들, 15:1-16:21

이 사건은 하늘에서 본 "큰 이적"이라 말함으로 주된 액션이 다시 회복됨을 알리고 있다(12:1-3을 참고하라). 위에서 언급했듯이, 첫 두개의 하늘 이적들(12:1-3)은 아마 점성술적 의미를 가졌다(11-17면을 보라). 이 세 번째 징(15:1)조 역시 점성술적 현상에 기초한다. 다시 한번 그 액션은 긴 묘사와 예비적 사건들로 인해 연기된다. 그리고 다시 그 장면은 유리바다(15:2; 4:6)와 함께 천상의 경배 장면으로 돌아간다. 다시 천상의 성전이 열리고(15:5; 11:19), 다시 천사들이 그곳에서 나온다(15:6; 14:15-18).

어떤 이들은 그 천사들이 일곱 재앙들을 가지고 있는 것(15:1)으로 소개한 후, 그들에게 일곱 진노의 대접들이 주어진다(15:7)는 것에 반감을 표시한다. 그러나 그들을 소개한 것은 상세하게 곧 보여지게 될 것들의 요약으로 보는 것이 최선으로 보인다. 액션은 곧장 집행 된다. 성전으로부터 나는 음성은 천사들에게 그들의 대접을 땅에 부으라고 지시하고, 그들은 순서대로 그렇게 실행한다.

그 순서는 일곱 나팔들을 반영하고 있다(206-11면에 있는 그 비교를 보라). 그러나 본 액션이 더 절정에 가까우며, 더 최종적이다(그 재앙들과 함께 하나님의 진노가 끝나기 때문에, 이것들은 마지막 재앙들이라는 15:1의 서두 진술을 주목하라). 그 일곱 재앙들은 땅에 연속적으로 쏟아지며, 악의 영역들이 완전 전복될 때까지 그 모든 것이 파괴되는 것을 보여준다. 오늘날 도시가 폭격당하는 것 같은 이러한 장면은 심각한 윤리적 문제를 일으키는데, 우리는 그것에 대해서 간단히 고려할 것이다(250-52면). 각 재앙장면은 천사들 중 하나가 자기의 대접을 쏟아 붓는 것으로 시작된다.

첫째를 땅에 쏟자, 짐승의 표를 받은 모든 자들에게 악하고 독한 종기가 난다. 둘째를 바다에 쏟자, 바다가 피가 되어 바다가운데 모든 생물이 죽는다. 셋째를 강과 물 근원에 쏟자, 그 역시 피가 된다. 이것은 (그 재앙 시리즈를 잠깐 방해하는) 어떤 반응을 불러일으킨다. 그 "물의 천사"(강, 나무, 산의 생명력을 나타내는 님프의 헬라 전승을 떠오르게 한다)는 이 파괴를 의롭다고 논평한다. 우리는 이 물의 수호천사는 이 파괴를 반대할 것이라고 기대하나, 오히려 그 파괴를 지지한다. "그들이 성도들과 선지자들의 피를 흘렸으므로 그들에게 피를 마시게 하신 것이 합당하니이다"(16:6)는 천사의 논리는 앞으로 장차 될 일을 이해하기 위해 중요하다. 그 스토리가 아무리 충격적일지라도, 이 원리가 스토리를 이끌어갈 것이다. 우리는 마땅히 받을 것을 받는다. 역사에 법이 있는 것처럼, 칼을 사용하는 자는 칼로 죽을 것이다(13:10). 피를 흘리는 자들은 피로 마칠 것이다. (죽임을 당한 순교자의 수가 차기까지 기다릴 필요를 참고하라; 6:11, 149-50면에서 논함).

이 대접 시리즈의 마지막 네 단계가 이어진다. 넷째 대접을 해에 쏟자, 해가 불로 사람들을 태우고 사람들은 하나님을 저주하나, 회개는 일어나지 않는다. (우리는 250-52면에서 사람들이 회개하도록 고통이 주어지고 있다는 이 암시의 윤리성에 대해 토론할 것이다.) 다섯째 대접을 짐승의 보좌에 쏟자, 그 왕국이 어둠에 던져진다. 그러나 그들은 다시 하나님을 저주하고, 회개하지 않는다. 여섯째를 유브라데 강에 쏟자, 강이 말라 동방에서 오는 왕들의 길이 예비된다. 용, 짐승과 거짓 선지자(둘째 짐승의 다른 이름으로 보임)의 입들로부터 귀신의 영들이 온 천하 왕들에게 가서 전쟁을 위하여 그들을 모은다. 익명의 음성이 "내가 도적같이 오리라"고 선언한다. 그들이 아마겟돈에 모인다. 일곱째 천사가 대접을 공중에 쏟자, 성전으로부터 큰 음성이 나서 "다 되었다"고 선언한다.

그러나 물론 다 된 것은 아니다. 아직 많이 남아있다. 우리는 칠중 시리즈를 끝이라고 보았으나, 어쨌든 그 끝은 항상 저 너머에 매번 있었다. 이 점에 관해서, 마지막 전쟁이 결코 치러지지 않았다는 것을 주목하는 것이 중요하다. 본 내러티브는 군대들이 모이는 것으로부터 곧 바로 승리 선언으로 움직인다. 또는 요한의 입장에서 마지막 전쟁은 이미 치러졌고, 그 승리는 예수의 죽음으로 이미 확실하다고 말하는 것이 더 옳을지 모른다. 이 계시록 책의 많은 상징은 예수의 죽음의 의미를 해석하도록 설계되어 있다.

승리 선언에 이어 이상한 재난 장면들이 나온다. 번개, 우레, 이전 지진들보다 더 강력한 지진. 큰 성이 세 갈래로 갈라지고 만국의 성들도 무너지고, 섬들과 산들도 없어지고, 무게가 일백 파운드(한 달란트)나 되는 큰 우박이 하늘로부터 사람들에게 내리매 사람들이 하나님을 비방한다. 모든 것이 파괴된 것같다. 그리고 사실상, 바벨론의 멸망을 더 상세하게 보여주기 위해 이야기는 멈춘다.

계 15:1-16:21 *일곱 대접들에 대한 독자들을 위한 주석*

모세의 노래 ... 어린 양의 노래(SONG OF MOSES ... LAMB) 하나님의 계명과 예수의 증거를 가진 자들(12:17; 14:12 등)인 성도들에 대한 묘사에 반영된 것과 같은 이중성. 모세의 노래에 대해서는, 출애굽기 15장과 신명기 32장을 보라. 여기에 표현상 시편 둘(111:2; 86:8-9)과 예레미야서(10:6-7; 16:19)가 함께 반향되어 있다. 모세의 노래의 원래 배경은 매우 매서운 표현으로 적들에 대한 하나님의 복수를 예찬하는 것이다.

성전 ... 장막(TEMPLE ... TENT) 모새의 원래 텐트(장막)와 후대의 돌 성전의 개념을 융합시킨 것이다.

연기 ... 영광(SMOKE ... GLORY) 이사야 6장에 나오는 장면을 떠오르게 한다.

대접들(BOWLS) 헬라인들은 술을 대접으로 마셨다.

아마겟돈(HARMAGEDON) 의식적으로 히브리어로 이름을 붙인 이 단어는 므깃도 산으로 번역된다. 그러나 그런 산은 없다. 202-05면에 있는 그에 대한 토론을 보라.

큰 성(THE GREAT CITY) 주로 로마를 대표하는 상징(17:18), 그러나 예루살렘도 나타내는(11:8) 모호한 상징. 119-22, 187-93, 230-34면에 나오는 토론을 보라.

일백 파운드(A HUNDRED POUNDS) 문자적으로는 한 달란트의 무게, 125 로마 파운드(1 파운드는 12 온스), 따라서 대략 우리 측량으로 90 파운드이다. 그러나 그 표현은 그 우박이 엄청나게 크다는 것으로 의미하는 것으로 이해하는 것이 좋다. 우리 표현으로 우리는 그것들의 무게가 1톤이라고 말할는지도 모른다.

적이 분열됨: 큰 음녀의 파멸, 17:1-19:10

큰 성이 세 개로 나누어진 것처럼(16:19), 이제 우리는 용의 연합이 깨지는 것을 본다. 스토리는 매우 화려하게 차려입은 음녀로 보이는 바벨론의 특징을 통하여 이러한 분열에 초점을 모은다. '잔인한(vicious)'과 '희생자(victim)'라는 성격묘사에 관하여는 187-93면을 보라. 여기에서 우리는 그 스토리의 액션을 추적해보자.

144,000명이 시온 산에 모이고(14:8) 한 천사에 의해 바벨론의 멸망이 선언되자, 큰 지진으로 파괴된 것으로 보인다(16:19). 이제 네 개의 다른 이미지들(즉 학대받은 여인, 황폐한 도시, 불타는 성, 바다에 던져진 맷돌)이 따로 따로 일어날 것이다. 하나씩 살펴보자.

학대받는 여인

이것은 가장 오래된 사건이며, 또한 가장 강력한 비유적 묘사이며, 가장 자세한 해석을 갖춘 것이다. 본 장면은 (일곱 천사들 중 한 천사가 요한에게 말하고, 그가 여인을 보고 있는 광야로 데려감으로) 조심스럽게 일곱 대접 시리즈와 연결되었다. (어렴풋하지만, 요한이 청중들에게 우리가 이 스토리의 첫 부분[12:14]에서 광야에 남겨둔 다른 여인을 생각하게 하고 있는지 모른다.)

그 여인을 "큰 음녀"라고 부른 요약부분부터 시작하자(17:1). 그 후에 그 여인은 상세히 묘사된다. 그 여인은 일곱 개의 머리를 가지고 있는 바다짐승 위에 앉아 있다. 그녀는 자주 빛과 붉은 빛 옷을 입고, 금과 보석과 진주로 꾸미고 손에 금잔을 가지고 있다. 그 여인은 분명히 귀족이다. 이는 아주 부유하고 고귀한 시민들만이 그런 색깔의 옷들과 그런 보석들을 걸칠 수 있었기 때문이다.[31] 이것은 그녀가 다른 이들을 매료시키고 유혹하는 면이다. 그녀의 대접은 더러운 것들로 가득 차있다. 그녀는 그녀의 이마에 음녀라 기록되어 있다. 그리고 그녀는 피로 취해 있다. 요한이 반응을 보이나, 영어로는 표현하기 어렵다. 헬라어는, 문자적으로, I marveled seeing her a great marvel(내가 그 여자를 보고 기이히 여기고 크게 기이히 여겼다)이다. 그것은 놀람과 경이가 외경심으로 바뀌는 것을 의미한다. 13:3에서 똑같은 동사를 사용해 온 땅이 놀랍게 여겨 짐승을 따르고 있음을 암시하고 있다. 그 천사는 즉시 요한에게 깨우침을 주려하여(17:7), 그 이미지를 길게 설명한다.

이 설명은 3개 부분으로 나뉜다. 먼저는 짐승에 대한 상세한 설명, 그리고 다가오는 전쟁에 대한 묘사, 그리고 마지막은 여인의 운명에 대한 예측이다.

그 천사는 일곱 머리를 가진 짐승에 대한 (평행되지 않는) 이중적 해석을 한다: 그것들은 일곱 산이요 일곱 왕이다. 이들 일곱 왕 중, 다섯은 망하였고 하나는 있고, 다른 하나는 아직 이르지 아니하였다. 따라서 현재의 통치자는 여섯째이다.[32] 짐승 자신은 메시야적 용어로 묘사된다(그것은 여덟째이다). 그리고 죽은 자들로부터 다시 살아난 것처럼 보이는데, 이는 악이 선을 흉내 내고 있다는 요한의 신념을 반영하고 있다. (13장에서 두 짐승을 소개할 때 표현한 유사한 생각을 보라.) 열 뿔은 짐승과 동맹한 열 왕을 나타내는데, 그들은 그들의 능력을 그 짐승에게 준다. (Marduk의 이야기에서처럼, 결과는 반대이지만 [말둑은 승리하나, 이 짐승은 멸망당한다] 그 왕들이 그 짐승과 연합한다. 184-87면을 보라).

천사는, 그들이 어린 양과 더불어 싸울 것이고, 어린 양은 그들을 이길 것이라고 덧붙인다(17:14). 우리는 다시 전쟁 내러티브에 대한 어떤 장면도 없이, 전쟁이 일어났다는 사실로부터 승리했다는 사실로 직접 이동한다. 그리고 어린 양이 만주의 주이시라(시제를 주목하라)는 설명만으로 그 승리를 당연시하고 있다.

마지막으로, 우리는 음녀의 어둡고 무서운 운명에 대해서 듣는다, 그 음녀의 동맹자들이 그녀에게 등을 돌린다 – "이 열 뿔과 짐승은 음녀를 미워하여 망하게 하고 벌거벗게 하고 그의 살을 먹고 불로 아주 사르리라"(17:16). 한 인간에게 이런 행위들을 행한다는 것은 불행한 일이다. 스토리의 짐승들에 의해 그것들이 수행된다 할지라도, 청중들은 음녀가 마땅히 받을 것을 받았다고 생각한다. 그리고 전쟁 스토리 후반부에서 그 음녀의 죽음에 대해서 기쁨이 있을 것이다(19:1-3). 그러나 여기서는 기쁨이 없다. 나는 우리가 이 장면의 공포를 느껴야 한다고 생각한다. 그것은 전쟁에서 일어나는 공포이다. 요한은 그 스토리에 "네가 본 그 여자는 땅의 왕들을 다스리는 큰 성이다"(17:18)는 후기를 더하고 있기 때문에, 요한은 문자 그대로 이런 테러들의 위험성을 느끼고 있었을 수 있다.

따라서 한편으로, 벌거벗게 하고 그의 살을 먹고 불로 살랐던 이것은 바로 예루살렘에 임한 운명이었기 때문에, 요한은 역사를 다시 말하고 있는 것이다.

그러나 이제 그 큰 성은 로마이며 요한은 그 똑같은 운명이 그 도시를 기다리고 있다고 확신하고 있다. 그리고 요한은 이 멸망에 대한 상징으로 세 개의 이미지들을 추가할 것이다. 그리고 두 정반대 반응들–먼저는 슬픈 노래, 그런 후 할렐루야–을 묘사할 것이다.

황폐한 도성

한 천사가 바벨론이 무너졌다고 선언하면서(18:2; 14:8과 비교하라), 일찍이 요약적으로 말한 것을 여기서 더 자세히 묘사한다. 이제 야생 동물들과 귀신들만 살기 때문에, 그 도성이 황폐하였다고 한다. 아니면, 하나님의 백성에게 그 도시가 받을 죄와 재앙을 받지 않기 위해 그 도시를 떠나라고 했기 때문에(18:4), 그들이 이 말에 순종했다면 그렇게 되었을 것이다. 또 다시 정의를 요청한다. *그가* 준 그대로 그에게 주라(18:6).

불타는 도성

바벨론 성의 심판은 빠르며, 갑자기 임하여, 하루 동안에 사망과 애통과 흉년이 임하고, 불에 살라진다(18:8). 그 불멸의 도시는 세세토록 연기가 올라가는 폐허가 된다(19:3). 이러한 광경을 보는 세 증인들은 그 연기를 보고 애통해 한다. *땅의 왕*들은 멀리 떨어져 서서, 그 불붙는 연기를 보고 (그를) 위하여 울고 가슴을 친다(18:9). *상인*들 역시 멀리 서서 그를 위하여 애통해 한다. 그러나 땅의 상고들이 그를 위하여 울고 애통하는 것은 다시 그들의 상품들을 사는 자가 없기 때문이다. 심각한 아이러니와 함께 그 상품들이 열거되고 있다.

> 그 상품은 금과 은과 보석과 진주와 세마포와 자주 옷감과 비단과 붉은 옷감이요 각종 향목과 각종 상아 기명이요 값진 나무와 진유와 철과 옥석으로 만든 각종 기명이요 계피와 향료와 향과 향유와 유향과 포도주와 감람유와 고운 밀가루와 밀과 소와 양과 말과 수레와 종들과 사람의 영혼들이라.
>
> 계 18:12-13

이것들은 분명 향료처럼 사람들을 사고파는 상위층 사람들의 물건들이다. 그러나 그 상인들도 큰 음녀인 그 도성을 위해 "그러한 부가 일 시간에 망하였도다."라며 운다.

이 물건들을 나르는 *선원들* 역시 멀리서서 애통해 하며 "이 큰 성과 같은 성이 어디 있느뇨"(18:18)라고 외친다. 그러나 일순간에 모든 것은 무너졌다. 이제 우리가 상실감을 느끼기 시작하는, 내러티브의 바로 이 가장 암울한 부분에서, 청중들은 "하늘과 성도들과 사도들과 선지자들아 그를 인하여 즐거워하라! 하나님이 너희를 신원하시는 심판을 그에게 하셨음이라"(18:20)는 외침을 듣는다. 우리는 그 도성의 운명과 성도들의 운명이 정반대라는 것을 기억하도록 요청받는다. 그래서 요한은 다시 한번 바벨론의 멸망을 묘사한다.

맷돌

상징적으로 한 힘센 천사가 (그 바벨론을 던져 빠트리는 폭력적 이미지로) 바다에 큰 맷돌을 던져 바벨론을 멸망시킨다. 다시 우리에게 도시의 황폐한 모습, 즉 잃어버린 즐거움에 대해 끊임없이 마음에 떠오르는 선율의 송시(18:22-23)가 들려진다. 그 장면은 땅 그 도성이 멸망당한 이유-땅 위에서 죽임을 당한 모든 선지자들과 성도들의 피가 이 성중에서 보였기 때문이다-와 함께 끝난다.

배경이 땅에서 하늘로 바뀌면서, 애도하는 이 장면들 다음에 기뻐하며 환호하는 장면이 뒤따른다. 다시 액션의 절정은 예배 장면이다. 우리는 4장에 나오는 그와 똑같은 등장인물들이 있는 하늘의 어전으로 다시 돌아간다. 여기에서만, 할렐루야를 반복하며 기뻐 환호한다. 그 환호는 정의에 대한 것(하나님이 음녀에게 신실한 자들의 피를 갚으셨다; 19:2)이며, 온 세상을 하나님이 통치하시는 것에 대한 것(19:6)이며, 그리고 어린 양의 혼인식이 이르렀다는 것(19:7)이다. 이것은 혼인식에 대한 첫 번째 언급이며, 용사들을 순결한 처녀들로 묘사한 것을 생각하면(14:4) 약간 놀랍다. 우리는 여기서 신부를 처음 엿보게 된다. 그녀는 후에 아주 자세하게 묘사될 것이다(21:9-27). 그녀의 빛나고 깨끗한 세마포 옷은 큰 음녀의 사치스런 자주 빛과 붉은 빛 옷과 보석들로 치장한 것과 완전히 대조를 이룬다. 자신의 상징을 깨는 예들 중 하나로, 저자는 우리에게 이 세마포는 "성도들의 옳은 행실"이라고 말한다(19:8, 다른 해석된 상징들에 대해서는 26면에 있는 표1을 보라). 여기에서 말하고자 하는 것은 신부들이나 음녀들과 전쟁들이 아니라 (예수를 따르는) 성도들의 삶속에 (행위가 로마를 사치스럽게 옷 입힐 수 있게 하거나, 그들 자신의 공동체를 신실한 행위로 옷 입힐 수도 있음을) 유념하게 한다.

이 문단은 요한이 이 환상을 보여준 사자(messenger)를 경배하려했으나 "나는 너와 및 예수의 증거를 받은 네 형제들과 같이 된 종이니 삼가 그리하지 말라"(19:10; 22:9도 보라)고 엄숙히 꾸짖음을 당한 중요하면서도 우스꽝스러운 장면으로 끝난다. 다시 우리는 과감하고 명백하게 선언된 내러티브의 기본 주제를 듣는다. 하나님을 경배하라.

계 17:1-19:10 *바벨론의 멸망에 대한 독자들을 위한 주석*

일곱 대접들(SEVEN BOWLS) 15-16장에서 언급된 사건들로 돌아가 참고하라.

성령으로(IN THE SPIRIT) 계시록에서 이 구를 세 번째 사용한다. 1:10과 4:2을 보라. 20:10의 어린 양의 신부에 대한 평행 환상에서 다시 사용될 것이다. 이 구는 "무아지경(in a trance)" 같은 상태를 의미하는 것 같다. 그리고 요한은 그가 보고 있는 것의 영적인 성질을 강조하기를 원할 때 사용한다.

광야(WILDERNESS) 보통 귀신이 돌아다니는 곳이기도 하지만, 구원의 장소이다.

짐승(BEAST) 13장에서 소개됨. 187-93면에 나오는 토론을 보라.

일곱 왕들(SEVEN KINGS) 우리가 셀 수 있는 (그리고 책 저작 연대를 알 수 있는) 당시 통치자들을 가리키는 것 보다 상징적으로 이해하는 것이 나을 것같다. 일곱 황제들(완전한 시리즈)가 있어야 하고, 현재는 항상 6번째 인간이다. 역시 322-23면에 나오는 미주 32를 보라.

피에 취한지라(DRUNK WITH BLOOD) 16:6, 3번째 대접을 보라.

신비(MYSTERY) 숨겨진 지식; 비밀한 의미.

예수의 증거(TESTIMONY OF JESUS) 예수가 증거한 것(그의 삶과 특히 그의 죽음)와 (그의 제자들이 그에 대한 말씀과 그를 본받음으로 행하는) 예수에 대한 증거.

예언의 영(SPIRIT OF PROPHECY) 예언을 영감하는 영. 요한이 천사에게 경배하려하자 천사가 꾸짖는 내용의 이 절은 요한으로 하여금 이 메시지의 원천은 예수의 증거라는 사실을 그에게 상기시키고 있다.

새 용사(THE NEW CHAMPION)가 승리한다, 19:11-21:8

우리는 이제 전쟁의 마지막 국면, 본격적인 충돌에 들어섰다. 그 하늘 전사는 하늘로부터 찬란한 무장을 하고 내려와, 짐승들을 단번에 이긴다. 그 결과로 평화가 시작되나 지속되지는 않는다. 다시 새로운 악마가 최종적인 충돌을 일으키지만, 그 악마는 하나님에게 멸망당하고, 하나님은 완전한 승리를 하신다. 아니 그렇게 보인다. 각 단락을 자세히 살펴보자.

말씀이 짐승들을 멸망시킨다, 19:11-21

하늘 전사란 인물에 대한 일정한 패턴은 요한 시대의 고대 이야기들에 잘 정립되어 있다. 그 고대 이야기들에서 용은 여자를 공격한다. 그녀의 아들은 제거된다. (또는 죽임을 당하여, 하늘이나 지하세계로 옮겨진다.) 그 아들이 돌아와 그 용을 죽인다. 그 이야기는 농사절기에서 기원한 것인데, 매년 모든 식물이 생명을 빼앗기는 건기가 되면 봄의 생명력은 끝나고, 다시 비가 와서 새 생명을 가져올 때에야 (건기를) 이기게 된다. 여러 변형들이 있는 그런 이야기는 바알과 아세라(Baal and Asherah)의 이야기이고, 이시스, 오시리스와 호루스(Isis and Osiris and Horus)의 이야기이고, 탐무즈와 이난나(Tammuz and Inanna)의 이야기이다. 신화들은 그렇듯이, 말둑과 티아맛(Marduk and Tiamat) 사이에 일어난 창세기 전쟁 이야기(184-87면의 논의를 보라)나 태양이 매일 어둠에 대해 승리하는 태양의 신화(214-16면을 보라)와 같은 다른 신화들과 융합되었다.

여기 하늘 전사는 우리의 모든 기대들을 충족시킨다. 고귀한 이름들, 훌륭한 명망, 무장한 천상의 군대들을 지휘하며, 흰 말을 타고 하늘로부터 나타난다. 우리는 그가 어떻게 이 전쟁 스토리에서 다른 구출하는 등장인물들(어린 양, 여자의 아이, 미가엘, 구름에 앉아 낫을 들고 있는 자)의 특징들을 모두 나타내고 있는지를 보았다(193-96면). 그는 모든 인물들의 절정에 이른 인물이다.

그리고 그의 행위들은 그의 성격과 일치한다. 그는 심판 전쟁을 하신다. 그는 철장으로 다스릴 것이며, 그는 하나님의 진노의 포도주 틀을 밟고 있으며(헬라어로 현재시제), 그는 모든 짐승의 군대를 죽였다. 이 모든 것은 전형적이고 예상된 것이다. 아마 놀라운 점이라면 너무 쉽게 끝나버린 것이다.

그러나 더 면밀하게 살피면 비정상적인 부분들이 나타난다. 먼저, 그의 옷은 전쟁이 시작되기 전에 피가 묻혀있다. 둘째, 그의 이름은 하나님의 말씀이다. 셋째, 다시는 어떤 전쟁도 언급되지 않는다. 그 스토리는 그들이 전쟁을 하기 위해 모였다는 진술로부터 곧 바로 짐승이 붙잡혔다는 선언으로 이동한다. 넷째, 짐승을 따르는 모든 남은 자들이 죽임을 당한 방법이 놀랍다. "그 나머지는 말 탄 자의 입으로 나오는 검에 죽으매 모든 새가 그 고기로 배불리우더라" (19:21). 우리는 곧 새들 문제로 돌아올 것이나, 우리는 먼저 이러한 식의 죽임의 의미를 다뤄야한다. 짐승을 따르는 자들은 예수의 입으로부터 나오는 하나님의 말씀(증거)으로 죽임을 당한다. 이것은 계시록-스토리의 일관된 주제가 되어왔다. 우리는 선은 힘("유다 지파의 사자")에 의해서 악을 이길 것이라고 생각할 때, 계시록-스토리는 그 이미지를 뒤엎고, 우리는 악은 약함("죽임을 당한 것 같은 어린 양")에 의해 패배하는 것을 본다. 127-29면에 있는 그에 대한 논의를 보라. 이 스토리에서 악을 이기는 선의 힘은 고난의 힘(2:10; 6:9-11), 신실한 증거의 힘(12:11), 인내의 힘(2:2; 13:10)이다. 죽이는 것은 정부의 강압적인 세력이 아니라 하나님의 말씀이다(1:9; 12:17; 20:4). 이 스토리는 선의 힘을 부인하지 않고, 오히려 재정의한다.[33]

이러한 통찰은 비정상적인 것들을 이해하게 한다. 물론 그 용사는 하나님의 말씀이라 불린다. 힘을 가지고 있는 것은 바로 그 말씀이다. 물론 전쟁은 이미 예수의 신실한 증거로 이겼기 때문에, 어떤 전쟁도 언급되지 않는다. 물론 그는 이 승리를 위해 피를 흘렸기 때문에, 그 용사는 피 묻은 옷을 입고 있다. 요한은 여기서 어떤 말이 어느 날 하늘로부터 내려와 모든 것을 바로 잡을 것이라고 예언하지 않는다. 그렇게 이미지를 문자적으로 읽으면 계시록-스토리를 아주 잘못 이해하게 된다. 더 바르게 말하자면, 요한은 거룩한 전쟁이라는 그림 같은 이미지를 사용하여, 예수의 죽음이 어떻게 악을 무너트리는 힘을 가지고 있는지를 보여주고 있다.

(널리 기대되었던) 메시야 잔치가 전쟁터 위를 나는 맹금들의 연회로 풍자되어질 때처럼, 그 기이한 이미지를 매우 생생하게 묘사하고 있다. 새 창조를 축하하는 최종적 잔치 개념은 여러 변형 형태들로 널리 퍼져있었다. 그것은 이미 예전 고대 바벨론의 거룩한 전쟁 이야기의 한 부분에 나온다(*Enumah Elish* 6.69-94). 그것이 유대전통들에서 여러 방식으로 발전되었다. 쿰란동굴에서 나온 전쟁문서(*War Scroll* [1QM])에서 빛의 아들들이 "어둠의 아들들의 군대"를 공격하는 것을 묘사하고 있다.

> 깃팀(로마인들)이 망한 그 날에, 이스라엘의 하나님 앞에서 전쟁과 무서운 살육이 있을 것이다. 이것은 어둠의 아들들을 멸망시킬 전쟁으로 먼 옛날부터 하나님에 의해 정해진 날이기 때문이다. 그 날에 신들의 무리와 사람

> 들의 무리가 서로 싸워, 큰 살육이 일어날 것이다. 빛의 아들들과 어둠의 군대들이 함께 싸우고, 큰 무리의 함성과 신들과 사람들의 외침과 함께 하나님의 힘을 보이실 것이다. 재난의 날.[34] 1QM 1:9-11

그 두루마리들에는 이러한 기괴한 잔치와 평행되는 이야기가 없지만, 쿰란파는 분명히 자신들의 보통 식사를 그 최종 메시아의 잔치의 예시로 생각했다.[35] 기독교인들의 경우에서도, 성찬식은 (최종적 식사를 기다리는 식사로) 미리 먹는 메시야 잔치이다(22:17을 보라). 기독교인들은 이 식사에서 예수의 몸을 먹고 피를 마신다고 말했다는 것은 여기 페러디 된 이야기에 얼마간의 빛을 비춰주고 있다. 멸망한 바다짐승 리워야단을 최종 잔치의 메뉴로 본 메시아 잔치에 대한 여러 변형들도 있다.[36] 요한이 다음 전쟁 묘사를 위해 에스겔의 나머지 상징들을 아껴놓기는 하였지만, 새들의 잔치에 대한 참고 구절들은 아마 겔 39:4,17-20에서 가져온 것일 것이다.

전쟁과 잔치는 우리가 스토리의 끝에 도달했다는 것을 암시하는 것이나, 그 스토리는 여전히 계속 진행된다.

평화의 때, 20:1-6

이 전쟁은, 최종적 승리대신에, 중간기의 평화만을 가져다 주었다. 짐승은 패배하였고, 용은 무력하게 보인다. 한 천사가 쇠사슬과 열쇠를 가지고 내려와, "옛 뱀이요 마귀요 사단"이라는 용을 결박하여, 천년동안 무저갱에 던져 잠그고 그 위를 인봉하나, 나중에 다시 풀려난다.

이 천(1,000)년은, 10의 거듭 제곱으로서 완전한 승리를 암시하고 있기 때문에, 놀라운 역설적 상징수이다. 그러나 끝에 다다른 기간으로서 그 기간은 악에 대한 잠시의 승리를 상징한다. 다른 신약성경은 그러한 중간기를 언급하지 않으며, 현존하는 다른 어떤 책도 이런 역설을 사용하지 않는다. 예를 들어, 에스드라 2서는 땅과 보다 밀접하게 관련된 수인 4백년간의 중간기를 그리고 있다(7:28). 그러나 이 짧은 장면에서 여섯 번이나 언급되고 있기 때문에, 천년은 분명히 중요하다.[37] 그런 역설적 상징숫자는 악의 깊은 지속성을 가리킨다.

여기 스토리는 사단의 또 다른 축출을 나타낸다. 그는 일찍이 미가엘 천사에 의해 하늘로부터 땅으로 던져졌다(12:7-12). 그러나 이제 사단은 무저갱으로 던져진다. 그곳은 일찍이 황충 재앙을 풀어놓기 위해 열렸던 곳이며(9:1-2), 짐승이 나온 곳이다(11:7).

사단의 제거는 운명의 역전을 일으킨다. 마침내 제단아래 영혼/생명들은 때가 되었다. 그들은 새 생명으로 일으킴을 받고 "그리스도와 함께 천년을 다스린다" (20:4; 6:9-11). 이들은 충성된 증인들로, 짐승의 표를 거절하였기 때문에 죽임을 당했던 사람들이다(13:15-18). 그러나 이제 그들은 죽음이 미치지 않는 곳에서(20:6), 천년동안 다스린다.

우리는 이제 스토리의 (플롯의 움직임을 잘 보여주고 있는) 새로운 전개를 본다. 왜냐하면 한편으로는 플롯이 한 바퀴 돌아서 한번 더 마지막 전쟁을 묘사한다. 또 한편으로는 그 플롯은 나선형으로 앞으로 나아가며 새로운 이야기 전개가 이루어진다.

전쟁 재개와 최종 승리, 20:7-21:8

왜 사단은 옥에서 풀려나**야** *(must)* 하는가?(20:3) 그리고 왜 일단 풀려난 사단은 이 무모한 전쟁을 하는가? 그리고 왜 만국은 여전히 그의 편에 서는가?는 이 스토리에는 나오지 않는다. 그 대답은 부분적이겠지만, 이 스토리의 원형인 (이스라엘의 부활로 시작해서 곡/마곡과의 전쟁으로 진행하다가, 새 성전 환상으로 끝나고 있는) 에스겔 37-38장에서 발견된다. 그러나, 물론, 요한은 실재적으로는 그 스토리를 개정하여, 성전을 없애기까지 했다. 그래서 그가 그 원형 스토리에 묶여있을 것이라 생각할 필요는 없다.

전쟁에서 최종 승리는 예수의 죽음으로 이미 획득되었다. 그러나 예수를 따르는 자들이 그분의 증거 위에 그들의 증거를 더하도록 요청될 때마다 그 승리는 다시 새롭게 획득된다(12:11을 보라)는 요한의 그 전쟁에 대한 이해에서, 이렇게 악이 다시 등장한 데에는 필연코 더 깊은 이유가 있을 것이다.

여기 액션의 순서는 분명하고 논리적이다. 사단이 풀려나고, 군대를 모으고, 재빠르게 성도의 진을 에워싼다. 그런 후, 엘리야를 구조할 때처럼, 불이 하늘로부터 내려와 그들을 사른다(왕하 1:10-11). 그것은 아이러니하게도 둘째 짐승이 (처음 짐승을 경배하도록) 행한 이적들 중의 하나였다(계 13:13). 다시 한번, 마지막 전쟁에 전쟁 장면이 없다. 이제 마귀는 짐승이 이전에 던져진 것처럼 불 못에 던져진다.

두 대조적인 장면이 따라 나온다. 먼저 모든 죽은 자들이 살아나 심판을 받는다. 생명책에 그 이름이 기록되지 않은 모든 자들처럼, 사망과 음부도 불 못에 던져진다. 둘째로, 새 하늘과 새 땅이 나타난다 – 바다(혼돈) 없는 땅. 그리고 새 예루살렘이 하늘로부터 내려온다. 그것은 하나님이 이제 사람들 중에 계시게 된다는 것을 상징한다. 죽음과 고통과 눈물이 끝난 것에 대한 아름다운 구절이 있다. 보좌에 앉으신 자가 만물을 새롭게 하신다. 그리고 보좌에 앉아 계신 이 분은 이 스토리에서 처음으로 이렇게 분명히 말씀하신다.

> 또 (그가) 내게 말씀하시되 "이루었도다! 나는 알파와 오메가요 처음과 나중이라. 내가 생명수 샘물로 목 마른 자에게 값없이 주리니, 이기는 자는 이것들을 유업으로 얻으리라. 나는 저의 하나님이 되고 그는 내 아들이 되리라."
> 계 21:6-7

이 모든 것은 적절한 결론 같다. 그러나 그분의 말씀은 충격적인 암시들과 함께 계속된다.

> 그러나 두려워하는 자들과 믿지 아니하는 자들과 흉악한 자들과 살인자들과 행음자들과 술객들과 우상 숭배자들과 모든 거짓말 하는 자들은 불과 유황으로 타는 못에 참예하리니, 이것이 둘째 사망이라.
> 계 21:8

이 말씀 속에, 악한 자들은 여전히 우리와 함께 있는 것처럼 보인다.

계 19:11-21:8 *승리(Victory)에 대한 독자들을 위한 주석*

하늘(heaven, 영적 하늘)이 열렸다(HEAVEN OPENED). 또는 하늘(sky, 물리적 하늘)이 열렸다.

흰 말(WHITE HORSE) 요한은 일찍이 흰말을 보았다. 그러나 이제는 거의 반대되는 의미로 쓰인다. 첫 인봉재앙환상(6:1-2)에서 흰 말은 전쟁, 기근, 죽음을 일으킨 자로 정복자를 나타냈다(147-48면의 토론을 보라). 본 단락에서 흰색이 승리라는 상징적 의미는 여전히 그대로 이지만, 이제 그 의미는 정반대로서, 전쟁을 일으키는 자가 아니라 전쟁을 끝내는 자이다.

충신과 진실이라(FAITHFUL AND TRUE) 예수의 죽음과 연관된 용어, 62면에 나오는 3:4에 대한 독자들을 위한 주석을 보라.

눈은 불꽃같고(EYES LIKE A FLAME) 1:14에 대한 주석(78면)과 2:18에 대한 독자들을 위한 주석(108면)을 보라.

이름 ... 자기 밖에 아는 자가 없고(A NAME NO ONE KNOWS) 여기 이름은 그 사람에 대한 표식(symbol)이다. 이 사람은 일반적인 이해를 초월한다. 그리고 어떤 사람의 이름을 아는 것은 그 사람에 대한 어떤 힘을 가지게 된다는 개념도 있었다. 따라서 이제 아무도 이 분을 막을 수 없다.

관(DIADEMS) 이 스토리에서 훨씬 더 일반적인 승리자가 쓰는 평범한 왕관과는 다른 통치자의 왕관들이다. 용 역시 왕관을 쓰고 있다(12:3)

예리한 검(SHARD SWORD) 첫 번째 환상(1:16; 2:12)에서 인자같은 이에 대한 도상학적 표시(iconographical mark).

철장(ROD OF IRON) 여인의 아들에 대한 도상학적 특징.

포도주 틀(WINE PRESS) 일찍이 예수의 죽음을 가리키는 것으로 사용됨.

거짓 선지자(FALSE PROPHET) 이 인물이 두 번째 짐승을 대체한 것으로 보인다. 그의 일은 첫 짐승의 영광을 선언하는 것이다(13:5-8과 16:13을 보라).

불 못(LAKE OF FIRE) 헬라인들이 불타는 듯한 고통의 장소인 지옥이라는 개념과 연관시켜, 불로 짐승을 멸망시킨다고 해석함으로 다니엘 환상(7:11)을 고양시킨 것이다.[38]

천사(AN ANGEL) 사단은 (예수에 의해서라기 보다) 어떤 천사에 의해 결박되어있다는 사실은 미가엘이 주인공인 12:7의 이미지에 해당한다. 이러한 천사 이미지의 사용 때문에 요한이 천사에게 경배하고자하는 유혹(19:10; 22:8)을 받았을지 모른다.

바다/심연/무저갱(ABYSS) 요한의 삼층으로 이루어진 우주관 중 가장 낮은 곳. 120-22면의 논의를 보라. 바다/심연/무저갱으로부터 사단이 올라오는 것과 11:7에서 짐승이 올라오는 것이 평행을 이루고 있다.

첫째 부활(FIRST RESURRECTION) 유대인의 사후에 대한 개념은 그 보다 더 오래된 개념인 부활과 영원불멸이란 헬라의 사상이 결합되던 이 시기에 밀려들어 왔다. 어떤 이들은 모든 사람이 부활할 것이라고 믿었고, 어떤 사람들은 의로운 자만 부활할 것이라고 믿었다. 어떤 이들은 처음에는 의로운 자들이 그리고 그 나머지가 부활할 것이라고 믿었다.[39]

두 번째 죽음(SECOND DEATH) 모든 사람이 끝에 부활할 것 – 어떤 사람은 새 생명(new life)으로 그러나 다른 사람들은 새 죽음(new death)으로 – 이라는 개념으로부터 나온 이미지.

생명책(BOOK OF LIFE) (마치 하나님이 누가 누구인지 기억할 수 없는 것처럼) 구전에서 권위있는 기록 형태로 바뀌어지고 있던 이런 문화 속에서 책들의 능력을 보여주는 놀라운 은유.

계시된 신부: 새 창조, 21:9-22:7

이 부분은 모든 액션이 장면 세팅으로 제한되어 있는 이상한 장면이다. 그 나머지는 묘사부분으로 청중에게 끝이라는 느낌을 강화시켜주는 내러티브의 긴 멈춤 부분(lengthy narrative pause)이다. 모든 액션은 시작과 끝 부분에서 일어나는데, 요한과 관계된다. 처음에 일곱 대접을 받은 천사들 중 한 명이 그에게 어린 양의 아내인 신부를 보여주겠다고 한다(정확히 17:1에서 음녀의 환상과 평행된다). 그러나 그는 여자 대신에 한 도성을 보게 된다. 또는 우리가 음녀의 장면에서 요한이 도성을 여자의 모습으로 보았다면, 여기서는 여자를 도시의 모습으로 보고 있다고 할지 모른다. 광야 대신에, 그 장면은 크고 높은 산위에 놓여져 있다. 그리고 요한은 거룩한 성 예루살렘을 정교하게 묘사한다(21:1도 보라).

정교하고 환상적인 세밀함으로 요한은 도시의 상징들을 묘사한다. 아래 독자들을 위한 주석은 이러한 상징들을 해석할 때 도움을 줄 것이나, 그들의 일반적인 의미는 분명하다. 하나님의 지상의 도성이 여기에 있다(정사각형), 그 도성은 아마 하나님의 백성을 포함한다기 보다는 하나님의 백성들(우리로 144,000을 생각나게 하는 12x12)로 구성된다. 그 물리적인 묘사에 더하여 그 도시에 대해 중요한 내용들이 언급된다.

먼저 우리는 그 안에 없는 것에 대해 듣는다. 성전도 없고, 해나 달도 없고, 등대도 없다. 그 대신 하나님의 영광과 어린 양이 모든 빛을 제공한다. 그 성은 문들이 있지만, 그곳은 밤이 없기 때문에 문들은 결코 닫히지 않는다(21:25). 그럼에도 불구하고, “속된 것은 결코 그리로 들어오지 못한다”(21:27). 그래서 우리가 세상이 모든 속된 것들로부터 깨끗하여 졌다고 생각되는 스토리의 이 마지막 단계에서 조차 속된 것들은 남아있다.

그리고서 우리는 그 성에 있는 어떤 것들에 대해 듣는다. 도성 안에는 생명수의 강과 생명나무가 있다. 그것들은 창세기의 에덴동산 이야기로부터 나온 이미지들(22:12; 창 2:8-14)이다. 그래서 계시록-스토리의 끝부분에서 우리는 처음으로 돌아가, 이제는 하나님의 동산과 인간의 도성이 결합되고 있다.

그 장면은 요한에게 직접 명령하는 말로 끝난다. 발화자의 정체는 모호하기는 하지만, 말의 내용은 예수로부터 나온 것이라 할 수 있다.

> 또 그가 내게 말하기를 "이 말은 신실하고 참된지라 주 곧 선지자들의 영의 하나님이 그의 종들에게 결코 속히 될 일을 보이시려고 그의 천사를 보내셨도다. 보라 내가 속히 오리니 이 책의 예언의 말씀을 지키는 자가 복이 있으리라 하더라."
> 계 22:6-7

첫 문장은 도입부의 선언을 반복한 것이 분명하며(1:1), 두 번째 문장은 도입부에서 독자에게 한 축복을 반복하고 있다(1:3). 우리는 한 바퀴를 빙 돌아서 제자리에 왔다.

계 21:9-22:7 *신부-도성(Bride-City)에 대한 독자들을 위한 주석*

일곱 대접들(SEVEN BOWELS) 이 표현은 본 단락의 장면과 16:1-21의 재앙 시리즈를 묶어준다.

산(MOUNT) 산들은, 모세가 율법을 받은 시내 산 전통으로 되돌아가게 하는, 계시의 장소들이다(출 19:20-25). 그러나 직접적인 참조는 에스겔에 나오는 회복된 예루살렘 환상이다(40:2; 47:1-12)

하나님의 영광(GLORY OF GOD) 성전 안에 계시는 하나님의 임재에 대한 기술적인 표현이다. 그 영광의 떠남과 돌아오심의 환상에 관하여서 에스겔 10:18과 43:4을 보라.

벽옥(JASPER) 4:3에서 하나님을 묘사한 것과 같다.

열두 문(TWELVE GATES) 도성으로 들어가는 문은 하나님의 백성이 이곳으로 들어가기 때문에 열둘(12)이다.

열두 천사(TWELVE ANGELS) 땅의 사자(messenger)에 대한 천상에 있는 상응짝이다.

열두 지파(TWELVE TRIBES) 성으로 들어가는 사람들은 "하나님의 계명과 예수의 증거를 지키는 자들이기 때문에, 문들과 동일시 된다.

열두 기초석(TWELVE FOUNDATIONS) 그 이미지는 전 도성을 떠받치고 있는 것을 말하는 것 이외에는 이것을 묘사하는 방법이 완전히 분명한 것은 아니다.

열두 사도(TWELVE APOSTLE) 꼭 12사람만으로 볼 것이 아니라, 선택된 집단으로 이해되는 이 그룹은 하나님의 새 일의 기초로 보인다.

측량자(MEASURING ROD) 천사로 보이는 측량사는 우리에게 그 도성의 의미를 이해하도록 돕는 상징적 숫자들을 제공한다. 그 상세한 모습은 겔 40:3에 나온다.

1,500 마일/만 이천 스다디온(1500 MILES) 문자적으로 12,000 stadia. 영어 번역은 중요한 점을 놓치고 있다. 왜냐하면 그 숫자는 실제의 수치가 아니라, 분명히 상징적 중요성을 위해서 선택되었기 때문이다. 이러한 묘사의 모든 면은 하나님의 백성의 수인 열둘 위에 세워져있다. 팔레스틴 전체는 대략 길이가 150마일이고 폭이 50마일이다. 그래서 이 도성은 그 길이가 10배를 넘는다. 또 Herodotus는 바벨론은 120평방 스타디아(*hist*. 1.128)였다고 전한다. 그렇다면 이 도성의 크기는 100배를 넘는다.

144 규빗(144 CUBITS) 여기서 번역자들은, 우리가 하나님의 백성에 대해서 말하고 있다는 것을 보여주기 위해서, 그 상징적 수를 유지하고 있다. 그 수를 문자적으로 취한다면 그 결과는 우스꽝스러운 그림이 된다. 그것은 문자적으로 144규빗이라면 높이가 약 300ft의 성벽이 될 것이기 때문이다. 그 벽은 일반적인 도성을 둘러싼 것으로는 큰 벽일지 모르나, 이 도성은 높이가 1,500마일이 아닌가! 물론, 이 이미지들은 보도록 의도한 것이 아니라, 이해하도록 의도한 것이다. 요한의 숫자들을 계산하려고 하는 어떤 시도라도 잘못된 것이다; 그것들은 양이 아니라, 질을 나타내기 때

문이다.

각색 보석(EVERY JEWEL) 여기 이름달린 보석들을 반대순서로 보면, 조디악의 12궁과 연관되는 보석에 해당된다.[40] 여하튼 조디악의 궁들이 하나님의 백성에 상응한다는 것은 요한의 세계관에 잘 맞는 것 같다. 대제사장의 흉패의 보석 목록도 보라(출 28:17-21; 39:10-14).

만국의 영광과 존귀(GLORY AND HONOR OF THE NATIONS) 새 도성에 만국의 것들을 위한 자리도 있어야 한다는 것은 요한의 갱신이란 개념과 조화된다. 22:2-3도 보라.

내가 속히 오리니(I AM COMMING SOON) 긴박감이 때가 가깝고 이것들이 곧 이루어져야 하리라는 것을 선포하는 서두에 나오는 구절들로부터 이 계시록에 퍼져있다(2:5, 16, 3:11; 16:15도 보라). 그러나 계시록-스토리의 이 지점에 와서도 순진하게 문자적 의미로 이해하려는 것은 더 이상 가능하지 않다. 그보다 그 약속은 이 스토리를 믿고 살아가는 사람들에게는 예수의 임재하심(presence)이 알려지게 될 것이라는 것이다.

끝(THE END), 22:8-21

이제 요한은 자신의 목소리로 돌아오는데, 그것은 1:9에서 청중에게 그가 직접 말하고 있는 것을 반영하고 있다. 계시록의 도입부와 수많은 다른 평행들도 있다(30-39면의 서두문[Prologue]에 나오는 토론과 표3을 보라). 우리는 이들 세 스토리들을 모두 지나온 놀라운 여행을 마쳤다. 그리고 요한은 이제 우리에게 이것이 모두 진실이라고 확신시키고 있다. 계시록을 인봉하지는 않지만, 보호되지 않으면 안 된다. 이중의 저주가 누구든지 그것을 변조하려는 자에게 주어진다.

간단한 끝맺음 안에 집어넣은 액션은 놀랍다. 요한이 다시 천사를 경배하려고 하자, 그는 다시 일단의 가르침과 계시록-전체의 주제인 "하나님을 경배하라"는 간결한 명령과 함께 꾸지람을 듣는다. 요한은 때가 가까우므로 (그 때는 악한 자들과 의로운 자들의 행위가 대비된다) 책을 인봉하지 말라는 소리를 듣는다. 그리고 마침내 "나 예수"라는 분명한 한 음성이 "내가 속히 오리니 내가 줄 상이 내게 있어 각 사람에게 그의 일한대로 갚아 주리라"(22:12)고 선언한다. 두루마기를 빠는 자들은 성에 들어갈 수 있으나 "개들과 술객들과 행음자들과 살인자들과 우상 숭배자들과 및 거짓말을 좋아하며 지어내는 자마다 성 밖에 있으리라"(22:14-15)고 한다. 예수는 자신을 다윗의 뿌리요 광명한 새벽별이라 하고, 이어 목마른 자들에게, 와서 생명수를 마시라고 초대하는 짧은 전례문(liturgy)이 나온다. 다시 이것들을 증거하신 이가 말하기를 "내가 진실로 속히 오리라"고 하시자, "아멘 주 예수여 오시옵소서"라고 외친다. 그리고 계시록은 보통 편지를 마무리하면서 사용하는 문장으로 재빠르게 끝낸다: "주 예수의 은혜가 모든 자들에게 있을찌어다." *

(*여러 헬라어 사본은 일곱 개의 다른 끝맺는 문장 - [저주에도 불구하고!] 모두 자들에게, 너희 모든 자들에게, 우리 모두에게, 성도들에게, 너희 성도들에게, 모든 성도들에게, 모든 그의 성도들에게 - 을 보여준다 . 필사전통은 그러한 공식구를 줄이기보다 훨씬 더 확장시키려하기 때문에, [특히 바울 서신들의 말미에 비추어볼 때] 가장 짧은 독법이 선호된다. 중요한 사본들에서는 그것이 생략되어있기 때문에, 수많은 사본들에 나오는 끝의 아멘은 아마 원본에는 없었을 것이다.)

그래서 우리는 완전히 한 바퀴 돌아 편지의 최외곽틀(outermost frame) 로 돌아왔다. 그러나 아마도 원(circle)은 바른 비유는 아니다. 왜냐하면 우리가 도입부의 틀로 돌아왔지만, 계시록-스토리는 바뀌었기 때문이다. (구조에 대한 논의에 대해서는 252-56면을 보라.) 이야기 속에서, 우리는 악이 지배하던 세상으로부터 하나님이 다스리는 세계로 나왔다. 그러나 그 이야기 속에서 요한이 청중에게 했던 발언은 시작부와 똑같다. 즉 하나님을 경배하라, 악을 버리라, 그리고 의를 행하라고 똑같은 요구를 한다. 우리는 이 이상하게 끝내는 열린 마무리를 254-56면에서 좀 더 충분히 검토할 것이다. 그러나 무언가 바뀌었다. 예수가 오신다(Jesus is coming, 현재시제동사를 주목하라, 22:20).

우리는 이 대범한 선언과 함께 예배드리고 있는 계시록에 암시된 세팅과 책 전체에 제의적인 언어의 반복된 사용, 그리고 이 끝부분에 집중된 특별한 제의적 언어(특히 성만찬을 연관된 언어)를 고려한다면, 계시록이 성만찬 식사(메시아의 잔치)자리로 초대하는 부름으로 끝마치고 있다는 생각을 받아들여야 한다. 그러한 암시된 세팅 때문에 계시록-스토리는 성만찬에서 일어나는 것 – 예수가 오신다. 악은 전복된다. 새 예루살렘이 하늘에서 내려온다 – 을 설명하는 기능을 하게 된다. 우리는 이러한 생각을 270-303면에서 좀 더 자세하게 살펴볼 것이다.

이 부분의 액션은 하나님만을 경배해야함을 강조하고, 이 책의 역할은 그러한 경배를 행하게 하는 데 있음을 보여준다. 이 계시록-책은 예수로부터 온 열린 말씀으로, 예수의 목소리를 포함하고 있으며, 목마른 자는 누구나 와서 생명수를 마시라고 초대하고 있다. 이제 새 예루살렘성이 열려 있기 때문이다.

계 22:8-21 *종말(the End)에 대한 독자들을 위한 주석*

천사의 발 앞에 경배하려고(WORSHIP THE ANGEL) 천사들은, 지상의 교회 공동체에 대한 천상의 대응 짝을 나타내며, 이 계시록-스토리에서 높은 지위를 가진 배역들이다. 그러나 그들은 그럼에도 불구하고 종들이다. 천사들은 때때로 메시아의 기능을 수행한다(12:7; 20:1). 19:10의 반복된 장면을 보라.

인봉된 책(SEALED BOOK) 부분적으로는 어떤 고대 예언자에 의해 쓰여졌다는 주장으로부터 기인하는 묵시 문헌의 표준장치. 그 사고는 그 책이 오래전에 (에녹, 아브라함, 모세, 이사야, 아담과 하와에 의해) 쓰였다는 것이다. 그러나 마지막 때가 올 때까지 인봉된 체 감추어져 있었다(단 12:4,9; 8:26). 따라서 사람이 이제 그런 책을 읽을 수 있다면, 그 사실은 바로 종말이 가깝다는 것을 의미할 것이다. 요한은 의식적으로 이런 장치를 피한다. 이것은 아마 저자가 실제 청중에게 잘 알려져 있기 때문이다.

내가 속히 오리라(I AM COMING SOON) 여기 두 구절의 경우(22:12, 20)에 현재 시제 동사를 사용한 것을 주목하라. 곧(soon)으로 번역된 단어는 좀 상대적으로 짧은 기간 후(막 9:39; 빌 2:19을 보라) 또는 속히, 순식간에(약 1:19)란 뜻을 의미할 수 있다. 현재 시제 동사는 후자의 의미와 더 잘 맞는다. 나는 속히 올 것이다. 그 같은 모호함에 대해서는, 요한복음 11:29, "그녀가 급히/곧(quickly/soon) 일어나 예수께 나아가매"를 보라.

두루마리를 빠는(WASH THEIR ROBES) 흰 옷을 입는 것은 계시록에서 복합적인 상징이다. 그 옷들은 이기는 자들에게 주어진다(3:5). 그러나 그들은, 순교를 암시하는(7:14) 어린 양의 피로 씻어 희게 되었다.

생명나무(TREE OF LIFE) 에덴동산(창세기 3장)과 새 예루살렘(22:2) 둘 모두로부터 나온 이미지이며 예수의 십자가에 대한 상징(2:7을 보라)이다.

나 예수(I JESUS) 여기서 요한과 이 계시록-스토리의 독자 모두, 직접 예수의 목소리로 말하는 것은 이 스토리가 어떻게 예수를 임재하게 하는가 하는 방법을 이해하는데 있어서 중요하다.

다윗의 뿌리(ROOT OF DAVID) 메시아적 칭호이면서 성찬에서도 사용하던 칭호이다. 이사야 11장과 Didache 9:2을 보라.

새벽별(MORNING STAR) 이 역시 메시아적인 호칭이다. 민 24:17을 보라.

성령과 신부(SPIRIT AND BRIDE) 초대는 천상과 지상으로부터이다.

생명수(WATER OF LIFE) 에덴동산(창세기 3장)과 새 예루살렘(22:2) 둘 모두로부터 나온 이미지이며, 예수의 십자가에 대한 상징이다(104-06면에 나오는 2:7에 대한 독자들을 위한 주석을 보라).

아멘(AMEN) 문자적으로 "그렇게 되게 하소서"라는 감탄사이나 기도나 성찬식과 관련된 예식에서의 사용에 맞게 양식화 되었다.

이 책은 윤리적 스토리인가?

요한계시록에 윤리적 문제를 제기한 사람들은 이 스토리의 일부를 기초로 그렇게 한다. D.H. Lawrence는 그 책에 대해서, 합당한 자들이 아니면 영원히 고통을 받게 될지 모른다는 불 못은 빼고, 전 세계가 멸망할 때까지 만족을 모르는 "좀 무시무시한 작품"이라고 말한다.[41] C. S. Peirce는 말한다.

> 그러나 신약의 마지막 책에서, 그 정신나간 저자가 그리스도가 세상을 구하러 왔다고 말하면서, 그 비밀스런 계획이란게 겨우 144,000명을 빼고는, 전 인류를 붙잡아 유황 불못에 집어넣고 그들의 고통의 연기가 영원토록 올라오자, 고개를 돌리고 말하기를 "더 이상 저주가 없다."고 할 때까지 씁쓸함이 계속 조금씩 증가한다. 그렇게 말할 때에 짓는 웃음은 느낌없는 억지웃음일까? 혹은 악마의 히죽거림일까? 나는 사도 요한이 그것을 쓰지 않았다고 믿기를 바란다...[42]

그리고 더 최근에 여성신학자인 Tina Pippin은 아래처럼 애도했다:

> 음녀를 불태우는 기이한 아이러니는 기독교 이상향 자체가 여성을 박해하는 세상이라는 것이다 ... 그러나 계시록 내러티브 안에서, 하나님의 검(sword)은 여성 탄압에 대해서는 손대지 않고 있다.[43]

그녀는 그 책을 "여성혐오자의 환상"이라고까지 말하며, 결론짓기를 "계시록은 여자에게는 죽음을 의미한다."[44]고 결론 짓는다.

이들과 다른 수없이 많은 독자들이 공유하는 것은 이 계시록-스토리에서 폭력과 강압 이미지들의 섬뜩함이다. 짐승이 음녀를 잔인하게 멸망시키거나(17:16) 하나님이 마지막에 인류를 불 못에 던져 넣거나(20:15) 용사가 만국의 군대를 패배시키고 새들을 피의 잔치에 초대하거나(19:17)간에, 이 스토리의 궁극적인 가치는 힘, 무자비하게 행사되는 힘으로 보인다. 하나님이 인류가 회개하도록 설득하기 위해 고통을 주신다는 생각까지도 든다(9:21; 16:9,11을 보라). 이것은 전쟁 스토리이며, 요한이 전쟁에 대해 매우 섬뜩하고 상세한 표현들을 사용한 것에 의문의 여지가 없다. 이것은 (독자를) 당황스럽게 한다. 그러나 윤리적 문제는 더 깊은 문제이다.

만약 하나님이 악(evil)보다 힘이 더 세기 때문에 악을 이긴다고 한다면, 그럼 사랑이나 선이나 진리가 아닌 힘(power)이 우주에서 궁극적인 가치이다. 이것은 대중이 계시록을 읽을 때 직면한 적 없었던 윤리적 딜레마이다. 일반적으로 읽을 때, 등장하는 것은 바로 유다 지파의 사자이기 때문이다. 하늘 전사가 어린 양을 대체한다. 그리고 정복은 힘에 의해서 이루어진다. 악은 우월한 힘에 의해 분쇄된다.

그러나 요한의 스토리에서는 그 반대다. 사자를 대체한 것은 어린 양이다(5:5-6). 어린 양의 환상들은 하늘 용사의 환상을 괄호 속에 묶어 놓는다(14:1; 19:11; 21:9, 22). 그리고 용사조차도 그의 팔이 아닌 그의 입으로 나오는 것으로 정복한다(19:21). 확실히 이 계시록-스토리는 거룩한 전쟁 신화 위에 건축된 것이다. (그래서 전쟁 자체는 윤리적으로 문제가 있을 수 있다.) 그러나 확실히 요한은 일관성있게 그 전쟁을 비신화화 시키고 있다. 아니 좀 더 정확히 말하자면, 아마도 그것을 재신화화 시키고 있다. 이제 용사는 고난 받는 구원자의 이미지로 나타난다. 그래서 용사의 죽음과 바로 그 때의 싸움은 그 전쟁의 핵심적인 사건이다. 선이 악을 이기는 계시록-스토리의 모든 국면을, 면밀히 조사해보면, 그 승리는 결국 예수의 죽음 때문이라는 것을 보여줄 것이다(아마 12:11에서 가장 분명하다).

계시록의 액션들은 결코 임의적이지 않고, 단순히 힘에 결코 의지하지도 않는다. 셋째 대접이 물을 피로 변하게 했을 때, 물의 천사가 분명하게 언명한 심판 논리는 "저희가 성도들과 선지자들의 피를 흘렸으므로 저희로 피를 마시게 하신 것이 합당하니이다."(16:6)이다. 만약 우리의 바다가 더럽혀졌다면, 그것은 하나님이 우리에 대해 어떤 독재적인 힘을 행사했기 때문이 아니라, 우리가 우리 자신의 강들을 오염시켰기 때문이다. 이것은 아모스의 이스라엘 멸망 환상을 받쳐주는 것과 똑같은 정의의 논리이다. 먼저 아모스는 황충의 환상을 보았으나, 그가 기도하자 하나님이 그 황충들을 멈추셨다. 그리고 아모스가 불의 환상을 보았으나, 그가 기도하자 그 불을 멈추셨다. 그리고 아모스가 삐뚤어진 벽의 환상을 보고, 아모스는 구원을 위해 기도할 수 없었다. 왜냐하면 삐뚤어진 벽들은 그들이 삐뚤어진 결과로 어쩔 수없이 무너지기 때문이다(암 7:1-9을 보라).

그래서 계시록-스토리에서 순교자들은 "수가 차기까지" 기다려야 한다(6:11). 소련과 남아공에서 보았듯, 모든 탄압은 끝날 때가 오는데, 그때가 되면 어떤 체제를 유지하기 위한 강압 그 자체가 그 체제를 무너트릴 것이다. 그래서 그 큰 음녀는 성도들의 피로 취하였다(17:6)는 것도 그렇다. 로마가 (성도들을) 죽인 그 행위가 바로 자신의 멸망이 되었다. 그러한 내용이 요한의 환상이다.

확실히 내 자신을 포함해서, 우리 중 많은 이들은 요한의 폭력적인 이미지들에 대해, 피와 포도주를 쉽게 등치시킨 것에 대해, 불 못에 대한 지나친 묘사에 대해서 마음이 편치 않다. 그러나 고대의 감각들은 현대와 똑같지 않으며, 전쟁 스토리들도 점잖은 투의 이야기가 아니다. 이 계시록-스토리는 심하게 불안감을 준다. 그럼에도 불구하고 이 계시록-스토리를 상징으로 읽는다면, 이 스토리는 비윤리적이 아니다.

끝에 가까움: 끝을 다시 생각하기

반복적으로 스토리의 끝부분이 나타난 것 같다가 취소되곤 했기 때문에, 계시록은 독자에게 끝부분들을 조심스럽게 보도록 만든다. 일곱 편지들은 완전한 스토리이나, 그 스토리는 그냥 새로운 레벨로 옮겨간다. 일곱 인봉 시리즈의 끝부분에서 이미 일곱 번째 사건의 고요(silence)는 (첫째부터 다섯째 인봉까지의) 분쟁(conflict)과 (여섯째 인봉인) 심판 이후의 해결같이 보인다. 그러나 그 스토리는 계속된다. 그리고 일곱째 나팔의 끝에 도달했을 때, 요한이 일곱 천둥소리를 듣고, "더 이상 지체" 하지 않으리라고 했기 때문에(10:6) 이것들을 기록할 수 없었다고 말함으로, 끝이 가까운 것 같다. 하늘에서 음성이 하나님의 왕국이 왔다고 선언하자(11:15), 그 끝에 도달한 것처럼 보인다. 그러나 여전히 계시록-스토리는 진행되고, 한 번 더 새로운 레벨로 옮겨간다. 그 긴 스토리에서 서너 번 악의 멸망과 마지막 전쟁에서 승리가 있는 것 같다. 그러나 그 스토리는 여전히 계속 된다(206-11면의 토론을 보라). 악이 완전히 멸망한 것처럼 보이고 새 창조가 있는, 하나님이 사람들 중에 계시는, 그 계시록-스토리의 절정에서 조차, 우리는 "개들과 술객들과 행음자들과 살인자들과 우상 숭배자들과 및 거짓말을 좋아하며 지어내는 자마다 성 밖에 있으리라"(22:15)고 듣는다. 그러한 악인들이 새 예루살렘 성벽 밖에 있다는 것은 청중들로 하여금 계시록-스토리를 다시 생각하도록 도전한다. 현대 문학 비평가가 관찰했듯, 끝이 완전하지 않고, 예상치 못한 것들이 뒤따를 때, 그것들은 독자가 스토리의 의미를 다시 생각하고, "그 끝부분이 사실상 적절한 결론으로서 역할하도록 그 책을 재해석할 것"을 요구한다.[45]

이 계시록-스토리에서 계속적으로 요청되어지는 것은 바로 그런 다시 생각하기(rethinking)이다. 왜냐하면 이 계시록 스토리는 결코 보여지는 것에 대한 것이 아니기 때문이다. 우리는 음녀들과 처녀들과 짐승들과 땅에 물체를 던지는 천사들에 대해 읽으나, 이것들은 계시의 수단들이다. 우리는 로마와 예루살렘 그리고 예수를 따르는 자들과 기도와 정의에 대해서도 읽고 있다, 계시록은 생각하고 다시 생각하는 것이 필요한 스토리이다.

끝부분이라고 스토리의 나머지 부분들보다도 상징성이 덜한 것이 아니기 때문에, 끝부분이라고 해도 깊이 생각할 필요가 있다. 만약 누가 하나님이 사람들 중에 계실 때 어느 곳에 머무시는 지를 묻는다면, 그는 새 예루살렘이 하늘로부터 내려온 곳이 어느 곳인지 파악하기 시작할 수 있다. 만약 누가 생명수와 생명나무가 있는 곳을 묻는다면, 그는 새 창조를 이해하기 시작한 것이다. 만약 누가 예수가 그를 따르는 자들에게 언제 오시는가를 물을 때, 그는 끝이 오는 때를 이해한 것이다. 왜냐하면, 이 모든 것들이 기독교의 예배 문맥에서 일어나기 때문이다. 예배드릴 때, 교회들은 부활하신 그리스도의 메시지를 듣는다(편지 두루마리). 예배드릴 때, 사람은 하나님의 보좌를 묵상하고, 어린 양은 하나님의 뜻을 계시하신다(예배 두루마리). 예배드릴 때, 사람들은 용과 그의 하수인들과 싸우고, 그곳에서 최종적으로 승리한다. 하나님을 예배하라. 짐승에게 하는 경배와 대조된 하나님께 드리는 예배는 계시록의 주요 주제이다.[46]

사단을 이기는 수단으로서 예배의 능력은 계시록이 쓰인지 약 15년 후에 일어났던 사건에서 보여 진다. 안디옥의 기독교 지도자가 재판을 위해 로마로 이송되고 있었다. 서머나에서 잠시 쉴 때, 그는 요한이 계시록을 보냈던 도시들 중 몇 곳에 편지들을 썼다. 이들 편지들 중 에베소에 보낸 한 편지에 그는 이렇게 썼다:

> 그러므로 더 자주 함께 모이고, 하나님께 감사하며 (헬라어로 *eucharisto*) 그분에게 영광을 돌리기를 힘쓰라. 이는 너희들이 자주 함께 만날 때, 사단의 능력이 파괴되고, 그의 파괴력은 너희들의 믿음의 화음으로 헛되이 끝난다. 평화보다 더 나은 것은 아무 것도 없다. 평화에 의해 하늘과 땅에 거하는 자들의 모든 전쟁은 파기된다.
>
> IGNATIUS, *To the Ephesians* 13:1-2[47]

분명히 요한계시록의 원래 청중은 예배모임과 "감사"(성찬식)모임이 사단과의 싸움에서 승리를 가져온다는 생각에 익숙하였을 것이다.

계시록의 마무리는 단순히 멀리 떨어져 있는 미래에 대한 환상이 아니다. 지배세력들에 대해서 끊임없는 저항을 통하여 하나님과 하나님의 정의에 대해 충성하는 사람들의 승리를 상징적으로 묘사한 것이다.

결 론

요한은 우리를 데리고 환상적인 여행을 한다. 가장 환상적인 국면은 용과 어린 양 사이의 우주적인 전쟁을 상세히 기술하는 이 마지막 내러티브 부분이다. 그 액션은 여러 면에서 놀랍다. 용이 전쟁에서 능동적으로 역할하는 정도에서도 그렇고, 승리가 확실한 것 같으나 결국은 연기되어지곤 하는 플롯의 많은 비틀기(twists)에서도 그렇다. 또 다른 면에서, 액션은 완전히 우주적인 거룩한 전쟁 스토리를 전용(轉用)한 것으로 예상된다.

요한은 (예수의 삶과 죽음이 가져지고 온) 하나님의 우주적 통치 이야기가 이제 끝나는 느낌을 주기 위해 이 전쟁 스토리를 사용하였다. 이 마지막 스토리 부분은 왜 예수가 교회들에게 지시하고(편지 두루마리), 하나님께 경배할 수 있는지(예배 두루마리)에 대한 이유를 설명하고 있다. 예수가 악과 싸워 이겼기 때문이다.

표 11 ***계시록의 동심원적 구조***

편지 틀

  환상 보고 틀

    편지 두루마리: 밧모섬에서 위엄있는 인자의 환상

      경배 두루마리: 하늘 보좌의 환상

    전쟁 두루마리: 용의 전쟁과 패배의 환상

  환상 보고 틀

편지 틀

우리는 계시록의 액션은 두 개의 틀(편지와 환상 보고)과 세 개의 스토리 부분들(편지 두루마리, 예배 두루마리 그리고 전쟁 두루마리)를 통하여, 몇 개의 무대에서 펼쳐지는 것을 보았다. 표 11은 이들 문단들 사이의 관계를 부각시키고 있는 계시록 구조를 도표로 나타낸 것이다. 우리가 계시록의 구조를 이러한 동심원으로 펼쳐놓을 때, 두 가지 암시들이 나타난다. 첫째, 예배 두루마리는 책의 심장이다. 하나님의 뜻이 가장 완벽하게 실현되는 곳은 바로 여기다. 독자가 하늘과 땅 사이의 상호관계를 아주 직접적으로 보는 곳은 바로 여기다. 이것은 책 전체의 반복되는 주제(하나님을 경배하라)와 잘 들어 맞는다:

둘째, 우리는 편지와 전쟁 두루마리들 사이에 은연중 상호관련성이 있다고 본다. 그 상호관련성은 주제나 배역이나 액션 중 하나가 아니라, 반응에 대한 것이다. 왜냐하면 이들 두루마리의 이야기들은 청중들에게 결단을 요구하고, 끊임없는 저항을 부추기며, 승리를 위해 싸울 것을 고무시키고 있기 때문이다. 전쟁 두루마리는 편지 두루마리에서 추상적으로 표현한 싸움을 구체적이고 생생한 이미지로 "이기는 자에게는..." 라는 반복된 약속과 함께 극화시키고 있다.[48] 이들 두 스토리들에서 청중들은 이길 것이다. 예배 두루마리에서 모든 승리를 어린 양의 덕분으로 돌리고 있다.

따라서 전쟁 두루마리는 계시록-스토리에 적합한 클라이맥스를 제공하는데, 승리를 극적으로 보이게 하고, 최종 승리가 어디에 있는지를 계시하고, 예수의 증거를 가진 자들에게 끊임없이 저항하도록 용기를 주며, 하나님에 대한 참 경배가 어떻게 일어나는지를 보여주는 기능을 한다.

Epilogue

THE APOCALYPSE AS STORY

생명나무

에필로그

계시록 스토리

"이 예언서의 전체적인 전략은 열정을 일으키는 것이 아니라 열정을 잘 누르게 하는 것이다. 왜냐하면 책 전체의 일반적인 원칙은 성도들의 인내가 바로 승리하는 길이기 때문이다.[1]

MOSE LOWMAN, 계시록에 대한 노트들, 1745

추고(Afterthoughts)

자신들은 계시록의 비밀들을 여는 어떤 특별한 통찰, 영감, 또는 열쇠를 가지고 있다고 하는 많은 열광주의자들이 있었다. 역사는 그들의 엉터리 시간표, 시대와 세대를 기상천외하게 나눈 차트들과 세상이 바뀌는 사건들을 멋대로 예측한 것들로 인해 어지럽혀졌다. 자칭 선지자들은 2세기 이후 계시록의 사건들이 자신들의 시대에 일어나리라 보는 소위 문자적 해석을 하였고, 20세기말에도 계속 그렇게 하고 있다. 그들의 예측이 *모두(universal)* 틀렸음에도 불구하고, 사람들은 그들에게 계속 속고 있다.

계시록을 상징적 의미를 가진 문학으로 보는 사람들과 문자적으로 보는 사람들 사이의 싸움은 아주 오래된 것이다. 문자적(literal)이란 단어의 *산문적인(prosaic)* 즉 비-시적(non-poetic)이라는 의미를 빼고 이런 식으로 (문자적이란) 단어를 사용하는 것은 아주 부적절한 것이다. 이런 문자적 읽기가 실제로 의미하는 것은, 이 계시록-스토리의 사건들이 그들의 상징적인 형식에도 불구하고 세상에서 일어날 실제 사건들을 가리킨다고 생각하는 해석이다. 그 문자적이란 단어는 "그리스도의 문자적 재림"에 대한 믿음을 신앙의 시금석으로 삼았던 20세기 초기의 근본주의 논쟁들로부터 자라난 것이다. 그러한 문자주의자들에게 666은, 예를 들면, 히틀러 혹은 사담 후세인 혹은 다른 역사상의 악당을 의미한다고 주장한다. 그러나 물론 이것은 문자적으로 텍스트가 말하지 않은 것이다. 파피아스라는 이름의 2세기 해석가에 대한 4세기 역사가인 유세비우스의 발언에서 우리는 두 진영 사이의 어떤 원한을 느낄 수 있다:

> 그는 죽은 자들의 부활 후에 천년의 기간이 있을 것이라고 말한다. 그때 그리스도의 왕국은 물질적 형태로 이 땅위에 세워질 것이다. 나는 그가 사도의 설명을 잘못 해석하고 그들이 신비적이며 상징적인 언어로 말한 것을 파악하지 못하고 이런 생각을 가졌다고 생각한다. 왜냐하면 그의 책들을 보고 판단컨대, 그는 이해력이 매우 적은 사람이었던 것 같다.
>
> *Church History* 3.39.11-13

계시록을 문자적으로 해석하는 것은 제한된 지식의 결과라기보다는, 숨겨진 정치적 음모로부터, 힘과 이익을 갈망하여, 이러한 묵시라는 장르에 대한 잘못된 이해로부터 나온 것이다. 마지막 장에서, 우리는 미국에서 묵시적 문자주의를 간단히 살펴본 후, 고대 장르를 더 자세히 조사해보고, 가장 초기의 청중의 사회적이고 역사적인 상황 문맥을 살펴볼 것이다.

미국에서 계시록: 미혹의 역사

요한 계시록에 대한 내러티브 분석은 이 계시록-책을 근거로 미래를 예언하는 자들은 좋게 말하면 속은 것이고, 나쁘게 말하면 사기꾼임을 드러낸다. 세계의 위기 때 빈발하는 그런 책들은 그 저자들에게 상당한 액수의 돈을 벌게 해줄 뿐이다. Hal Lindsey 같은 작자는 (계시록과 다른 성경책들로부터 끌어온 어떤 비밀 지식을 독자들로 가지고 있다고 믿게 한) 거짓 시나리오들을 팔아 부자가 되었다. 세상이 곧 끝날 것이라고 예언하면서, 자신은 남 캘리포니아에 아주 고급스런 맨션들을 짓고 있던 위선적 모습이 있었다. 그러한 미혹은 미국에 오랜 역사가 있다. 그리고 앞으로도 의심할 바 없이 무성할 것이다.

묵시적 문자주의의 가장 어처구니없는 실패의 예는 William Miller(1782-1849)의 경우다. Miller는 퇴역 장교이며 침례교 평신도 설교자로 계시록과 그리스도가 돌아올 때를 계산할 수 있다는 가능성에 매료되었던 사람이었다. 그는 계시록과 다니엘서의 문자적 읽기에 근거한 계산에 기초하여 (특히 여러 날을 수년으로 계산하고 있는, 단 8:14), Miller는 "1843년경에" 그리스도가 이 땅에 오신다고 예측했다. 1844년 3월까지 아무 일도 안 일어나자, 그는 처음 그가 틀렸다고 인정했으나, 그런 후 그는 다시 정확한 날을 계산하고 예측하였다: 1844년 10월 22일. 아마 오십만 명의 미국인들은 그 운명의 날을 강한 기대로 기다렸다. 그리고 5만 명이나 되는 미국인들은 이 땅의 재산들을 팔거나 포기하고, 직업을 버리고, 시골로 가서 천국으로 옮겨지기를 기다렸다.

그 날은 "대 실망(the great disappointment)"으로 알려졌고, Miller는 몇 년 후에 불명예를 안고 죽었다. 그러나 Miller는 수년마다 반복된 현상 중 그저 가장 성공적인 예일 뿐이다. 사람이 이런 이야기들을 실제 사건들을 예측한다고 받아들일 때, 거기에는 그것들을 구체화 하여 자신의 때에 일어날 사건들과 관련짓는 강한 유혹이 일어난다. 이러한 유혹은 소수에게는 너무 강하다. 그러나 더 많은 이들은 정확한 날을 예측하지는 않지만 문자적 해석을 하고 있다. *The Late Great Planet Earth*(대 유성 지구의 종말)이란 책에서, Hal Lindsey는 원래 그 일자를 1948년 이스라엘의 건국 후 40년인 1988년으로 예측했다. 그러나 1988년이 가까워지자, 그는 모호한 말을 하고서 날짜에 대해 말하기를 그쳤다. 그런 해석자들은 세상의 끝이 가까워졌다고, 그 날은 언제라도 일어난다고, 그리고 확실히 그 날은 그들의 생애 안에 일어날 것이라고 예측하는 것을 좋아한다.

미래에 대한 비밀, 즉 신성한 정보를 가지고 있다고 하여 얻게 되는 명성과

돈은 별도로 하고, 그런 사이비 예언자들은 다른 어젠더를 가지고 있는데, 그런 선포들은 사회적이며 정치적인 안정 상태를 깨기 때문이다. Miller는 큰 사회적 위기 시대에 살았다. 남북전쟁이 다가오고 있었고, 의심할 바 없이 1837의 대 경제공황으로 인해 그의 책을 읽고자 하는 독자들이 준비되어 있었다. 그의 책은 1838년에 처음 출판되었다.[2] 사회 대개혁 운동-노예제도폐지, 금주, 노동-이 온 나라를 휩쓸고 있었다. 많은 사람들은 변화를 옹호하기 위해서 성경을 사용하고 있었다. 그러나 Miller가 주장했던 종류의 묵시적 기대들은 변화에 반대했다.

요한계시록은 세상의 이미지를 매우 악한 (새 창조만이 그 악한 것들을 고칠 수 있을 만큼 너무 나쁜) 곳으로 보여준다. 사람들은 도덕성의 향상 대신에, 추락만을 볼 수 있다. 그러나 하나님은 곧 모든 것에 개입하시고 바꾸실 것이기 때문에, 이것은 그들의 관심사항이 아니다. Miller는, 세상을 향상시키기 위해 노력하는 대신에, 세상이 곧 끝날 것이라고 가르쳤다. "분명히, 그러한 기대들 때문에 사회개혁의 장기계획들을 세우지 못했다."[3] Ronald Reagan 때 내무부장관이었던 James Watt은 거의 같은 태도로 (예수가 돌아와서, 그전에 세상을 바꿀 것이기 때문에, 우리의 손자들을 위해 나라 산림을 보존하기 위한 장기 계획이 필요 없다고)분명하게 말하였다.[4] 계시록을 문자적으로 읽는 것이 반드시 무해한 독서법은 아니다.

이러한 견해를 지지한 자들의 예측들이 번번히 빗나갔음에도 불구하고, 문자적 읽기를 고집하는 것은 놀랄 일이다. 여러 세대의 미국인들은 그들이 종말에 살고 있으며, 계시록에 묘사된 사건들은 그들의 생애 중에 일어날 것이라고 말해왔다. 기독교 이천년 시대가 다가옴에 따라, 우리는 틀림없이 그러한 열광을 다시 보게 될 것이다. 일천년 대의 끝 역시 대단히 묵시적이었다. 문자주의자들은, 의심할 바 없이, 성경에 나오는 숫자들을 이용하여 예수의 시대로부터 거꾸로 창조 때까지 계산하면 나오게 되는 4천년을 더하면 그들이 계산한 대로 일곱 번째의 마지막 천년의 시작을 가리킬 수 있기에 기뻐할 것이다.

그러한 주장들을 받아들이는 것보다, 우리는 묵시의 성질에 친숙해져야 하고 요한계시록을 흥미진진한 스토리로 읽기를 배워야 한다. 다음에 나오는 세부적인 내용들은 앞의 주해와 요한계시록을 다 읽고, 더 공부하고 싶은 독자들을 위해 마련된 것이다.

고대의 묵시적 기대들의 성질

"묵시(apocalyptic)"라는 명칭은 현대에 만든 단어로, 1832년에 Friedrich Lücke가 처음 사용하였다.[5] 다양한 학자들에 의해 매우 여러 갈래의 의미들로 사용된다. 그 현상 자체가 다양하므로, 그 모든 것을 망라하려고 하면 그 정의는 매우 일반적이어야 할 것이다. 우리는, 광의적인 수준에서, 한 시기의 끝이 다가오고 있다는 생각, 옛 질서는 지나가고 있다는 생각, 어쨌든 하나님의 세상이 이 세상에 침투해 들어와, 최후 심판과 함께 근본적인 변화들을 가져온다는 매우 널리 퍼져 있는 기대에 대해 이야기하고 있다. 묵시를 이렇게 일반적인 의미로 사용한다면, 유대교와 기독교뿐만 아니라, 페르시아, 이집트, 그리스, 그리고 로마의 묵시주의(apocalypticism)까지도 말할 수 있다.[6]

묵시주의는 이런 의미의 기대와 변화에 기초하는 사회적 운동을 가리키기 위해 사용된다. 그러한 기대는 현재의 체계를 자주 악으로 보고 비평한다. 다양한 묵시 운동들 사이에 그러한 기대에 대한 비평과 성격은 다양하다. 우리의 목적상, 나는 유대교와 기독교의 묵시주의와 그들의 희망과 꿈을 표현하고 있는 그러한 글의 성격을 떠받치고 있는 이데올로기에 더 특별히 초점을 맞추기 원한다. (20-24면에서 그 예비토론을 보라.)

그래서 먼저 묵시적 이데올로기와 묵시문헌 사이를 구별하고, 다음으로 고유한 묵시들과 단순히 묵시적 세계관을 나누고 있는 다른 글들을 구별해보자.

이데올로기

묵시적 사고의 기원은 모호하고, 논쟁적이고, 복잡하다. 그 묵시적 사고는 이스라엘의 정치적인 종말을 의미하는 주전 6세기 왕조의 몰락 후의 시기에 이스라엘이 기울어져갈 때, 사회적으로 권위가 인정받던 예언으로부터 자라났다. 예언의 전통들과 고대 신화적 사고에 더하여, 묵시주의는 바빌론의 꿈으로 푸는 점술과 이란/페르시아의 이원론의 영향 속에서 형성되어졌다. 그것은 적응과 변화의 느린 과정을 거쳐, 다양한 종류의 많은 묵시주의가 나왔다. 그러나 우리는 묵시주의가 유대인의 역사에서 아주 중요한 사건의 여파로 나왔다고 생각하게 하는 어떤 큰 사건(주전 175-164까지 시리아 지역을 다스렸던 헬라 통치자 안디오쿠스 IV에 의한 유대인의 박해)이 있었다는 것을 알 수 있다.

애굽과의 갈등과 점점 커져가는 로마의 지배를 포함한 복잡한 정치적 상황 속에서, 안디오쿠스는 자신을 제우스-아폴로라고 하면서 (이스라엘을 포함하여) 전국에 제우스에 대한 경배를 강요하면서, 자신의 힘을 강화시켜 갔다. 유대인들이 저항하자, 안디오쿠스는 자신의 명령을 강화시키기 위해, 그들을 진압하고, 살인하며, 고문하는 등 잔인한 방식을 사용했다. 무장봉기로 마침내 이스라엘은 백년에 걸친 실제적인 독립을 얻게 되었다. 그러나 그동안 신실한 유대인들은 극심한 고통을 받았다.

그러나 고난보다 더 큰 문제는 그 고난을 설명하는 것이었다. 왜냐하면 초기의 유대인들은 이 세상이 하나님의 직접적이고 일관성 있는 통치아래 있다는 생각에 익숙했기 때문이다. 따라서 고난에 대해서 가장 일반적이고 강력한 설명은 하나님이 어떤 죄 – 자신들이나 자기 동포들의 죄 – 에 대해 벌을 내리시는 것이라는 것이다. 이러한 설명은 여전히 어떤 힘을 발휘했기 때문에 많은 이들이 회개와 변화를 요구할 때 그렇게 설명했다. 그러나 이러한 접근에 근본적인 결함이 있었다. 그 결함은 누가 고통을 당하고 있으며 누가 번창하고 있는지를 볼 때 분명해진다.

모든 것이 반대다. 하나님에게 충실한 자들은 고난을 받는 반면, 하나님을 떠난 자들은 번영한다. 어떻게 이러한 모순을 설명할 수 있겠는가?

결국 설명은 많은 출처로부터 끌어와 합쳐진 것이다. 그 설명을 형성한 힘은 하나님의 하늘 어전에서 고소자(히브리어: 사단)에 대한 옛날 이스라엘 전통들과 하나님의 사자들의 반란에 관한 신비한 스토리들과, 고대 근동의 창조와 풍요 신화들과 결합된 페르시아 이원론으로부터 나온 것 같다. 하나님에게 대적이 있고, 그 대적은 하나님과 이 세상의 지배를 다투고 있다는 설명은 단순하고 명확해서 널리 받아들여졌다.[7]

페르시아의 (조로아스터교의) 사상에서 이 하나님의 대적을 때때로 쌍둥이인 '악한 하나님'이라고 생각했다. 그래서 이 싸움의 결과는 미리 결정되지 않는다. 인간들이 만약 악한 편에서 싸운다면, 악이 편만해질 것이고, 그들이 선한 편에서 싸운다면, 선이 (이런 매우 윤리적 삶의 비전으로) 편만해 질 것이다. 히브리적 사고에서는, 악한 자는 결코 이렇게 자율적이지도 이렇게 강력할 수도 없을 것이다. 궁극적으로 하나님이 (종들에 의해 치루어진 싸움과 함께) 통치하신다(단 10:12-13을 보라).

여전히, 의인들의 고난은 악한 자가 이 세상에서 권력을 제 마음대로 휘두르기 때문이라고 설명된다. 그는 "이 세상 임금"으로 생각되기도 했다(예. 요 12:31; 고후 4:4). 사단이 이 세상을 다스리고 있기 때문에, 선한 사람들은 고난을 당할 것을 예상해야한다. 반대로, 번영하는 사람들은 의심스럽다.

그러나 사단의 통치는 영원하지 않다. 이 시대는 끝나고 새 시대가 시작될 것이다. 이 두 시대 사이에 세상을 변화시키는 어떤 신적 행위로서 (다른 묵시록들에서는 다른 견해들을 보이기도 하지만) 전쟁이 자주 나온다. 그리고 한 가지 더 말한다면, 변화의 때는 매우 가깝다. 묵시록들 모두가 이것을 역사적 변화(historical change)라고 보고 있는 것은 아니지만, 그것들은 모두 그 변화를 가정하고 있다.[8]

묵시주의(apocalypticism)의 기본적 세계관은 아래 네 가지의 요소들을 포

함하고 있다:

- 세상은 이 세대동안 악의 통제아래 있다. 따라서 역사의 주된 세력은 인간의 행위가 아니라 초자연적인 세력들이다. 이 세계관은 삶에 대해 강력한 이원론적 사고방식이다.
- 두 시대가 있다. 그리고 다가올 시대는 이 시대와 완전히 다를 것이다. 선이 편만할 것이며, 악은 심판받을 것이다. 모든 묵시들은 이러한 이원론을 상정하고 있으나, 어떤 묵시들은 이 변화가 일어나는 신시대를 역사적인 미래시대로 보지 않는다. 그보다는 그 시대를 사후 징벌의 때로 본다. 또 다시 우리는 강한 이원론을 주목하게 된다.
- 하나님은 어떤 결정적 개입행위로 이 변화를 가져올 것이다.
- 그때가 가깝기 때문에 우리는 그 변화에 대비하여야 한다.

그러한 세계관은 초기 기독교인들에게 만연하였던 것으로 보인다. 그들은 예수의 삶과 죽음을 그러한 개입하는 행위(최소한 그 일부로)로 이해했다. 마가복음은 예수님의 축귀행위를 그가 사단을 이긴 결과라고 설명한다(막 3:20-27을 보라; 눅 10:18도 보라). 바울은 그를 따르는 자들에게 사단의 힘이 곧 끝날 것이라고 약속하였다(롬 16:20; 갈 5:1). 예수의 부활을 의인들의 부활의 시작으로 보았다(고전 15:20).

분명히 요한계시록은, 중요한 한 가지 성격과 함께, 이러한 세계관을 취한다. 이 스토리는 악한 세상에서 일어나고 의인들은 이 세상에서 고통을 받고, 심지어 죽기까지 해야 하겠지만, 이 고난 자체는 – 예수의 고난에 의해 변화되었듯이 – 세상을 변화시킬 행위이다. 이제 (요한이 이러한 세계관을 스토리에서 구현하고 있는) 문학적 매개체를 좀 더 면밀히 고려해 보자.

장르

장르의 개념은 다양한 방식으로 사용된다. 그리고 이것은 많은 논쟁의 주제이다. 나는 그것을 매우 실용적인 의미에서 (문학 작품들이 엇비슷하면, 비슷하게 읽어야 한다는) 독자의 경험을 의미하는 것으로 사용하고 있다.[9] 현대적인 예를 하나 들면, 모든 사람은 신문을 읽는 법을 안다. 그리고 신문의 다양한 부분을 다르게 읽는다는 것도 알고 있다. 첫째 면, 사설 면, 만화, 스포츠 면 등에 대한 기대가 다르다. 이 섹션들 각각 그 자체만의 관습과 기술이 있는데도, 미숙한 독자가 그것들을 모두 똑같이 읽는다면, 그 의미들을 심히 오해할 것이다.

우리는 우리의 사랑 편지들을 보험계약을 읽을 때와 똑같은 기대를 가지고 읽지는 않을 것이다. 우리는 한편의 시를 음식 조리법과 똑같은 기대를 가지고 읽지는 않을 것이다. 우리가 이런 기대들을 언제 어떻게 가지게 되었는지는 매우 복잡하고 미묘하다. 고전문헌 (또는 다른 문화의 문헌)을 읽을 때 문제는 우리가 그것으로부터 무엇을 기대해야할지 모르는 것이다. 계시록 해석에서 일어나는 많은 문제도 계시록을 마치 마술 책이나 비밀구전지식 – 이 둘은 완전히 빗나간 것이다 – 처럼 읽은 결과이다.

아마 묵시록을 읽는 가장 좋은 방법은 가능한 한 많은 묵시록들을 읽는 것이다.[10] 그러한 경험을 맛보기 위해서, 다음의 간단한 발췌문들을 고려하라:

> 그리고 <일천> 삼백 삼십 이 일후에, 주님이 그의 천사들과 일곱째 하늘의 영광을 가지고 일곱째 하늘로부터 수많은 성도들과 함께 오실 것이고, 벨리알은 지옥으로부터 그의 무리들을 이끌고 올 것이다. 그리고 그는 이 세상에서 그 몸으로 살게 될 경건한 자들에게 안식을 줄 것이다... 그리고 그를 믿는 믿음을 통해 벨리알과 그의 왕들을 저주했던 모든 이들에게 쉼을 줄 것이다. *Ascension of Isaiah* 4:14-16[11]

> 그리고 이것들은 하나님을 믿는 믿음으로부터 떨어져 죄를 범한 사람들의 심판 날에 일어나게 될 것이다. 불꽃이 피어오를 것이다. 그리고 희미함과 어두움이 올라와, 온 세상을 덮고 베일에 가리게 할 것이며, 물들이 변화되어 불타는 석탄으로 바뀔 것이다 ... 그리고 별들은 불의 화염에 녹게 될

> 것이다. *Apocalypse of Peter* 5[12]

> 그리고 내가 내 아들들에게 말할 때, 그 사람들이 나를 불렀다. 그리고 그 사람들이 그들의 날개위에 나를 태우고, 첫 번째 하늘로 데리고 올라갔다. 그리고 그들이 나를 그 아래에 내려놓았다. 그들은 내 앞에 별들의 질서를 맡은 자들인 장로들을 내 앞으로 데려왔다. *Second Enoch* 3:2-4:1[13]

> 그런 후 한 큰 천사가 그의 손에 금 나팔을 가지고 앞으로 나와, 그것을 내 머리위로 세 번을 불고 말하기를 "용기를 내라! 오, 이미 승리한 자. 이기라! 오, 이긴 자. 왜냐하면 너는 고소자에게 승리하였고 음부와 지옥에서 벗어났기 때문이다. 이제 너는 건널목을 넘어올 것이다. 왜냐하면 너의 이름이 생명책에 기록되어있기 때문이다. *Apocalypse of Zephaniah* 9:1-3[14]

> 내가 밤 이상 가운데 그 다음에 본 네째 짐승은 무섭고 놀라우며 또 극히 강하며 또 큰 철 이가 있어서 먹고 부숴뜨리고 그 나머지를 발로 밟았으며, 이 짐승은 전의 모든 짐승과 다르고, 또 열 뿔이 있더라. 내가 그 뿔을 유심히 보는 중 다른 작은 뿔이 그 사이에서 나더니 첫번 째 뿔 중의 셋이 그 앞에 뿌리까지 뽑혔으며 이 작은 뿔에는 사람의 눈 같은 눈들이 있고 또 입이 있어 큰 말을 하였더라. 다니엘서 7:7-8

분명히 이들 모두, 그들의 문학 특성과 사상에서, 요한계시록 "처럼 들린다," 이는 위에 논의된 관념(ideology)이 여기에서도 분명하기 때문이다. *Ascension of Isaiah*와 *Apocalypse of Zephaniah* 둘 다 이 세대 동안 세상이 악의 통치아래 있음을 보여준다. 그러나 어떤 새롭고 반대되는 선한 시대가 도래 할 것을 가리킨다 (그리고 *Apocalypse of Peter*는 그 전환시기를 심판의 때로 본다). 하나님은 이것을 곧(*Apocalypse of Zephaniah*) 일으킬 것이다(*Ascension of Isaiah*).

이것들과 그리고 요한계시록의 분명한 문학적 특성은 다음과 같다.

1. 묵시들의 가장 기본적인 특성은 어떤 비밀 계시가 어떤 선견자나 예언자에게 주어졌다고 주장한다. 이러한 주장은 위 모든 발췌문들에 분명하다.
2. 이러한 계시는 꿈(다니엘)과 환상으로, 혹은 선견자를 하늘로 올려 전한다(*Second Enoch*). 세 가지 수단들이 자주 결합되기도 한다.
3. 계시는 보통 (예를 들어 선견자의 안내자나 해석자로 역할을 하는 천사 같은) 어떤 인물에 의해 중재된다(*Second Enoch*, *Apocalypse of Zephaniah*).
4. 계시는 보통 자명하지 않으나, (자주 많은 머리가 있는 다른 동물들이 합성된) 동물들, 신화적 인물들, 그리고 숫자들(특히, 다니엘 인용들뿐 아니라 *Ascension of Isaiah*)과 관련된 다양한 신비스런 상징들로 이루어진다.
5. 그 계시를 받아들이게 된 것은 (고대 영웅들 중 한 사람인) 어떤 과거의 인물 탓이다. (위의 책들 중 어느 책도 제목에 나오는 이름의 인물이 쓰지 않았다). 후기의 묵시록 저자들에 의해 채택된 가장 인기있는 목소리들은 에녹과 엘리야 (이들 둘 다 죽지 않고 하늘에 올라간 전통을 가지고 있다), 에스라, 모세, 다니엘, 아담, 그리고 (기독교인들에게는) 베드로와 바울이다.*

(* 다른 사람의 이름으로 쓰는 이러한 관습은 익명/필명[pseudonymity]이라고 하고, 그러한 책들의 주요 모음집은 위전[僞典, pseudepigrapha]이라고 부른다.)

이 마지막 특성만은 요한계시록에서 분명하지 않다. 요한계시록은 분명히 (가끔씩은 신비한 상징들을 설명해주는 천사-해석자들과 함께, 환상에 의해 그리고 천상 여행에 의해 전달되는) 비밀스러운 계시이다. 요한은 일반적으로 익명을 사용하는 관례를 따르기보다 왜 자신의 이름으로 썼는가는 추정의 문제다(269-75면을 보라).

위 특성들은 일반적으로는 잘 들어맞는다. 묵시라는 것은 기본적으로 평범한 경험의 베일 뒤를 보게 하는 것이다. 묵시는 우리의 평범한 인식들을 초월해서 궁극적 사건들의 원인들을 계시하려는 경향이 있다. 역사 이면에서 진행되는 우주적 과정들에 대한 "계시"이다. 베일 이면에서 보인 것을 전달하기 위해, 묵시록들은 상징들을 아주 많이 사용하는데, 이것은 그러한 상징들만이 역사적이고 우주적인 사건들 사이의 상호관련성을 묘사할 수 있을 것이라는 생각 때문이다.

그럼 우리는 고대 청중들이 묵시를 읽으면서 가질듯한 기대들을 상상할 수 있는가? 그들은 무슨 기대를 가지고 저 세상으로부터 가져온 것이라 생각하는 스토리를 들을 것인가? 나는 그들이 그 묵시를 단번에 완전하게 이해하리라고는 기대하지 않는다. 그들은 그것이 신비스럽고, 희미하고, 표면적으로 분명하지 않는 의미들 투성이라고 생각할지 모른다. 천상여행에 대한 기록은 여행기록과 똑같은 방식으로 읽혀지지는 않을 것이다. 청중들이 (세상에서 그들 자신이 처한 상황에 대해 그들 안에 있는 어떤 분별력을 갖게 하는) 얼마간의 상징들을 깨닫기를 바랄지 혹은 그 상징들에 의해 깨닫게 되기를 바랄지 모른다.

계시를 즉시 일반적인 언어로 번역할 수 있으리라 생각하는 것은 대단히 어리석은 일일 것이다. 그렇지 않다면, 우선 왜 상징으로 표현할 필요가 있었겠는가? 당신은 어떤 상징이 무엇을 의미하는가를 이해할 수 있을지도 모른다. 혹은 계시자에 의해 그 의미를 들을지도 모른다. 그러나 그 상징은 할 말이 더 있을지 모르기 때문에 당신은 그것을 놓아버려서는 안 될 것이다. 당신은 묵시가 그 다음에는 무엇을 의미할지 절대 알 수 없는, 어떤 살아있는 단어로 보려고 할 것이다.

그러한 생각은 우리 현대인들이 기대하는 것과는 동떨어져 있다. 원래 청중이 경험한 것과 똑같은 경험에 들어가기 위해서는 인내력과 공감하는 상상력이 필요할 것이다. 이제 우리는 이러한 원래의 세팅에 대해 말할 수 있는 것들을 좀 더 살펴보자.

(암시된 그리고 실제의) 역사에 대한 문학적 반추들

우리가 스토리에 대한 연구를 시작할 때 우리가 알게 되는 첫째 교훈들 중 한 가지는 내레이터와 작가를 착각하지 않아야 한다는 것이다. 어린아이들일지라도 (짧고 통통한) 작은 차 주전자가 그것이 내는 딸랑대는 소리를 만들어 낸 원인(author)이 아니란 것을 안다. 하지만, 내레이터들은 저자들에 의해 창조된다, 그래서 우리는 그들이 비슷한 견해를 공유하리라고 기대하는지 모른다. 사실 우리는 내레이터가 스토리를 어떻게 말하는지, 그리고 저자는 그것을 왜 이렇게 말하려 했는지를 연구함으로, 저자에 대해서 추론하기 시작할 수 있다. 그러나 바로 여기에서 현대 비평적 이론이 토론을 한걸음 더 내딛도록 도움을 준다. 우리가 추정한 이 저자는 실제저자도 아니고, 살아있는 사람도 아니며, 단지 "암시된 저자(implied author)"이기 때문이다.

그 암시된 저자는 우리가 텍스트로부터 (저자가 우리에게 보기 원하는) 저자의 관점을 재건축해 줄 수 있는 저자이다. 아마 이것을 보는 가장 쉬운 방법은 Mark Twain(필명)을 생각해보는 것이다. Mark Twain은 Samuel Clemens (실제저자)가 자신을 대중에게 보여주고자 원하는 모습(persona)이다. Twain은 Huck Finn과 마찬가지로 틀림없이 허구적으로 창작된 인물이다. (그리고 둘은 아마도 우리에게 Samuel Clemens에 대한 어떤 것을 말할 수 있다). 그래서 우리가 텍스트에서 만나는 저자는, 실제 저자를 보여주기도 감추기도 하면서 항상 창조되어진다.

그리고 그와 똑같은 것을 청중에 대해서도 말할 수 있다: 우리가 텍스트에서 만나는 청중은 결코 실제의 청중이 아니고, 저자가 상상해낸 청중일 뿐이다. 어떤 작가는, 청중을 정확히 상상하게 하거나, 틀리게 상상하게 할 수 있다. 또는 (청중들에게 아첨하거나 도전케 하려고) 청중들을 오해케 할 수도 있다. 우리가 스토리 속에서 만나는 모든 사람은 어느 정도 스토리텔러가 창작한 인물이다. 우리는 이들 여러 가지 레벨들을 (아래 도식처럼) 괄호들을 사용해 그릴 수 있다. 가장 바깥 레벨에는 실제 저자와 청중이 있다. 그리고 다음 레벨에는 암시된 저자와 암시된 청중이 있다. 그리고 마지막으로 내레이터와 (내레이터가 스토리를 들려주는 사람인) 내레이티가 있다. 이것을 다음과 같은 도식으로 나타낼 수 있다.

(저자 (암시된 저자 (내레이터 - 내러이티) **암시된 청중) 청중)**

널리 사용되는 또 다른 도식의 페턴은 다음과 같다:[15]

저자 ⇨ [암시된 저자 ⇨ 내레이터 ⇨ 내레이티 ⇨ 암시된 청중] ⇨ 청중

꺽쇠괄호들 안의 모든 것들은 스토리 속에 있다. 참 저자와 청중은 이들 스토리 인물들과 어떤 관련이 있어야 하나, 그들은 동일하지 않다. 우리는 오로지 다른 자료들로부터 실제 사람들에 대해서 알 수 있다. 지금은 현대 저자들에 대해서, 우리는 친구들, T.V. 인터뷰, 자서전들, 사회학 같은 다른 많은 자료들을 가지고 있다. 그러나 고대 저자들과 청중들에 대해서는 우리의 증거자료가 거의 없다. 예를 들어, 요한계시록의 텍스트로부터 연역할 수 있는 것을 제외하고는, 우리는 저자에 대해서 아무것도 모른다. 따라서 우리는 암시된 저자를 넘어갈 수 없다. 청중에 대해서는, 조금 더 알 수 있다. 왜냐하면 우리는 다른 문헌들과 고고학으로부터 로마제국의 소아시아 도시들의 거주자들에 대한 것들을 어느 정도 알 수 있기 때문이다.

저자와 청중

저자는 감추어져 있지만, 이 계시록-스토리는 우리에게 내레이터, 또는 내레이터들에 대한 많은 것을 말해준다. 실제의 나레이션은 매우 복잡하다. 그러나 편리를 위해, 우리는 3개의 레벨로 말할 수 있다. 가장 바깥 레벨에서, 우리는 "큰 소리로 읽는 자"(1:3)로 지적된 자가 있다. 이 내레이터는 그 이상의 다른 특성들은 없다. 그가 남자인지 여자인지, 늙었는지 젊었는지, 지식이 있는지 없는지, 우리는 알지 못한다. 이것이 우리가 텍스트를 읽을 때와 구두로 전하는 원래 상황 사이의 중요한 차이이다. 원래의 세팅에서는 이 내레이터를 보고 들을 수 있지만, 사실상 우리에게 그 사람은 사라져 버린다.

2차 레벨의 내레이션은 (그가 본 것을 말하고 있는) 요한에 의해 들려진다. (나는 여기서 요한계시록에서 실제로는 두 개의 분명한 실제 목소리들인, 편지의 저자인 요한과 밧모 섬의 음성인 요한을 융합시키고 있다.) 이 요한은 그 이유가 분명하지는 않지만 밧모 섬에 있다(1:9). 아마 그는 (대부분의 독자들이 생각하는 것처럼) 거기서 사라졌거나, 또는 아마도 그는 거기서 돌아와 이 책을 썼던 것이다. (75-82면에 나오는 밧모섬에 대한 토론을 보라.) 이 요한은 이제 계시록-스토리에서 배역이면서 내레이터(character-narrator)로 나타나는, 요한 계시록의 암시된 저자이다.

계시록-스토리에서 배역이 말할 때의 3차 레벨의 내레이션도 있다. 따라서 처음 환상에 나오는 위엄있는 사람은 교회들에게 메시지를 전하는 내레이터가 된다(2:1 등). 그러나 요한 역시 그가 말하는 환상에서 배역으로 나오기 때문에 혼동이 여기서도 일어날 수 있다. 환상들에서 다른 배역들이 그에게 말을 걸 수 있다(예로 5:5). 그리고 다른 사람들에게 말할 수 있다(예로 7:14). 그러나 이 토론에서 더 중요한 것은, 그는 스토리에서 한 등장인물로서 이 환상들을 말하고 있다(예로 4:2, 이미 성령 안에 있는 두 번째 레벨의 내레이터는 그 환상에서 성령 안에 있다 - 환상 안에 또 환상). 이 세 명의 내레이터들 모두 우리에게 저자에 대해 무언가를 말하고는 있으나 내레이터는 저자가 아니다.

우리는, 글 자체가 암시해주는 것을 제외하고는, 이 작품의 저자에 대해 아무 것도 모른다. 계시록-책이 (예수의 원래 사도들 중 한명이며 요한복음의 저자인) 사도 요한에 의해 쓰였다는 이전의 견해는 두 가지 이유 때문에 지지될 수 없다. 첫째, 그것은 우리가 암시된 저자에 대해서 아는 것과 모순된다. 왜냐하면 그 암시된 저자는, 천상의 도시가 세워진 기초들인(21:14) 그 사도들을 과거의 아주 거룩한 인물들로 보고 있기 때문이다. 그러나 암시된 저자는, 그 기초가 아닌, 그저 그 도성의 방문자일 뿐이다.

둘째, 개념적 관점, 세계관, 상징체계, 그리고 계시록의 문체는 요한복음과 무척 다르다. 요한복음은 매우 훌륭한 (우아하다고 말하는 것이 아니다) 헬라어로 쓰였지만, 계시록은, 이미 고대에 인식되었듯이. 투박한 스타일로, 많은 부적절하고 심지어 잘못된 문장구조들을 만들고 있다.[16] 계시록의 언어는, 마치 저자가 히브리어나 아람어로 생각하고 헬라어로 번역한 것처럼, 셈어적 하부구조 위에 세워져있다. 따라서 아마도 그 계시록에 쓰인 언어는 이런 언어들이 일반적인 팔레스틴 혹은 바벨론으로부터 온 것 같다. 물론, 최소한 부분적으로는, 히브리 예언자들의 어휘와 몽환상태의 부정확한 발언을 흉내 내고 있는 것, '의식적인 꾸밈(conscious affectation)' 으로 보는 것도 가능하다. (누가 "성경적"으로 들리도록 흠정역의 어휘를 채택하는 것처럼 말이다).

그러나 비록 요한이 그의 (계시록의) 어휘를 주도면밀하게 채택하였다거나, 필사자를 고용하여 복음서를 썼다고 가정할지라도, 그 두 책들 사이의 세계관이 너무 다르기 때문에 두 책들 사이의 차이는 여전히 크다. 요한계시록이 떨어지는 별들, 천사의 나팔들, 그리고 격렬한 전쟁들이란 전통 묵시적 이미지들로 가득한 반면, 요한복음서는 그런 이미지들을 거의 없애고, 대신에 영지주의적 개념들을 사용하고 있다.[17]

사실 저자는 자신을 사도와 연결 지으려 하지 않는데, 그것은 아마도 거의 대부분의 묵시들이 익명을 사용하는 것에 비추어 볼 때 놀라운 것이다. 기독교인들은 새로운 예언의 시대가 시작되었다고 믿고 있었기 때문에, 요한은 그의 예언을 어떤 고대의 유명한 인물에 돌릴 필요가 없었다는 것이다. 아마 그럴 것이다. 그러나 우리가 가지고 있는 기독교의 다른 모든 묵시들은 익명을 쓰고 있다.[18] 그러나 그것보다 중요한 사실은 암시된 청중이 저자를 알고 있었다는 분명한 암시이다(1:4,9; 22:8). 더불어 저자는 일차적 형식은 묵시이며 이차적 형식은 편지인(1:4; 22:21) 이 책을 써서, 그가 틀림없이 알고 있는 것으로 추측되는 청중에게 보냈다. 모든 실존하는 묵시들 중에서 독특한 이러한 편지 형식은 (편지란 알려진 저자가 필요조건이기 때문에) 익명성을 배제하고 있다. 물론 익명으로 쓴 편지들이 있으나, 그 경우에는 암시된 저자와 암시된 청중은 지어낸 것들이기 때문에 다르다. 그러나 이 경우에는 편지의 실제 수신자들은 저자가 그들을 알고 있다는 것을 믿어야 한다. 마지막으로, 익명성의 주요 유익들 중 하나는 ***역사적 견해(historical review)***라 불리는 문학적인 장치에 있다. 그 방식으로 저자는, 고대의 저자로 가정된 그 유명인물 때로부터 저자 자신의 시대까지 일어나고 있는 일들을 놀라울 정도로 정확하게 "예측한다." 요한은 역사적 되돌아봄을 사용하지 않기 때문에, 거기에 익명성은 필요 없다. 요한계시록이 익명적이라고 말할 수 있는 유일한 이유라면 편지를 예수께 돌리는 데 있다(1:19-3:22). 우리가 예수를 원 출처로 보며, 그리고 물론 "예수 그리스도의 계시..."(1:1)라고 부르는 한, 계시록은 묵시록들의 익명성과 최소한 얼마간은 유사한 점이 있다. 그리고 우리는 요한이 감히 "나 예수"라고 말하는 것을 주목해야한다(22:16).

그러나 서론부 진술의 나머지 부분에서 분명히 예수는 계시록의 저자로 보이지 않는다. 저자는 요한이다, 그는 결코 실제로 예언자라고 주장하지 않으면서도, 자신의 책을 예언이라고 부르며(1:3; 19:10), 예언자들을 자신의 동료라고 한다(22:9). 이러한 요한은 자신이 편지를 보낸 일곱 각 도시에서 알게 될 것이라 생각한다. 그래서 그는 아마도 ***디다케(Didache)*** 같은 책들에서 만나게 되는 타입의 순회-예언자일 것으로 추정된다.[19] 이곳저곳으로 다니는 이 예언자들은 각 도시에서 며칠을 보내고, 자주 다시 돌아오곤 하였다. 예언자들로서 그들은 큰 권위를 가지고 있어서, 이 지역들에 살며 공동체를 감독하였던 기독교 지도자들에게 많은 문제를 일으킬 가능성이 있었다. (그들의 문화에 적응하려고 하는) 정착한 지도자들과 (문화를 좀 더 극단적으로 거부하려고 하는) 떠돌이 예언자 사이의 이러한 긴장은 아마 요한이 "이세벨" 과 "발람"이라 부르는 사람들을 향하여 분명히 말하고 있는 적대감에 반영되었을 것이다(2:14-15; 20-21).

예언자들에 대한 기본적인 사실은 그들이 하나님이나 예수와 직접 접촉하고, 그분들을 대변할 수 있다고 믿어졌다는 것이다. 이것은 가끔 미래와 관계된 것이지만, 예언자들은 주로 현재에 대해 말했다. 예언자들은 점쟁이가 아니다. 또는 예언자들은 입신이나 환상 경험들에 배타적으로 의지하지도 않는다. 그런 경험들을 폄하하지 않으면서, 요한계시록 안에 초기 예언들이 신중하고 광범위하게 사용되고 있다는 사실은 그 예언적 선포 역시 현재적 필요에 맞춰 초기 예언들을 재생하고 있는 것이 분명하다. 요한은 결코 성경을 인용하지는 않지만, 계시록보다 더 이른 시기의 성경책들을 500번 이상 암시하고 있다. 그렇지만 이들 계시록보다 더 이른 시기의 성경책들은 하나님이 직접 주신 것으로 믿고 있었기 때문에, 요한계시록이 예언이라는 주장과 불일치하지 않는다.

요한은, 마태복음처럼 (마태는 공식구 "이것은 x 예언이 이루어졌다"를 사용한다), 또는 사해두루마리들에서처럼 (x라고 쓰여진 것은 진실로 y를 의미한다) 성경을 단순하게 재해석하지 않았다.[20] 요한은 성경적 전승들을 원 자료로 다시 사용하여, 새로운 계시들을 만들었다.

이것은 (나에게 그렇듯이) 극단적인 접근같이 보일 수 있지만, 우리의 암시된 저자는 자유주의가 아니다. 그는 참된 공동체는 "하나님의 계명을 지키며 예수의 증거를 가진 자들"(12:17; 14:12, 1:2,9도 보라)을 포함한다고 주장한다. 이것은 바울의 "오직 믿음" 과는 거리가 멀며, 율법과 예수 둘 모두에 대한 충성을 주장한다. 이것은 우리가 희생제물을 먹는 것에 대한 바울의 태도보다 훨씬 더 엄격한 태도로 보았던 것과 궤를 같이 한다. (93-95면의 요한의 대적자들에 대한 토론을 보라.)

우리의 암시된 저자의 모습이 그려지기 시작한다. 그는 아마 떠돌이 예언자로, 아마 금욕주의자로 세상을 거부하는, 아마 예언자들 무리의 우두머리일 것이다. 그가 (원래는 팔레스타인 출신이며 만년에 소아시아에 왔음을 암시하는) 강한 셈어투로 말하고 있기 때문에, 헬라어는 그의 모국어가 아니다. 히브리 선지자들의 말들을 자신의 말로 삼는 그런 정도로, 그는 그 히브리인들의 글에 흠뻑

젖어있다. 그는, 그가 바울과 함께 있는 것보다 안디옥에서 바울을 반대했던 자들 소위 "야고보에게서 온 사람들" 과 더 지내기 편하다고 생각하는 보수적인 유대-기독교인같이 보이기 시작한다.[21] 최소한 그런 것이 우리의 암시된 저자가 우리에게 이 계시록-책에서 우리에게 보여주고 싶었던 자신의 면모이다.

우리는 그가 30여년 기간에 걸쳐 활동했다는 것과 그가 일세기 말경에 자신이 본 환상들의 최종판을 펴냈다는 것을 덧붙일 수 있을 것 같다. 이 사실은 (존경받는 과거 인물들인) 사도들에 대한 그의 태도와 고대 작가들로부터 나온 그런 진술과도 일치되는 것이다.[22] 가장 초기의 현존하는 언급은 (원래 이 지역 출신 작가인) 이레니우스로부터 나온 것이다. 그가 약 180년경에 쓴 글에서, 계시록을 "얼마 전, 거의 우리 시대인 도미티안의 통치 말경에 보았다"[23]고 하였다. 게다가, 로마에 대한 암호명인 바빌론을 사용한 것은 그 나라들이 공유했던 (두 나라 모두 예루살렘을 파괴했다는) 가장 분명한 역사적 사실에 놓여있다면, 계시록은 예루살렘이 디도(로마 장군)에게 멸망한 해인 73년 이후여야 할 것이다.

일세기 말을 계시록의 저작 연대로 보는 것에 대한 기본적인 반대 증거는 666이 네로를 가리킨다고 보는 논리적인 해석이다(185-91면을 보라).[24] 최소한 이 특별한 환상 부분은 68년에 죽은 네로의 통치 기간 동안에 유래된 것처럼 보인다. 만약 이것이 사실이라면, 우리는 우리의 암시된 저자에 대해 두 가지를 더 알게 된다. 그는 여러 환상들을 모아 최종적이고 통일된 작품으로 편집하고 있었다는 것과 이 환상들은 60년대 말로부터 90년대 말까지 30년의 기간에 걸쳐 일어났다는 것이다. 이것은 그럴듯하게는 보이나, 그렇다고 결코 확실한 것은 아니다. 나는 구술 작품이라는 계시록의 성격은 저술과 출판에 대한 우리의 현대적 개념들로 설명하기에는 적합하지 않다는 것을 덧붙이고 싶다. 어떤 구술문헌은 수많은 형태들이 나오고, 시간이 지나면서는 그 수가 더 늘어난다. 그래서 계시록은, 현재의 형태를 갖추었을, 일세기의 3/3분기(60년대 말로부터 90년대 말)의 작품일 가능성이 꽤 높다.

모든 글은 그 청중에 대한 어떤 추정들을 만들기 때문에, 우리는 또한 ***암시***

***된 청중*(implied audience)**의 모습 중 중요한 부분을 밝힐 수 있다. 물론 이 추정들은 정확히 실제 독자들에 해당되지 않을 수도 있지만, 그것들은 저자가 청중이 어떤 사람들이라고 생각하는지를 보여준다. 예를 들어, 우리의 저자는 분명히 (그의 모국어로 보다는) 헬라어로 청중들에게 말할 필요가 있다고 생각했다. 그리고 더 나아가, 그는 자신의 거친 표현들과 문법의 불규칙성들 때문에 그들이 그리 불쾌하지는 않을 것이라 생각했다. 이것은 그들이 학식이 높은 그룹이 아니라는 것을 암시하거나, 최소한 요한은 학식있는 부류에게 호소하지 않았다는 것을 암시한다. 편지들이 가난한 자들을 칭찬하는 반면, 공동체의 부유한 자들은 폄하하고 있기 때문에 (2:9; 3:17을 보라), 후자가 더 그럴듯할 수 있다.

암시된 공동체에 대해 사실이 무엇인지, 그리고 요한이 사실이기를 바라는 것이 무엇인지사이의 이 긴장을 인식하는 것이 중요하다. 예를 들면, 우리는 요한이 그들을 율법에 순종하는 예수의 추종자(12:17)로 묘사하고 있기 때문에 그들이 정말 그렇다고 생각할 수 없다. 이것은 그저 (요한이 호소하고 있는) 공동체의 일부분일 뿐이다. 그는 (그들을 이세벨을 따르는 자라고 부름으로, 2:20) 자신보다 덜 유대주의적인 자들과 (그들을 사단의 회라고 부름으로, 2:9) 자신보다 더 유대주의적인 자들을 배척하려 한 것이다. 우리가 확신할 수 있는 것은 요한의 청중은 소아시아에서 유대주의적 경험과 그레코-로만 생활사이에 위치해 있었다는 것이다.[25]

사회적 문맥: 로마 세계에서 유대인들과 기독교인들

가장 좋은 상황 속에서도, 이들은 서로 다른 편을 완전히 신뢰하거나 이해하지 않았기 때문에 이들 사이의 관계는 불안해질 수 있었다. 유대인들은 다신주의자들을 우상숭배자들로 간주했고, 반대로 다신교자들은 유대인들을 (신들을 인정하지 않았기 때문에) 무신론자들로 보았다. 이방인들은 그 단어가 암시하는 것만큼 야만적이거나 원시적이지 않았기 때문에, 나는 그들에 대한 경멸적인 용어인 이방인들이라는 표현을 피하려고 한다. 우리가 달리 당장 쓸 수 있는 용어를 찾을 수 없다는 사실은, 우리가 그레코-로만 종교생활을 얼마나 아는게 적은가에 대한 증거가 될 것이다. 그러나 유대인들은 수세기동안 외국문화 속에서 살아남기 위한 - 회피와 수용에 의한 - 여러 방법들을 사용하였다. 우리는 그레코-로만 세계에서 종교가 사업으로부터 교육, 오락, 스포츠까지 모든 생활영역에 스며든 여러 방식들을 논의했었다(219-22면을 보라). (그들 생활영역 속으로 파고 들어갈 때) 긴장들이 없는 것은 아니었지만, 유대인들은 이러한 문제들에 대한 전략들을 발전시켜 갔다.

먼저, 그들은 얼마간의 문제들은 피할 수 있었을 것이다. 예를 들어, 그들의 음식법은 여러 도시들에서 공동체가 그들 자신의 음식-공급 수단을 발전시켜, 그들로 우상제물 음식문제에 걸리지 않도록 하였다. 가끔 그들이 자신들의 음식법을 맞추는데 정부의 도움을 받기도 했다.[26] 여러 도시들에서 그들이 유대인의 공동체들 안에 살며, 몇 가지 상업에 집중함으로 상업조합과 상조협회 문제들을 피하는데 도움이 되었을 것이다. 황제***에게***(*to* the emperor)라기 보다 황제를 ***위해***(*for* the emperor) 기도할 수 있는 특별허가는 그들에게 불충성에 대한 고소를 어느 정도는 막을 수 있었을 것이다.[27] 둘째, 그들은 그들 자신의 분명한 전통들을 잃어버리지 않고도 그레코-로만 문화에 맞출 수 있었을 것이다. 우리가 이 도시들 안에 있던 그들의 사회적 역사를 재건축할 수 있다는 것은 유대인-공동체가 그레코-로만 환경 속에서 요한보다 훨씬 더 잘 지내고 있었다는 것을 암시한다. 예를 들어, 2세기 사데의 회당은 로마의 목욕탕이 있던 지역사회 건물 바로 안에 지어졌다.[28] 이것은 요한의 때보다 좀 뒤의 일이지만, 이런 상황은 계시록에서 발견되는 것과 매우 다른 로마에 대한 어떤 태도를 암시한다. 밀레도(Miletus)의 유대인들은 극장에 그들 자신들의 자리 구역도 있었고, 아프로디시아스(Aphrodisias) 유대인들도 오디온(Odion, 음악홀)에서 그것과 비슷한 자리배치가 있었다.[29] 분명히 유대인 공동체 중 얼마는 수세기동안 이 도시들에 있었는데, 그들은 어떻게 그들의 주변들에 맞추어야 할지를 알았다.

계시록의 공동체는 이러한 유대인 생존 방법을 따르지 않고, 그러한 동료 유대인들보다 더욱 과격한 분리적 방식으로 살려고 했던 것으로 보인다. 그들은 요한이 "짐승의 표"(13:16-18)라고 부르는 것을 피하는 적절한 대안을 아직 강구하지 못했다.

이것은 물론 요한의 공동체를 매우 어려운 상황에 처하게 했을 것이다. 그들이 순수하게 남아있기 위해서는, 상업조합을 피하고, 축제에서 자유롭게 고기 나누는 것을 피하고, 상조와 장례 협회를 피하고, 공직을 피하고, 대중모임에 참여하는 것조차 피해야 했을 것이다. 아마 가장이 기독교인이 아니면 가족모임조차 피하여야 했을 것이다. 여러 사업과 사회적 모임들은 신전들에서 열렸을 것인데, 그 신전들 중 많은 신전이 수많은 작은 식당들로갖추고 있었다.[30] 게다가 극장, 음악홀, 운동경기를 피하여야 했을 것이며, 교육조차 문제가 되었을 것이다. 요한의 접근방식은 공동체의 어떤 이들에게는 틀림없이 따를 수 없는 것으로 보였을 것이다.

내 생각에는, 이러한 투쟁은 다신주의의 오염으로부터 벗어나 있기 위한 것이며, 계시록에서 언급된 박해로부터 벗어나기 위한 것은 아니다. 그러나 이 주제를 확대하기 전에, 박해받는 공동체의 생각을 좀 더 면밀히 살펴보자. 요한의 공동체는 일반적으로 강력한 박해 아래 있었다고 생각되었으며, 그리고 여전히 많은 주석들은 마치 그것이 사실인 것처럼 도미티안 황제의 박해를 언급하고 있다. 그러나 그렇지 않다. 분명한 것은 요한 당시 소아시아에서 로마 황제가 기독교인들을 박해했다는 확실한 증거가 없다.[31]

물론 압력들이 있었다. 요한의 공동체는 강한 유대주의의 뿌리가 있는 반사회적 공동체였다. 어떤 분명한 소수의 문화는 반드시 지배적인 문화로부터 어떤 강요와 강제를 느끼게 된다. 어떤 이들은 요한의 공동체는 비록 객관적으로 어떤 박해를 받았다고 제시할 수 없지만, 요한 공동체는 박해받았다고 ***느꼈다*** *(felt)*고 말하는 데까지 간다.[32] 또는 다른 방식으로 말한다면, 공식적인 로마의 역사편찬의 관점으로부터 보면 박해나 다른 위기가 없었을지 모른다. 그러나 요한계시록은 "'아래로 부터 관점'을 채택하고, 힘없고, 가난하고, 고발을 항상 두려워하였던 사람들의 경험을 표현하였다.[33] 이러한 주장에 얼마간 힘이 있으나, 해석의 시금석으로 삼기에 충분하지는 않다.

그 힘은 이러한 주장들의 분명한 사실성으로부터 나온다–사람들은 자주 그들의 상황에 대한 어떤 객관적인 평가보다도 더 많은 박해를 받는다고 느낀다. 비록 일반적인 박해는 없었을지라도 (그리고 계시록 2:13절에 안디바라는 단 한명의 순교자 이름만이 나온 것을 주목하라), 계시록은 로마로부터 멀리 떨어진 전체주의 체제의 권위주의 아래에 있던 식민지-도시들의 가난한 자들에게 보내졌다는 것을 기억할만한 가치가 있다. 그러나 더욱, 우리는 소아시아에 사는 기독교인들이 곧 황제의 박해를 당하게 되었다는 몇 가지 좋은 증거가 있는데, 어떤 지방장관이 보낸 편지가 황제의 답변과 함께 남아있기 때문이다.

110년경 트라얀 황제(Trajan)는 플리니(Pliny the Younger)를 특사로 소아시아에 보내 모든 질서를 바로 잡기 위해 파견하였다. 파르티아(Parthia)와의 끓어오르고 있던 충돌 때문에 이 소아시아 전역에 확실한 보급선(supply-line)이 요구되었을 것이다. 플리니는 이미 그가 출판한 편지들로 유명했다. 그의 공적인 통신문은 그의 사후인 약 112년에 출판되었다. 이 편지들 중 기독교인들과 관련된 것이 있는데, 그것을 보면, 플리니가 기독교인들을 어떻게 생각해야할지 또는 그들의 죄를 어떻게 판결해야 할지 모르고 있는 것이 분명하다. 여기 그 편지가 있다:

> 폐하, 제가 매우 불확실할 때 당신에게 의탁하는 것은, 제가 준수하는 신성불가침의 법입니다; 왜냐하면 누가 저의 불확실함을 지도하거나 저의 무지를 깨우치는데 더 능력이 있겠습니까? 기독교인들의 재판들에 참여해본 적이 없는 저는 그들을 신문하고 처벌하는데 지켜져야 할 방법과 제한에 익숙하지 못합니다. 나이에 어떤 차이를 두어야 하는지, 아니면 젊은이와 어른 사이에 구분이 없는건지, 회개하면 용서를 허락해야하는지, 아니면 어떤

사람이 한번 기독교인이었다면 철회할 수 없는지, 범죄가 없는데도, 단순한 기독교인의 고백을 처벌할 수 있는지, 아니면 그와 연관된 범죄들만 처벌할 수 있는지 – 저는 이 모든 점들에 있어 크게 의문이 듭니다.

그동안, 제가 기독교인들로 고발당했던 자들을 관찰했던 방법은 다음과 같습니다: 저는 그들이 기독교인들인지 그들을 추궁하였습니다. 만약 그들이 고백한다면, 사형으로 위협하며, 다시 두 번 그 질문을 반복했습니다. 만약 여전히 굴하지 않는다면, 저는 그들을 처형하라고 명령하였습니다. 그들의 신조의 성격이 무엇일지라도, 최소한 저는 완고한 불복종과 융통성이 없는 고집은 징계를 받을 만하다는 것을 확실히 느낄 수 있었습니다.

똑같은 열병에 사로잡혀 있는 사람들이지만 그들이 로마의 시민들이면, 저는 그들을 다른 쪽으로 보내라고 지시했습니다.

이러한 고소들이 (보통 있는 일이지만) 조사받는 문제란 그 단순한 사실로부터 퍼졌고, 몇 가지의 위해(危害)도 알려졌습니다. 수많은 사람들의 이름을 거명하며 고소하는 현수막이 어떤 서명도 없이 세워졌습니다. 그들이 기독교인이거나 전에 기독교인이었던 것을 부인했던 자들은 나를 따라 신들에게 기도를 하였고, 여러 신들의 우상들과 함께, 제가 그 목적을 위해 가져오라고 했던 당신의 우상에게 포도주와 유향으로 경배를 드리고, 그들은 마지막으로 그리스도를 저주했습니다 – 진짜 기독교인들인 자들에게는 (제가 이행하는 것이 적합하다고 생각한) 이 행위들 중 어느 것도 강제로 행하게 할 수 없다고 합니다. 고발자에 의해 거명된 다른 자들은 처음에는 자신이 기독교인이라고 고백했지만, 나중에는 그것을 부인했습니다; 그들은 설득을 잘 받아들였고, 그들은 그것을 어떤 자들은 3년 전에, 다른 자들은 수년전에, 소수는 25년 전에 그만 두었습니다. 그들 모두는 당신의 우상과 신들의 우상들을 경배했고, 그리스도를 저주했습니다.

그러나 그들은, '그들의 모든 죄와 실수는 그들이 어떤 정한 날에 날이 밝기 전에 모여, 신에게 하듯 그리스도에게 찬양을 번갈아 몇 절을 부르고, 어떤 악한 행위도 하지 않고, 어떤 사기, 도적질이나 간음도 범하지 않으며, 거짓말을 하지 않으며, 그들이 약속을 지켜야 할 때 신뢰를 저버리지 않겠다는 엄숙한 맹세를 하였습니다; 그런 후 흩어졌다가, 다시 모여 음식

–보통의 깨끗한 종류의 음식–을 함께 떼는 것이 습관이다' 고 분명히 말하였습니다. 그러나 제가 폐하의 명령에 따라 정치적인 연합들을 금하는 칙령을 공포한 이후, 그들은 이러한 관례(practice)조차 버렸습니다. 저는, 고문을 하여서라도, 여 집사로 활동했던 두 여자 노예들로부터 진실을 알아내는 것이 훨씬 더 긴요한 일이라고 판단하였습니다. 그러나 저는 타락하고 과도한 미신 이상의 어떤 것도 발견할 수 없었습니다.

그래서 저는 재판절차를 중지하고, 즉시 당신의 조언을 구합니다. 이는 폐하에게 문의할 가치가 있다고 보이기 때문입니다–특히 위험에 처할 그 숫자를 생각해볼 때. 모든 지위와 나이의 사람들, 남녀 모두가 박해에 관련되기 때문입니다. 이 전염병적 미신은 도시들에만 국한 되지 않고, 마을들과 시골지역들 전역에 퍼져 있습니다. 그러나 그것을 조사하고 치료하는 것은 가능해보입니다. 최소한 거의 버려진 신전들에 사람들의 출입이 빈번해지기 시작한 것은 확실합니다. 그리고 오랫동안 중지된 신의 축제들이 다시 부활하였습니다. 과거 얼마동안 거의 구매자가 없었지만, 지금은 우상제물에 대한 요구가 일반적입니다. 지금부터 회개할 기회를 열어놓는다면, 얼마나 많은 사람들이 이러한 잘못으로부터 돌아오게 될지 상상하는 것은 쉽습니다.

Pliny, *Letters* 10.96

그 정보는 계시록이 쓰여진 후 최소 20년이 지난 시점의 것이기는 하지만, 이 편지는 우리에게 매우 중요한 정보를 주고 있다. 첫째, 우리는 기독교인들을 근절하는 데 목표를 둔 황제의 정책이 없었다는 것과 그들을 다루는 정해진 재판절차들이 없었다는 것을 확실히 알 수 있다. 그런 것들이 있었다면, 플리니(Pliny)는 이런 편지를 쓸 필요가 없었을 것이다. 둘째로, 우리는 기독교인이라는 사실 때문에 (이유는 분명치 않지만) 죽임을 당할 수 있었다는 것을 알 수 있다. 게다가 플리니는 기독교인이 된다는 그 자체가 (그 사람이 기독교인 됨을 그쳤을지라도 처벌받아야 되는) 죄인지를 확실히는 모른다. 그는 회개한 사람들은 용서받을 수 있다는 희망을 보이고 있다. 왜냐하면 그는 그러한 관용이 많은 사람들을 이러한 잘못으로부터 구할 것이라고 생각하고 있기 때문이다.

트라얀(Trajan) 황제는 이러한 질문들에 답변을 한다. 그것 역시 플리니에 의해 보존되었다.

> 친애하는 플리니, 당신에게 기독교인들로 고발당한 그들의 경우들을 걸러내는 데에 있어 당신이 해나간 방식은 아주 적절합니다. 이런 성격의 모든 사건들에 정해진 표준으로 적용되어질 수 있는 어떤 일반적인 법을 만드는 것은 가능하지 않습니다. 이 사람들을 수색하지 않아야 합니다. 그들이 고발당하여 처벌받아야 할 죄가 발견된 때 그들은 처벌받아야 합니다. 그러나 제한적으로, 그 쪽이 자신이 기독교인임을 부인하고 그가 (즉, 우리의 신들을 숭배함으로) 증거를 낼 때, 비록 그들이 전에 의심을 받았을지라도, 그는 회개를 근거로 용서받아야 할 것입니다. 그것은 매우 위험한 전례를 만들고, 결코 이 시대의 정신과 부합하지 않기 때문에, 고소자의 이름이 없는 정보는 어떤 사람을 고소하는 증거로 받아들이지 않아야 합니다.
>
> 트라얀이 플리니에게 보낸 답장, *Letters* 10.97

트라얀 황제는 표준되는 법이 없음을 확인해주고, 기독교인들을 수색하지 말아야 한다고 덧붙이기조차 한다. (그래서 이 당시에도 적극적인 박해는 없었다). 익명의 고소들은 결코 중요하게 다루지 않았다. 더하여, 그는 회개한 자들을 용서하는 것을 포함하여 플리니의 방식을 칭찬한다. 그러나 "죄가 있는" 사람들은 처벌되어야 한다. 우리는 결코 기독교인이 사형을 받을 만한 이유를 듣지 못한다. 그러나 우리들은 이 편지들 안에서 타당한 추론을 하기에 충분한 단서들을 가지게 된다.

먼저, 우리는 우리가 전체주의적 사고를 다루고 있다는 것을 인식해야한다. 플리니는 진실을 끄집어내기 위해 고문을 자유롭게 사용할 수 있다고 생각했을 뿐만 아니라 (희생자들이 그들의 이야기를 바꿀 수 있는지를 보기 위해서 천천히 죽임을 당했을 것이다. 그들이 그들의 원래의 진술을 고수하면서 죽는다면, 사람들은 그들이 진실을 말하였다고 생각했다), 그 역시 정부의 직접 명령을 배반하는 자는 누구라도 처형하는 것이 당연하다고 느꼈다.

둘째, 플리니는 분명히 기독교인임과 연관된 어떤 (특정되지 않는) 범죄들이 있다고 믿었다. 분명히 모든 사람들은 그들이 누구인지 알고, 편지에 그가 생각하고 있는 것을 확신하기에 충분한 단서들이 있다는 것을 안다. 우리의 첫 번째 단서는 회개한 사람들이 순수한 모임을 갖고, 무해한 맹세를 했으며, 보통 음식들을 나누어 먹은 것이 그들의 과거의 "죄" 라고 말하고 있다는 것이다. 그 음식에 관한 혐의들은 아마 그리스도의 몸을 먹고 그의 피를 마신다는 기독교인들 자신의 말로부터 연유한 것이다 – 확실히 그 후 자료들은 그들을 가장 악한 종류의 야만적이고 식인 행위를 하는 것으로 기소하고 있다. 맹세들과 모임들은 (플리니가 그들의 죄를 알아내는 방법인) 두 번째 단서에 의해 설명되어질 수 있다.

그들의 무고함을 증명시키기 위해, 피고소인들을 이방신들에게 기도하게 하고, 황제의 우상에게 경배와 희생을 드리게 하고, 그리스도를 저주하도록 하였다. 이러한 입증행위들에 의해 어떤 죄들에 대해 무죄를 선고하였을까? 가장 그럴듯한 대답은 무신론주의, 반역, 그리고 반란이다. 기독교인들은 처형당한 반란자를 따르는 자들로 보였으며, 그들이 당연히 황제에게 돌려야 할 영광을 그에게 돌리기를 거절한다면 로마인들의 눈에는 그들의 반역행위가 분명했다. 그러나 우리는, 트라얀이나 플리니 둘 다 많은 관심을 기울이지 않았기 때문에 (그들은 기독교인들을 색출하려고 하지 않았을 것이다), 그 경우를 과장하지 않아야 한다. 말하자면, 분명히 무엇인가 일어나 기독교인들을 제거했다. 그것 역시 편지에 암시되어 있다.

플리니는 그 당시 "정치적 협회들," 즉 정부의 직접 통제 아래 있지 않는 어떤 종류의 협회들을 막는 칙령을 발표했다. 여기 로마의 관점은 플리니의 또 다른 편지에 대한 트라얀의 답신에서 볼 수 있다. 그 편지에는 그가 (도시에 소방대가 구성되지 못했기 때문에, 최근에 일어난 불로 큰 피해를 입은) 니코미디아

(Nicomedia)에 소방대들의 협회를 구성할 수 있도록 허락을 구하고 있는데, 트라얀은 그것을 허락하지 않으면서 편지하기를,

> 당신은, 다른 몇몇 곳에서 실시해 왔던 것에 따라, 니코미디아에 소방대 협회를 만드는 것이 합당하다는 의견을 가지고 있습니다. 그러나 이런 종류의 협회는 전반적으로 당신 지역의 평화를 대단히 혼란스럽게 한다는 것을 기억해야 합니다. 우리가 그들에게 무슨 이름을 주든지 간에, 그리고 우리가 그것을 준 목적이 무엇이건 간에, 공동목적으로 함께 모인 무리의 사람들은 항상 곧 정치적 협회가 될 것입니다. 그러므로 불을 끄는 적합한 수단들을 제공하고, 집 소유주들에게 이것들을 사용케 하고, 필요할 때는 지역주민들의 도움을 받도록 명령하는 것이 더 나을 것입니다. *Letters* 10.34

그래서 황제의 권력에 순종하게 하는 것이 그 핵심이다. 이런 이유로 플리니는, "그들의 신조의 성격이 무엇이든지 간에" 황제의 직접적인 명령을 거절한 자를 쉽게 사형한 것이다.

그러나 여기에 정치 이상의 것도 있었음이 분명하다. (어린이들과 여인들에 대해서, 그리고 지위가 높은 사람들에 대해서 관심 같은) 사회적 문제들, 그리고 (신전들을 수리하고, 축제들을 회복하고, 특히, 제사고기의 판매와 같은) 경제적인 문제들과 함께, (노예들은 고문당할 수 있고, 로마시민들은 신문을 받기 위해 로마에 보낼 필요가 있다는) 계급적 요소가 있음을 주목하라. 우리는 이러한 상황을 요한의 시대로 뒤로 거슬러 읽지 않아야 하나, 확실히 그 문제들은 이미 계시록 안에도 분명히 있다.

그러나 오히려, 플리니의 편지들은 계시록의 성공 때문에 일어났던 일에 대한 증거이다. 그것들은 우리에게 요한이 말하고 있는 문제들의 중요성을 이해하도록 도와준다. 그것들이 우리에게 보여주는 것은 기독교인들에 대한 어떤 조직적인 로마의 박해가 있었다는 것이 아니라 (매우 반대), 그 보다 그것들은

필연적으로 저항과 박해가 일어나게 만드는 로마의 태도와 경향을 보여주고 있다. 요한계시록의 목적은 고난 받는 자들을 위로하려는 것이라기보다, 로마에 대해 관대한 사람들을 강화시켜 그들의 지배에 저항하게 하려는 것이다.

계시록의 목표: 지속적인 저항

요한은 자신의 편지를 소아시아에서 가장 유력한 일곱 도시들에게 보냈다. 그 도시들 중 여섯은 그 지역의 수도들이었다.[34] 경제는 번성했으며, 도시들의 번영은 널리 부러움을 받았다. 요한의 청중은 가난한 자들(2:9)과 부유한 자들(3:17)을 포함하고 있었지만, 그들은 1세기 초 보다는 경제적으로 훨씬 더 잘 살았으며, 그들의 번영은 계속 증가하고 있었던 것 같다.

기독교인들은 이러한 번영을 공유할 수 있었을까? 우리는 다른 기독교인들의 글로부터 1 세기 후반과 2 세기 초반은 사회적 조정과 타협이 증가하는 시기였다는 것을 안다.[35] 바울 전통의 얼마간의 궤적을 보면 그 문화적 문맥에 맞추어 행위와 조직의 표준을 채택한 것 같다.[36] 바울 자신은 우상제물을 먹는 것에 꽤 유연성을 허용했다(고전 8-10장), 그리고 그는 자신을 따르는 자들이 공직을 가지는 것을 금하지 않았다(롬 16:23) – 그렇다면 그들은 최소한 그 지역 도시의 신들을 형식적으로나마 인정하였음을 의미한다. 일세기 후반 아시아에서 바울을 따르던 사람들은 그들의 새로운 믿음과 그들의 문화적 기대들을 둘 다 수용할 수 있는 방법을 찾고 있었을 것이라고 생각하는 것은 매우 타당하게 보인다.

요한의 대적자들(이세벨, 발람, 니골라당; 93-95면을 보아라)로 계시록-스토리에 나오는 등장인물들이 바울을 따르는 자들인지 아닌지 우리는 알 수 없다. 그들은 확실히 그들의 문화 속에서, 그에 맞추어 살 필요가 있다고 보는 사람들이다. 그러나 요한의 스토리 속에서 그러한 행동은 사단과 동맹하는 것이나 마찬가지라고 본다.

이 계시록에 암시된 청중은 타협주의자들이 아니다. 그들(타협주의자들)은 심한 욕을 듣는다. 그리고 그들을 욕하는 목적은 (그들을) 배척하기 위한 것이다.[37] 암시된 청중은 그들을 따르도록 유혹을 받을지 모르는 사람들이다. 만약 우리가 잠깐 계시록-스토리의 3가지 기본레벨의 내레이티(narratee, 내레이터가 이야기하는 대상)를 돌이켜 본다면, 우리는 이것을 분명히 알 수 있다. 이 내레이션(narration)의 세(3) 레벨은 읽는 자가 책 전체를 말하는 것과 밧모섬에서 요한이 스토리들을 말하는 것과 이 스토리들 안에서 등장인물들이 사건들을 말하는 것(예를 들면, 음성은 6:11에서 제단아래 영혼들에게 말한다)이다. 각각의 레벨에서 내레이티들(청자들)이 어떻게 성격묘사 되고 있는지 보자.

가장 바깥 레벨에 있는 내레이터는 독자이고 내레이티(청자)는 읽는 것을 듣기 위해 모인 청중이다(1:3). 이 레벨은 암시된 청중과 가장 가깝기는 하나, 가장 알기 어렵다. 두 번째 레벨에서의 내레이티는 요한이 본 승천하신 그리스도의 이상(vision)을 전하는 대상인 청자로, 명백히 일곱 교회들이며, 교회에 보낸 메시지들에서 광범위하게 성격이 묘사된다(2-3장). 이들 내레이티들은 부유하기도 하고 가난하기도 하다, 열성적이기도 하고 게으르기도 하다, 사랑이 있기도 하고 차갑기도 하다, 그러나 그들은 이세벨과 발람과는 분리된다. 그들은 그런 타협주의자들을 따르도록 유혹 받은 사람들이다. 세 번째 내러티브 레벨에서의 내레이티들은 두 번째 레벨의 내레이티들에게 말한 스토리들에서 언급된 사람들, 즉, 짐승을 이기기 위해 싸우는 성도들과 순교자들(6:10, 15:2, 그리고 성도들과 종들을 가리키는 참조구절들을 보라)이다. 그들은 고통을 겪고, 억압을 받고 있는 것으로 성격묘사된다.

이들 성도들과 순교자들은 스토리의 초점들인데, 두 번째와 첫 번째 레벨의 내레이티(청자)들은 모두 그들(성도와 순교자)을 따르도록 권장되고, 내러티브 비평가로 하여금 '이상적인 청중은 순교자의 길을 걷는 것'이라 주장하도록 만든다.[38] 이것은 시(詩)적 과장(poetical exaggeration)같은 표현이기는 하나 로마의 권력에 의해 학대받은 자들의 관점에서 계시록-스토리를 말함(discourse)으로써, 청중들이 그런 권력에 저항하도록 설득하고 있는 것은 분명하다.

계시록의 목적은 이 사람들에게 로마가 행한 매우 악한 일들을 기억나게 하는 것이다. 결국 예수를 십자가에 못 박은 것은 로마의 권력이다. 격언에 있는 바와 같이, 정치를 하다보면 낯선 사람들과도 같은 침대에서 자게 된다(politics makes strange bedfellows, 역자주. 정치엔 영원한 친구도, 영원한 적도 없다. 오직 영원한 이익이 있을 뿐이라는 뜻이다)면, 요한은 그의 청중들이 누구와 함께 침대에 들어가는지 알기를 원했다. 요한계시록은 로마의 권세와 로마의 문화의 진짜 정체에 대한 계시이다.

이런 관점 안에서 로마를 보는 것은 (그들을) 절망하게 할 수 있으나, 로마와 타협하는 잘못을 계시해주고, 또한 저항할 이유를 제공하는 스토리를 만든 것은 어느 정도 요한의 성취이다. 왜냐하면 성도들의 기도, 인내, 끈질긴 저항으로 악의 세력을 전복시키고, 하나님의 나라를 이루게 하기 때문이다. 이 사실은 스토리의 세팅을 보면 더욱 분명해질 것이다.

제의적 세팅

이 계시록-스토리의 주 세팅은, 서론부에 주어져 있는 것으로, 어떤 이가 이 스토리를 (마치 요한으로부터 온 편지인 것처럼) 모인 사람들에게 큰 소리로 읽어주고 있다(1:3-4). 최소한 이것은 암시된 청중에 대한 암시적인 세팅이다.[39] 우리가 이러한 관찰을 다른 두 가지, 즉 계시록-스토리에서 예배에 대한 광범위한 강조와 플리니가 트라얀 황제에게 보낸 편지에서 묘사하고 있는 예배의 형식과 결합할 때, 흥미로운 가설이 나온다. 계시록은 성찬식의 의식을 설명하고 있는 정교한 스토리로 볼 수 있다.[40]

톰슨(Leonard Thompson)은 신중하게 계시록의 언어는 예배의 언어라는 정도까지 정교하게 설명하고 있다.[41] 그는 하나님의 왕국이 (이야기 안에서 실현시키기 전에) 예배의식 안에서 실현되고 있음을 보여줌으로, 성찬의식이 하나님의 통치의 원천이며 근원으로 보이게 한다. 요한계시록은 (계 4, 5장의 천상의 경배와 반복적인 찬양같은) 예배의식들을 말할 뿐 아니라, 요한계시록은 원래 예배드릴 때("주의 날에," 1:10) 받게 된 것이라고 주장하기 때문에 요한계시록에서 (예배의식 때) 그 말씀을 받는 것과 그 (예배의식적) 내용을 흉내내고 있다.[42]

이것은, 아우네(David Aune)가 보여주었듯이, 그런 예배의식들에 대해 우리가 아는 것과 일치한다.[43] 그런 계시들을 낭독하는 기능들 중 하나는 원래의 (들려줄 뿐 아니라 보여주는) 계시적 경험을 재현하는 것이다.[44]

요한계시록은 일차적으로는 경험인데, 더 구체적으로 말하면 예배경험이다. 따라서 하나님께 예배하는 (계시록의) 그 일관된 주제가 자기-실현되는데, 즉 어떤 이가 이 말씀들을 듣고 있다면, 그는 그 말씀들을 행하고 있는 것이다.

예배의식의 경험은 어떤 독특한 인간적인 경험이다. 그 경험은 평범한 세상에서는 그 압도적인 실재(reality)를 더 이상 붙잡을 수 없는 어떤 바뀐 의식 상태이다. 가장 비슷한 경험은 인간이 경기를 할 때이다. 예를 들어, 누가 야구를 할 때, 그는 더 이상 풀숲에 있지 않는다. 그는 야구의 내야에 서있다. 그 시간은 더 이상 3시가 아니다. 그 시간은 3회이다. 당신이 함께 있는 사람은 더 이상 단순히 당신의 친구가 아니고, 유격수, 투수, 타자이다. 시간, 장소, 그리고 관계들 모두 경기에서는 다른 현실로 바뀐다. 예배에서도 마찬가지다.

신성한 시간과 신성한 공간은 인간들이 초월적인 실제에 접근하는 통로라고 믿는 중요한 것들이다.[45] 신성한 공간은 하늘과 땅이 연결되는 공간이다. 성스러운 시간은 경배자가 하늘로 들어가는 시간이다. 그 시간은 원래 시간으로 돌아올 수 있기 때문에 보통 시간과 같지 않다. 그는 처음으로 돌아올 수 있다. 따라서 주님의 만찬은, 예배드리는 공동체의 현재적 경험일 뿐 아니라, 예수의 제자들과의 과거의 만찬을 재현하는 것이며, 종말의 메시아 잔치에서 미리-먹는 것(proleptic feasting)이다. 예배에서는, 과거, 현재, 미래가 혼합된다. 예배의식에 참여한 사람은 에베소에 차려진 식탁에 비스듬히 기대어 있으며, 밧모 섬에서 요한과 함께 서있으며, 하나님을 경배하기 위해 천상의 어전에 들어간다.

위에 나오는 플리니(Pliny)로부터 인용한 글들은 우리에게 (1세기에 소아시아의 교회들에서 드렸던) 실제 예배의식들에 대해서 약간의 정보를 준다. 트라얀 황제에게 보낸 플리니 편지로부터 우리는 기독교를 거절한 어떤 사람들은 그에게 다음과 같은 정보를 제공했다는 것을 알고 있다.

> 그들은 규칙적으로 "어떤 정해진 날" [분명히 주의 날] 해뜨기 전에 만나, 그리스도에게 찬양을 드리고, 선한 행위를 할 것을 맹세한다. 그들은 헤어지고, [주일은 휴일이 아니어서 그들은 그들의 일상적인 일을 시작한다] 그리고 [해 떨어진 후에] 다시 모여, 보통-음식을 함께 먹는다.
>
> *Letters* 10.96

이 글로부터, 우리는 간단한 아침 예배, 그리고 성찬식을 포함한 좀 긴 저녁 예배를 드렸던 것으로 추론할 수 있다. 이 저녁 성찬식은 아마 계시록을 읽는 바로 그런 세팅을 제공했을 것이다.[46] 만일 그렇다면, 요한계시록은 주의 만찬을 받기 위한 문맥을 만드는 스토리를 제공했다. 이 계시록-스토리가 성찬식과 연결된다는 그 논문에 대한 지지는 그 스토리 자체로부터 끌어올 수 있는데, 그 스토리는 피에 대한 관심, 특히 예수의 피에 대해 깊은 관심을 두고 있다 (1:5; 5:9; 7:14; 12:11; 14:20 등). 게다가, 그 계시록-스토리는 다른 성찬식 본문들과 수많은 주제들, 이미지들, 그리고 단어들을 공유한다. 표 12는 (*Didache*에서 발견된) 성찬식 시행에 대해 논한 가장 초기의 것들 중 하나와 얼마간의 평행들을 보여준다. 계시록 전체에서 평행들이 발견되지만, 특히 22장과의 평행들이 놀랍게 많다. 둘 다 다윗을 언급하고 있고, 소수만 참여할 수 있다고 말하며, 외부사람들을 "개들"로 비유하고, 생명수를 약속하고, 사람들에게 오라고 초대하고, 주님에게 오시라고 초대하고, "아멘"으로 끝내고 있다.[47] 계시록을 마무리하는 표현은 (여기에 예언자가 원하는 대로 "감사하고 있는" 하나의 예임을 암시하고 있는) 성찬식의 표현을 반영하고 있는 것으로 보인다.

요한계시록이 성찬식에 읽혀지는 스토리라는 개념은, 확실히 사변적이기는

표 12 *디다케(Didache)와 계시록(Revelation) 사이의 평행들*

디다케 9	계시록
성찬식(감사)에 대하여, 감사를 표현한다 따라서: 먼저 잔에 대해서 – ***우리는 당신께 감사를 드립니다***, 오 우리 아버지,	11:17
당신이 당신의 ***아들*** 예수를 통해 우리에게 알게 하신, 당신의 자녀인 ***다윗***의 거룩한 포도 줄기에 대해; ***당신에게 영원토록 영광이 있기를.***	12:2-5 22:16 7:12 등
빵에 관하여 – ***우리는 당신께 감사를 드립니다***, 오 우리 아버지, 이는 당신이 당신의 ***아들 예수를 통하여 우리에게 알게 하신 생명과 지식 에 대하여;*** ***당신에게 영원토록 영광이 있기를.***	1:1
이 찢겨진 빵이 산위에 흩어졌으나, 함께 모여져, 하나가 되듯이, 당신의 교회는 세상 끝에서 당신의 왕국으로 함께 모이게 하소서, 이는 당신으로부터 예수 그리스도를 통하여 ***영원토록 영광과 능력***이 있기 때문입니다.	7:1-10; 21:9-10 7:12
주의 이름으로 세례를 받은 자들 외에는 당신의 성찬식에서 먹거나 마시게 하지 마소서. 이는 이에 관하여서도 주님은 개에게 거룩한 것을 주지 말라고 말씀하셨기 때문입니다.	22:14 22:15
그리고 너는 마음껏 먹은 후에 감사하라: ***우리는 당신에게 감사합니다***: 거룩한 아버지시여, 그것은 당신이 우리의 마음에 ***거하기 위해*** 만드신 당신의 거룩한 이름 때문에, 그리고 당신이 예수 당신의 아들을 통하여 우리에게 알리신 그 지식과 믿음과 영원함 때문에; ***당신에게 영원토록 영광이 있기를*** ***전능하신 주이신*** 당신은 당신의 이름을 위하여 ***모든 것들을 창조하시고,***	21:3; 13:6 1:8; 21:22 등 4:11

사람들에게 즐거움을 위하여 음식과 음료를 주셨습니다. 그래서 그들은 당신께 감사를 드립니다. 그러나 우리에게 당신은 당신의 아들을 통하여 신령한 음식과 음료와 영원한 ***생명***을 주셨습니다.	22:17
모든 만물 앞에서 당신이 ***강하심을 우리는 당신께 감사드립니다; 당신에게 영광이 영원토록 있으시길.***	계시록의 기본 주제
주님, 당신의 교회를 기억하소서. 모든 악한 것들로부터 그 교회를 구원하시고, 당신의 사랑으로 온전케 하시고, 사방으로부터 – 성화된 교회조차 – 당신이 준비한 당신의 왕국으로 함께 모아주십시오. 이는 당신의 힘과 영광이 영원하기 때문입니다. 은혜가 오고 이 세상은 지나갈지어다.	계시록의 기본 주제
다윗의 하나님께 호산나. 누구라도 거룩하다면, ***그를 오게하라,*** 그렇지 않다면 ***회개하게 하라. 마라나타. 아멘.*** 그러나 그들이 원하는 대로 예언자들로 감사하게 하라.	22;11; 22:17; 2-3장 22:20

하나 도발적이다. ***성만찬(supper)***과 ***스토리(story)***의 상징적 기능 사이에는 놀라운 유사성이 있다. 그 성만찬은 세(3) 시제의 시간들이 동시에 공존하는 식사이다. 부활하신 주님과 성령 안에서 나누고 있는 식사이면서(현재), 예수님이 자신의 제자들과 먹었던 최후의 만찬을 기념한 것이면서(과거), 하나님의 왕국에서 먹게 될 식사를 축하하는 것이다(미래; 눅 22:14-16을 보라).[48] ***계시록 - 스토리*** 역시 이 세(3) 시제의 시간들이 공존하고 있다.

계시록-스토리는 과거이다. 분명히 12장은 상징적으로 지난 사건인 메시야의 탄생을 묘사하고 있다. 사실 계시록에 묘사된 모든 것은 이미 일어난 것이다. 모든 여러 방식들로, 계시록은 – 악의 정복, 사탄 왕국의 전복, 하나님의 승리를 묘사하고 있다 – 요한의 관점으로는 모두 그리스도의 죽음으로 일어난 것들이다.

"유다 지파의 사자가 이겼다"고 요한이 선언하나, 그가 우리에게 이 사자를 보여줄 때, 그 사자는 "일찍 죽임을 당한 듯 서있는 어린 양"으로 나타난다(5:5-6). 예수가 흰 말을 타고 그의 칼로 모든 악한 자들을 죽이는 절정적인 장면에서 조차, 우리는 "그의 입으로부터 나오는 검"이라는 소리를 듣는다(19:21). 악한 자들을 죽이는 것은 예수의 검이다. 그리고 그 말씀은 일차적으로 그의 죽음을 증거 하는 것이다. 기독교인들이 예수의 죽음과 부활로 이미 일어났다는 것을 믿지 않은 것은 요한계시록에 하나도 없다.

계시록-스토리는 현재이다. 악은 예수가 죽었을 때 극복되었을 뿐만 아니라, 그것은 믿는 자들 각자의 삶에서 극복되어야 한다. 사단을 전복시키는 것은 바로 그분의 증거와 믿는 자들의 증거이다(12:11). 이 땅에 심판을 가져오는 것은 성도들의 기도이다(8:2-5). 진실로, 기독교인들의 삶은 예수의 삶을 복제함으로, 그분의 이야기는 그들의 이야기가 되는 것이다.

계시록-스토리는 미래이다. 미래에 대해 말하는 것은 항상 위험스럽다. 고대의 예언자들로부터 밀러(William Miller)와 린드세이(Hal Lindsey)에 이르기까지 수없이 많은 자칭 예언자들이 보여주었던 것처럼, 최소한, 사람은 어리석을 수 있다. 게다가, 요한의 세계에서 그것은 위험할 수 있다. 아우구스투스가 마술과 점(占)을 금지했다. 그리고 효과는 거의 없었지만, 여러 점쟁이들이 반복적으로 고발되었다. 그럼에도 불구하고, 요한이 미래에 대해서는 말하려고 하지 않았다는 것은 무모한 가정일 것이다. 그러나 그가 과거와 현재를 기술하고 있는 매우 상징적인 방식을 생각해보면, 그와 똑같이 미래에 대한 상징들을 액면 그대로 취하는 것은 무모한 짓이리라. 그리스도의 사단에 대한 궁극적이고 완전한 승리와 이 세상으로부터 악의 소멸에 대한 이야기를 하고 있지만, 요한의 스토리의 상징적인 성격 때문에 그 승리에 대해 결코 자세히 안다고 할 수 없다.[49]

스토리와 의식은 예배의 일부분이다. 그리고 예배는 그 성질상 시간을 초월한다. 요한은 "주의 날에" 성령 안에 있었다. 동시에 그 날은 예배자들이 모이는 현재(일요일)이며, 그리스도가 죽음을 이긴 부활의 아침, 그 주님의 날(과거)이며, 그리고 예언자들이 말한 그 미래의 "주님의 날", 즉 하나님이 정의를 이루시는 날이다. 요한복음의 시간에 대한 여러 측면들에 대한 뛰어난 소논문에서, 오데이(Gail O' Day)는 플래쉬백과 플래쉬포워드의 문학적 모델들을 사용하기도 하고 비판하기도 한다. 그러한 범주들은 유용하지만, 그것들은 요한의 복음의 중요한 면("그것은 내러티브 현재를 미래로 가져가지 않고, 미래를 현재로 가져온다")[50] 을 잡아내지는 못한다. 이것은 계시록에서도 매우 중요한 통찰이다. 계시록을 읽어 본 사람들은 세(3) 시제의 시간 모두를 경험한 것이다. 예수가 과거에 그들에게 오셔서, 살고, 죽으시고 부활하셨다(5:6; 12:5, 11). 예수는 예언자로 그들에게 오셔서, 그들과 식사를 나누신다(2:1; 3:20; 22:17, 20). 그리고 예수는 그들에게 오셔서, 결국 그들을 신원해주실 것이다(6:10-11). 요한은 "이제도 있고 전에도 있었고 장차 올" 분을 섬기고 있다(1:8; 22:13).

요한계시록을 예배에 삽입된 것으로 보는 것은 그것이 정보를 전달하기보다 경험을 가능하게 하는 기능을 한다는 것을 암시한다. 이것은 수행적 언어(performative language)이다.[51] 자세히 설명해보자.

언어의 기능들과 계시록의 언어[52]

어느 의사소통 사건에나 (화자, 말한 내용, 청자란) 3가지 측면이 있는 것처럼, 의사전달에는 (화자에 대해 어떤 것을 말하고, 정보를 주고, 그리고 청자에게 영향을 주는) 3가지 주요 목적들이 있다. 매우 단순한 문장 "나는 물 한 잔을 원합니다(I would like a glass of water)"에 대해 생각해보라. 즉각적으로 드는 생각에는 이 말은 정보를 전달하고 있다. 예를 들면, 내가 어떤 사람의 집에 방문하고 그들이 무엇을 마실 건지를 묻는다면, 이 응답은 나는 (어떤 다른 음료보다도) 물을 원한다는 것을 의미할 것이다. 그러나 똑같은 문장이라도 매우 다른 의미를 전달하기 위해 사용될 수 있다.

예를 들면, 내 친구와 내가 등산을 갔는데, 물을 충분히 가지고 오지 않아서, 내가 마실 음료도 없이 몇 시간이 지난 후에 이와 똑같은 말을 했다면, 나는 어떤 정보를 전하고 있는 것은 아닐 것이다-최소한 내 친구가 알지 못했던 어떤 정보가 아니다. 그 대신, 나는 나의 커져가는 불편감을 표현하고 있는 것으로, 그 문장은 "나는 목마르다"와 같다. 그리고 이 문장은 어떤 사람의 행위를 바꾸기 위한 노력으로 사용되어질 수 있는 또 다른 가능성도 있다.

예를 들면, 나는 식당에 가서, 바쁜 직원에게 신호를 보내서, "나는 물 한 잔을 원합니다"라고 말한다면, 그것은 "당신이 하고 있는 일을 멈추고, 나에게 물 한 잔을 가져다주시오" 라고 말하는 것과 같은 것이다. 그 문장의 기능은 주로 표현적(expressive)이거나 정보적(informative)이라기보다 수행적(performative)이다. 언어의 이 세 가지 측면들은 다음과 같이 시각적으로 표시할 수 있다.

과정: 화자 ⇨ 진술 ⇨ 청자
기능: 표현적인 ⇨ 정보적인 ⇨ 수행적인

따라서 언어란 항상 화자가 청자에게 어떤 것을 의사전달하는 것이지만, "어떤 것"의 성격은 언어의 문맥과 초점에 따라서 변한다. 화자에 대한 어떤 것을 표현하고, 청자에게 어떤 정보를 전하고, 청자에게 어떤 식으로 행하라고 하는 것이다. 우리는 이 마지막 두 가지 측면들을 조금 더 살펴볼 필요가 있다.

언어의 가장 기본적인 기능은 정보를 전달하는 것이나, 우리는 간단한 정보를 주는 것과 복잡한 아이디어를 전달하는 것을 구별할 필요가 있다. 곡물 상자에 이름표의 정보적 기능은 빈곤의 원인들에 대한 논문 제목과는 아주 다르다. 아마도 우리는, 어떤 정보는 우리가 그것을 파악하고 받아들이는 것만 요구하지만, 다른 정보는 우리가 그것을 주의하여 듣고 그것과 상호작용을 요구한다고 말할지 모른다. 우리는 아마 전자의 정보를 ***묘사적(descriptive)*** 그리고 후자를 ***반추적(reflective)***이라고 부를 것이다.

수행적 언어(performative language)도 복잡한데, 3가지의 기본적이고 상호관련된 가능성들을 보여준다. 그것은 청자들의 행동을 이끌어낼 수도 있다. 그것은 청자들의 신분이나 위치를 바꿀 수도 있다. 그것은 청자들의 충성에 영향을 줄 수도 있다. 목사가 결혼식에서 "나는 이제 당신들을 남편과 아내로 선언합니다" 고 말할 때, 그 언어의 기능은 그들 커플의 마음과 청중의 마음 속에서 그들의 신분과 지위를 바꾸는 것이다. 생각해보라. 이것은 정보가 아니다. 결혼식에 온 모든 사람들이라면 이것이 그 (결혼식의) 결과라는 것을 안다. 그것은 또한 (이 결혼이 적합하다고 생각하는지 혹은 그렇지 않는지) 그 목사의 감정을 표현하는 것도 아니다. 이 경우는 청자들의 신분을 바꾸는 기능을 하는 언어이다. 비슷한 방식으로, 시민의 권리를 주장하는 시위 그룹이 "우리는 극복할 것이다(We Shall Overcome)"라고 노래 부를 때, 물론 그 언어는 그들의 이상을 표현하고, 헌신을 요구하고, 그들의 노래를 듣는 현재 상황을 지키려는 자들에게 정보를 제공하기도 하지만, 그것의 일차적 기능은 그룹을 하나로 묶어 주는 것이다. 비슷한 방식으로, 십대들과 다른 문화의 하위그룹들의 언어는 그들을 다수의 문화로부터 구별하는 기능을 한다. 이러한 언어는 누가 그 그룹에 속하는지를 설정해준다.

마지막 한 가지 고려는 언어의 기능에 대한 우리의 모델을 완성하기 위해 필요하다는 것이다. 의사소통의 문맥의 기능적 능력에 대한 숙고이다. 우리는 위에서 "나는 물 한 잔을 마시고 싶습니다"라는 단순한 문장의 의미가 그 문맥(집, 식당, 들)에 따라 상당히 바뀔 수 있음을 보았다. 의사전달시 똑같은 언어를 사용하지 않는다면 완전히 실패할 수 있기 때문에, 언어란 문맥도 있다("Bir su istiyorum" 은 미국에서 의사소통 될 수 없을 것이나, 터키에서는 그 말을 하면 당신에게 물 한잔을 가져다 줄 것이다). 그러나 우리가 어떤 진술의 문학적 문맥을 오해할 때처럼, 다른 방식으로 "다른 언어를 말하는" 것도 가능하다.

어설픈 예이지만, "굿 모닝"이라는 인사에 "뭐가 좋냐"라고 응대하는 불평

많은 사람을 생각해보자. 상대가 그 날에 대한 평가를 주고 있다는(정보적 기능) 듯이 받아들인다면, 그 불평분자는 사교적인 인사를 교환하지 못한다. 사실, 우리 모두는 이러한 종류의 언어는 정보적이 아니라는 것을 안다. 또한 사람이 아침에 대해 어떻게 느끼는지, 또는 그래서 무엇을 해야 하는지와는 전혀 관련이 없기 때문에, 그 표현은 반드시 표현적이거나 수행적인 것도 아니다. 그렇다. 이러한 종류의 언어는 그 밖의 무언가를 한다. 그것은 우리에게 (그러한 언어에 대한 과거의 경험에 기초하여) 어떤 방식으로 그 언어를 듣도록 인도한다. 따라서 언어의 다른 측면은 우리가 그 언어로부터 기대하는 의미들을 규정하고 있는 것이다. 이것은 가장 작은 레벨("굿 모닝")에서 그리고 가장 큰 레벨(장르)에서도 사실이다. (265-71면에 나오는 장르에 대한 논의를 보라). 계시록의 가장 일반적인 잘못된 읽기 중의 한 가지는, 청중이 "이런 종류의 언어"에 대해 어떻게 반응할지 묻지 않음으로 발생한 것이다. 이제 언어의 기능에 대한 이러한 이해를 요약하고, 계시록에 적용해보자.

아마 모든 중요한 의사소통 사건은 이들 (표현적이고, 정보적이며, 수행적인) 모든 기능들을 포함할 것이다. 게다가 그런 종류의 언어는 우리가 택해야 하는 방법을 인도해 줄 것이다. 그리고 우리가 계시록의 기능을 어떻게 이해해야하는지, 혹은 그것의 원래 목적이 무엇이었는지를 묻는 것은 작지 않은 질문이다. 많은 것들이 우리가 그것을 어떻게 읽느냐에 달려있을 것이다. 우리는 정보를 얻기 위해서 그것을 읽을 수 있으며, 여기에 이미 알려진 수많은 정보가 있음은 의심할 여지가 없다. 묘사적 레벨에서, 우리는 그 언어를 해독하기 위해 읽을 것이다. 사실 이것(해독작업)은 어떤 이해를 위해서건 반드시 필요한 첫 걸음이다. 상징적 수들과 묵시적 짐승이야기에 대한 어느 정도 기본적인 이해가 없다면, 계시록은 수수께끼로 남게 된다. 이러한 상징들을 해독한다면, 이 사람들의 삶에 무슨 일이 일어나고 있는지를 이해할 수 있을 것이다. 따라서 요한계시록의 한 가지 기능은 교회의 형편과 로마의 권력에 대한 정보를 주는 것이다. 그러나 확실히, 묘사적 정보는 그저 예비적인 것으로, 거기에는 악의 성질이나 고난의 목적이나 하나님의 통치의 신비같은 (씨름해 보아야 할) 묵상적인 정보도 있기 때문이다. 이것들은 대답할 수 없는 질문들이기는 하나, 계시록의 또 다른 기능은 그러한 질문들에 대해 묵상하도록 이끌어내는 것이다. 물론, 우리가 그 정보의 묘사적이며 묵상적인 측면들에 접근하는 방법은 그런 종류의 언어가 어떻게 우리의 기대들을 규제하고 있다고 보는지에 달려 있다.

또는 우리는 매우 다른 접근을 하여, 화자(speaker)에 대해 요한계시록이 우리에게 무엇을 말하고 있는지를 물을 수 있을 것이다. 요한계시록을 요한의 감정 표현으로 보라. 이 경우에 요한계시록의 기능은 저자가 로마제국의 압제에 대해 무엇을 느끼고 있는지를 청중이 느끼도록 도와주는 것이다. 우리는 박해받는 자들의 소리, 피지배자들의 격분, 경건한 자들의 분노로 들으려고 할 것이다. 그들의 경건은 힘 있는 자들과 맞지 않는다. 계시록의 한 가지 기능은 정의에 대한 인간의 갈망을 표현한 것이다.

계시록의 정보적이고 표현적인 기능들을 분석하는 것은 중요한 일이다. 그리고 각 분석은 우리로 청중에 대한 이러한 정보나 표현의 영향을 어느 정도 곰곰이 생각하게 한다. 그러나 계시록은 예배로 모인 회중이란 특별한 문맥 안에서의 수행행위(performance)로, 스토리를 낭송하는 것이다. 그리고 우리는 그러한 문맥에서 그러한 스토리가 그것을 들은 사람들에게 무엇을 하라고 할 것인지 물을 필요가 있다. 그 수행적인 기능은 무엇인가?

수행행위(performance)로서, 이 언어는 청자들을 비전을 공유하는 하나의 공동체로 묶는 기능을 한다. 호텔 바에서 말한 농담이건, 캠프파이어 불 곁에서 하는 부족 설화 이야기건 간에, 공동체 의식을 만드는 것은 스토리들의 가장 기본적인 기능들 중의 하나이다. 스토리를 나누는 것은 이미 공동체 의식을 나누는 것이다. 그리고 그 스토리가 길수록, 더 신비할수록, 더 사적일수록, 더 큰 유대감을 갖게 된다. 거기에 더하여, 계시록 스토리는 찬양과 비난을 사용하여 동질감을 창조해간다. 이것은 편지들에서 비난할 때(그것은 외부자들을 규정한다)

매우 분명하다. 그리고 성인들과 순교자들의 행위들을 언급하고, 짐승의 표를 받은 사람들과 대조에 의해 지속적으로 강화된다.[53]

계시록-스토리가 소아시아의 여러 교회에서 반복적으로 읽혀짐으로, 우리의 저자는 그들을 저자 자신과 그들 서로에게 묶는다. 스토리를 듣기 전에는 다른 많은 공동체들이 있었지만, 스토리를 들은 후에는 하나가 된다. 스토리는 공동체를 창조한다. 부분적으로, 이러한 공동체가 만들어진 것은 청자들을 변화시키는 스토리의 힘의 결과이다. 우리는 이것을 두 번째 수행기능으로 볼 수 있다. 사실, 최소한 3가지 제안들이 이러한 변화효과의 이해를 위해 제시되어왔는데, 각각 얼마간의 통찰력을 제공하고 있다.

첫째, 그러한 묵시적 스토리들은 일반적으로 청자의 상상력을 형성시키고, 그 자신의 역사적인 상황을 새롭게 보도록 하여서, 새롭게 행동할 수 있도록 설계된다.[54] 모든 스토리들은 세상을 어떤 관점으로 보도록 가르치고, 그 스토리들은 (묵시적 스토리들은 계시들이기 때문에) 우리의 경험을 뒤집어 놓는다. 그것들이 계시하는 것은 인생과 역사를 보는 새로운 방식이며, 통치하시는 하나님과 진리와 정의 편에 서있는 (그리고 궁극적으로 승리할) 성도들을 보여주는 방식이다. 계시록의 한 가지 기능은 세상에 대한 청중의 인식을 바꾸어주는 것으로, 그들을 로마제국의 압제의 희생자란 인식으로부터 궁극적인 악의 세력에 대한 승리자라는 인식으로 바꾸어 주는 것이다.

이러한 변환은 (아리스토텔레스에 의해 처음으로 자세하게 다루어진) 카타르시스란 문학적 개념과 관련된다.[55] 콜린스(Adela Aarbro Collins)는 계시록의 기능은 청중의 마음에 감정적 카타르시스를 만들어 주는 것이라고 주장했다.[56] 아리스토텔레스의 분석에서, 비극이 청중의 마음속에 연민과 두려움을 불러일으키는 것처럼 – 이런 감정을 불러 일으켜서, 청중이 그것들을 순수하게 경험하게 한다 – 계시록은 두려움과 분노와 복수의 감정을 불러일으킨다. 상징적으로 이러한 감정을 상상 속에서 일어나게 하여, 청중의 해로운 감정을 정화시킨다. 앞의 주석에서 분명히 말했지만, 이것은 내 자신의 계시록-스토리 읽기와는 맞지 않으나. 언어의 수행적인 기능에 대한 어떤 통찰은 제공해준다. 비평가들은 카타르시스를 정의하는 방법에 대해 동의하지 않지만, 스토리들이 청중들에게 어떤 영향을– 그 효과가 감정적이든, 정신적이든, 지적이든, 혹은 이 세 가지 모두이던 간에–미친다는 것에 일반적으로 동의한다.

내 자신의 견해는 계시록-스토리의 복합적으로 정신에 미치는 효과는 청자를 로마와 로마문화로부터 멀어지게 하는 것이다. 그들이 로마제국 세계 속에서 편안히 거할 수 있다는 청중들의 환상을 깨는, 즉 그들의 환상을 무너트리는 것은 계시록-스토리의 주요한 수행적인 효과이다.

둘째로, 상상력의 이러한 변환은 특별히 신화나 (일종의 신화적 치료인) 예배의식이란 문맥에서 더 많이 볼 수 있다.[57] 신화는 특별한 종류의 스토리들로, 자주 "태초에" 일어난 일들을 이야기한다. 신화를 듣고 있는 사람은 그 이상적인 시간 속으로 다시 들어가서, 그 신화가 의도한 세상에 맞게 자신의 삶을 조정한다. 신화의 이러한 능력에 대한 놀라운 예를 레비스트라우스(Claude Lévi-strauss)가 "The Song of the Cuna Shaman"에서 소개한다.[58] 그 사건은 한 여인이 아이를 낳고자 하나 낳을 수 없는 여인에 관한 이야기이다. 산파가 당황하여 무당에게 도움을 구하러간다. 그 무당이 여인을 방문하고, 산모의 산통과 무당이 그녀를 찾아오는 이야기로 시작하여, 그의 준비와 산모의 잃은 힘을 찾는 과정으로 그가 내부세계(여기서는 자궁)로 들어가, 출산을 막고 있는 짐승들과 싸워 마침내 이긴다는 긴 이야기를 읊조린다. 그의 승리로 여인이 아이를 해산하고, 그 노래는 참석한 자들에게 여러가지 지시들을 명령하며 끝난다. 여기서 읊조린 신화가 그 물리적인 상황을 바꾸기 때문에, 상상이상으로 변화시킨다. 여인에게 자신의 고뇌를 이해시켜서 그것을 이겨내게 하는, 일종의 치료를 시행한다. 이것은 (환자에게 숨겨진 이유들과 문제들을 설명하는 새로운 방식이 제공되는) 현대 정신심리치료에서 일어나는 것과 다르지 않다. 그런 스토리들은 변화시키는 힘이 있다.

무당처럼, 요한은 청중들에게 말하며 시작하고 끝마친다. 그리고 저 세상들을 여행하는 이야기를 하는데, 그곳에서 전쟁이 치러지고 승리한다. 신화 속으로 들어가는 사람은 변화될 것이다. 사실상, 스토리를 전할 때가, 그 (변화시키는) 힘이 발휘되는 때이다. 그 기능은 정보를 전달한다거나 저자의 견해를 표현한다기보다 그 이야기를 듣는 자들을 위한 새로운 상황을 창조하는 것이다. 다시 한번 말하지만, 언어의 수행적인 기능은 청중들의 마음 안에 변화를 일으키는 스토리의 바로 그 선언의 힘 안에서 찾을 수 있다.

이것은 우리를 더욱 강력한 세 번째 제안으로 이끈다. 스토리들과 신화들의 변화시키는 힘에 대한 이러한 통찰들 위에, 그리고 더 확실하게 말하면 제의 세팅에서 스토리들과 신화들의 힘을 살피다보면, 우리들은 계시록을 일종의 제의 본문으로 보게 된다.[59] 제의에는 두 종류가 있다. 어떤 제의들은 현재의 세상을 인정하고, 현재의 질서를 지키게 한다. 이것은 황제와 연관된 여러 숭배 의식들의 기능일 것이다. 그것들은 로마통치의 정당성을 재확인시킨다. 그러나 다른 의식들은 세상과 그 안에 있는 자신의 자리를 변화시키고, 바꾼다. 그러한 의식의 예들은 결혼, 사춘기 의식, 대학졸업 의식들이다. 의식을 변화시키는 과정은 인류학자들에 따르면 3 단계 과정으로 이루어진 통과의식에서 매우 분명하게 볼 수 있다.[60]

의식에 참여한 자들은 A 단계에서 (애매하고 불분명한 경계인) 전의 단계를 거쳐 B 단계로 나아간다. (예를 들면, 어린아이에서 사춘기 의식을 거쳐 어른으로 간다. 그 의식 안에서 번갈아가며, 성인의 은밀한 일들을 배우기도 하고, 아직 어려서 두려움으로 떨기도 할 것이다). 이러한 전이적 단계나 상태는 양쪽과 관련되나, 그 어느 쪽도 아닌, 중간기(time-between)이다. 인류학자들은 그것을 '역(閾) 상태' (liminal state) – 경계 이월(boundary crossing) – 라고 말한다. 세상이 재편성되고 참여자들은 그 안에서 새로운 자리를 갖게 되는 시간이다.

우리의 흥미를 끄는 것은 (여기서 어떤 사람이 어떤 잠깐의 경험을 거쳐, 그 결과로 영구적으로 변화되는) 이러한 경계상태의 역동성이다. 이 모델이 보여준 것은 우리로 하여금 계시록을 들을 때의 상상력이 풍부한 경험을 평가절하하지 못하게 한다. 이러한 경험을 단순한 현실부정[61] 혹은 (곧 실제 세상에서의 삶에 의해 삼켜지고 말) 일시적이고 순간적인 사건으로[62] 해석하는 작가들은 언어의 변화시키는 기능을 인정하지 못한다. 이러한 의식, 혹은 전례를 겪은 자는 영구적으로 바뀌어질 수 있다.

우리는, 기독교인들이 함께 모여 하나님을 경배하고, 축사하고, 성찬식을 나눌 때, 램프가 켜진 어둠속에서 읊조린 이 스토리의 힘을 상상하려고 노력할 필요가 있다. 그들이 예수와 먹고 마시려고 할 때, 그들은 먼저 그분이 그들의 예언자에게 오심을 듣는다. 그리고 그 예언자는 이제 자신의 대리자에게 계시록-스토리를 주어 그들에게 보낸다. 그 후 그들은, 예언적으로 선언된, "반드시 내가 속히 오리라"(22:20)고 말씀하시는 예수 자신의 목소리를 듣는다.

그들은 매우 상징적인 언어를 사용한 (이층 우주를 보이고, 기독교인의 존재의 참 의미를 계시하는) 놀라운 이야기를 들었다. 그들은 부활하신 예수를 만나고, 하나님의 보좌 앞에서 천상의 예배에 참석하고, 옛 용의 공격을 목격한 다른 레벨의 세계로 들어가는 환상적인 여행으로 데려감을 당하였다. 그들은 우주적인 싸움을 보았고 악의 세력들이 전복되는 것을 경험했다 – 예수의 죽음과 그의 종들의 신실한 증거에 의해 정복된 것이다. 이 우주적 충돌은 그들이 매일 사는 (저급한 신들을 숭배하도록 강요하는) 세상의 문화적이고 정치적인 갈등과 연관 있으며, 그 갈등을 설명해준다.

현실도피주의적 스토리와는 거리가 멀고, 어떤 멀리 떨어진 미래에 대한 환상과도 거리가 먼, 요한계시록은 그 청중들의 이해(정보), 심리(표현적이고 수행적인 기능), 그리고 실재 실행들(수행적 기능)을 만들어주는 기능을 한다. 요한계시록은 그 청중들을 로마의 문화와 기독교의 신앙 사이에 벌어지는 투쟁에 대해 같은 비전을 공유한 하나된 공동체로 변화시킨다. 요한계시록은 그 청중들을 악에 대한 선의 우주적 투쟁에 참여케 한다. 요한계시록은 그들의 신분과 지위를 변화시킨다. 그들은 이제 용의 군대와 전쟁할 준비가 된 죽임을 당한 어린 양의 군대이다. 요한계시록을 듣는 것은 요한이 자주 요구하고 있는 "끊임없는 저항"을 위한 수단을 제공한다.

요한은 그의 청중에게 굳게 서서, 그레코-로만 문화의 아름다움 뒤에 있는 짐승을 인식하게 하고, 신실한 증인들로 남아있도록 – 하나님만을 섬기라 – 권고하고 있다. 그러나 그는 이렇게 권고하면서, 또한 그들에게 구속의 스토리를 들려주며, 그들을 부활하신 주님과 함께 하는 성찬식에 초대하고 있다. 그들이 주님의 테이블로 모일 때, 그들은 주님의 오심을 경험하고, 과거로부터 이미 알려진 오심, 미래에 고대되는 오심, 뿐만 아니라 현재에 알려진 오심 – 그들의 삶을 우주적 의미로 채우며, 그들이 그들의 삶을 지배하려는 세력들에게 끊임없는 저항을 할 수 있게 한다. 이와같이 요한계시록은 참으로 "예수 그리스도의 계시"인 것이다.

부 록

아래 목록들은 요한계시록의 등장인물들과 장면들에 대한 개관과 관점에 대해 어떤 감을 잡을 수 있도록, 그리고 액션에 대한 일종의 상호참조표시를 주기 위해서 제공되었다. 각 경우에, 목록들은 내러티브 순서이다. 주연과 조연 사이의 구분은 절대적인 것이 아니다. 일반적으로 주연들은 한번 이상 나타나며 액션을 끌고 가는 기능을 한다. 조연들은 그 액션을 받쳐주거나 거기에 반응하고, 보통은 한 장면에서만 나타난다.

1. *계시록에서 등장인물의 목록*

프레임(Frame)에서(1:1-11과 22:6-20)

주연들:

요한(1:4,9; 22:8)

읽는 자(1:3; 22:18)

듣는 자들(1:3; 22:18)

조연들:

천사(1:1; 22:8)

일곱 교회(1:4,20; 22:16)

성령(1:4; 22:17)

신부(22:17)

밧모 섬의 첫 환상에서(1:9-3:22)

주연들:

인자같은 이(1:13)

요한

각 교회: 에베소, 서머나, 버가모, 두아디라, 사데, 빌라델비아, 라오디게아(2:1, 8,12,18; 3:1,7,14)

조연들:

자칭 사도들(2:2)

니골라당(2:6)

자칭 유대인들(2:9)

마귀(2:10)

사단(2:13)

안디바(2:13)

발람의 교훈을 지키는 자들(2:14)

이세벨, 자칭 선지자(2:20)

이세벨과 더불어 간음하는 자들(2:22)

하늘의 두 번째 환상에서(4:1-11:18)

주연들:

요한

보좌에 앉으신 이(4:2)

24장로들(4:4)

4생물(4:6)

어린 양(6:6)

조연들:

말을 탄 자: 흰 색, 붉은 색, 검은 색, 청황색(6:2-8)

죽임을 당한 영혼들(6:9)

임금들과 장군들과 부자들과 종들 등(6:15)

땅 네 모퉁이의 네 천사(7:1)

인침 맞은 144,000명(7:4)

능히 셀 수 없는 큰 무리(7:9)
나팔을 가진 일곱 천사(8:2,6)
제단 곁의 다른 천사(8:3)
공중에 날아가는 독수리(8:13)
떨어진 별 하나(9:1)
황충들(9:3)
아바돈/아볼루온(9:11)
유브라데에 결박한 네 천사(9:14)
다른 강한 천사(10:1)
일곱 우레(10:3)
두 증인(11:3)
무저갱으로부터 올라온 짐승(11:7)

땅위 전쟁의 3번째 환상(11:19-22:21)
주연들:
해를 입은 한 여자(12:1)
크고 붉은 용(12:3 과 20:2,7)
바다에서 나온 짐승(13:1)
땅에서 올라온 짐승(13:11)
어린 양(14:1)
큰 음녀(17:1), 자주 빛과 붉은 빛 옷을 입은 한 여자(17:4)
큰 성(17:18)
흰 말을 탄 자(19:11)
거룩한 성, 새 예루살렘(21:2)
어린 양의 신부(13:1)
땅에서 올라온 짐승(21:2 과 10)

조연들:

남자 아이(12:5)

미가엘과 사자들(12:7)

우리 형제들(12:10)

땅(12:15)

그 여자의 남은 자손(12:17)

모든 자 곧 부자나 빈궁한 자나 자유한 자나 종들(13:16)

인침받은 144,000명(14:1), 순결한 자(14:4)

4 생물과 24 장로(19:4)

다른 천사(14:6)

둘째 천사(14:8)

사람의 아들과 같은 이(14:14)

다른 천사(14:17)

일곱 재앙을 가진 일곱 천사(15:1)

짐승의 표를 받은 자들(16:2)

거짓 선지자(16:13과 19:20)

온 천하 임금들(16:14)

일곱 왕(17:10)

열 왕(17:12)

다른 천사(18:1)

하나님의 백성(18:4)

땅의 상고들(18:11)

선장과 선인들(18:17)

한 힘센 천사(18:21)

하늘에 허다한 무리(19:1)

해에 서있는 한 천사(19:17)

보좌 위에 앉은 자들(20:4)
그 나머지 죽은 자들(20:5)
크고 흰 보좌 위에 앉으신 자(20:11)
바다, 사망과 음부(20:13)

2. 계시록에서 장소들의 목록

도입부와 밧모섬 환상에서(1:1-3:22)

- 아시아(1:4)
- 밧모섬(1:9)
- 일곱도시(1:11)

천상의 경배 환상에서(4:1-11:18)

- 하늘(4:1)
- 보좌(4:2)
- (땅 6:2)
- 제단(6:9)
- (땅 6:12)
- 땅(7:1)
- 성전(7:15)
- (땅 8:7)
- 바다(8:8)
  - 강들(8:10)
  - 해(8:12)
  - 무저갱(9:2)
  - 금단(9:13)
  - 유브라데 강(9:14)

우주전쟁의 환상에서(11:19-22:21)

- 성전(11:1)
- 큰 성(11:8)
- 하늘(Heaven) (11:15)
- 하늘(sky) (11:15)
- 하늘(Heaven) (12:7)
- 땅(12:13)
- 바다(13:1)
- 땅(13:11)
- 시온산(14:1)
- 공중(14:6)
- 흰구름(14:14)
- 하늘(Heaven)에 있는 성전(14:17)
- 하늘(sky) (15:1)
- 하늘(Heaven)에 있는 성전(15:5)
- 땅(16:2)
    - 땅(16:2)
    - 바다(16:3)
    - 강들(16:4)
    - 해(16:8)
    - 짐승의 보좌(16:10)
    - 유브라데 강: 전쟁(16:12)
- (공기; 성전 16:17)
- 아마겟돈(16:16)
- 바벨론(16:19)
- 광야(17:3)

하늘(Heaven) (19:11)

해(19:17)

땅(19:19)

불 못(19:20)

무저갱(20:1)

땅(20:8)

보좌(20:11)

불 못(20:14)

새 하늘(Heaven), 새 땅, 새 예루살렘(21:1-2)

산(21:10)

예루살렘(21:10)

주(註)

서문

1. 48면, 나에게 이 스토리를 추천해준 Pamela Thimmes 에게 감사한다.

프롤로그

1 *Black Elk Speaks*에서, John G. Neihardt가 말한 것처럼, 250.

2 Leitch, *What Stories Are*.의 상세한 논의를 보라.

3 Conacher, *Aeschylus' Oresteia*, 3-6.을 보라.

4 Chatman, *Story and Discourse*.

5 D. H. Lawence, *Apocalypse*.

6 페트론이지(후원)에 대한 토론은 Elliot, "Patronage and Clientism in Early Christian Society"; Eisenstadt and Roniger, *Patrons, Clients and Friends, Wallace-Hadrill, Patronage in Ancient Society*; 그리고 Gellner and Waterbury, *Patrons and Clients in Mediterranean Societies*.

7 여기는 근거 있는 해석 대 잘못된 해석의 문제를 논쟁할 자리가 아니나 독자는 내 입장을 알 자격이 있다. 내가 자주 내 수업을 듣는 학생들에게 그들의 에세이 점수를 어떻게 주었는지 말할 때처럼 익살맞게 넘길 수 있다: 이 문제에 정답은 없으나, 잘못된 답들은 있다. 그렇게 하여, 어떤 것들은 다른 것들보다 더 설득력 있지만, 나는 어떤 질문 (최소한 어떤 중요한 질문)에 대해 수많은 답이 있다고 말한다. 그러나 역시 질문에 대답하지 못할 많은 경우가 있다. 그와 똑같이, 어떤 내러티브나 수많은 해석이 가능하다. 또한 훨씬 더 많은 잘못된 해석도 할 수 있다.

8 Albanese, *Corresppondina Motion*.을 보라.

9 계 6:9; 11:7; 12:11; 19:10; 20:4 등에서 증거의 사용을 보라.

10 묵시 장르의 관례들은 에필로그에서 좀 더 충분하게 논의된다. 묵시장르란 개념의 기원에 대한 가장 중요한 자료는 John J. Collins, ed., *Semeia* 14와 Adela Yarbro Collins, ed., *Semeia* 36, 특히 David E. Aune의 논문.

11 Reddish, *Apocalypic Literature: A Reader*. 에 의해 편집된 간편한 종이 표지 책으로 된 20개 가량의 묵시록 모음이 있다. 표준 전문적 모음집은 Hennecke and Schneemelcher, *New Testament Apocrypha*, vol. 2, and Charlesworth, *Old Testament Pseudepigrapha*, vol.1.

12 Sweet, *Revelation*, 125-32.에서 이러한 역동성의 대한 확장된 토론을 보라. Ong의 시각(visual)과 구두(oral)사이의 중요한 구별도 보라. *The Presence of the Word*. Ong은 보이는 것들은 우리에게 외면적이지만, 들리는 것들은 우리를 관통한다고 한다고 개략적으로 말한다.

13 마태복음 1장과 2장을 보라, 거기에는 성취공식구를 반복 사용하고 있다. Standahl, *The School of St. Matthew*.

14 Aristotle, *On the Heavens* 268a 10-17.

15 숫자들과 숫자점의 중요성에 대한 연구에 대해서 Menninger, *Number Words and Number Symbols* 그리고 Schimmel, *The Mystery of Numbers*.

16 Adela Yabro Collins, *The Combat Myth in the Book of Revelation*의 Chapter 1; Farrer, *The Revekation of St. John the Divine*을 보라.

17 Sweet, *Revelation*, 44-54를 보라.

18 계시록을 교차대칭구조로 분석한 것에 대해서는 Schüssler Fiorenza, *Revelation: Vision of a Just World*, 35-36을 보라. 또한 그녀의 좀 더 확장된 논의는 "Composition and Structure," 344-66을 보라. 또한 Lambrecht, "A Structuration of Revelation 4:1-22:5," in *L'Apocalyose Johannique*, 77-104을 보라.

19 *Poetics* 1450a 51

20 Foster, *Aspects of the Novel*, 87.

21 그 용어는 Chatman의 것으로, *Story and Discourse*, 53-54. Chatman에 따르면, "핵심들(kernels)은 내러티브 사건들에 취해진 방향에 요점/급소들(cruxes)을 발생케 하는 내러티브 운동력이다." "핵심들이 빠지면 내러티브의 논리는 깨진다."

22 Lévi-Strauss, "The Effectiveness of Symbols." 에서 주술자가 태/지하로 내려가는 생생한 이야기를 보라.

23 Aune, "The Influence of Roman Imperial Court Ceremonial."

24 나는 처음에 Leitch의 *What Stories Qre*, 47-48.에서 O. Henry의 스토리를 접했다. Leitch는 그런 스토리에서 변화하는 것은 청중의 세상에 대한 이해이지, 주인공

의 이해가 아니다.

25 계시록이 분리된 액션들을 이야기하는 직선적인 전개라기보다 그 똑같은 액션의 광범위한 개괄반복들(recapitulation)을 포함한다는 견해의 역사에 대한 토론에 대해서는 Wainwright, *Mysterious Apocalypse*, 29, 35, 53-55, 69를 보라.

26 독자반응비평에 대해서는 Booth, *The Rhetoric of Fiction*, 88-116. 접근의 범위에 대해서는 Suleiman and Crosman, eds., *The Reader in the Text*; 고대 문헌에 적용하는 용어로 문제들에 대한 뛰어난 정리는 Iser, *The Act of Reading*; 성경연구를 위한 독자반응비평에 대해서는 Folwer, "Who Is 'the Reader' in Reader Response Criticism?"

27 우리에게 알려진 가장 오래된 판, 아마 기원전 2천년 초, 의 완벽한 번역은 Pritchard, ed., *Ancient Near Eastern Texts*, 60-72. 신화에 대한 최근의 연구는 Adela Yarbro Collins, *The Combat Myth in the Book of Revelation; Day, God' s Conflict with the Dragon and the Sea; Hook*, "The Myth and Ritual Pattern in Jewish and Christian Apocalyptic"; Kang, *Divine War in the Old Testament and in the Ancient Near East*; Miller, *The Divine Warrior in Early Israel*; von Rad, *Holy War in Acient Israel.*

28 참고문헌과 함께 이 신화에 대한 충분한 해설은, 184-87면에서의 토론을 보라.

29 그 이상의 토론은 1:13, 80면의 주석을 보라.

30 이 세 번째 참고문헌에서 어린 양에 대한 다른 참고들은 12:11, 13:8, 11; 14:1, 4, 10; 15:3; 17:14 (전사로서!); 19:7; 21:9, 14, 22; 22:1, 3을 보라

31 Hemer, *Letters to the Seven Churches of Asia*를 보라; 나는 초대 교회에 대한 주석에서 얼마간의 상관관계에 주목한다.

32 Johns, *The Cities of the Eastern Roman Provinces*, 75-83. 가장 동쪽 도시로 Coventus of Sardis에 소속되어있던 빌라델비아는 수도가 아니었다.

33 Broughton, *Roman Asia.*

34 Ekrem Akurgal, *Ancient Civilizations and Ruins of Turkey.*

35 주석에서 그 증거를 상세히 논할 것이다. 이 시각에 대한 완전한 제시에 대해서는 Thomson, *The Book of Revelation.*

36 *Collected Poems of Archibald MacLeish*, 50-51.으로 부터

37 이 관점에 대한 정교한 의견은 Fish, *Is There a Text in This Class.*를 보라.

38 이 관점에 대한 정교한 의견은 Hirsch, *The Aims of Interpretation*.을 보라.

39 Iser, *The Implied Reader*, 282. Iser는 이 세 번째 관점의 좋은 예이다.

40 Boesak, *Comfort and Protest*.

41 Iser, *Implied Reader*, 10.

42 구술과 기록된 텍스트 사이 경계 개념에 대해서, Kelber, *The Oral and The Written Gospel*.을 보라. 주요한 구술법에 대한 가장 영향력 있는 책은 Ong의 것으로, 특히 그의 *The Presence of the Word and Interfaces of the Word*.를 보라. 구술법 연구와 성경비평의 개관에 대해서는 Silberman이 편집한 *Semeia* 39로 Orality, *Aurality and Biblical Narrative*라고 제목을 단 학술지를 보라. 고대의 구술법(orality)과 읽고 쓰는 법(literacy)에 대한 일반적 토론에 대해서는 Harris, *Ancient Literacy*.를 보라. Stock은 *The Implications of Literacy*에서 해석적 모델들의 변화를 추적하고 있다. 계시록에 기초적인 적용에 대해서는 Barr, "The Apocalypse of John as Oral Enactment."를 보라.

편지 두루마리 계시록 1:1-3:22

1 48면.

2 글쓰기 기술에 대한 토론에 대해서는 Roberts and Skeat, *The Birth of the Codex and Gamble*, Books and Readers를 보라. 출판의 역사에 대한 더 폭넓은 토론에 대해서는 Boorstin, *The Discoverers*; 또한 Reynolds, *Scribes and Scholars*를 보라.

3 Petronius는 이 능력을 *Satyricon* 75에서 토론한다.

4 고대에 읽기에 대한 일반적인 토론에 대해서는 Kenyon, *Books and Readers in Ancient Greece and Rome*을 보라. 신약성경 연구에서 읽는 것(reading practices)의 암시들에 대해서, Achtemeier's SBL presidential address, "Omne Verbum Sonat."을 보라.

5 Boorstin, *Discoverers*, 530.

6 좋은 입문을 위해서는 John J. Collins, *Apocalyptic Imagination*.을 보라.

7 Hellholm, *Apocalypticism in the Mediterranean World*와 후속연구인 Collins and Charlesworth, *Mysteries and Revelations*.를 보라

8 신약성경 밖의 글들에 대해서는 Hennecke and Schneemelcher, *New Testament Apocrypha*의 2번째 책을 보라.

9 Doty, *Letters in Primitive Christianity*. 혹은 White, *Light from Ancient Letters*.를 보라

10 Muratorian Canon으로 알려진 초기에 받아들여졌을 성경 리스트를 보라. 영어 번역은 Hennecke and Schneemelcher, *New Testament Apocrypha*, I.42-45에서 찾아볼 수 있다.

11 이것을 똑같은 헬라어의 힘과 영향력을 갖춘 영어로 번역하는 것은 불가능하다. 헬라어가 한 문장안에서 명사들이 어떻게 사용되느냐에 따라 여러 어미들이 격변화하기 때문에, 첫 번째 표현은 *tou ontos*가 되어야 했다. 이것은 "from him who is(지금 있는 그분으로부터)" 보다 영어로 "from he who is"라 말한 것과 같은 것이다. 그러나 다른 주장은 *ho ōn*이 하나님에 대한 기술적인 표현이 되었었다는 것이다. 저자는 *apo tou ho ōn*(영어로는 from the one who is)라고 씀으로서 형식과 문법 둘 다를 보존할 수 있었을 것이다. 두 번째는 훨씬 더 이상하다. 헬라어로 *to be*에 해당하는 과거분사가 없기 때문에, 저자는 정관사를 앞에 둔 단순과거시제인 *ho ēn* 문자적으로는 the was라는 표현을 쓴다. 이것은 계시록에서 여러 문법적 실수들 중 첫 번째 것이다. 이 때문에 많은 사람들은 저자가 헬라어 원어민이 아니었다고 결론 내린다.

이 표현의 개연성있는 히브리어 배경에 대한 토론에 대해서는 Charles, *Critical and Exegetical Commentary*, I.10을 보라. Charles는 그 표현을 요한이 서툰 헬라어를 쓰고 있다는 증거로 보지 않고, 그가 하나님의 이름의 형식을 파괴하기보다는 차라리 문법 규칙을 깨려 한 표현으로 보고 있다.

12 "Zeus was, Zeus is, Zeus will be." *Pausanius* 10.12.5.를 참고하라.

13 1:7, 3:11, 16:15, 21:2, 22:7, 22:1, 22:20를 보라.

14 Malina, *On the Genre and Message of Revelation*에 의해 만들어진 점성학의 영향에 대한 강한 주장을 보라.

15 Vanni, "Liturgical Dialogue."

16 Berger and Luckmann, *The Social Construction of Reality*에서 최상의 현실 안에 고립된 영토들 안에서 기능하는 매일의 삶의 "최상의 현실(paramount reality)"과 "의미의 유한의 영토들(finite provinces of meaning)" 사이의 차이에 대한 도발적인 토론을 보라.

17 David Aune, "Form and Function"에서 이것들은 정식적인 편지들이 아니다. 즉, 그들은 편지의 형식을 갖고 있지 않다. 고대 편지들에서 항상 발신자가 수신자에게 하는 인사, 메시지, 축도 형식을 따르지 않는다. 여기서 우리는 수신자, 발신자, 계시, 칭찬/경고, 충고, 약속을 본다. Aune은 이것이 형식적으로 편지보다는 황제 칙령에 더 가깝다고 주장한다. 그의 주장은 확실히 옳다. 그러나 계시록의 독자들이 아주 오래전부터 그것들을 편지들로 생각한 것이 중요하다. 그것들은 비록 편지의 형식이 부족할지라도, 편지로서 기능한다. 우리는 그것들을 칙령의 권위를 가지고 있는 편지들로 생각해야 할 것이다.

18 2:4, 9, 13; 3:4, 9, 15.

19 Prince, *A Dictionary of Narratology*, 46. 그 외 Culler, *The Pursuit of Signs; Savran, Telling and Retelling*; Aune, "Intertextuality and the Genre."도 보라.

20 인기있는 개관에 대해 Snyder, *Models of the Kingdom*. 왕국의 상징적 차원에 대한 두 강력한 진술은 Perrin, *Jesus and the Language of the Kingdom*. 그리고 Scott, *Jesus, Symbol-Maker for the Kingdom*.이다.

21 Revelation, *Vision of a Just World*, 51; 또한 이 저자의 *The Book of Revelation*.

22 이 문제들에 대한 토론에 대해서 Adela Yabro Collins, *Crisis and Catharsis*, 102-4를 보라.

23 Sweet, *Revelation*, 74.

24 Davidson, *Angels at Qumran*란 전문적인 연구를 보라. 그리고 더 일반적인 해석 연구는 Wink, *Naming the Powers*.를 보라.

25 초기의 장별 나누기에 대한 기술을 위해서는 Metzger, *The Text of the New Testament*, 21-23를 보라.

26 Petersen, *Rediscovering Paul*.이란 중요한 연구를 보라. 머리글에서 여기서 취급한 이론적 문제들을 언급한다.

27 Chatman, *Story and Discourse*, 31-34.

28 Petersen, *Rediscovering Paul*, 9.

29 도시들에 대한 가장 최근의 광범위한 연구는 Hermer, *The Letters to the Seven Churches*이다. 그는 계시록의 문학적 성질에 대해 잘 알지 못하지만, 도시들에 대한 방대한 역사적이며 고고학적 데이터를 제공하고 있으며, 그것을 이 편지들과 연결시키고 있다. 이 문제들은 이제 Friesen에 의해 언급되어지고 있다; 그의

"Revelation, Realia, and Religion" 그리고 *Twice Neokoros*를 보라.

30 Friesen, *Twice Neokoros*를 보라.

31 이 종교에 대한 고고학적 정보에 대해서 Akurgal, *Ancient Civilizations and Ruins of Turkey.*를 보라. 일곱 도시에 대한 자세한 정보에 대해서는 Finegan, *The Archaeology of the New Testament*, 155-82를 보라.

32 Apuleius, *The Golden Ass*, 255. 신비의식이 있는 종교들에 대한 일반적 토론을 위해서는 Burkert, *Ancient Mystery Cults.*를 보라. Isis 여신의 경배에 대한 최근의 토론에 대해서 Takács, *Isis and Sarapis in the Roman World*를 보라.

33 The Twelve Caesars, "Augustus" 100.

34 그리고 하늘에서 내려온 전사 환상의 절정 부분(19:16)도 이 특징들을 재사용할 것이다; 193-96면을 보라.

35 바울 전통과 가능성 있는 관련들에 대한 신중한 토론에 대해서는 Schüssler Fiorenza, "Apokalypsis and Propheteia," 105-27을 보라.

36 이것은 내가 지나치게 단순화시킨 매우 복잡한 주제이다. 좀 더 분명히 하기 위해서, Sanders, *Schismatics, Sactarians, Dissidents, Deviants.*를 보라. 그리고 역시 Siker, *Disinheriting the Jews.*도 보라. 그러한 유대회당 축출에 대한 동시대의 가장 좋은 증거는 요한복음서이다. 그것은 어떤 면에서는 계시록이 언급한 공동체와 관련되어져있다; 요약을 위하여 Brown, *The Community of the Beloved Disciple.*을 보라.

37 9절, 13절, 24절.

38 Prince, "Notes Toward a Categorization of Fictional 'Narratees' " 그리고 Chatman, *Story and Discourse*, 146-51.을 보라.

39 Schüssler Fiorenza는 이 경우를 처음 논했다; 그녀의 "Visionary Rhetoric and the Social-Political Situation" in *The Book of Revelation*, 181-203; 그리고 "The Followers of the Lamb," 123-46.을 보라. 아마도 그녀는 내가 원하는 정도까지는 저자의 창의력에 대해 의식하지 못하고 있는 것 같다.

40 Willis, *Idol Meat in Corinth.*을 보라.

41 Bonsirven, *Palestinian Judaism*, 132; Schoeps, *The Jewish-Christian Argument*, 39.와 광범위한 주(notes)와 함께 Kimelman, "Birkat Ha-Minm and the Lack of Evidence for an Anti-Christian Jewish Prayer in Late Antiquity"의 비평적인 평

가를 보라

42 비슷한 생각에 대해서, Gartner, *The Temple and the Community*. 와 Juel, *Messiah and Temple*.을 보라.

예배 두루마리

1 20면을 보라

2 John J. Collins, *Semeia* 14, 15, 36ff, 64ff에 있는 목록을 보라. 토론을 위해서 Segal, "Heavenly Ascent"을 보라.

3 예를 들면, 출 24:9-18; 왕상 22:19-22; 그리고 특히 사 6:1-13, 겔 1:1-28; 10:1-22; 단 7:9-10.

4 Scholem, *Major Trends in Jewish Mysticism*; Gruenwald, *Apocalyptic and Merkavah Mysticism*.

5 Chatman의 기본적인 논의인 *Story and Discourse*, 143.을 보라.

6 Aune, "The Influence of Roman Imperial Court Ceremonial."

7 White, *Building God's House in the Roman World*를 보라.

8 그리고 법정에 대한 그 이상의 반향이 있다. 그곳에는 중심인물이 보좌에 앉아있다 (단 7:9-10 그리고 계 20:11-12을 보라).

9 Dante 훨씬 이전에 상상의 지옥여행에 대해서는, *Apocalypse of Peter* 7-13을 보라. 그것은 Hennecke and Schneemelcher, *New Testament Apocalypha*, 2.668ff; 또는 James, *The Apocryphal New Testament*, 505ff.에서 발견된다. 연구를 위해, Himmelfarb, *Tours of Hell*.를 보라.

10 그런 개념은 마가복음과 사해두루마리로 알려진 글들 뒤에 있는 것 같다. 요한은 성전을 그렇게 영적화시킨 개념은 앞 장에서 (즉, 그가 빌라델비아의 이기는 자에 대해 부활하신 그리스도가 하나님의 성전에 기둥으로 삼겠다는 약속을 보일 때) 암시했다. Gartner, *Temple and Community*. 와 Juel, *Messiah and Temple*.을 비교하라.

11 Eliade, *The Sacred and the Profane*, 20-65.을 보라.

12 서두의 개관에 대해서, Rollins, *The Gospels*; 좀 더 심화된 연구에 대해서, Kee, *Jesus in History*. 또는 Nickle, *The Synoptic Gospels*.를 보라. 내 자신의 견해를 위

해서는, *New Testament Story*를 보라.

13 사실 미심쩍지만, 어린 양은 태양신 미트라스의 주된 이미지들 중 하나인 숫양같이 보이기 시작한다. 그의 생명에 대한 환상은 미트라스 신화의 특징인 힘의 사상과 날카롭게 대조되듯, 요한의 비유적 묘사는 자주 미트라스에 대한 묘사와 대조를 이룬다.

14 다른 한편, 두 개의 다른 복음서들과 바울조차, 예수를 유월절 양과 연관시킨다. 막 14:12; 눅 22:7; 고전 5:7을 보라.

15 Huratado, "Revelation 4-5 in the Light of Jewish Apocalyptic Analogies," 112를 보라.

16 Midrash Shemoth R. 23; Sweet, *Revelation*, 120으로부터 인용함.

17 어떤 이들은 이러한 기대(expectation)에 예레미야를 포함시킨 증거에 대해서 마 16:14을 보라. 더 일반적으로는 모세와 엘리야가 기대되었다. 전자는 신 18:15에 근거하고, 후자는 말 4:5에 근거한다. 이들 둘이 예수가 별세할 것을 말하기 위해 다시 온 것을 보여주고 있는 복음 전통들에 대해서, 막 9:4, 마 17:3과 눅 9:30을 보라.

18 John J. Collins의 뛰어난 연구인, *The Scepter and the Star*. 그리고 Newsner, Green and Smith의 모음집 *Judaisms and Their Messiahs* 그리고 Charlesworth, *The Messiah*를 보라. Klausner의 이전 저작인 *The Messianic Idea in Israel and Mowinckel, He That Cometh* 역시 가치있다. Higgins, "Jewish Messianic Belief in Justin Martyr' s Dialogue with Trypho."도 보라.

19 Ulfgard의 주의깊은 연구인 *Feast and Future*를 보라.

20 Boring, *Revelation*, 100을 보라.

21 프롤로그 30-39면에 있는 간단한 토론과 Chatman, *Story and discourse*, 53ff을 보라

22 다른 유형의 플롯은 (성인이 되는) 성숙하게 되는 플롯과 (인생을 이해하는) 결정하는 플롯을 포함할 것이다. 이들은 액션, 배역, 그리고 사고의 플롯들이라고 불린다. Crane, "The Concept of Plot," 233-43을 보라.

23 Havelock의 "예언될 새로움이 아니라, 계속되어질 그리고 여전히 예상할 수 있는 전통으로서(not as a novelty to be prophesied but a tradition which will continue and remain predictable)" 미래에 대한 Muse의 염려의 의미에 대한 토론을 참고하

라. *The Muse Learns to Write*, 80.

24 Genette, *Narrative Discourse,* 93-94.

25 광범위한 참고문헌과 함께 계시록의 찬양들을 뛰어나고 도발적인 문학 분석에 대해서, Harris, "The Literary Function of the Hymns"를 보라.

26 Charlesworth, *The Old Testament Pseudepigrapha,* 1.789로부터 인용함.

27 Apuleius, *The Golden Ass,* chapter 11.

28 그들은 대개 보통 막간극(interludes)이라 불리운다(예, Boring, Revelation; Schüssler Fiorenza, Revelation. Michaels는 그 용어에 대해 질문한다, *Interpreting the Book of Revelation*, 55. Aune은 그것들을 여담(digressions)이라 부른다, "Revelation," in *Harper' s Bible Commentary,* ed. Mays.

29 욜 2:10; 사 13:10; 마 24:29; 막 13:8, 24; 눅 21:11; 25; 계 8:5; 11:13, 19; 16:18에 있는 비슷한 장면들을 보라; 여기 장면은 아마 겔 38:17-23에 있는 그것 위에 세워진 것이다. 눅 23:28-31도 보라.

30 Boring, *Revelation*, 133-34.로부터 인용.

31 Caird, *Commentary on Revelation*, 122를 보라.

32 Schüssler Fiorenza는 이렇게 영리한 메타포를 제안한다; *Revelation: Vision of a Just World*, 33.를 보라.

33 Genette, *Narrative Discourse*, 33-160.을 보라.

34 Schüssler Fiorenza의 주의를 기울인 연구서인 *The Book of Revelation*을 보라.

전쟁 두루마리

1 88면

2 예수의 십자가 고난의 이야기에서의 성소의 휘장이 찢겨진 사건과 비교하라(막 15:38; 마 27:51; 눅 23:45).

3 Schüssler Fiorenza는 계시록-스토리의 이 시점에서 액션이 급격하게 바뀌는 것을 분명히 밝힌 첫 번째 학자이다; "Composition and Structure"에서 그녀의 구조주의적 분석을 보라.

4 하나님이 전쟁으로 인류의 운명을 결정한다는 사고는 일리어드(*Iliad,* 예를 들면,

Book 5)에 전반적으로 퍼져있으나, 신들 사이의 직접적인 전쟁으로 절정에 이른다 (21.342-610).

5 John J. Collins, "Mythology of Holy War."를 보라.

6 이런 생각들에 대한 광범위하고 미묘한 차이에 대해서는 Adela Yabro Collins, *The Combat Myth*.를 보라. 그리고 Hanson, *The Dawn of Apocalyptic*.도 보라. 신화를 전문적으로 다룬 책인 Pritchard, *Ancient Near Eastern Texts*, 60-72.를 보라; 아카디안 문헌(Akkadian literature)에 대한 더 최근의 번역과 소개를 위해서는, Foster, *Before the Muses or Foster, From Distant days*.를 보라.

7 창 1:2의 "깊음"으로 번역된 단어는 티아맛(Tiamat)과 동족어이고 창조의 과정은 혼돈을 해결하는 것으로 보인다.

8 Russell, *The Devil*과 Russell, *Satan: The Early Christian Tradition*를 보라.

9 많은 주석가들은 이 죽은 머리를 *Nero Revidivus*, 즉, 죽은 네로가 돌아와 로마를 다스릴 것이라는 믿음과 연결시킨다. 그러나 이것은, 네로의 귀환에 대한 전설에는 그가 죽지 않았고, 또한 여기서 회복된 것은 머리가 아니기 때문에 설득력이 없다.

10 *Sibylline Oracles* 1.324ff.을 보라

11 욥 40-41장; Esdr 6:49ff.: 1 Enoch 40:7ff; 2 Bar 29:4.

12 Day, *God's Conflict with the Dragon*.의 2장을 보라.

13 설득력은 없지만, Pippin, *Death and Desire*의 도발적인 처리를 보라.

14 Ascension of Isaiah는 *Hennecke and Schneemelcher, New Testament Apocrypha*, 2.642-63와 Charlesworth, *Old Testament Pseudepigrapha*, 2.808-10에 있는 *Testament of Dan*에서 발견된다.

15 1:14-16, 2:16-18과 19:12,15,21을 참고하라.

16 7:17; 12:5; 19:15; 그리고 2:27을 참고하라.

17 2 Esdras(4 Ezra)의 익명의 저자는 그 여자가 도시로 바뀐 것을 보여준다. 2 Esdr 10:27.

18 여인들과 종교에 대한 개관은 Kraemer, *Her Share of the Blessings*.를 보라. 더 넓은 단계에서 Pomeroy, *Women's History*를 보라. 일차자료들을 놀랍게 수집한 것에 대해서는, Lefkowitz and Fant, *Women's Life in Greece and Rome*.를 보라.

19 성전 두루마리 48:16에서는 여인들이 "월경이나 출산으로 부정한 상태에 있을 때,

그래서 그들 중에 부정이 생기지 않도록" 도성 밖에 나가 있을 것을 요구한다; Maier, *Temple Scroll*, 43으로부터 인용.

20 레 15장과 삼상 21:1-6에 나오는 다윗의 이야기를 보라.

21 Farrer, *Rebirth of Images.*란 더 오래된 연구에서 제안되었고, Malina, *On the Genre and Message of Revelation.*란 새로운 연구에서 정교하게 되었다. 우리가 별들과 천사들 사이의 관계(1:20)와 여기서 별들이 가리키는 것들과의 관계를 기억할 때(12:4), 그 제안은 중요성이 더해진다.

22 Adela Yabro Collins, *The Combat Myth.*의 5장에서 토론을 보라. 또한 Hooke, "the Myth and Ritual Pattern in Jewish and Christian Apocalyptic."도 보라.

23 Farrer, *Rebirth of Images.*의 제안적인 발언들을 보라.

24 로마 스토리 판본도 있다. Romulus 와 Remus는 마르스 신(God Mars)과 폐위된 왕의 딸 사이에 태어났다. 찬탈자가 그들을 발견하고 홍수가 난 티베르 강에 던져 버리나 그들은 살아남는다. 그들은 늑대에게 구출되어 늑대젖을 먹고, 양들에 의해 강해질 때까지 길러져, 마침내 왕위 찬탈자를 축출하고, 정당한 왕위를 회복한다. Livy, *Hist.* 1.3.10ff; Plutarch, *Romulus* 3ff.을 보라.

25 Witt, Isis; Takács, *Isis and Sarapis*; 그리고 Heyob, *The Cult of Isis among Women.*을 보라. 증가하는 에베소에서의 마리아 숭배에 대한 요약은, Koester, ed., *Ephesos*, 321-27.를 보라. Limberis, *Divine Heiress.*도 보라.

26 유대 전통도 하와(Eve) 와 이시스(Isis) 신화 사이의 평행들을 볼 것이다. Neusner가 번역한 *Abodah Zarah* 로 *Avodah Zara*를 보라.

27 번역은 Charlesworth, *Old Testament Pseudepigrapha*, 2.262.에서 찾을 수 있다.

28 Pilch and Malina, *Biblical Social Values.*에서의 토론을 보라.

29 Thompson, *The Book of Revelation*에서 미묘한 차이가 있는 토론을 보라.

30 13:4,12; 19:10; 20:4; 22:8-9.을 보라.

31 Sebesta and Bonfante, *The world of Roman Costume.*을 보라.

32 많은 이들이 이 진술을 사용하여 계시록의 연대를 추정하려고 시도하였으나 성공하지 못하였다. 극복할 수 없는 두 가지 문제들이 있다. 우리는 요한이 황제들을 율리어스 시저로부터 계산했는지 아우구스투스로부터 계산했는지 모른다. 그리고 우리는 그가 네로가 자살하고 베스파시안이 새로운 황제가 될 때까지 몇 달 동안 통치했던 세 명의 황제들 전부 혹은 일부를 포함했는지도 모른다. 더 근본적인 문제

는 요한이 그 진술을 숫자적으로보다 상징적으로 의도했을 가능성이 있다. 현재의 황제는 항상 '육' (또는 666)이다. 결코 '칠' 은 아니다; 즉, 황제는 신적 호칭을 주장할 수 있다 그러나 그는 인간일 뿐이다.

33 4 Maccabees의 수사학을 고려하라. 그것은, 스토아 철학처럼, 순교자를 찬양한다. 그 순교자들은 "죽음을 가져올 고난들을 멸시함으로, 이성이 감정을 통제하는 것을 보였다... 그들을 고문하는 자들조차 그들의 용기와 인내에 놀라고, 그들은 그들의 나라에 대한 폭정을 무너트리는 원인이 되었다. 그들의 인내에 의해 그들은 독재자를 정복했고, 따라서 그들의 고국 땅은 그들을 통하여 정화되었다" (1:9,11). 그들의 죽음은 독재자를 몰락시키는 원인이 되었다고 말한 사실을 주목하라.

34 Wise, Abegg, and Cook, *Dead Sea Scrolls*, 152.로 부터 인용됨. 마지막 전쟁은 War Scroll(1QM)에서 상세히 그려지고 있다.

35 예를 들어, Vermes, *Dead Sea Scrolls,* 51.을 보라.

36 Ps 74:13-14; 2 Bar 29:1-2; 2 Estr 6:49-52를 보라.

37 어떤 전통에서, 일천년은 인간의 정해진 수명이었다. 아담은 불순종 때문에 930년을 살았고, 그 후손들의 수명은 계속 줄어들어 오늘날에는 짧은 수명에 도달하였다. (시 90:4을 창의적으로 읽으면) 창조의 날들은 일천년의 기간과 동일하게 한 계획의 반영일 수도 있다. 따라서 여기 기간은 일주일(시대)이 끝나고 새로운 한 주를 준비하는 안식일과 같다.

38 헬라어 개념에 대해서, Bernstein, *The Formation of Hell*를 보라.

39 이 기간에 사후를 믿는 믿음의 발달에 대한 충분한 논의는 Nickelsburg, *Resurrection, Immorality, and Eternal Life, and Cullmann, Immortality of the Soul or Resurrection of the Dead?*를 보라.

40 Caird, *A Commentary on Revelation*. 275ff.에서 상세히 다루고 있다.

41 Lawrence, *Apocalypse,* 103.

42 Peirce, "Evolutionary Love."

43 Pippin, *Death and Desire*, 105.

44 Pippin, *Death and Desire*, 86.

45 Rabinowitz, *Before Reading,* 161.

46 14:7; 19:10; 20:9; 또한 4:10; 5:14; 7:11; 11:16; 19:4도 보라; 13:4; 13:8-15; 14:9f; 19:20과 대조하라.

47 Goodspeed, *Apostolic Fathers,* 211.

48 2:7,17,26,28; 3:5,12,21.

에필로그

1 *A paraphrase and Notes on the Revelation of St. John*, 2d ed. (London: John Noon, 1745:xxxiii), Wainwright, *Mysterious Apocalypse*, 78에서 인용함.

2 Bedell, Sandon, and Wellborn, *Religion in America,* 193.

3 Gaustad, *Religious History of America*, 152.

4 Castelli, "The Environmental Gospel According to James Watt," B2. O' Leary, *Arguing the Apocalypse*의 토론을 보라.

5 John J. Collins, *Apocalyptic Imagination*에 나오는 학문의 역사에 대한 뛰어난 토론과 논평을 보라.

6 Hellom, *Apocalypticism* 안에 있는 광범위한 논문들의 모음을 보라.

7 Russell, *The Devil*을 보라.

8 나의 접근은 Klaus Koch, *The Rediscovery of Apocalyptic*, 28-33, 과 John J. Collins, *Apocalyptic Imagination*, 2-11. 사이를 중재하려는 것이다. Koch가 이런 종류의 개념을 전형적인 묵시(apocalyptic)로 보는 것은 옳은 것 같다. 그러나 Collins가 그것들이 항상 역사에 적용되는 것은 아니라고 주장하는 것은 옳은 것 같다. 어떤 묵시록들은 더 신비하고 개별적인 경향이 있다.

9 이것은 (모든 묵시록들에 적용되는 특징들을 확인하기를 원하는) John J. Collins, *Semeia* 14의 규범적인 접근과는 대조적이다.

10 좋은 횡단면은 Reddish, *Apocalyptic Literature: A Reader*를 보라: 기독교 묵시들은 Hennecke and Schneemelcher, *New Testanment Apocaypha*, vol. 2에서, 그리고 유대 묵시들은 Chalesworth, *Old Testament Pseudepigrapha*, vol.1에서 발견될 수 있다.

11 Hennecke and Schneemelcher, *New Testanment Apocaypha*, 2.649로부터 인용.

12 Hennecke and Schneemelcher, *New Testanment Apocaypha*, 2.761로부터 인용.

13 Chalesworth, *Old Testament Pseudepigrapha,* 1.111로부터 인용.

14 Chalesworth, *Old Testament Pseudepigrapha*, 1.514로부터 인용.

15 Chatman, *Story and Discourse*, 146-51 에 있는 논의와 챠트를 보라.

16 Eusebius는 계시록의 저자는 요한복음을 쓴 사람과 똑같지 않다. 이는 요한복음서가 "놀라운 기교로" 쓰여진 반면 계시록은 "야만적인 숙어들을 사용하고 있기" 때문이라고 주장한 알렉산드리아의 3세기 작가 Dionysius의 광범위한 자료를 인용하고 있다. Church History 7.25.24-27를 보라. 간략히 보려면 Georgi, "Who Is the True Prophet?"를 보라; 요한의 헬라어를 철저한 조사한 것은 Mussies, *Morphology*와 *Thompson, Apocalypse and Semitic Syntax*를 보라.

17 다른 복음서들은 그러한 이미지들을 계속 사용한다. 예를 들어, 막 13장과 평행들. 요한의 독특한 관점의 분석에 대해서는 Countryman, *The Mystical Way*를 보라. Smally, "John' s Revelation and John' s Community"는 두 책을 다른 시대의 다른 저자들에 의해 똑같은 공동체로부터 나온 것으로 보고 있다. 사도 요한에 대해 알려진 것에 대한 세밀한 연구에 대해서는 Culpepper, *John, the Son of Zebedee*를 보라.

18 Reddish, *Apocalyptic Literture*, 32에 있는 긴 목록을 보라.

19 Goodspeed, *The Apostolic Fathers* 안에 있는 번역을 보라; 방랑하는 선지자들은 11-13장에서 논의되고 있다. Horsley, "Like One of the Prophets of Old" 안에 있는 예언적인 라이프 스타일에 대한 논의를 보라.

20 마태에 대해서는 Standahl, *School of St. Matthew*를 보라. 쿰란에 대해서는 Gartner, "The Habakkuk Commuentary"을 보라. 보다 일반적인 것은 Brewer, *Techniques and Asssumptions*를 보라.

21 그 스토리는 갈 2:1-14에 언급된다. 논의에 대해서는, Gunther, *St. Paul's Opponents*와 최근의 강해인 Dunn, *Epistle to the Galatians*를 보라.

22 우리는 스토리 안에 (17:8-14같은) 로마황제들을 가리키는 수수께끼같은 언급들에 기초해서 책의 연대를 정하려는 시도들은 (이 언급들의 매우 상징적 성질과 그러한 목록에서 계산하여야 할 황제들에 대한 불확실성 때문에) 실패하기 마련이다는 것을 보아 왔다.

23 *Against the Heretics*, 5.30.3; 도미티안은 81-96년까지 통치했다. 물론 우리는 이러한 주장이 지식, 소문, 혹은 추론에 기초한 것인지를 알지 못하므로, 너무 많은 무게를 두지 않아야 한다. 그 자신의 말로, 자기보다 약 85년 전 일일 것이라고 한다.

24 대다수의 해설자들은 계시록을 약 95년으로 연대를 잡는다. 그러나 더 이른 연대

에 대한 강한 주장에 대해서는 Wilson, "The Problem of the Domitianic Date"를 보라.

25 이 스토리에서 분명한 천사들에 대한 혼란은 유대와 그레코-로만 가치들이 섞여 있기 때문일 것이다. 유대인들이 신들을 천사들 (또는 마귀들)이라고 생각한 것은 이상한 일이 아니다. 12:7-12에서 예수와 미가엘을 쉽게 동일시하는 것과 요한이 반복적으로 천사에게 경배하려했던 것은 천사들에 대한 적절한 경건에 대한 공동체 안에 어느 정도의 논쟁을 암시할 수 있을지 모른다.

26 사데의 유대인들이 해마다 예루살렘에 보내는 돈 (소위 성전세) 중 일부를 압수하려는 도시의 시도를 어떻게 막았는지에 대해 Josephus (*Antiquities* 16.171)의 재미있는 이야기를 보라. 가이사가 유대인들 편을 들고, 그들도 "도시 관리들로부터 회당 땅의 공적인 구획과 유대인의 음식 요구들에 대해 특별한 배려를 받으려" 했다. (Hanfmann and Waldbaum, "New Excavations at Sadis," 319).

27 물론 많은 긴장들이 여전히 남아있었고, 이론상으로는 가능해야 할 것들이 실제로는 항상 가능했던 것은 아니다. 매우 복잡한 주제에 대한 좋은 개관에 대해서는 Smallwood, *The Jews Under Roman Rule*; Trebilco, *Jewish Communities in Asia Minor*; 그리고 Grabbe, *Judaism from Cyrus to Hadrian*를 보라.

28 Kraabel, "Paganism and Judaism."

29 밀레도에 있던 극장에 대한 묘사를 포함해서, 극장들이 어떻게 운영되었지에 대한 토론에 대해서는, Akurgal, *Ancient Civilizations*, 196-209를 보라. 밀레도의 비문에 대해서는 Frey, *Corpus Inscriptionum Judaicarum*, II:748을 보라.

30 Stambaugh, "The Functions of Roman Temples."

31 네로의 통치의 마지막 4년(64-68)에 로마에서 기독교인의 강력한 박해가 있었다. 이 박해는 시간과 장소가 국한되어있었고, 그것이 아시아로 퍼졌다는 증거는 없지만, 그것은 당연히 요한 같은 지도자들의 사고에 부정적인 영향을 끼쳤다. Thompson, "A sociological Analysis of Tribulation,"의 주의 깊은 연구와 특히, *The Book of Revelation: Apocalypse and Empire*를 보라.

32 Adela Yabro Collins, *Crisis and Catharsis*, 84.

33 Sch?ssler Fiorenza, *The Book of Revelation*, 8-9.

34 Jones, *The Cities of the Eastern Roman Provinces*, 73-83.

35 예를 들어, Dunn, *Unity and Diversity*를 보라.

36 예를 들어, 목회서신들, 특히 디모데 전서에서 여인들을 대우하는 것에서 분명하다. MacDonald, *The Legend and the Apostle*의 재미있는 분석을 보라.

37 Adela Yabro Collins, "Vilification and Self-Definition."

38 Harris, "The Literary Function if the Hymns," 227-301의 4장에서 순교자로서 독자에 대한, 전문적이기는 하지만, 뛰어난 토론을 보라.

39 그리고 계시록의 시간적 배경은 "주의 날" (1:10), 기독교인들이 예수의 부활을 축하하는 날이다.

40 종교학 과목은, 말(word)과 의식(rite) 사이의 역동적 상호작용을 보이기 위해, 신화와 제의 범주로 발전했다. Fontenrose, *The Ritual Theory of Myth*를 보라. 또한 *Rites and Symbols of Initiation; Cosmos and History*로 또는 *The Sacred and the Profane*로 시작하여 Eliade의 책들을 보라.

41 Thompson, *The Book of Revelation: Apocalypse and Empire*, 69-73; 또한 그의 "Cult and Eschatology"를 보라.

42 예배용으로서 계시록에 대한 주의 깊고 도발적인 토론에 대해서는 Ruiz, "Betwixt and Between on the Lord' s Day"를 보라.

43 Aune, *The Cultic Setting*; 그의 고전 연구인 *Prophecy in Early Christianity*도 보라.

44 Aune, "The Apocalypse of John and the Problem of Genre," 89.

45 그 개념들은 Eliade, *The Sacred and the Profane*에 의해 정립되어, 널리 종교연구에서 사용되었다. 최근의 연구를 위해서 Bell, *Ritual Theory*를 보라.

46 이 논제에 대한 좀 더 긴 논의에 대해서는 Barr, "The Apocalypse of John as Oral Enactment."를 보라. 반면 계시록이 제의적으로 구성되었다는 Cabannis 의 공교한 논문은 쉽게 옹호될 것 같지 않지만, 그는 특히 야간 예배에 대한 재미있는 데이터를 제시하고 있다. *Liturgy and Literature*를 보라.

47 계 22:21의 아멘은 (아마 성찬식 용어를 느낀) 서기관에 의해 텍스트에 추가된 것일 수 있다.

48 Wainwright, *Eucharist and Eschatology*를 보라.

49 매우 다른 근거들 위에서, 영국 복음주의 학자인 James D.G. Dunn, "He Will Come Again"의 매우 비슷한 결론들을 보라.

50 O' Day, "I Have Overcome the World," 162.

51 Caird, *Language and Imagery*의 중요한 논의와 화행(speech-acts)의 일반적인 이론: Austin, *How To Do Things with Words*와 Searle, *Expression and Meaning.*을 보라. Thompson은 자신의 "Mooring the Revelation in the Mediterranean"에서 계시록에 대한 화행 이론을 적용했다.

52 언어적 기능들의 계시록의 사회적 셋팅에 대한 관계에 대한 더욱 기술적인 논의에 대해서는 Barr, "Blessed Are Those Who Hear," 95-101을 보라.

53 사회형성의 수단으로서의 비방에 대한 개론에 대해서는 Malina and Neyrey, *Calling Jesus Names*, 35-42.을 보라. 계시록에 대한 특별한 숙고에 대해서는 Adela Yabro Collins, "Vilification and Self-Definition," 과 "Insiders and Outsiders"를 보라.

54 John J. Collins, *Apocalyptic Immagination*, 32.

55 *Aristotle's Poetics*, 2.11; Leon Golden은 "Catharsis" 에서, 그리고 "The Clarification Theory of Katharsis" 에서 그 개념을 합리적으로 자세히 설명하고 있다. 일반적인 개관에 대해서는 Abdulla, *Catharsis in Literature*를 보라.

56 *Crisis and Catharsis*, 141-60을 보라.

57 Gager, *Kingdom and Community*, 49-57.

58 Lévi-strauss, "The Effectiveness of Symbols."

59 Ruiz, "Betwixt and Between."

60 Van Gennep, *The Rites of Passage*와 Turner, *The Ritual Process*를 보라.

61 Adela Yabro Collins, *Crisis and Catharsis*, 155.

62 Gager, *Kingdom and Community*, 56.

추천도서들

다음의 도서목록은, 주석부에서 인용된 모든 책들과 몇권을 더 포함한 것으로 꽤 광범위하다. 그 양이 좀 많아서, 나는 뛰어난 연구서 몇 권을 추천하고자 한다. 이것들은 내가 거듭거듭 되돌아보는 연구서들로, 내가 계시록을 이해하기 위한 내 자신의 탐구 과정에서 발견했던 귀중한 책들이다.

• 수많은 매우 좋은 주석들 중에서, 나는 3권을 추천한다.

J. P. M. Sweet, *Revelation*. Philadelphia: Westminster Press, 1979; Philadelphia: Trinity Press International, 1990.

G. B. Caird, *A Commentary on the Revelation of St. John the Divine*. Harper' s New Testament Commentaries. New York: Harper and Row, 1966.

M. Eugene Boring, *Revelation*. Interpretation: A Bible Commentary for Teaching and Preaching. Atlanta: John Knox, 1989.

• 묵시주의의 현상을 이해하기 위해 이보다 더 나은 책은 없다.

John J. Collins, *The Apocalyptic Imagination: An Introduction to the Jewish Matrix of Christianity*. Los Angeles: Crossroad, 1984.

• 계시록의 장르에 대해, 가장 도움이 되는 책은:

David Aune, "The Apocalypse of John and the Problem of Genre." In *Semeia 36: Early Christian Apocalypticism: Genre and social Setting*, edited by Adela Yabro Collins, 65-96. Decatur: Scholars Press, 1986.

• 전문적으로 말하면 주석책이나 계시록을 참으로 윤리적, 정치적, 그리고 여성주의적으로 읽을 좋은 예는 다음과 같은 획기적인 책이다:

Elisabeth Schüssler Fiorenza, *Revelation: Vision of a Just World*. Minneapolis: Fortress, 1991.

- 요한의 사회적 상황에 대한 현재의 이해를 위한 중요한 두 책은 다음과 같다.

Adela Yabro Colins, *Crisis and Catharsis: The Power of the Apocalypse*. Philadelphia: Westminster Press, 1984.

Leonard L. Thompson, *The Book of Revelation: Apocaypse and Empire*. Oxford: Oxford UNiversity Press, 1990.

- 공상적인 사색에 빠지지 않고 계시록이 현대 기독교인의 삶에 긴요함을 보여주는 좋은 예를 위해서는 다음의 책을 읽으라.

Allan A. Boesak, *Comfort and Protest: Reflections on the Apocalypse of John of Patmos*. Philadelphia: Westminster Press, 1987.

- 마지막으로, (고대와 현대의) 계시록 이해의 역사에 대한 매우 좋은 개관을 위해서, 나는 다음 책을 추천한다:

Authur W. Wainwright, *Mysterious Apocalypse: Interpreting the Book of Revelation*. Nashville: Abingdon Press, 1993.

참고도서

Abdulla, Adnan K. *Catharsis in Literature*. Bloomington: Indiana University Press, 1985.
Achtemeier, Paul J., ed. "Special Issue on Revelation." *Interpretation* 40/3 (1986).
———. "Omne Verbum Sonat: The New Testament and the Oral Environment of Late Western Antiquity." *Journal of Biblical Literature* 109 (1990): 3–27.
Adas, Michael. *Prophets of Rebellion: Millenarian Protest Movements Against the European Colonial Order*. Chapel Hill: University of North Carolina Press, 1979.
Akurgal, Ekrem. *Ancient Civilizations and the Ruins of Turkey: From Prehistoric Times until the End of the Roman Empire*. Istanbul: Haset Kitabevi, 1985.
Albanese, Catherine. *Corresponding Motion: Transcendental Religion and the New America*. Philadelphia: Temple University Press, 1977.
Allison, Dale C. *The End of the Ages Has Come: An Early Interpretation of the Passion and Resurrection of Jesus*. Philadelphia: Fortress Press, 1985.
Apuleius. *The Golden Ass*. Trans. Jack Lindsay. Bloomington: Indiana University Press, 1960.
Armstrong, Paul B. *Conflicting Readings: Variety and Validity in Interpretation*. Chapel Hill and London: University of North Carolina Press, 1990.
Arvin, Leila. *Scribes, Script and Book: The Book Arts from Antiquity to the Renaissance*. Chicago: American Library Association, 1991.
Aune, David E. "St. John's Portrait of the Church in the Apocalypse." *Evangelical Quarterly* 38 (1966): 131–49.
———. *The Cultic Setting of Realized Eschatology in Early Christianity*. Leiden: E. J. Brill, 1972.
———. "The Social Matrix of the Apocalypse of John." *Biblical Research* 26 (1981): 16–32.
———. "The Influence of Roman Imperial Court Ceremonial on the Apocalypse of John." *Biblical Research* 28 (1983): 5–26.
———. *Prophecy in Early Christianity and the Ancient Mediterranean World*. Grand Rapids: Eerdmans, 1983.

———. "The Apocalypse of John and the Problem of Genre." In *Semeia 36: Early Christian Apocalypticism: Genre and Social Setting*, edited by Adela Yarbro Collins, 65–96. Decatur: Scholars Press, 1986.

———. "The Apocalypse of John and Graeco-Roman Revelatory Magic." *New Testament Studies* 33, no. 4 (1987): 481–501.

———. *The New Testament in Its Literary Environment*. Library of Early Christianity, 8. Philadelphia: Westminster Press, 1987.

———. "The Prophetic Circle of the John of Patmos and the Exegesis of Revelation 22:16." *Journal for the Study of the New Testament* 37 (October 1989): 103–16.

———. "The Form and Function of the Proclamations to the Seven Churches (Revelation 2–3)." *New Testament Studies* 36 (1990): 182–204.

———. "Intertextuality and the Genre of the Apocalypse." In *Society of Biblical Literature 1991 Seminar Papers*, 142–60. Atlanta: Scholars Press, 1991.

Austin, Jane L. *How to Do Things with Words*. 2d ed., edited by J. O. Urmson and M. Sbisa. Cambridge: Harvard University Press, 1975.

Babcock, Barbara A. *The Reversible World: Symbolic Inversion in Art and Society*. Ithaca: Cornell University Press, 1978.

Baird, William. "Visions, Revelation, and Ministry: Reflections in 2 Corinthians 12:1–5 and Galatians 1:11–17." *Journal of Biblical Literature* 104, no. 4 (1985): 651–62.

Barnes, Timothy D. "Legislation Against the Christians." *Journal of Roman Studies* 58 (1968): 49.

Barr, David L. "The Apocalypse as a Symbolic Transformation of the World: A Literary Analysis." *Interpretation* 38 (1984): 39–50.

———. "The Apocalypse of John as Oral Enactment." *Interpretation* 40 (1986): 243–56.

———. "Elephants and Holograms: From Metaphor to Methodology in the Study of John's Apocalypse." In *Society of Biblical Literature 1986 Seminar Papers*, 400–11. Atlanta: Scholars Press, 1986.

———. "Metaphors and Methodologies: The Holographic Model as a Guide for Research." *Proceedings of the Eastern Great Lakes and Midwest Biblical Societies* 6 (1986): 1–17.

———. "The Reader of/in the Apocalypse: Exploring a Method." *Proceedings of the Eastern Great Lakes and Midwest Biblical Societies* 10 (1990): 79–91.

———. *New Testament Story: An Introduction*. 2d ed. Belmont, CA: Wadsworth, 1995.

———. "Using Plot to Discern Structure in John's Apocalypse." *Proceedings of the Eastern Great Lakes and Midwest Biblical Societies* 15 (1995): 23–33.

———. "Blessed Are Those Who Hear: John's Apocalypse as Present Experience." In *Biblical and Humane: A Festschrift for John Priest*, edited by Linda Bennett Elder, David L. Barr, and Elizabeth Struthers Malbon, 87–103. Atlanta: Scholars Press, 1996.

Bartlett, David L. "John G. Gager's *Kingdom and Community:* A Summary and Response." *Zygon* 13 (1978): 109–22.

Batto, Bernard, F. *Slaying the Dragon: Mythmaking in the Biblical Tradition*. Louisville: Westminster/John Knox Press, 1992.

Bauckham, Richard J. "Eschatological Earthquake in the Apocalypse of John." *Novum Testamentum* 19 (July 1977): 224–33.

———. "The Role of the Spirit in the Apocalypse." *Evangelical Quarterly* 52 (1980): 66–83.

———. "The Book of Revelation as a Christian War Scroll." *Neotestamentica* 22 (1988): 17–40.

———. "Resurrection as Giving Back the Dead: A Traditional Image of Resurrection in the Pseudepigrapha and the Apocalypse of John." In *The Pseudepigrapha and Early Biblical Interpretation*, edited by James H. Charlesworth and Craig Evans, 269–91. Sheffield: JSOT Press, 1993.

———. *The Theology of the Book of Revelation*. Cambridge: Cambridge University Press, 1993.

Bauer, Walter. *Orthodoxy and Heresy in Earliest Christianity*. Edited by Robert Kraft and Gerhard Krodel. Minneapolis: Fortress Press, 1971.

Bean, George. *Aegean Turkey: An Archeological Guide*. New York: Praeger, 1966.

Becker, Udo. *The Continuum Encyclopedia of Symbols*. Trans. Lance W. Garmer. New York: Continuum, 1994.

Bedell, George, Leo Sandon, and Charles J. Wellborn. *Religion in America*. New York: Macmillan, 1975.

Bell, Albert A. "Date of John's Apocalypse: The Evidence of Some Roman Historians Reconsidered." *New Testament Studies* 25 (October 1978): 93–102.

Bell, Catherine. *Ritual Theory, Ritual Practice*. Oxford: Oxford University Press, 1992.

Benko, Stephen. *Pagan Rome and the Early Christians*. Bloomington: Indiana University Press, 1985.

Berger, Peter L., and Thomas Luckmann. *The Social Construction of Reality: A Treatise in the Sociology of Knowledge*. Garden City, NY: Anchor/Doubleday, 1966.

Bernstein, Alan E. *The Formation of Hell: Death and Retribution in the Ancient and Early Christian Worlds*. Ithaca: Cornell University Press, 1993.

Blasi, Anthony J. *A Sociology of Johannine Christianity*. Lewiston, NY: Mellen Press, 1996.

Blevins, James L. "The Genre of Revelation." *Review and Expositer* 77 (1980): 393–408.

———. *Revelation*. Atlanta: John Knox, 1988.

Bloom, Harold. *Revelation of St. John the Divine*. New York: Chelsea House, 1988.

Boesak, Allan A. *Comfort and Protest: Reflections on the Apocalypse of John of Patmos*. Philadelphia: Westminster Press, 1987.

———. "The Woman and the Dragon: Struggle and Victory in Revelation 12." *Sojourners* 16 (1987): 27–31.

Bonsirven, Joseph. *Palestinian Judaism in the Time of Jesus Christ*. Trans. W. Wolf. New York: Holt, Rinehart, and Winston, 1964.

Boorstin, Daniel J. *The Discoverers: A History of Man's Search to Know His World and Himself*. New York: Random House, 1983.

Booth, Wayne C. *A Rhetoric of Irony*. Chicago: University of Chicago Press, 1974.

———. *The Rhetoric of Fiction*. 2d ed. Chicago: University of Chicago Press, 1983.

Boring, M. Eugene. "The Theology of Revelation: 'The Lord Our God Almighty Reigns.'" *Interpretation* 40 (1986): 257–69.

———. *Revelation*. Interpretation: A Bible Commentary for Teaching and Preaching. Atlanta: John Knox, 1989.

———. "The Voice of Jesus in the Apocalypse of John." *Novum Testamentum* 34 (October 1992): 334–59.

Botha, Pieter J. J. "God, Emperor Worship and Society: Contemporary Experiences and the Book of Revelation." *Neotestamentica* 22 (1988): 87–102.

Bowman, John W. "The Revelation to John: Its Dramatic Structure and Message." *Interpretation* 9 (1955): 436–53.

Boyer, J. L. "Are the Seven Letters of Revelation 2–3 Prophetic?" *Grace Theological Journal* 6 (1985): 67–273.

Brady, David. *The Contribution of British Writers Between 1560 and 1830 to the Interpretation of Revelation 13:16–18 (The Number of the Beast)*. Tübingen: Mohr (Siebeck), 1983.

Bratcher, Robert. *A Translator's Guide to the Revelation to John*. Helps for Translators Series. New York: United Bible Society, 1984.

Brewer, David Instone. *Techniques and Assumptions in Jewish Exegesis Before 70 CE*. Tübingen: J. C. B. Mohr (Paul Siebeck), 1991.

Brewer, Raymond R. "Revelation 4:6 and Translations Thereof." *Journal of Biblical Literature* 71, no. 4 (1952): 227–31.

Broughton, T. R. S. *Roman Asia*. An Economic Survey of Ancient Rome, no. 4. New York: Octagon Books, 1975.

Brown, Raymond E. *The Community of the Beloved Disciple: The Life, Loves, and Hates of an Individual Church in the New Testament*. Ramsey, NJ: Paulist Press, 1979.

Burkert, Walter. *Ancient Mystery Cults*. The Jackson Lectures. Cambridge, MA: Harvard University Press, 1987.

Cabannis, Allen. *Liturgy and Literature*. Tuscaloosa: University of Alabama Press, 1970.

Caird, G. B. *A Commentary on the Revelation of St. John the Divine*. Harper's New Testament Commentaries. New York: Harper and Row, 1966.

———. *The Language and Imagery of the Bible*. Philadelphia: Westminster Press, 1979.

Calder, William M., Ernst Herzfeld and Samuel Guyer, eds. *Monumenta Asiae Minoris Antiqua*. 3 vols. London: Longmans, Green, and Co., 1928.

Campbell, J. B. *The Emperor and the Roman Army*. Oxford: Clarendon Press, 1984.

Castelli, Jim. "The Environmental Gospel According to James Watt." *Chicago Tribune*, October 25, 1981, B2.

Charles, R. H. *A Critical and Exegetical Commentary on the Revelation of St. John*. Edinburgh: T & T Clark, 1920.

Charlesworth, James H., ed. *The Old Testament Pseudepigrapha*. 2 vols. Garden City, NY: Doubleday, 1983–1985.

———, ed. *The Messiah: Developments in Earliest Judaism and Christianity*. Minneapolis: Fortress Press, 1992.

Chatman, Seymour. *Story and Discourse: Narrative Structure in Fiction and Film.* Ithaca: Cornell University Press, 1978.

Collins, Adela Yarbro. *The Combat Myth in the Book of Revelation.* Chico, CA: Scholars Press, 1976.

————. *The Apocalypse.* New Testament Message, no. 22. Wilmington, DE: Michael Glazier, 1979.

————. "Dating the Apocalypse of John." *Biblical Research* 26 (1981): 33–45.

————. *Crisis and Catharsis: The Power of the Apocalypse.* Philadelphia: Westminster Press, 1984.

————. "Insiders and Outsiders in the Book of Revelation." In *To See Ourselves As Others See Us: Christians, Jews, "Others" in Late Antiquity*, edited by Jacob Neusner and Ernest S. Frerichs, 187–218. Atlanta: Scholars Press, 1985.

————. "Vilification and Self-Definition in the Book of Revelation." *Harvard Theological Review* 79 (1986): 308–20.

————. "Women's History and the Book of Revelation." In *Society of Biblical Literature 1987 Seminar Papers*, edited by Kent H. Richard, 80–91. Atlanta: Scholars Press, 1987.

————, ed. *Semeia 36: Early Christian Apocalypticism: Genre and Social Setting.* Decatur: Scholars Press, 1986.

Collins, John J. "Mythology of Holy War in Daniel and the Qumran War Scroll: A Point of Transition in Jewish Apocalyptic." *Vetus Testamentum* 25, no. 3 (1975): 596–612.

————. "Cosmos and Salvation: Jewish Wisdom and Apocalyptic in the Hellenistic Age." *History of Religions* 17 (1977): 122–42.

————. "Pseudonymity, Historical Reviews and the Genre of the Revelation of John." *Catholic Biblical Quarterly* 39 (1977): 329–43.

————. *The Apocalyptic Imagination: An Introduction to the Jewish Matrix of Christianity.* Los Angeles: Crossroad, 1984.

————. *Daniel: With an Introduction to Apocalyptic Literature.* Forms of the Old Testament Literature, 20. Grand Rapids: Eerdmans, 1984.

————. *The Scepter and the Star: The Messiahs of the Dead Sea Scrolls and Other Ancient Literature.* New York: Doubleday, 1995.

————, ed. *Semeia 14: Apocalypse: The Morphology of a Genre.* Chico, CA: Scholars Press, 1979.

Collins, John J., and James H. Charlesworth, eds. *Mysteries and Revelations: Apocalyptic Studies Since the Uppsala Colloquium.* JSP Sup Series, no. 9. Sheffield: Sheffield Academic Press, 1991.

Conacher, D. J. *Aeschylus' Oresteia: A Literary Commentary.* Toronto: University of Toronto Press, 1987.

Corsini, Eugenio. *The Apocalypse: The Perennial Revelation of Jesus Christ.* Good News Studies 5. Wilmington, DE: Michael Glazier, 1983.

Countryman, L. William. *The Mystical Way in the Fourth Gospel: Crossing Over Into God.* Philadelphia: Fortress Press, 1985.

Court, John M. *Myth and History in the Book of Revelation.* Atlanta: John Knox, 1979.

Crane, R. S. "The Concept of Plot." In *Approaches to the Novel*, edited by Robert Scholes 233–43. Revised ed. San Francisco: Chandler Publishing Co, 1966.

Culler, Jonathan. *The Pursuit of Signs: Semiotics, Literature, Deconstruction*. Ithaca: Cornell University Press, 1981.

Cullmann, Oscar. *Immortality of the Soul or Resurrection of the Dead? The Witness of the New Testament*. London: Epworth, 1958.

Culpepper, R. Alan. *John, the Son of Zebedee: The Life of a Legend*. Columbia: University of South Carolina Press, 1994.

van Daalen, D. H. *A Guide to the Revelation*. Theological Education Fund Study Guide. London: SPCK, 1986.

Davidson, Maxwell J. *Angels at Qumran: A Comparative Study of I Enoch 1–36, 72–108 and Sectarian Writings from Qumran*. Sheffield: Sheffield Press, 1992.

Day, John. *God's Conflict with the Dragon and the Sea in the Old Testament*. Cambridge: Cambridge University Press, 1985.

Dean-Otting, Mary. *Heavenly Journeys: A Study of the Motif in Hellenistic Jewish Literature*. Judentum und Umwelt, no. 8. Frankfurt am Main: Peter Lang, 1984.

Detweiler, Robert, ed. *Semeia 23: Derrida and Biblical Studies*. Atlanta: Scholars Press, 1982.

Dillistone, F. W. *The Power of Symbols in Religion and Culture*. New York: Crossroad, 1986.

Doty, William G. *Letters in Primitive Christianity*. Guides to Biblical Scholarship. Philadelphia: Fortress Press, 1973.

Draper, Jonathan A. "The Heavenly Feast of Tabernacles: Revelation 7:1–17." *Journal for the Study of the New Testament* 19 (1983): 133–47.

Du Rand, J. A. "The Imagery of the Heavenly Jerusalem (Revelation 21:9–22:5)." *Neotestamentica* 22 (1988): 65–86.

————. "A Socio-Psychological View of the Effect of the Language (Parole) of the Apocalypse of John." *Neotestamentica* 24/2 (1990): 351–65.

Dunn, James D. G. *Unity and Diversity in the New Testament: An Inquiry Into the Character of Earliest Christianity*. 2d ed. Philadelphia: Trinity Press International, 1990.

————. *The Epistle to the Galatians*. Black's New Testament Commentary. Peabody, MA: Hendrickson, 1993.

————. "He Will Come Again." *Interpretation* 51, no. 1 (January 1997): 42–56.

Eisenstadt, S. N. and L. Roniger. *Patrons, Clients and Friends: Interpersonal Relations and the Structure of Trust in Society*. Cambridge: Cambridge University Press, 1984.

Eliade, Mircea. *The Sacred and the Profane: The Nature of Religion*. New York: Harper Torchbooks, 1957.

————. *Cosmos and History: The Myth of the Eternal Return*. New York: Harper and Row, 1959.

————. *Rites and Symbols of Initiation*. New York: Harper and Row, 1965.

Elliott, J. K. *The Apocryphal New Testament: A Collection of Apocryphal Christian Literature in an English Translation*. Oxford: Oxford University Press, 1994.

Elliott, John H. "Patronage and Clientism in Early Christian Society: A Reading Guide." *Forum* 3, no. 4 (1987): 39–48.
Ellul, Jacques. *Apocalypse: The Book of Revelation*. Trans. George Schreiner. New York: Seabury Press, 1977.
Erim, Kenan T. *Aphrodisias: City of Venus Aphrodite*. New York: Facts on File, 1986.
Farmer, Ron. "Divine Power in the Apocalypse to John: Revelation 4–5 in Process Hermeneutic." In *Society of Biblical Literature 1993 Seminar Papers*, 70–103. Atlanta: Scholars Press, 1993.
Farrer, Austin. *The Revelation of St. John the Divine*. Oxford: Oxford University Press, 1964.
———. *A Rebirth of Images: The Making of St. John's Apocalypse*. Gloucester: Peter Smith, 1970, 1949.
Feen, Richard Harrow. "Nekyia as Apocalypse: A Study of Cicero's Dream of Scipio." *Journal of Religious Studies* 9 (1981): 28–34.
Fekkes, Jan III. "'His Bride Has Prepared Herself': Revelation 12–21 and Isaian Nuptial Imagery." *Journal of Biblical Literature* 109 (1990): 269–87.
Finegan, Jack. *The Archaeology of the New Testament: The Mediterranean World of the Early Christian Apostles*. Boulder, CO: Westview Press, 1981.
Fish, Stanley E. *Is There a Text in This Class?* Cambridge, MA: Harvard University Press, 1980.
Fishbane, Michael. *Judaism: Revelation and Traditions*. Religious Traditions of the World. San Francisco: Harper and Row, 1987.
Fontenrose, Joseph. *The Ritual Theory of Myth*. Folklore Studies, no. 18. Berkeley: University of California Press, 1966.
Ford, J. Massynbaerde. "Persecution and Martyrdom in the Book of Revelation." *Bible Today* 28 (1990): 141–6.
———. "BTB Readers' Guide: Prostitution in the Ancient Mediterranean World." *Biblical Theology Bulletin* 23, no. 3 (1993): 128–34.
Forster, E. M. *Aspects of the Novel*. New York: Penguin Books, 1962.
Foster, Benjamin R. *From Distant Days: Myths, Tales, and Poetry of Ancient Mesopotamia*. Bethesda, MD: CDL Press, 1995.
———. *Before the Muses: An Anthology of Akkadian Literature*. Bethesda, MD: CDL Press, 1996.
Fowler, Robert M. "Who Is 'the Reader' in Reader Response Criticism?" *Semeia* 31 (1985): 5–23.
Frey, J. B. *Corpus Inscriptionum Iudaicarum*. Roma: Pontifico Ins. di Archeologia, 1952.
Friesen, Steven J. *Twice Neokoros: Ephesus, Asia and the Cult of the Flavian Emperors*. Religions of the Greco-Roman World. Leiden: E. J. Brill, 1993.
———. "Revelation, Realia, and Religion: Archaeology in the Interpretation of the Apocalypse." *Harvard Theological Review* 88 (1995): 291–314.
Gager, John G. *Kingdom and Community: The Social World of Early Christianity*. Prentice-Hall Studies in Religion Series. Englewood Cliffs: Prentice-Hall, 1975.
Galambush, Julie. *Jerusalem in the Book of Ezekiel: The City as Yahweh's Wife*. Atlanta: Scholars Press, 1992.

Gamble, Harry. *Books and Readers in the Early Church: A History of Early Christian Texts*. New Haven: Yale University Press, 1995.

Gartner, Bertil. "The Habakkuk Commentary (DSH) and the Gospel of Matthew." *Studia Theologica* 8 (1954): 1–24.

———. *The Temple and the Community in Qumran and the New Testament*. SNTS Monograph Series 1. Cambridge: Cambridge University Press, 1965.

Gaustad, Edwin Scott. *A Religious History of America*. New York: Harper and Row, 1966.

Gellner, Ernest, and John Waterbury, eds. *Patrons and Clients in Mediterranean Societies*. London: Duckworth, 1977.

Genette, Gerard. *Narrative Discourse: An Essay in Method*. Trans. Jane Lewin. Ithaca: Cornell University Press, 1980.

Gennep, Arnold Van. *The Rites of Passage*. Chicago: University of Chicago Press, 1960.

Georgi, Dieter. "Who Is the True Prophet?" *Harvard Theological Review* 79 (1986): 100–26.

Georgues, Michael. "The Thousand-Year Reign (Revelation 20:1–6): Terrestrial or Celestial." *Catholic Biblical Quarterly* 47 (1985): 676–81.

Giblin, Charles Homer. "Recapitulation and the Literary Coherence of John's Apocalypse." *Catholic Biblical Quarterly*, 56 (January 1994): 81–95.

Golden, Leon. "Catharsis." *Transactions of the American Philological Association* xciii (1962): 51–60.

———, "The Clarification Theory of Katharsis," *Hermes* 104/Band 4 (1976): 437–52.

Goldsworthy, G. *The Lamb and the Lion: The Gospel in Revelation*. Nashville: Thomas Nelson, 1985.

Good, E. M. "Apocalyptic as Comedy: The Book of Daniel." *Semeia* 32 (1984): 41–70.

Goodman, Felicitas D. *Where the Spirits Ride the Wind: Trance Journeys and Other Ecstatic Experiences*. Bloomington: Indiana University Press, 1990.

Goodspeed, Edgar J. *The Apostolic Fathers: An American Translation*. New York: Harper and Brothers, 1950.

Grabbe, Lester L. *Judaism from Cyrus to Hadrian. Volume Two: The Roman Period*. Minneapolis: Fortress Press, 1992.

Grimal, Pierre. *Roman Cities: Les villes romaines*. Trans. G. M. Woloch. Madison: University of Wisconsin Press, 1983.

Gruenwald, Ithamar. *Apocalyptic and Merkavah Mysticism*. Leiden: E. J. Brill, 1980.

Gunther, John J. *St. Paul's Opponents and Their Background. A Study of Apocalyptic and Jewish Sectarian Teachings*. Leiden: E. J. Brill, 1973.

Guthrie, Donald. "The Lamb in the Structure of the Book of Revelation." *Vox Evangelica* 12 (1981): 64–71.

———. *The Relevance of John's Apocalypse*. Grand Rapids: Eerdmans, 1987.

Halperin, David J. *Faces of the Chariot: Early Jewish Responses to Ezekiel's Vision*. Tübingen: Mohr (Siebeck), 1988.

Hanfmann, George M. A. *Letters from Sardis*. Cambridge, MA: Harvard University Press, 1972.

Hanfmann, George M. A., and Jane C. Waldbaum. "New Excavations at Sardis and Some Problems of Western Anatolian Archaeology." In *Near Eastern Archaeology in the Twentieth Century*, edited by James A. Sanders, 307–26. Garden City, NY: Doubleday, 1970.
Hanson, Paul D. *The Dawn of Apocalyptic: The Historical and Sociological Roots of Jewish Apocalyptic Eschatology*. Revised ed. Philadelphia: Fortress Press, 1979.
———. *Visionaries and Their Apocalypses*. Issues in Religion and Theology 2. Philadelphia: Fortress Press, 1983.
Harding, Thomas. "Take Back the Apocalypse." *Touchstone* 3, no. 1 (January 1985): 29–35.
Harrington, Wilfrid. *Drama of Christ's Coming*. Wilmington, DE: Michael Glazier, 1987.
Harrington, Wilfrid J. *Revelation*. Collegeville, MN: Liturgical Press, 1993.
Harris, Michael. "The Literary Function of the Hymns in the Apocalypse." Ph.D. diss., Southern Baptist Theological Seminary, 1989.
Harris, William V. *Ancient Literacy*. Cambridge, MA: Harvard University Press, 1989.
Havelock, Eric A. *The Muse Learns to Write: Reflections on Orality and Literacy from Antiquity to the Present*. New Haven: Yale University Press, 1986.
Hellholm, David. "The Problem of Apocalyptic Genre and the Apocalypse of John." In *Society of Biblical Literature 1982 Seminar Papers*, 157–98. Atlanta: Scholars Press, 1982.
———. *Apocalypticism in the Mediterranean World and Near East: Proceedings of the International Colloquium on Apocalypticism, Uppsala, August 12–17, 1979*. 2d ed. Tübingen: Mohr-Siebeck, 1989.
Hemer, Colin. *Letters to the Seven Churches of Asia in Their Local Setting*. Journal for the Study of the New Testament Supplemental Series 11. Sheffield: JSOT/Sheffield Academic Press, 1986.
Hennecke, Edgar, and Wilhelm Schneemelcher. *New Testament Apocrypha*. Revised ed. 2. vols. Trans. R. McL. Wilson. Louisville: Westminster Press, 1991–1992.
van Henten, Jan Willem. "Dragon Myth and Imperial Ideology in Revelation 12–13." In *Society of Biblical Literature 1994 Seminar Papers*, 496–515. Atlanta: Scholars Press, 1994.
Heyob, Sharon Kelly. *The Cult of Isis among Women in the Greco-Roman World*. Leiden: E. J. Brill, 1973.
Higgins, A. J. B. "Jewish Messianic Belief in Justin Martyr's Dialogue with Trypho." *Novum Testamentum* 9 (1967): 298–305.
Hill, David. "Prophecy and Prophets in the Revelation of St. John." *New Testament Studies* 18 (1972): 402–18.
———. *New Testament Prophecy*. Atlanta: John Knox, 1979.
Himmelfarb, Martha. *Tours of Hell: An Apocalyptic Form in Jewish and Christian Literature*. Philadelphia: University of Pennsylvania Press, 1983.
———. *Ascent to Heaven in Jewish and Christian Apocalypses*. Oxford: Oxford University Press, 1993.
Hirsch, E. D. *Validity in Interpretation*. New Haven: Yale University Press, 1967.
———. *The Aims of Interpretation*. Chicago: University Chicago Press, 1976.
Hooke, S. H. "The Myth and Ritual Pattern in Jewish and Christian Apocalyptic."

In *The Labyrinth: Further Studies on the Relationship Between Myth and Ritual in the Ancient World*, 213–33. New York: Macmillan, 1935.

Horsley, Richard A. "Like One of the Prophets of Old: Two Types of Popular Prophets at the Time of Jesus." *Catholic Biblical Quarterly* 47 (1985): 435–63.

Humphrey, Edith M. "The Ladies and the Cities: Transformation and Identity in Four Apocalypses." Ph.D. thesis, McGill University, 1991.

———. "The Sweet and the Sour: Epics of Wrath and Return in the Apocalypse: The Apocalypse As Macro-Genre." In *Society of Biblical Literature 1991 Seminar Papers*, 451–60. Atlanta: Scholars Press, 1991.

Hurtado, Larry W. "Revelation 4–5 in the Light of Jewish Apocalyptic Analogies: A Distinctively Christian View of Heaven." *Journal for the Study of the New Testament* 25 (1985): 105–24.

Iser, Wolfgang. *The Implied Reader: Patterns of Communication in Prose Fiction from Bunyan to Beckett*. Baltimore: Johns Hopkins University Press, 1974.

———. *The Act of Reading: A Theory of Aesthetic Response*. Baltimore: Johns Hopkins University Press, 1978.

———. *Prospecting: From Reader Response to Literary Anthropology*. Baltimore: Johns Hopkins University Press, 1989.

Jacobson, Roman. "Closing Statement: Linguistics and Poetics." In *Style in Language*, edited by Thomas Sebeok, 350–77. Cambridge, MA: M.I.T. Press, 1960.

James, Montague Rhodes. *The Apocryphal New Testament: Being the Apocryphal Gospels, Acts, Epistles, and Apocalypses*. Oxford: Clarendon Press, 1924.

Jeske, Richard. *Revelation for Today: Images of Hope*. Philadelphia: Fortress Press, 1983.

———. "Spirit and Community in the Johannine Apocalypse." *New Testament Studies* 31, no. 3 (1985): 452–66.

Johnson, Sherman E. "Early Christianity in Asia Minor." *Journal of Biblical Literature* 77 (1958): 1–17.

Jones, A. H. M. *The Cities of the Eastern Roman Provinces*. Oxford: Clarendon Press, 1971, 1937.

Jones, Brian W. *The Emperor Titus*. London: Croom Helm, 1984.

Judge, E. A. *Rank and Status in the World of the Caesars and St. Paul*. The Broadhead Memorial Lecture 1981. Canterbury: University of Canterbury Press, 1982.

———. "The Reaction Against Classical Education in the New Testament." *Evangelical Review of Theology* 9, no. 2 (1985): 166–74.

———. "The Mark of the Beast, Revelation 13:16." *Tyndale Bulletin* 42/1 (1991): 158–60.

Juel, Donald H. *Messiah and Temple: The Trial of Jesus in the Gospel of Mark*. Society of Biblical Literature Dissertation Series, no. 31. Atlanta: Scholars Press, 1977.

Kang, Sa-Moon. *Divine War in the Old Testament and in the Ancient Near East*. Berlin: de Gruyter, 1989.

Kealy, Sean P. *Apocalypse of John*. Message of Biblical Spirituality Series, 15. Wilmington, DE: Michael Glazier, 1987.

Kee, Howard Clark. *Jesus in History: An Approach to the Study of the Gospels*. New York: Harcourt, Brace, Jovanovich, 1977.

Keel, Othmar. *The Symbolism of the Biblical World: Ancient Near Eastern Iconography and the Book of Psalms*. Trans. Timothy J. Hallett. New York: Seabury Press, 1978.

Kelber, Werner H. *The Oral and the Written Gospel: The Hermeneutics of Speaking and Writing in the Synoptic Tradition, Mark, Paul, and Q.* Philadelphia: Fortress Press, 1983.

Kenyon, Fredric G. *Books and Readers in Ancient Greece and Rome*. Oxford: Clarendon Press, 1932.

Keresztes, P. "The Jews, the Christians, and the Emperor Domitian." *Vigiliae Christianae* 27 (1973): 1–28.

Kermode, Frank. *The Sense of an Ending: Studies in the Theory of Fiction*. New York: Oxford University Press, 1967.

Kimelman, R. "Birkat Ha-Minim and the Lack of Evidence for an Anti-Christian Jewish Prayer in Antiquity." In *Jewish and Christian Self-Definition*, edited by E. P. Sanders, 2.226–44. Philadelphia: Fortress Press, 1981.

Kio, Stephen H. "Exodus as the Central Symbol of Liberation in the Book of Revelation." *Bible Translator* 40/1 (1989): 120–35.

Kirby, John. "The Rhetorical Situations of Revelation 1–3." *New Testament Studies* 34 (1988): 197–207.

Klassen, William. "Vengeance in the Apocalypse of John." *Catholic Biblical Quarterly* 28 (July 1966): 300–11.

Klausner, Joseph. *The Messianic Idea in Israel from the Beginning to the Completion of the Mishnah*. Trans. W. Stinespring. New York: Macmillan, 1955.

Koch, Klaus. *The Rediscovery of Apocalyptic*. Studies in Biblical Theology, Second Series, 22. London: SCM, 1972.

Koester, Craig R. *The Dwelling of God in the Old Testament, Intertestamental Jewish Literature, and the New Testament*. Washington, DC: Catholic Biblical Association, 1989.

Koester, Helmut, ed. *Ephesos: Metropolis of Asia*. Valley Forge, PA: Trinity Press International, 1995.

Kraabel, Alf Thomas. "Paganism and Judaism: The Sardis Evidence." In *Paganisme, Judaisme, Christianisme: Influences et affrontements dans le monde antique*, edited by André Benoit, M. Philonenko, and C. Vogel, 13–33. Paris: Boccard, 1978.

Kraybill, J. Nelson. *Imperial Cult and Commerce in John's Apocalypse*. Sheffield: Sheffield Press, 1996.

Kraemer, Ross S. *Her Share of the Blessings: Women's Religions among Pagans, Jews, and Christians in the Greco-Roman World*. New York and Oxford: Oxford University Press, 1992.

Kreitzer, Larry. "Hadrian and the Nero Redivivus Myth." *Zeitschrift für die Neutestamentliche Wissenschaft* 79 (1988): 92–95.

———. "Sibylline Oracles 8, the Roman Imperial Adventus Coinage of Hadrian and the Apocalypse of John." *Journal for the Study of the Pseudepigrapha* 4 (April 1989): 69–85.

Krodel, Gerhard A. *Revelation*. Augsburg Commentary on the New Testament. Minneapolis: Augsburg Publishing House, 1989.

Lambrecht, Jan. *L'Apocalypse johannique et l'apocalyptique dans le Nouveau Testament*. BETL 53. Louvain: University Press, 1980.

Lawrence, D. H. *Apocalypse*. New York: Viking Press, 1982, 1931.

Laws, Sophie. *In the Light of the Lamb: Imagery, Parody, and Theology in the Apocalypse of John*. Good News Studies, 31. Wilmington, DE: Michael Glazier, 1989.

Lefkowitz, Mary R., and Maureen B. Fant. *Women's Life in Greece and Rome: A Source Book in Translation*. 2d ed. Baltimore: Johns Hopkins University Press, 1992.

Leitch, Thomas M. *What Stories Are: Narrative Theory and Interpretation*. University Park: Pennsylvania State University Press, 1986.

Lévi-Strauss, Claude. "The Effectiveness of Symbols." In *Structural Anthropology*, 181–202. New York: Anchor/Doubleday, 1967.

Limberis, Vasiliki. *Divine Heiress: The Virgin Mary and the Creation of Christian Constantinople*. London: Routledge, 1994.

Lindsey, Hal, with C. C. Carlson. *The Late Great Planet Earth*. New York: Bantam Books, 1970.

Linton, Gregory. "Reading the Apocalypse as Apocalypse." In *Society of Biblical Literature 1991 Seminar Papers*, 161–86. Atlanta: Scholars Press, 1991.

Lopez, Barry. *Crow and Weasel*. San Francisco: North Point Press, 1990.

MacDonald, Dennis Ronald. *The Legend and the Apostle: The Battle for Paul in Story and Canon*. Philadelphia: Westminster Press, 1983.

MacKay, W. M. "Another Look at the Nicolaitans." *Evangelical Quarterly* 45 (1973): 111–15.

MacKenzie, Robert K. *The Author of the Apocalypse: A Review of the Prevailing Hypothesis of Jewish-Christian Authorship*. Lewiston NY: Mellen Press, 1997.

MacLeish, Archibald. *Collected Poems of Archibald MacLeish*. Boston: Houghton, Mifflin Co., 1962.

MacMullen, Ramsay. *Enemies of the Roman Order: Treason, Unrest, and Alienation in the Empire*. Cambridge, MA: Harvard University Press, 1966.

Magie, David. *Roman Rule in Asia Minor to the End of the Third Century after Christ*. 2 vols. Princeton: Princeton University Press, 1950.

Maier, Johann. *The Temple Scroll: An Introduction, Translation and Commentary*. JSOT Supplemental Series 34. Trans. R. T. White. Munich: Ernst Reinhardt Verlag, 1978 = Sheffield: Sheffield Academic Press, 1985.

Malina, Bruce J. *On the Genre and Message of Revelation: Star Visions and Sky Journeys*. Peabody, MA: Hendrickson, 1995.

Malina, Bruce J., and Jerome H. Neyrey. *Calling Jesus Names: The Social Value of Labels in Matthew*. Sonoma, CA: Polebridge Press, 1988.

Mays, James L. *Harper's Bible Commentary*. San Francisco: Harper and Row, 1988.

Mazzaferri, Frederick David. *The Genre of the Book of Revelation from a Source-Critical Perspective*. BZNW 54. Berlin/New York: de Gruyter, 1969.

McGinn, Bernard. *Antichrist: Two Thousand Years of the Human Fascination with Evil*. San Francisco: HarperSanFrancisco, 1994.

Meeks, Wayne A. *The Moral World of the First Christians*. Library of Early Christianity 6. Philadelphia: Westminster Press, 1986.

Menninger, Karl. *Number Words and Number Symbols: A Cultural History of Numbers*. Edited by Paul Broneer. Cambridge, MA: M.I.T. Press, 1969.

Metzger, Bruce M. *The Text of the New Testament: Its Transmission, Corruption and Restoration*. 3d ed. Oxford: Oxford University Press, 1992.

———. *Breaking the Code: Understanding the Book of Revelation*. Nashville: Abingdon, 1993.

Michaels, J. Ramsey. "Revelation 1.19 and the Narrative Voices of the Apocalypse." *New Testament Studies* 37, no. 4 (1991): 604–20.

———. *Interpreting the Book of Revelation*. Grand Rapids: Baker Book House, 1992.

Millar, Fergus. *The Emperor in the Roman World*. Ithaca: Cornell University Press, 1977.

Miller, Patrick D. *The Divine Warrior in Early Israel*. Harvard Semitic Monographs, 5. Cambridge, MA: Harvard University Press, 1973.

Minear, Paul S. *New Testament Apocalyptic*. Interpreting Biblical Texts. Nashville: Abingdon, 1981.

———. "Far as the Curse Is Found: The Point of Revelation 12:15–16." *Novum Testamentum* 33 (1991): 71–7.

Mommsen, Theodor. *The Provinces of the Roman Empire from Caesar to Diocletian*. Trans. with additions by William P. Dickson. London: Macmillan, 1909 = Chicago: Ares Publishers 1974 .

Moore, Michael S. *The Balaam Traditions: Their Character and Development*. Atlanta: Scholars Press, 1990.

Morris, Leon. *The Revelation of St. John*. 2d ed. Grand Rapids: Eerdmans, 1987.

Mounce, Robert H. *The Book of Revelation*. New International Commentary. Grand Rapids: Eerdmans, 1977.

Mowinckel, Sigmund. *He That Cometh*. Oxford: Blackwell, 1956.

Mussies, G. *The Morphology of Koine Greek as Used in the Apocalypse of St. John: A Study in Bilingualism*. Suppl NT, 27. Leiden: E. J. Brill, 1971.

Neihardt, John. *Black Elk Speaks: Being the Life Story of a Holy Man of the Oglala Sioux*. Lincoln: University of Nebraska Press, 1979.

Neusner, Jacob, trans. *Abodah Zarah: A Preliminary Translation and Explanation*. Chicago: University of Chicago Press, 1982.

Neusner, Jacob, William S. Green, and Jonathan Smith. *Judaisms and Their Messiahs at the Turn of the Christian Era*. Cambridge: Cambridge University Press, 1987.

Nickelsburg, George W. E. *Resurrection, Immortality, and Eternal Life in Intertestamental Judaism*. Harvard Theological Studies XXVI. Cambridge, MA: Harvard University Press, 1972.

Nickle, Keith F. *The Synoptic Gospels: Conflict and Consensus*. Atlanta: John Knox, 1980.

O'Brien, Tim. *The Things They Carried: A Work of Fiction*. Boston: Houghton Mifflin, 1990.

O'Day, Gail R. "I Have Overcome the World (John 16:33): Narrative Time in John 13–17." *Semeia* 53 (1991): 153–66.

O'Donovan, O. "The Political Thought of the Book of Revelation." *Tyndale Bulletin* 37 (1986): 61–94.

O'Leary, Stephen D. *Arguing the Apocalypse: A Theory of Millennial Rhetoric*. Oxford: Oxford University Press, 1994.

Ong, Walter J. *The Presence of the Word: Some Prolegomena for Cultural and Religious History*. New Haven: Yale University Press, 1967.
———. *Interfaces of the Word: Studies in the Evolution of Consciousness and Culture*. Ithaca: Cornell University Press, 1977.
———. *Orality and Literacy: The Technologizing of the Word*. New York: Methuen, 1982.
Oster, Richard E. "The Ephesian Artemis as an Opponent of Early Christianity." *Jahrbuch für Antike und Christentum* 19 (1976): 24–44.
———. *A Bibliography of Ancient Ephesus*. ATLA Bibliography Series, 19. Metuchen, NJ: Scarecrow Press, 1987.
Ozanne, C. G. "The Language of the Apocalypse." *Tyndale House Bulletin* 16 (1965): 3–9.
Parker, Harold M. "The Scriptures of the Author of the Revelation of John." *Iliff Review* 37 (1980): 35–51.
Patrides, C. A., and Joseph Wittreich. *The Apocalypse in English Renaissance Thought and Literature*. Ithaca: Cornell University Press, 1984.
Pearcy, L. T. "Galen's Pergamum." *Archaeology* 38 (1985): 33–9.
Peirce, Charles S. "Evolutionary Love." In *The Essential Peirce: Selected Philosophical Writings*, edited by Nathan Houser and Christian Klossel, 365–66. Bloomington: Indiana University Press, 1992.
Perkins, Pheme. *Resurrection: New Testament Witness and Contemporary Reflection*. Garden City, NY: Doubleday, 1984.
———. *Gnosticism and the New Testament*. Minneapolis: Fortress Press, 1993.
Perrin, Norman. *Jesus and the Language of the Kingdom: Symbol and Metaphor in New Testament Interpretation*. Philadelphia: Fortress Press, 1976.
Petersen, Norman R. *Rediscovering Paul: Philemon and the Sociology of Paul's Narrative World*. Philadelphia: Fortress Press, 1985.
Peterson, Eugene H. *Reversed Thunder: The Revelation of John and the Praying Imagination*. San Francisco: Harper and Row, 1988.
Pietersma, Albert. *Apocalypse of Elijah Based on P. Chester Beatty (2018)*. Society of Biblical Literature Texts and Translations 19. Chico, CA: Scholars Press, 1981.
Pilch, John J. *What Are They Saying about the Book of Revelation?* New York: Paulist Press, 1978.
Pilch, John J., and Bruce J. Malina. *Biblical Social Values and Their Meaning: A Handbook*. Peabody, MA: Hendrickson, 1993.
Piper, Otto A. "The Apocalypse of John and the Liturgy of the Ancient Church." *Church History* 20 (March 1951): 10–22.
Pippin, Tina. *Death and Desire: The Rhetoric of Gender in the Apocalypse of John*. Louisville: Westminster/John Knox, 1992.
———. "Eros and the End: Reading for Gender in the Apocalypse of John." *Semeia* 59 (1992): 193–210.
———. "The Heroine and the Whore: Fantasy and the Female in the Apocalypse of John." *Semeia* 60 (1992): 67–82.
———. "Wisdom and Apocalyptic in the Apocalypse of John: Desiring Sophia." In *In Search of Wisdom*, edited by L. Perdue et al., 285–95. Louisville: Westminster John Knox, 1993.

Pleket, H. W. "Domitian, the Senate and the Provinces." *Mnemosyne* 14 (1961): 296–315.
Pomeroy, Sarah B. *Women's History and Ancient History*. Chapel Hill: University of North Carolina Press, 1991.
Prevost, Jean-Pierre. *How to Read the Apocalypse*. New York: Crossroad, 1993.
Price, S. R. F. "Gods and Emperors: The Greek Language of the Roman Imperial Cult." *Journal of Hellenic Studies* 104 (1984): 79–95.
————. *Rituals and Power: The Roman Imperial Cult in Asia Minor*. Cambridge: Cambridge University Press, 1984.
Prigent, Pierre. *Apocalypse et liturgie*. Neuchâtel, Suisse: Delachaux et Niestlé, 1964.
————. "Au temps de l'Apocalypse, I: Domitien." *Revue d'Histoire et de Philosophie Religieuse* 54 (1974): 455–83.
Prince, Gerald. "Notes Toward a Categorization of Fictional 'Narratees'." *Genre* 4 (1971): 100–105.
————. *A Dictionary of Narratology*. Lincoln: University of Nebraska Press, 1987.
Pritchard, James, ed. *Ancient Near Eastern Texts Relating to the Old Testament*. Princeton: Princeton University Press, 1955.
Rabinowitz, Peter J. *Before Reading: Narrative Conventions and the Politics of Interpretation*. Ithaca: Cornell University Press, 1987.
Rad, Gerhard von. *Holy War in Ancient Israel*. Grand Rapids: Eerdmans, 1991.
Ramsay, William M. *The Letters to the Seven Churches of Asia and Their Place in the Plan of the Apocalypse*. New York: Hodder and Stoughton, 1906.
————. *The Social Basis of Roman Power in Asia Minor*. Aberdeen: Aberdeen University Press, 1941.
Ramsey, James B. *Book of Revelation: An Exposition of the First Eleven Chapters*. With an Introduction by Charles Hodge. Originally published as *The Spiritual Kingdom*. Carlisle, PA: Banner of Truth Trust, 1977.
Ratte, C., T. N. Howe, and C. Foss. "An Early Imperial Pseudodipteral Temple at Sardis." *American Journal of Archaeology* 90 (1986): 45–68.
Reddish, Mitchell. *Apocalyptic Literature: A Reader*. Nashville: Abingdon Press, 1990.
Reicke, Bo. "Die judische Apokalyptik und die johanneische Tiervision." In *Judéo-Christianisme*, edited by Birger Gerhardsson, 173–92. Paris: Éditions, 1972.
Reumann, John. *Supper of the Lord: The New Testament, Ecumenical Dialogues, and Faith and Order on Eucharist*. Philadelphia: Fortress Press, 1985.
Reynolds, Leighton Durham. *Scribes and Scholars: A Guide to the Transmission of Greek and Latin Literature*. Oxford: Clarendon Press, 1974.
Roberts, Colin H., and T. C. Skeat. *The Birth of the Codex*. Oxford: Oxford University Press, 1984.
Rollins, Wayne G. *The Gospels: Portraits of Christ*. Philadelphia: Westminster, 1963.
Roloff, Jürgen. *The Revelation of John: A Continental Commentary*. Trans. John E. Alsup. Minneapolis: Fortress Press, 1993.
Rouché, Charlotte. *Performers and Partisans at Aphrodisias in the Roman and Late*

Roman Periods. JRS Monograph, no. 6. London: Society for the Promotion of Roman Studies, 1993.

Rowley, H. H. *The Relevance of Apocalyptic: A Study of Jewish and Christian Apocalypses from Daniel to the Revelation*. 3d ed. New York: Association Press, 1963.

Ruiz, Jean-Pierre. *Ezekiel in the Apocalypse: The Transformation of Prophetic Language in Revelation 16:17–19:10*. European University Studies, no. 23. New York: Peter Lang, 1989.

———. "Betwixt and Between on the Lord's Day: Liturgy and the Apocalypse." In *Society of Biblical Literature 1992 Seminar Papers*, 654–72. Atlanta: Scholars Press, 1992.

———. "Hearing and Seeing But Not Saying: A Look at Revelation 10:4 and 2 Corinthians 12:4." In *Society of Biblical Literature 1994 Seminar Papers*, 182–202. Atlanta: Scholars Press, 1994.

———. "The Apocalypse of John and Contemporary Roman Catholic Liturgy." *Worship* 68 (November 1994): 482–504.

Russell, Jeffrey Burton. *The Devil—Perceptions of Evil from Antiquity to Primitive Christianity*. Ithaca: Cornell University Press, 1977.

———. *Satan: The Early Christian Tradition*. Ithaca: Cornell University Press, 1982.

Sanders, Jack T. *Schismatics, Sectarians, Dissidents, Deviants: The First 100 Years of Jewish Christian Relations*. Valley Forge, PA: Trinity International, 1993.

Savran, George W. *Telling and Retelling: Quotation in Biblical Narrative*. Bloomington: Indiana University Press, 1988.

Schick, Edwin A. *Revelation: The Last Book of the Bible*. Philadelphia: Fortress Press, 1977.

Schimmel, Annemarie. *The Mystery of Numbers*. New York: Oxford University Press, 1993.

Schoeps, Hans Joachim. *The Jewish-Christian Argument: A History of Theologies in Conflict*. Trans. David E. Green. New York: Holt, Rinehart and Winston, 1963.

Scholem, Gershom G. *Major Trends in Jewish Mysticism*. New York: Schocken, 1954.

Schowalter, Daniel N. *The Emperor and the Gods: Images from the Time of Trajan*. Minneapolis: Fortress Press, 1993.

Schüssler Fiorenza, Elisabeth. "Composition and Structure of the Book of Revelation." *Catholic Biblical Quarterly* 39 (1977): 344–66.

———. "Apokalypsis and Propheteia: The Book of Revelation in the Context of Early Christian Prophecy." In *L'Apocalypse johannique et l'apocalyptique dans le Nouveau Testament*, edited by Jan Lambrecht, 105–27. Louvain: University Press, 1980.

———. *Invitation to the Book of Revelation*. Garden City, NY: Image Doubleday, 1981.

———. *The Book of Revelation: Justice and Judgment*. Philadelphia: Fortress Press, 1985.

———. "The Followers of the Lamb: Visionary Rhetoric and Socio-Political Situation." *Semeia* 36 (1986): 123–46.

———. "The Ethics of Interpretation: De-Centering Biblical Scholarship." *Journal of Biblical Literature* 107 (1988): 3–17.

———. *Revelation: Vision of a Just World*. Minneapolis: Fortress Press, 1991.
Scott, Bernard Brandon. *Jesus, Symbol-Maker for the Kingdom*. Philadelphia: Fortress Press, 1981.
Searle, John. *Expression and Meaning: Studies in the Theory of Speech Acts*. Cambridge: Cambridge University Press, 1979.
Sebesta, Judith Lynn, and Larissa Bonfante. *The World of Roman Costume*. Wisconsin Studies in Classics. Madison: University of Wisconsin Press, 1993.
Segal, Alan F. "Heavenly Ascent in Hellenistic Judaism, Early Christianity, and Their Environment." *Aufsteig und Niedergang der römischen Welt* 23, no. 2 (1980): 1333–94.
Segal, Robert A. "The Application of Symbolic Anthropology to Religions of Greco-Roman World [Review Article]." *Religious Studies Review* 10 (July 1984): 216–23.
Shepherd, Massey H., Jr. *The Paschal Liturgy and the Apocalypse*. Ecumenical Studies in Worship 6. Atlanta: John Knox, 1960.
Sherwin-White, A. N. *The Letters of Pliny: A Historical and Social Commentary*. Oxford: Clarendon Press, 1966.
Siker, Jeffrey S. *Disinheriting the Jews: Abraham in Early Christian Controversy*. Louisville: Westminster/John Knox, 1991.
Silberman, Lou H., ed. *Semeia 39: Orality, Aurality and Biblical Narrative*. Atlanta: Scholars Press, 1987.
Simcox, William Henry. *The Revelation of St. John the Divine*. Revised by G. A. Simcox. Cambridge: Cambridge University Press, 1909.
Sleeper, C. Freeman. *The Victorious Christ: A Study of the Book of Revelation*. Louisville: Westminster/John Knox, 1996.
Smalley, Stephen S. "John's Revelation and John's Community." *Bulletin of the John Rylands Library* 69 (1987): 549–71.
Smallwood, E. Mary. *The Jews Under Roman Rule: From Pompey to Diocletian: A Study in Political Relations*. Leiden: E. J. Brill, 1976.
Smith, David. *The Disciple's Commentary on the New Testament*. Vol. 5. New York: Harper and Bros., 1932.
Smith, Robert H. "Why John Wrote the Apocalypse (Rev 1:9)." *Currents in Theology and Mission*, 22 (October 1995): 356–61.
Snyder, Howard. *Models of the Kingdom: Some Say God Rules the Heart. Some Say the Church. Some Say the Cosmos. Some Say*. Nashville: Abingdon Press, 1991.
Spanos, William V. "Breaking the Circle: Hermeneutics as Disclosure." *Boundary* 2, no. 5 (1977): 421–57.
Spinks, Leroy C. "Critical Examination of J. W. Bowman's Proposed Structure of the Revelation." *Evangelical Quarterly* 50 (1978): 211–22.
Stambaugh, John E. "The Functions of Roman Temples." *Aufsteig und Niedergang der römischen Welt II* 16, no. 1 (1978): 554–608.
Stendahl, Krister. *The School of St. Matthew and Its Use of the Old Testament*. Philadelphia: Fortress Press, 1968 = Uppsala, 1954.
Stevenson, Gregory M. "Conceptual Background to Golden Crown Imagery in the Apocalypse of John (4:4,10; 14:14)." *Journal of Biblical Literature* 114 (1995): 257–72.
Stock, Brian. *The Implications of Literacy: Written Language and Models of*

Interpretation in the Eleventh and Twelfth Centuries. Princeton: Princeton University Press, 1983.

Stone, Michael E. *Scriptures, Sects and Visions: A Profile of Judaism from Ezra to the Jewish Revolts.* Philadelphia: Fortress Press, 1980.

————. "Coherence and Inconsistency in the Apocalypses: The Case of 'the End' in 4 Ezra." *Journal of Biblical Literature* 102, no. 2 (1983): 229–43.

————. *Jewish Writings of the Second Temple: Apocrypha, Pseudepigrapha, Qumran Sectarian Writings, Philo, Josephus.* CRINT Section 2.2. Philadelphia: Fortress Press, 1984.

Stuckenbruck, Loren T. *Angel Veneration and Christology: A Study in Early Judaism and in the Christology of the Apocalypse of John.* WUNT 2/70. Tübingen: Mohr, 1995.

Suleiman, Susan R., and Inge Crosman, eds. *The Reader in the Text: Essays on Audience and Interpretation.* Princeton: Princeton University Press, 1980.

Sweet, J. P. M. *Revelation.* Philadelphia: Westminster Press, 1979; Philadelphia: Trinity Press International, 1990.

Swete, Henry B. *The Apocalypse of St. John.* 3d ed. London: Macmillan, 1909.

Takács, Sarolta. *Isis and Sarapis in the Roman World.* Leiden: E. J. Brill, 1995.

Talbert, Charles H. *The Apocalypse: A Reading of the Revelation of John.* Louisville: Westminster John Knox, 1994.

Thompson, Leonard L. "Cult and Eschatology in the Apocalypse of John." *Journal of Religion* 49 (1969): 330–50.

————. "Hymns in Early Christian Worship." *Anglican Theological Review* 55 (1973): 458–72.

————. "Domitianus Dominus: A Gloss on Statius Silvae 1.6.84." *American Journal of Philology* 105 (1984): 469–75.

————. "A Sociological Analysis of Tribulation in the Apocalypse of John." *Semeia* 36 (1986): 147–74.

————. "The Literary Unity of the Book of Revelation." *Bucknell Review* 33 (1989): 347–63.

————. *The Book of Revelation: Apocalypse and Empire.* Oxford: Oxford University Press, 1990.

————. "Mooring the Revelation in the Mediterranean." In *Society of Biblical Literature 1992 Seminar Papers,* 635–53. Atlanta: Scholars Press, 1992.

Thompson, Steven. *Apocalypse and Semitic Syntax.* Society for New Testament Studies Monograph Series 52. Cambridge: Cambridge University Press, 1985.

Thrupp, Sylvia. *Millennial Dreams in Action: Essays in Comparative Studies.* The Hague: Mouton, 1962.

Trebilco, Paul R. *Jewish Communities in Asia Minor.* Society for New Testament Studies Monograph Series 69. Cambridge: Cambridge University Press, 1991.

Trevett, Christine. "The Other Letters to the Churches of Asia: Apocalypse and Ignatius of Antioch." *Journal for the Study of the Old Testament* 37 (1989): 117–35.

Trompf, G. W., ed. *Cargo Cults and Millenarian Movements.* Berlin and New York: Mouton de Gruyter, 1990.

Trudinger, Paul. "The 'Nero Redivivus' Rumour and the Date of the Apocalypse of John." *St. Mark's Review* 131 (September 1987): 43–4.

Turner, Victor W. *The Ritual Process: Structure and Anti-Structure*. Ithaca: Cornell University Press, 1969.

Ulfgard, Haken. *Feast and Future: Revelation 7:9–17 and the Feast of Tabernacles*. Coniectanea Biblica. New Testament Series 22. Stockholm: Almqvist and Wiksell, 1989.

Vanni, Ugo. "The Ecclesial Assembly: 'Interpreting Subject' of the Apocalypse." *Religious Studies Bulletin* 4, no. 2 (May 1984): 79–85.

———. "Liturgical Dialogue as a Literary Form in the Book of Revelation." *New Testament Studies* 37 (1991): 348–72.

Vermes, Geza. *The Dead Sea Scrolls in English*. New York: Penguin, 1995.

De Villiers, P. G. R. "The Lord Was Crucified in Sodom and Egypt: Symbols in the Apocalypse of John." *Neotestamentica* 22 (1988): 125–38.

Vorster, W.S. "'Genre' and the Revelation of John: A Study in Text, Context and Intertext." *Neotestamentica* 22 (1988): 103–23.

Wagnar, Warren M. *Terminal Visions: The Literature of Last Things*. Bloomington: Indiana University Press, 1982.

Wainwright, Arthur. *Mysterious Apocalypse: Interpreting the Book of Revelation*. Nashville: Abingdon Press, 1993.

Wainwright, Geoffrey. *Eucharist and Eschatology*. Oxford: Oxford University Press, 1981.

Walker, William O. "The Son of Man: Some Recent Developments." *Catholic Biblical Quarterly* 45 (1983): 584–607.

Wall, Robert W. *Revelation*. New International Biblical Commentary 18. Peabody, MA: Hendrikson, 1991.

Wallace-Hadrill, Andrew. *Patronage in Ancient Society*. London: Routledge, 1989.

Wenham, David. *The Jesus Tradition Outside the Gospels*. Sheffield: JSOT/Sheffield Academic Press, 1985.

White, John L. *Light from Ancient Letters*. Foundations and Facets: New Testament. Philadelphia: Fortress Press, 1986.

White, L. M. *Building God's House in the Roman World: Architectural Adaptation Among Pagans, Jews, and Christians*. Baltimore: Johns Hopkins University Press, 1990.

Wilder, Amos N. *Early Christian Rhetoric: The Language of the Gospel*. Cambridge, MA: Harvard University Press, 1971.

Willis, Wendell Lee. *Idol Meat in Corinth: The Pauline Argument in I Corinthians 8 and 10*. Society of Biblical Literature Dissertation Series 68. Atlanta: Scholars Press, 1985.

Wilson, J. Christian. "The Problem of the Domitianic Date of Revelation." *New Testament Studies* 39 (1993): 586–605.

Wilson, Robert R. "From Prophecy to Apocalyptic: Reflections on the Shape of Israelite Religion." *Semeia* 21 (1982): 79–95.

Wink, Walter. *Naming the Powers: The Language of Power in the New Testament*. Philadelphia: Fortress Press, 1984.

———. *Unmasking the Powers: The Invisible Forces That Determine Human Existence*. Minneapolis: Fortress Press, 1986.

———. *Engaging the Powers: Discernment and Resistance in a World of Domination*. Minneapolis: Fortress Press, 1992.

Wise, Michael, Martin Abegg, Jr., and Edward Cook. *The Dead Sea Scrolls: A New Translation*. San Francisco: HarperSanFrancisco, 1996.
Witt, R. E. *Isis in the Graeco-Roman World*. Ithaca: Cornell University Press, 1971.
Worsley, Peter. *The Trumpet Shall Sound: A Study of "Cargo" Cults in Melanesia*. 2d ed. New York: Schocken Books, 1968.
Yamauchi, Edwin M. *New Testament Cities in Western Asia Minor*. Grand Rapids: Baker Book House, 1987.
Zamora, Lois Parkinson, ed. *The Apocalyptic Vision in America: Interdisciplinary Essays on Myth and Culture*. Bowling Green, OH: Bowling Green University Popular Press, 1982.

요한계시록의 내러티브 주석

2018년 10월 5일 초 판 1쇄 인쇄
2018년 10월 10일 초 판 1쇄 발행

저 자 • 데이비드 L. 바르(David L. Barr)
역 자 • 장 영
발행인 • 조 경 혜
발행처 • 도서출판 그리심
07030 서울시 동작구 사당로2길 72 인정 인정 B동 (B01)

등록번호 • 제 7-258호(1998. 4. 23)
출 판 사 • 전화 523-7589 팩스 523-7590
홈페이지 • http://grisim.biz
전자우편 • grisimcho@hanmail.net

값: 표지 뒷면에

ISBN 978-89-5799-414-6 93230